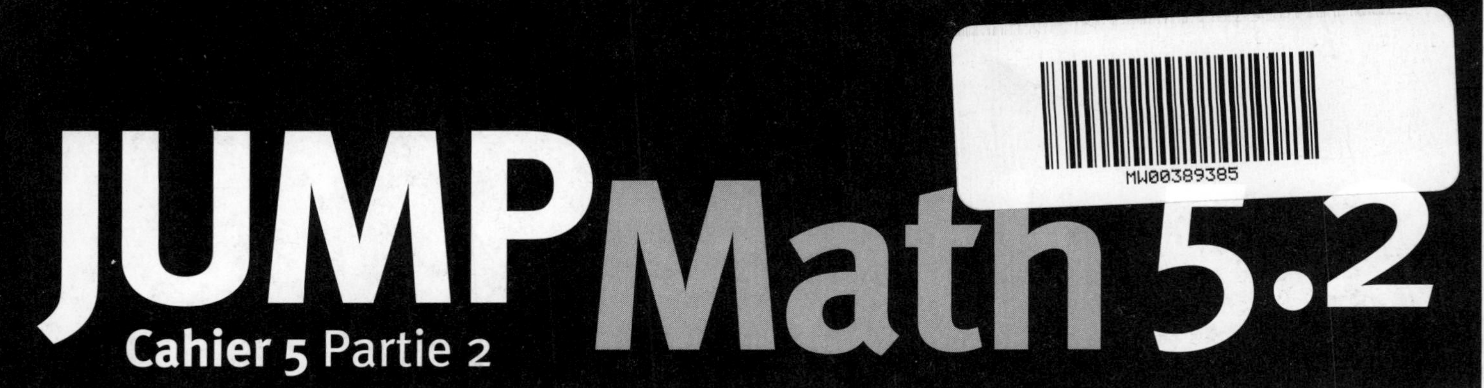

Table des matières

Table des matières

PARTIE 1

Les régularités et l'algèbre

Logique numérale

La mesure

Probabilité et traitement de données

Géométrie

PARTIE 2
Les régularités et l'algèbre

Logique numérale

La mesure

Probabilité et traitement de données

Géométrie

PA5-24 : Identifier les règles de tableaux en T – Partie I

Brandon crée une allée dans son jardin en utilisant 2 pierres triangulaires pour 1 pierre carrée.
Il écrit une **équation** qui montre comment calculer le nombre de triangles par rapport au nombre de carrés.

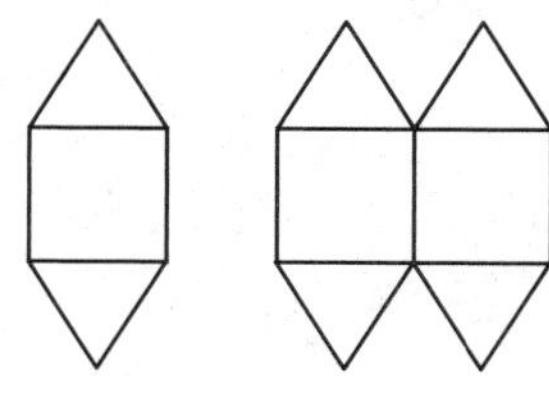

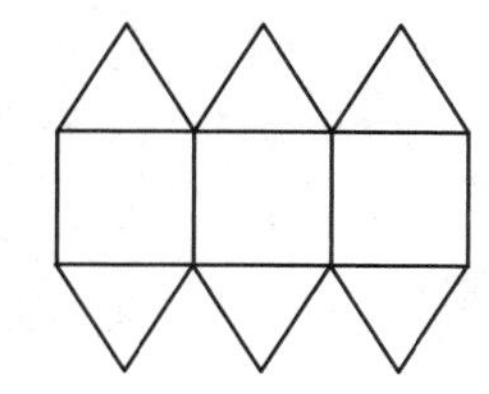

carrés x 2 = triangles
c x 2 = t

Carrés (c)	2 × c = t	Triangles (t)
1	2 × [1] = 2	2
2	2 × [2] = 4	4
3	2 × [3] = 6	6

---

1. Chaque tableau représente un dessin différent pour l'allée. Complète les tableaux.

a)

Carrés (c)	3 × c = t	Triangles (t)
1	3 × [1] = 3	3
2	3 × [ ] = 6	
3	3 × [ ] = 9	

b)

Carrés (c)	4 × c = t	Triangles (t)
1	4 × [ ] =	
2	4 × [ ] =	
3	4 × [ ] =	

2. Écris une règle qui indique comment calculer le nombre de triangles à partir du nombre de carrés. Écris ensuite une formule en utilisant « c » pour le nombre de carrés et « t » pour le nombre de triangles.

a)

Carrés	Triangles
1	4
2	8
3	12

Multiplie par 4.

4 x c = t

b)

Carrés	Triangles
1	5
2	10
3	15

c)

Carrés	Triangles
1	2
2	4
3	6

d)

Carrés	Triangles
1	6
2	12
3	18

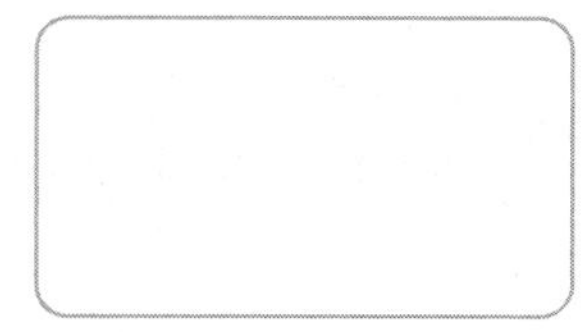

3. Wendy fait des broches avec des carrés (c) et des triangles (t). Complète les tableaux. Écris une formule (telle que 4 × **c** = **t**) pour chaque dessin.

a)

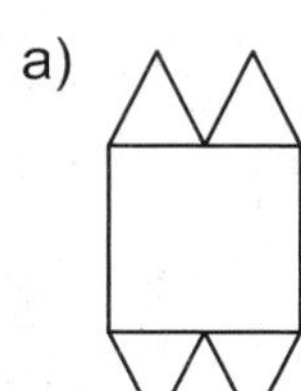

Carrés	Triangles
1	
2	
3	

b)

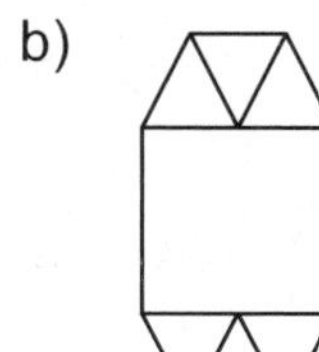

Carrés	Triangles
1	

c)

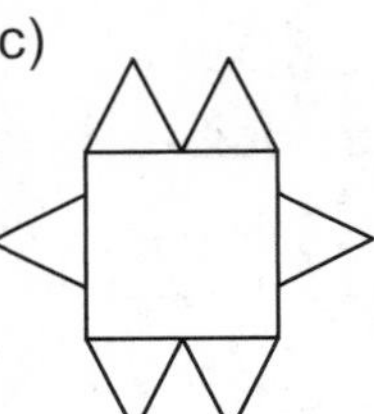

Carrés	Triangles

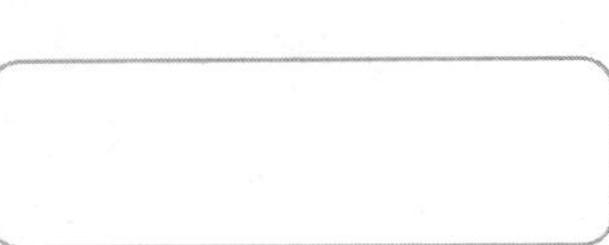

d)

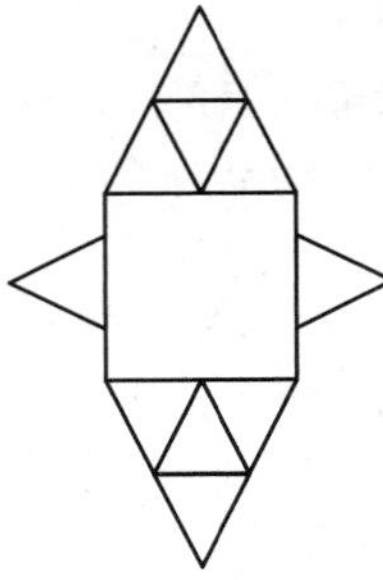

Carrés	Triangles

e)

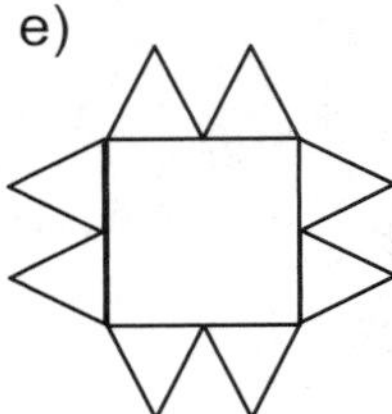

Carrés	Triangles

f)

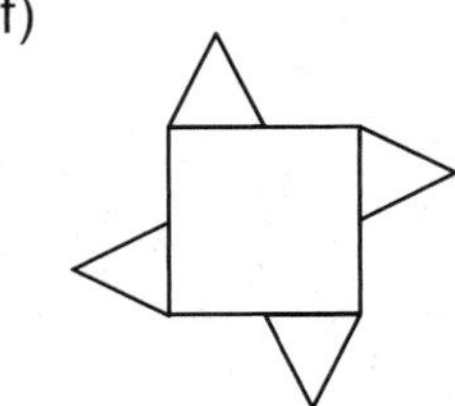

Carrés	Triangles

4. Wendy a 38 triangles. A-t-elle assez de triangles pour faire 8 broches en utilisant le dessin indiqué? Comment peux-tu le savoir sans faire un tableau?

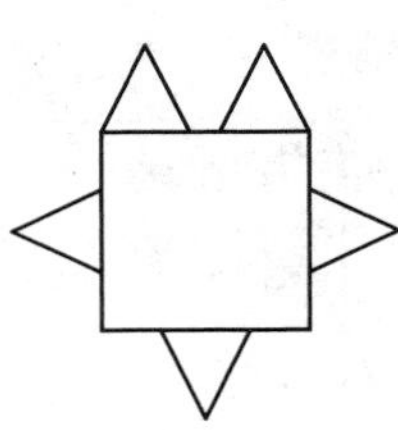

5. Crée un dessin pour chaque formule, en utilisant des carrés (c) et des triangles (t).

a) $3 \times c = t$

b) $5 \times c = t$

6. Crée un dessin en utilisant deux formes différentes et écris ensuite une formule pour ton dessin.

PA5-25 : Identifier les règles de tableaux en T – Partie II

Dans un auditorium, le nombre de chaises dans chaque rangée est toujours 2 de plus que le numéro de la rangée. Sadia écrit une équation qui montre comment calculer le nombre de chaises à partir du numéro de la rangée.

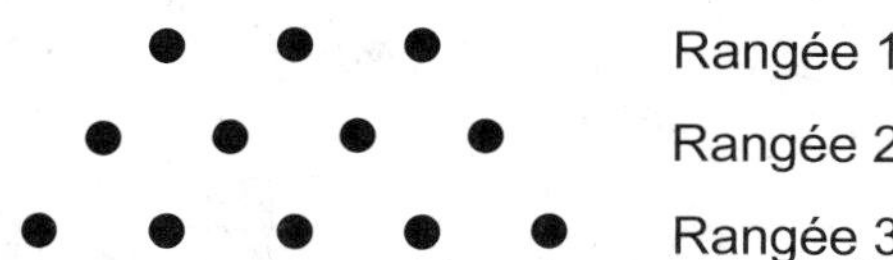

Rangée 1
Rangée 2
Rangée 3

numéro de rangée + 2 = nombre de chaises
r + 2 = c

Rangée	r + 2 = c	Chaises
1	[1] + 2 = 3	3
2	[2] + 2 = 4	4
3	[3] + 2 = 5	5

---

1. Chaque tableau représente un arrangement différent des chaises. Complète les tableaux.

a)

Rangée	r + 2 = c	Chaises
1	[1] + 2 = 3	3
2	[ ] + 2 =	
3	[ ] + 2 =	

b)

Rangée	r + 5 = c	Chaises
1	[ ] + 5 =	
2	[ ] + 5 =	
3	[ ] + 5 =	

2. Dis quel nombre tu dois additionner au numéro de la rangée pour obtenir le nombre de chaises. Écris une formule en utilisant **r** pour le numéro de la rangée et **c** pour le nombre de chaises.

a)

Rangée	Chaises
1	4
2	5
3	6

Additionne 3.

r + 3 = c

b)

Rangée	Chaises
1	6
2	7
3	8

c)

Rangée	Chaises
1	5
2	6
3	7

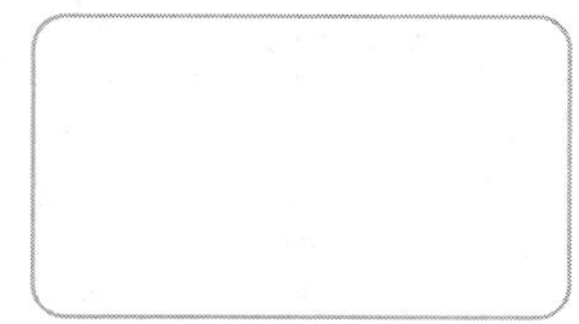

d)

Rangée	Chaises
7	10
8	11
9	12

3. Complète les tableaux. Écris ensuite une formule pour chaque arrangement de chaises.

a)

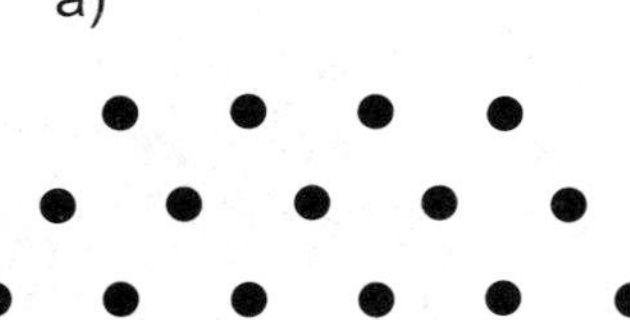

Rangée	Chaises

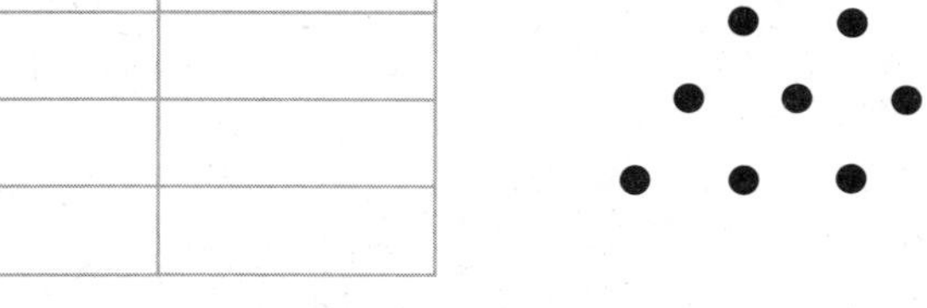

b)

Rangée	Chaises

PA5-25 : Identifier les règles de tableaux en T – Partie II *(suite)*

4. Applique la règle donnée aux nombres dans la colonne « entrée ». Écris ta réponse dans la colonne « sortie ».

a)

ENTRÉE	SORTIE
1	
2	
3	

Règle : Additionne 2 au nombre dans la colonne « entrée ».

b)

ENTRÉE	SORTIE
5	
6	
7	

Règle : Multiplie le nombre dans la colonne « entrée » par 3.

c)

ENTRÉE	SORTIE
5	
4	
7	

Règle : Soustrais 2 du nombre dans la colonne « entrée ».

d)

ENTRÉE	SORTIE
32	
8	
40	

Règle : Additionne 3 au nombre dans la colonne « entrée ».

e)

ENTRÉE	SORTIE
8	
9	
10	

Règle : Additionne 10 au nombre dans la colonne « entrée ».

f)

ENTRÉE	SORTIE
4	
5	
6	

Règle : Multiplie le nombre dans la colonne « entrée » par 4.

5. Pour chaque tableau, énonce la règle qui indique comment arriver au nombre dans la colonne « sortie » à partir du nombre dans la colonne « entrée ».

a)

ENTRÉE	SORTIE
2	5
3	6
4	7

Règle :

Additionne 3.

b)

ENTRÉE	SORTIE
3	7
5	9
7	11

Règle :

c)

ENTRÉE	SORTIE
1	5
2	10
3	15

Règle :

d)

ENTRÉE	SORTIE
3	9
2	6
1	3

Règle :

e)

ENTRÉE	SORTIE
2	8
4	16
6	24

Règle :

f)

ENTRÉE	SORTIE
19	17
15	13
21	19

Règle :

PA5-26 : Identifier les règles de régularités – Partie I

Complète le tableau en T pour chaque régularité. Écris ensuite une règle qui indique comment calculer le nombre de sortie à partir du nombre d'entrée.

1.

Nombre de lignes verticales	Nombre de lignes horizontales

Règle :

2.

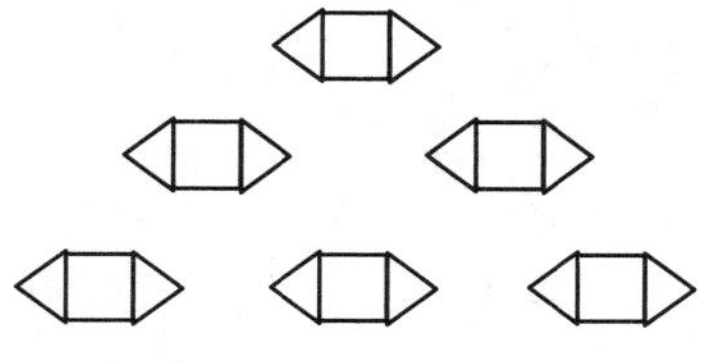

Nombre de carrés	Nombre de triangles

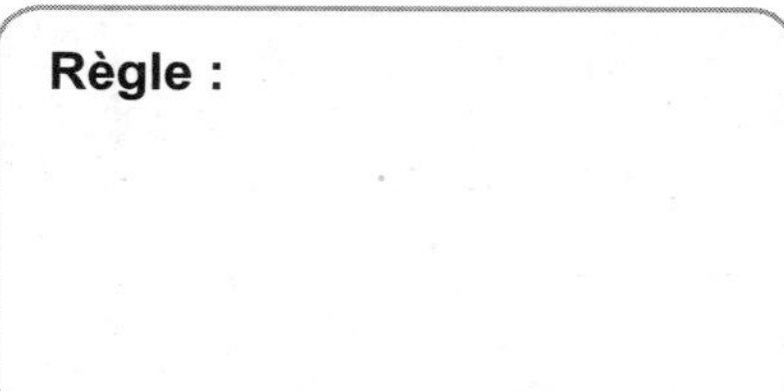

Règle :

3.

Nombre de triangles	Nombre de cercles

Règle :

4.

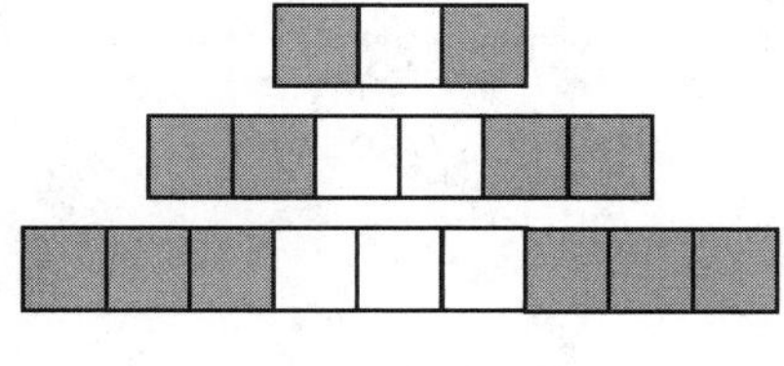

Nombre de carrés pâles	Nombre de carrés foncés

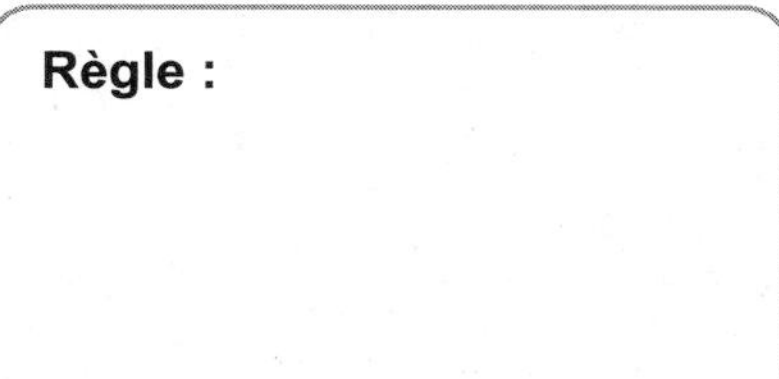

Règle :

5.

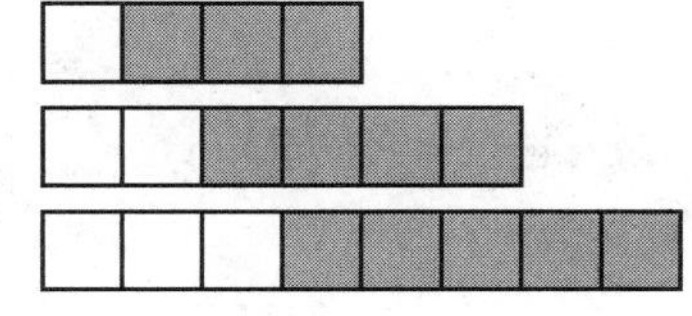

Nombre de carrés pâles	Nombre de carrés foncés

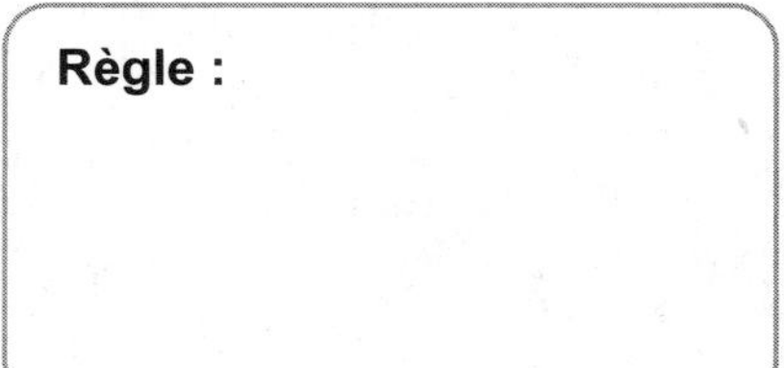

Règle :

6. Dans ton cahier, fais un tableau en T et écris une règle pour les dessins suivants :

Figure 1 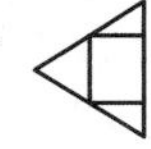

Figure 2 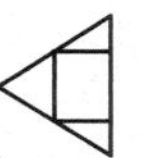 

Figure 3 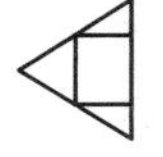 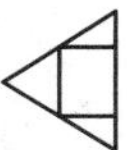 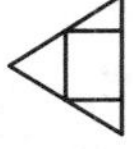

7. Combien de triangles te faut-il pour 8 carrés en suivant la régularité à la question 6? Comment le sais-tu ?

PA5-27 : La variation directe

Remplis le tableau et trouve une règle pour le nombre de blocs dans chaque figure, comme pour a).

1. a)

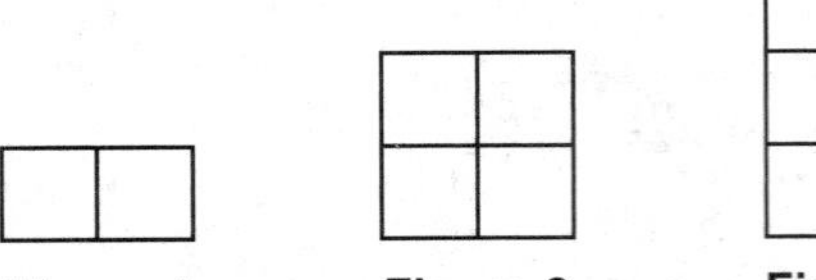

Figure 1 Figure 2 Figure 3

Règle : 2 x Numéro de la figure

Numéro de la figure	Nombre de blocs
1	
2	
3	

b)

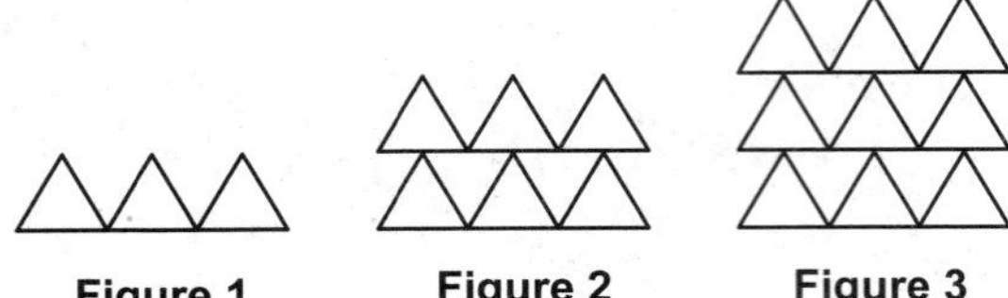

Figure 1 Figure 2 Figure 3

Règle : ______________________

Numéro de la figure	Nombre de blocs

c)

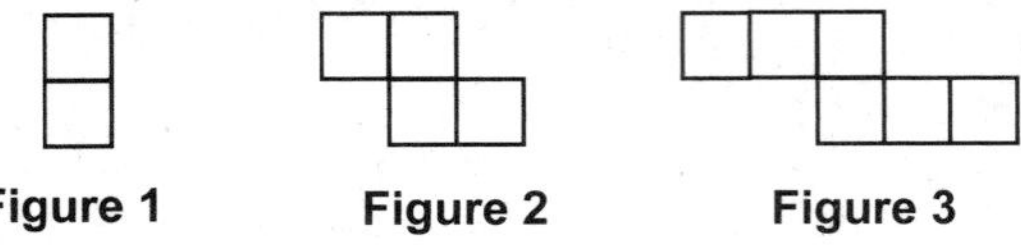

Figure 1 Figure 2 Figure 3

Règle : ______________________

Numéro de la figure	Nombre de blocs

d)

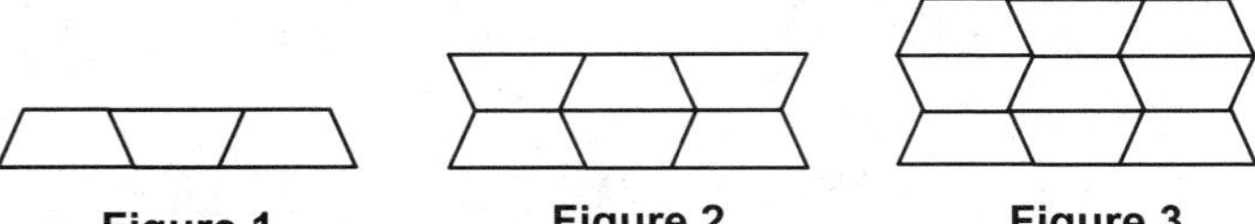

Figure 1 Figure 2 Figure 3

Règle : ______________________

Numéro de la figure	Nombre de blocs

> Dans chaque exemple ci-dessus, tu peux trouver le **nombre total de blocs** en *multipliant* le **numéro de la figure** par le **nombre de blocs dans la première figure**.
> Dans ces cas, on peut dire que le nombre de blocs varie **directement** avec le numéro de la figure.

2. Encercle les suites où le nombre de blocs varie directement avec le numéro de la figure.

a)

Numéro de la figure	Nombre de blocs
1	4
2	8
3	12

b)

Numéro de la figure	Nombre de blocs
1	5
2	11
3	17

c)

Numéro de la figure	Nombre de blocs
1	5
2	10
3	15

d)

Numéro de la figure	Nombre de blocs
1	7
2	14
3	23

PA5-28 : Identifier les règles de régularités – Partie II

1. Pour chaque régularité ci-dessous, le nombre de blocs *coloriés* augmente directement en relation avec le numéro de la figure. Cependant, le nombre *total* de blocs n'augmente pas directement.

   i) Écris une règle pour le nombre de blocs *coloriés* dans chaque suite.
   ii) Écris une règle pour le *nombre total* de blocs dans chaque suite.

a)

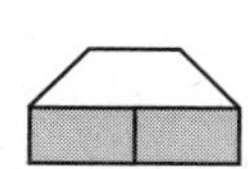
Figure 1

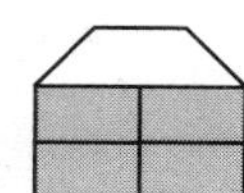
Figure 2

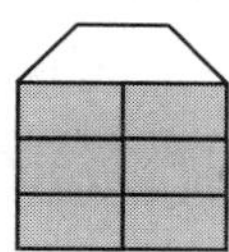
Figure 3

Règle pour le nombre de blocs coloriés :

2 × Numéro de la figure

Règle pour le nombre total de blocs :

2 × Numéro de la figure + 1

b)

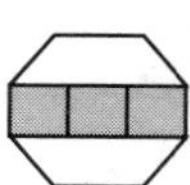
Figure 1

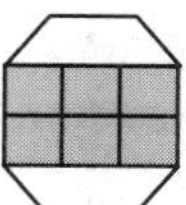
Figure 2

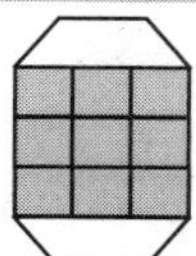
Figure 3

Règle pour le nombre de blocs coloriés :

____

Règle pour le nombre total de blocs :

____

c)

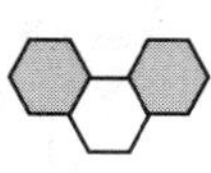
Figure 1

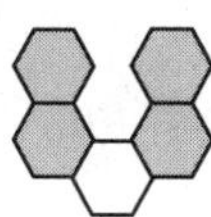
Figure 2

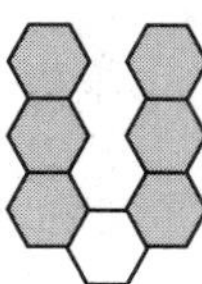
Figure 3

Règle pour le nombre de blocs coloriés :

____

Règle pour le nombre total de blocs :

____

d)

Figure 1

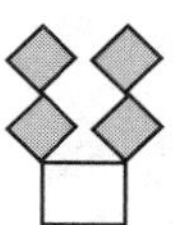
Figure 2

Figure 3

Règle pour le nombre de blocs coloriés :

____

Règle pour le nombre total de blocs :

____

e) Règle pour le nombre de blocs coloriés :

____

Règle pour le nombre total de blocs :

____

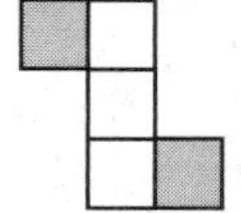
Figure 1

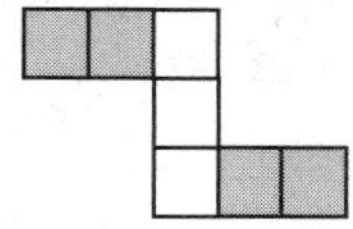
Figure 2

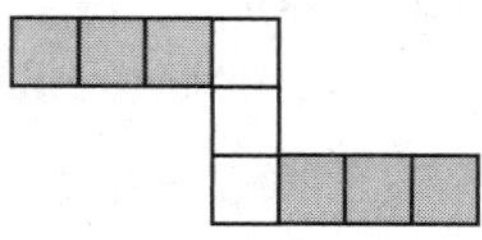
Figure 3

2. Dessine ou construis une suite de figures qui correspond avec les tableaux suivants. Colorie la partie de chaque figure qui varie directement en relation avec le numéro de la figure.

a)

Numéro de la figure	Nombre de blocs
1	3
2	5
3	7

b)

Numéro de la figure	Nombre de blocs
1	4
2	6
3	8

c)

Numéro de la figure	Nombre de blocs
1	6
2	10
3	14

PA5-29 : Prédire les écarts entre les termes d'une régularité

1. Remplis le tableau en utilisant la règle donnée.

a) Règle : Multiplie par 3 et additionne 2

ENTRÉE	SORTIE
1	
2	
3	

Écart : ________________

b) Règle : Multiplie par 3 et additionne 1

ENTRÉE	SORTIE
1	
2	
3	

Écart : ________________

c) Règle : Multiplie par 4 et additionne 2

ENTRÉE	SORTIE
1	
2	
3	

Écart : ________________

d) Règle : Multiplie par 2 et additionne 5

ENTRÉE	SORTIE
1	
2	
3	

Écart : ________________

e) Compare **l'écart** dans chaque régularité ci-dessus à la règle pour la régularité. Que remarques-tu?

____

____

2. Pour chaque régularité ci-dessous, fais un tableau en T tel qu'indiqué. Écris le nombre total de blocs (coloriés et non coloriés) et l'écart.

Peux-tu prédire l'écart pour chaque régularité avant de remplir le tableau?

Numéro de la figure	Nombre de blocs
1	
2	
3	

Figure 1

Figure 2

Figure 3

Figure 1

Figure 2

Figure 3

Figure 1

Figure 2

Figure 3

Peux-tu écrire une règle pour chaque régularité qui indique comment trouver le nombre de blocs à partir du numéro de la figure?

PA5-30 : Identifier les règles de tableaux en T – Partie III

Dans le tableau en T, le nombre de « sortie » est calculé à partir du nombre d' « entrée » en utilisant **deux** opérations.

Pour trouver la règle …

ENTRÉE	SORTIE
1	5
2	8
3	11

Étape 1 : Trouve l'écart entre les nombres dans la colonne « SORTIE ».

ENTRÉE	ENTRÉE × ÉCART	SORTIE	
1		5	
			3
2		8	
			3
3		11	

Étape 2 : Multiplie les nombres dans la colonne « ENTRÉE » par le chiffre de l'écart.

ENTRÉE	ENTRÉE × ÉCART	SORTIE	
1	3	5	
			3
2	6	8	
			3
3	9	11	

Étape 3 : Quel nombre dois-tu additionner à chaque nombre dans la deuxième colonne pour obtenir le nombre de sortie?

ENTRÉE	ENTRÉE × ÉCART	SORTIE	
1	3	5	
			3
2	6	8	
			3
3	9	11	

Additionne 2

Étape 4 : Écris une règle pour le tableau en T.

Multiplie le nombre d'ENTRÉE par 3 et additionne 2

1. Suis les étapes indiquées ci-dessus pour trouver la règle qui indique comment calculer le nombre de SORTIE à partir du nombre d'ENTRÉE.

a)

ENTRÉE	ENTRÉE × ÉCART	SORTIE
1		5
2		9
3		13

Additionne ____

Règle : Multiplie par ____ et additionne ____

b)

ENTRÉE	ENTRÉE × ÉCART	SORTIE
1		3
2		5
3		7

Additionne ____

Règle : Multiplie par ____ et additionne ____

c)

ENTRÉE	ENTRÉE × ÉCART	SORTIE
1		7
2		10
3		13

Additionne ____

Règle : Multiplie par ____ et additionne ____

d)

ENTRÉE	ENTRÉE × ÉCART	SORTIE
1		6
2		8
3		10

Additionne ____

Règle : Multiplie par ____ et additionne ____

2. Écris une règle qui indique comment calculer la SORTIE à partir de l'ENTRÉE.

a)

ENTRÉE	ENTRÉE × ÉCART	SORTIE
1		9
2		14
3		19

Multiplie par ______ et additionne _____

b)

ENTRÉE	ENTRÉE × ÉCART	SORTIE
1		12
2		18
3		24

Multiplie par ______ et additionne ______

c)

ENTRÉE	ENTRÉE × ÉCART	SORTIE
1		6
2		10
3		14

Multiplie par ______ et additionne ______

d)

ENTRÉE	ENTRÉE × ÉCART	SORTIE
1		6
2		11
3		16

Multiplie par ______ et additionne ______

3. Écris la règle qui indique comment calculer le nombre de SORTIE à partir du nombre d'ENTRÉE (cette fois-ci, tu dois soustraire plutôt qu'additionner).

a)

ENTRÉE	ENTRÉE × ÉCART	SORTIE
1		4
2		9
3		14

Multiplie par ______ et soustrais ______

b)

ENTRÉE	ENTRÉE × ÉCART	SORTIE
1		1
2		4
3		7

Multiplie par ______ et soustrais ______

c)

ENTRÉE	ENTRÉE × ÉCART	SORTIE
1		2
2		6
3		10

Multiplie par ______ et soustrais ______

d)

ENTRÉE	ENTRÉE × ÉCART	SORTIE
1		5
2		11
3		17

Multiplie par ______ et soustrais ______

4. Écris la règle qui indique comment arriver au nombre de SORTIE à partir du nombre d'ENTRÉE. (Chaque règle comporte deux opérations : soit une multiplication et une addition, soit une multiplication et une soustraction.)

a)

Entrée	Sortie
1	4
2	7
3	10

Règle :

b)

Entrée	Sortie
1	6
2	11
3	16

Règle :

c)

Entrée	Sortie
1	7
2	10
3	13

Règle :

d)

Entrée	Sortie
1	9
2	13
3	17

Règle :

e)

Entrée	Sortie
1	1
2	4
3	7

Règle :

f)

Entrée	Sortie
1	22
2	32
3	42

Règle :

5. Écris une règle qui indique comment arriver au nombre de SORTIE à partir du nombre d'ENTRÉE. (Chaque règle peut comporter une ou deux opérations. Dans certains cas, tu devras peut-être deviner et vérifier.)

a)

Entrée	Sortie
1	2
2	7
3	12
4	17

Règle :

b)

Entrée	Sortie
1	3
2	9
3	15
4	21

Règle :

c)

Entrée	Sortie
1	5
2	6
3	7
4	8

Règle :

d)

Entrée	Sortie
1	5
2	7
3	9
4	11

Règle :

e)

Entrée	Sortie
3	9
5	15
1	3
7	21

Règle :

f)

Entrée	Sortie
3	7
7	15
2	5
1	3

Règle :

6. Dessine la figure 4 et remplis le tableau en T.

a) 1 2 3 4

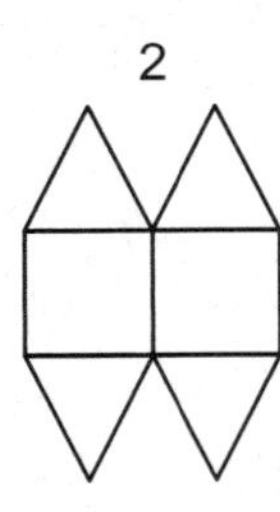

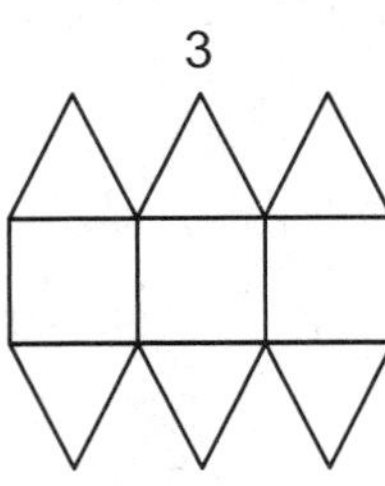

Numéro de la figure	Nombre de triangles
1	
2	
3	
4	

Règle pour le tableau en T : ______________________________

Utilise cette règle pour prédire combien de triangles il te faudra pour la figure 9 : __________

b) 1 2 3 4

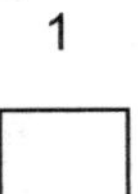

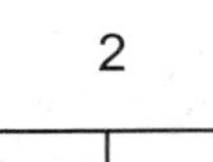

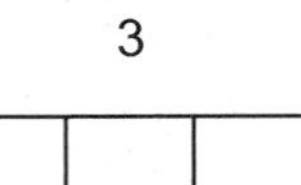

Numéro de la figure	Périmètre
1	
2	
3	
4	

Règle pour le tableau en T : ______________________________

Utilise cette règle pour prédire le périmètre de la figure 11 : __________________

c) 1 2 3 4

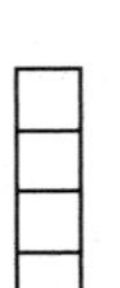

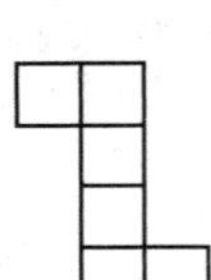

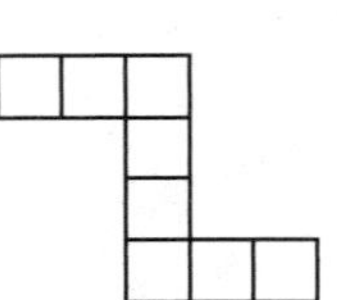

Numéro de la figure	Nombre de carrés
1	
2	
3	
4	

Règle pour le tableau en T : ______________________________

Utilise cette règle pour prédire le nombre de carrés dont tu auras besoin pour la figure 8 : ______

d) 1 2 3 4

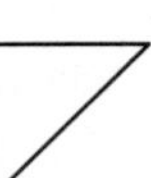

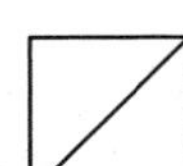

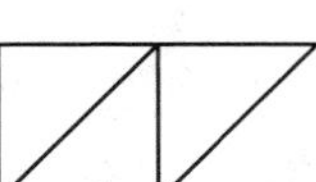

Numéro de la figure	Segments de ligne
1	
2	
3	
4	

Règle pour le tableau en T : ______________________________

Utilise cette règle pour prédire combien de segments de ligne la figure 23 aura : __________

PA5-31 : Régularités créées en utilisant une opération

1. Écris le signe qui convient (+ ou ×) dans le cercle pour montrer l'opération utilisée.

a) 6 ◯ 2 = 8 b) 3 ◯ 1 = 3 c) 4 ◯ 3 = 7 d) 2 ◯ 5 = 10

e) 8 ◯ 1 = 9 f) 4 ◯ 5 = 9 g) 2 ◯ 3 = 6 h) 3 ◯ 4 = 12

i) 4 ◯ 2 = 8 j) 5 ◯ 1 = 6 k) 6 ◯ 3 = 9 l) 4 ◯ 1 = 4

2. Écris le signe qui convient (+, –, ou ×) dans le cercle pour montrer l'opération utilisée.

a) 8 ◯ 4 = 32 b) 3 ◯ 2 = 6 c) 3 ◯ 3 = 9 d) 5 ◯ 1 = 4

e) 2 ◯ 4 = 8 f) 4 ◯ 4 = 8 g) 7 ◯ 3 = 4 h) 9 ◯ 3 = 12

i) 9 ◯ 3 = 6 j) 5 ◯ 1 = 6 k) 5 ◯ 1 = 5 l) 8 ◯ 14 = 22

3. Continue les suites suivantes en **multipliant** chaque terme par le nombre donné.

a) 2 (×3), 6 , ____ , ____ , ____ b) 1 (×3), 3 , ____ , ____ , ____

c) 3 (×2), 6 , ____ , ____ , ____ d) 1 (×6), 6 , ____ , ____ , ____

4. On est arrivé à chaque terme dans les suites ci-dessous en **multipliant** le terme précédent par un nombre fixe. Trouve le nombre et continue la suite.

a) 2 (× ◯), 4 , 8 , ____ , ____ b) 3 (× ◯), 9 , 27 , ____ , ____

c) 1 (× ◯), 5 , 25 , ____ , ____ d) 2 (× ◯), 10 , 50 , ____ , ____

5. Chaque suite a été faite en utilisant une seule opération : **multiplication**, **addition**, ou **soustraction**. Continue la suite.

a) 1 , 2 , 4 , ____ , ____ b) 5 , 8 , 11 , ____ , ____ c) 18 , 14 , 10 , ____ , ____

d) 3 , 6 , 12 , ____ , ____ e) 14 , 18 , 22 , ____ , ____ f) 1 , 3 , 9 , ____ , ____

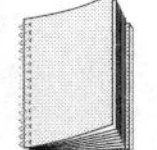

6. Écris une règle pour chaque suite à la question 5.
(La règle pour la première suite est : Commence à 1, multiplie par 2.)

PA5-32 : Les régularités avec des étapes croissantes et décroissantes

1. Dans les suites ci-dessous, l'étape ou l'écart entre les nombres est croissant ou décroissant. Vois-tu une régularité dans la façon dont les écarts changent? Utilise la régularité pour continuer la suite.

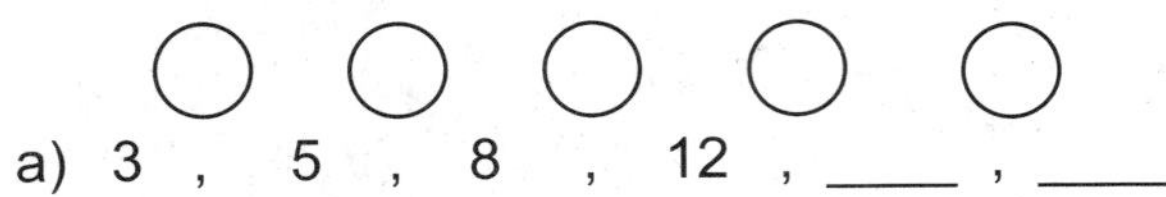

a) 3 , 5 , 8 , 12 , ____ , ____

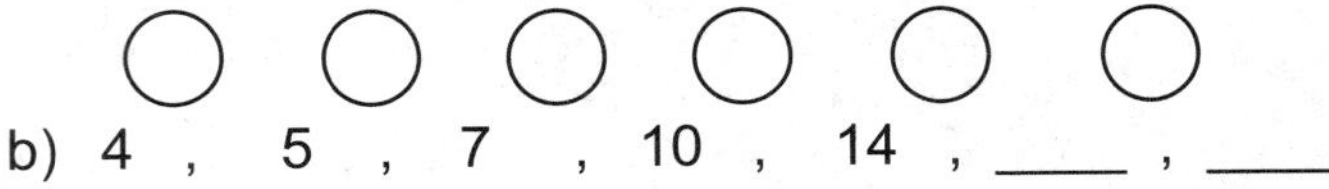

b) 4 , 5 , 7 , 10 , 14 , ____ , ____

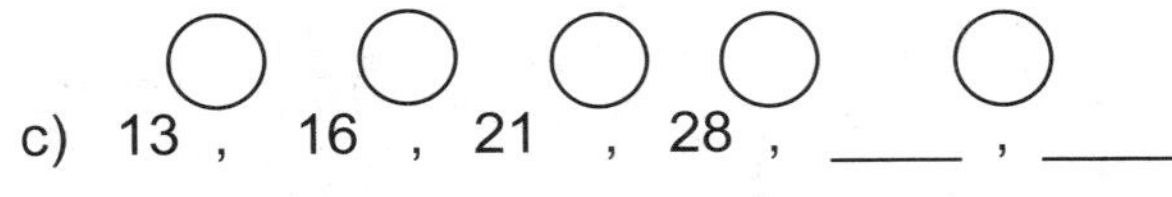

c) 13 , 16 , 21 , 28 , ____ , ____

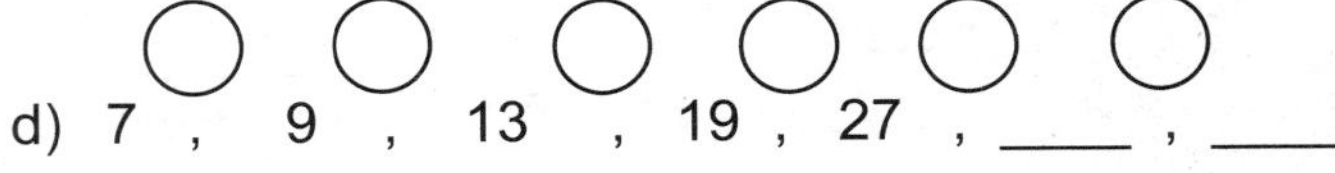

d) 7 , 9 , 13 , 19 , 27 , ____ , ____

e) 28 , 22 , 17 , 13 , ____ , ____

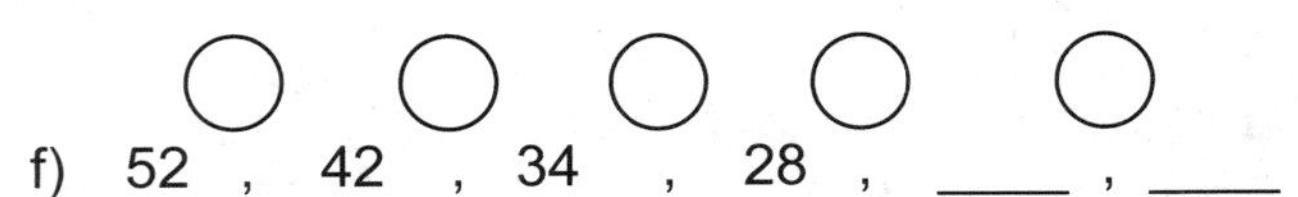

f) 52 , 42 , 34 , 28 , ____ , ____

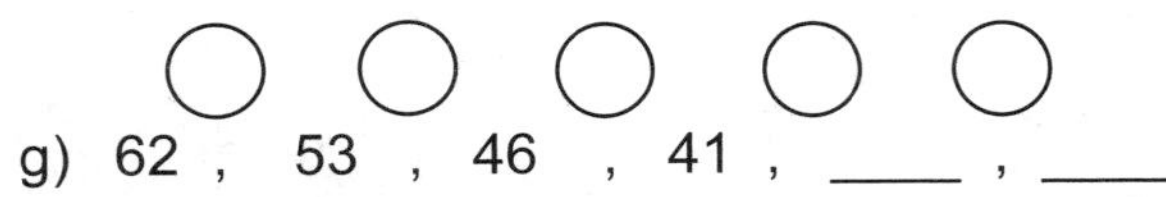

g) 62 , 53 , 46 , 41 , ____ , ____

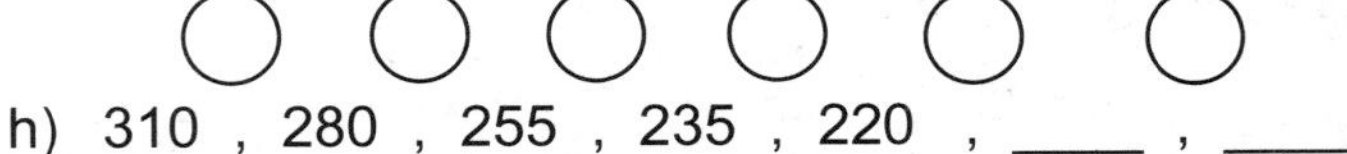

h) 310 , 280 , 255 , 235 , 220 , ____ , ____

2. Complète le tableau en T pour les figures 3 et 4. Utilise ensuite la régularité dans les écarts pour prédire le nombre de carrés dans les figures 5 et 6.

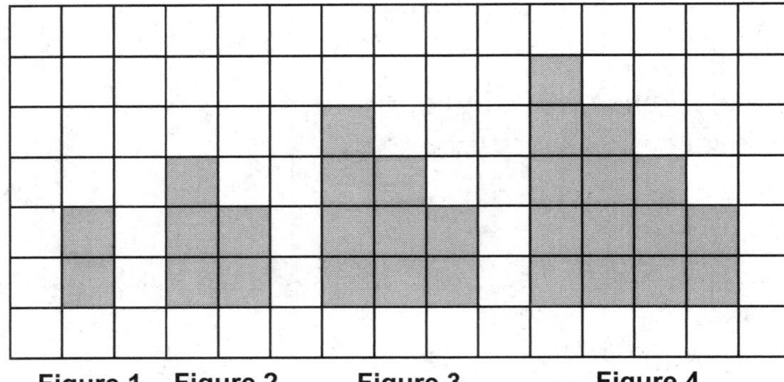

Figure 1 Figure 2 Figure 3 Figure 4

Figure	Nombre de carrés
1	2
2	5
3	
4	
5	
6	

Écris le nombre de carrés ajouté à chaque fois ici.

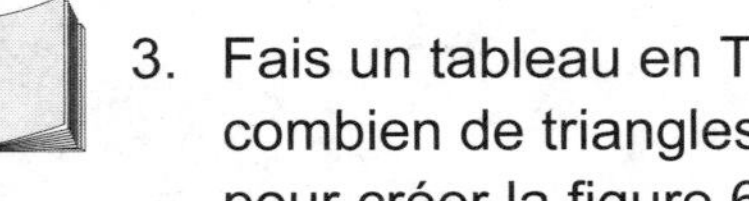

3. Fais un tableau en T pour prédire combien de triangles il te faudra pour créer la figure 6.

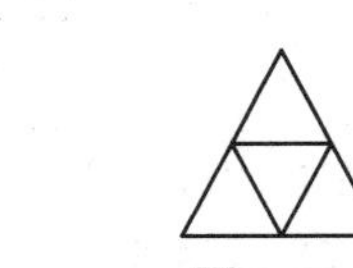

Figure 1

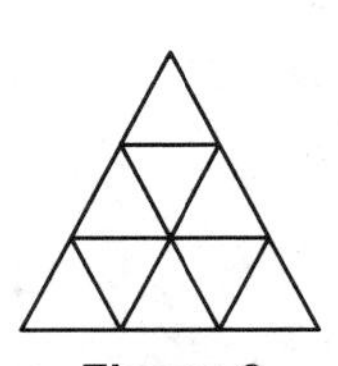

Figure 2

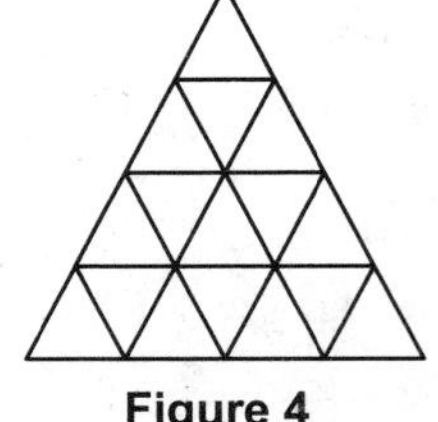

Figure 3

Figure 4

PA5-32 : Les régularités avec des étapes croissantes et décroissantes
(suite)

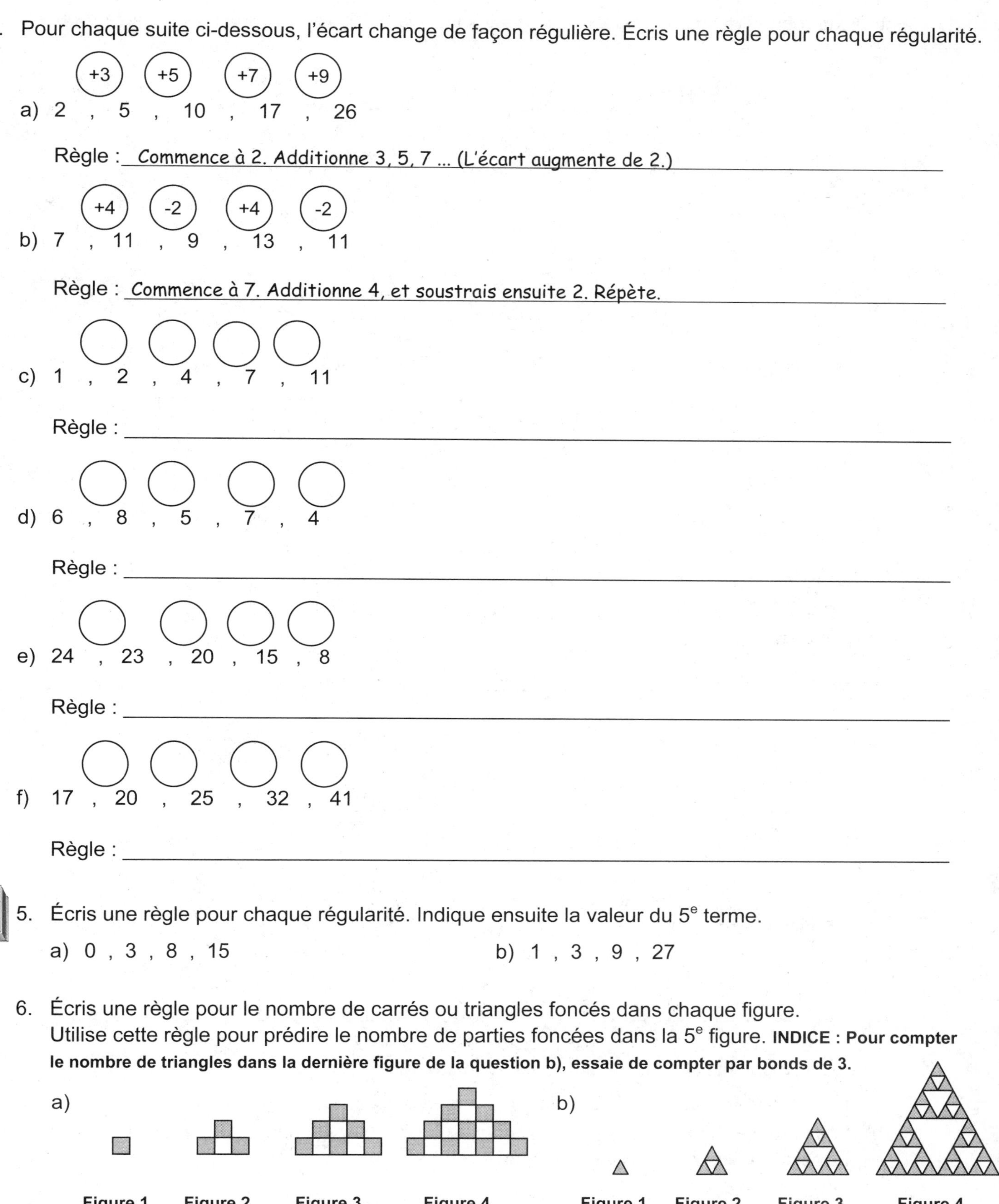

4. Pour chaque suite ci-dessous, l'écart change de façon régulière. Écris une règle pour chaque régularité.

a) 2 , 5 , 10 , 17 , 26 (+3, +5, +7, +9)

Règle : Commence à 2. Additionne 3, 5, 7 ... (L'écart augmente de 2.)

b) 7 , 11 , 9 , 13 , 11 (+4, -2, +4, -2)

Règle : Commence à 7. Additionne 4, et soustrais ensuite 2. Répète.

c) 1 , 2 , 4 , 7 , 11

Règle : ______

d) 6 , 8 , 5 , 7 , 4

Règle : ______

e) 24 , 23 , 20 , 15 , 8

Règle : ______

f) 17 , 20 , 25 , 32 , 41

Règle : ______

5. Écris une règle pour chaque régularité. Indique ensuite la valeur du 5e terme.

a) 0 , 3 , 8 , 15

b) 1 , 3 , 9 , 27

6. Écris une règle pour le nombre de carrés ou triangles foncés dans chaque figure. Utilise cette règle pour prédire le nombre de parties foncées dans la 5e figure. **INDICE : Pour compter le nombre de triangles dans la dernière figure de la question b), essaie de compter par bonds de 3.**

a)

Figure 1 Figure 2 Figure 3 Figure 4

b)

Figure 1 Figure 2 Figure 3 Figure 4

PA5-33 : Créer et continuer des régularités (avancé)

1. Continue la régularité en donnant les 3 prochains termes. Écris ensuite une règle pour la régularité.

   a) 357 , 362 , 367 , 372 , 377 , ______ , ______ , ______

   Règle : ______

   b) 6 , 10 , 7 , 11 , 8 , 12 , ______ , ______ , ______

   Règle : ______

   c) 42 , 40 , 37 , 33 , ______ , ______ , ______

   Règle : ______

2. Utilise les lettres de l'alphabet pour continuer les régularités suivantes :

   A B C D E F G H I J K L M N O P Q R S T U V W X Y Z

   a) A , C , E , G , ____ , ____

   b) A , D , G , J , ____ , ____

   c) Z , X , V , T , ____ , ____

   d) Z , U , P , K , ____ , ____

   e) A , C , F , J , O , ____

   f) Z , Y , W , T , ____ , ____

3. Continue les régularités.

   a) M N , M M N N , M M M ____ , ________

   b) 2 T , 22 T , 222 T, ________ , ________

   c) R r R, R r r r R, R r r r r r R, ________

   d) 030, 060, 090, 030, ______, ______, ______

   e) AA, AB, AC, AD, ____, ____

   f) AA3, AB6, AC9, AD12, ______

   g) 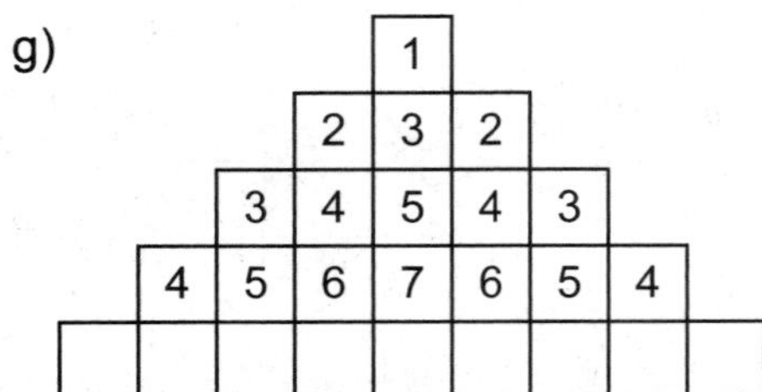

   h) 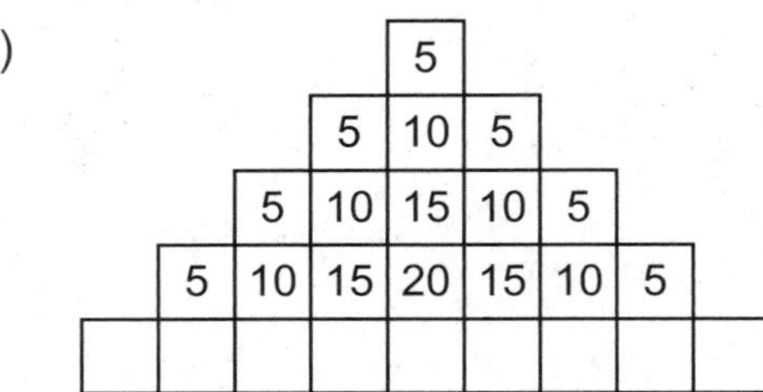

4. Crée une régularité pour les situations suivantes :

   a) Les nombres augmentent, diminuent, augmentent, diminuent, et ainsi de suite.
   b) Les nombres dans la régularité augmentent en multipliant chaque terme par le même nombre.
   c) La régularité se répète à tous les quatre termes.

5. Crée ta propre régularité en utilisant les lettres de l'alphabet. Écris une règle pour ta régularité.

PA5-34 : Les régularités avec des nombres plus grands

1. Fais une addition ou une multiplication pour compléter les tableaux suivants.

a)

Jours	Heures
1	24
2	
3	
4	
5	

b)

Années	Jours
1	365
2	
3	

c)

Tonnes	Kilogrammes
1	1000
2	
3	
4	

2. a) Un colibri prend 250 respirations par minute.
   Combien de respirations un colibri va-t-il prendre en 3 minutes?
   b) Environ combien de respirations prends-tu en une minute?
   c) Environ combien de respirations vas-tu prendre en 3 minutes?
   d) Combien de respirations un colibri prendra-t-il de plus que toi en 3 minutes?

3. Peux-tu trouver la réponse rapidement en regroupant les termes d'une façon intelligente?

   a) 52 – 52 + 52 – 52 + 52 – 52 + 52

   b) 375 + 375 + 375 – 75 – 75 – 75

4.

Dans une année bissextile, le mois de février a 29 jours.
Il y a une année bissextile tous les 4 ans.
L'année 2008 est une année bissextile.
L'année 2032 sera-t-elle une année bissextile?

5. Utilise la multiplication ou une calculatrice pour trouver les premiers produits. Cherche une régularité dans les réponses. Sers-toi de cette régularité pour répondre aux autres questions.

a) 37 x 3 = ______________

37 x 6 = ______________

37 x 9 = ______________

__________ = ______________

__________ = ______________

b) 1 x 1 = ______________

11 x 11 = ______________

111 x 111 = ______________

__________ = ______________

__________ = ______________

BONUS

6. Peux-tu découvrir, avec une calculatrice, une régularité comme celles de la question 5?

PA5-35 : Introduction à l'algèbre

1. Il y a des pommes dans une boîte et d'autres en dehors de la boîte. On te montre le nombre total de pommes. Dessine les pommes qui manquent dans la boîte.

a) = +

nombre total de pommes

b) = +

c) + =

d) + =

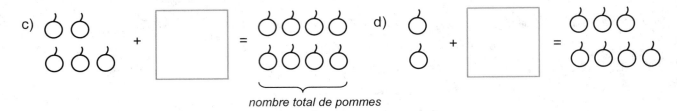

nombre total de pommes

2. Dessine les pommes qui manquent dans la boîte. Écris ensuite une équation représentant l'illustration.

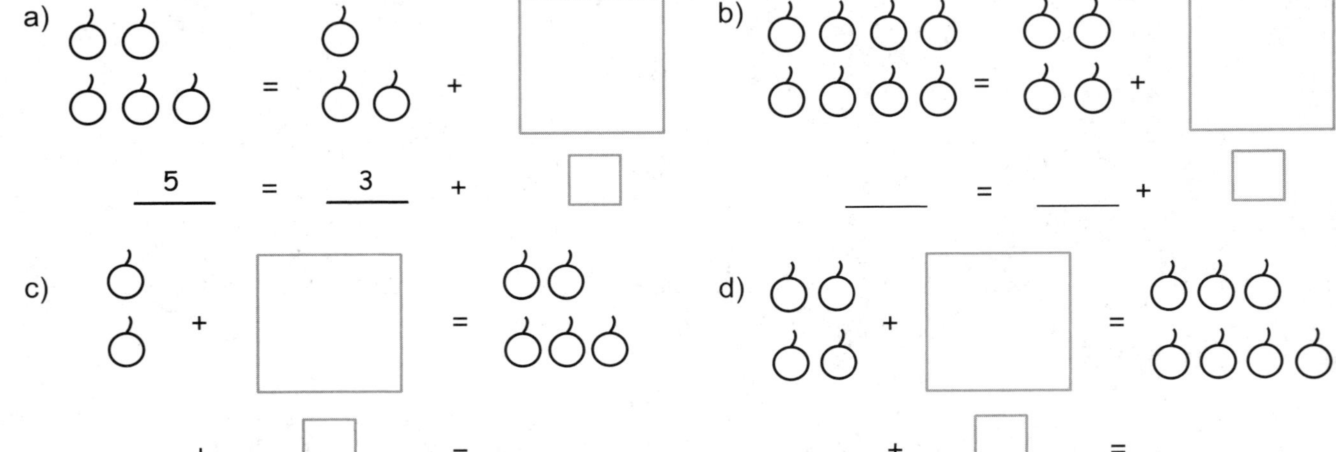

3. Écris une équation pour chaque situation. (Utilise une boîte pour représenter la quantité inconnue.)

a) Il y a 9 pommes en tout. 5 sont en dehors de la boîte. Combien de pommes y a-t-il dans la boîte?

9 = 5 + ☐

b) Il y a 7 pommes en tout. 3 sont en dehors de la boîte. Combien de pommes y a-t-il dans la boîte?

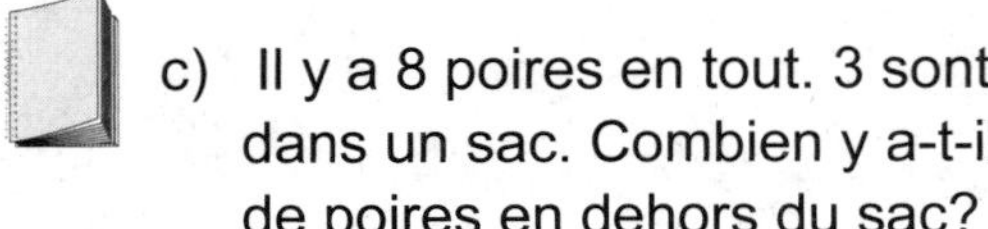

c) Il y a 8 poires en tout. 3 sont dans un sac. Combien y a-t-il de poires en dehors du sac?

d) 10 éleves sont dans la bibliothèque. 2 sont dans la salle d'ordinateurs. Combien sont à l'extérieur de la salle?

e) 7 enfants sont dans le gymna 2 sont dans la piscine. Comb ne sont pas dans la piscine?

f) Rena a 13 timbres. 5 sont canadiens. Combien sont d'autres pays?

g) Il y a 15 enfants dans un camp. 9 sont des filles. Combien y a-t-il de garçons?

h) Il y a 9 chiens dans une animalerie. 5 sont des chiots. Combien sont adultes?

PA5-36 : Algèbre

1. Tim a pris des pommes de la boîte. Montre combien de pommes il y avait dans la boîte au début.

a)  – =

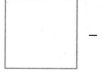

Tim a pris cette quantité. *Il reste cette quantité.*

b) – =

c) 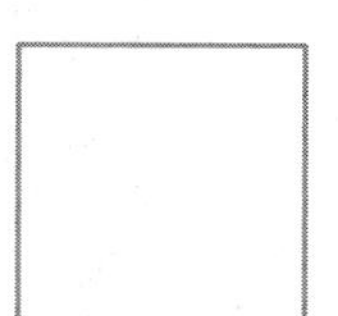 – 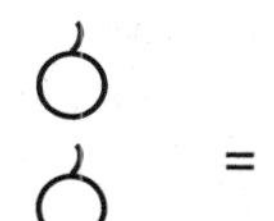 =

d) = –

2. Montre combien il y avait de pommes dans la boîte au début. Écris ensuite une équation pour le montrer.

a) 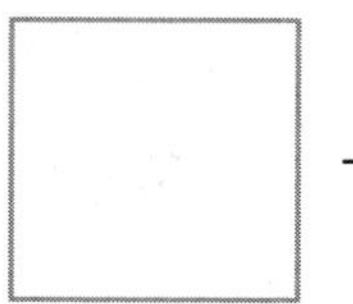 – 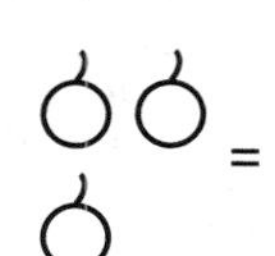 =

☐ – 3 = 4

b) 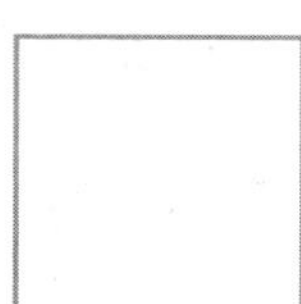 – = 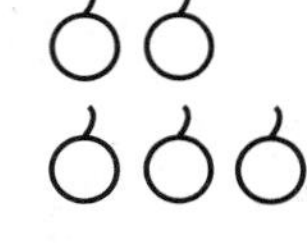

3. Dans les équations ci-après, 2 × ☐ est une façon abrégée de montrer ce qu'il y a dans deux boîtes identiques. Montre combien de pommes il y a dans chaque boîte.

a) 2 × 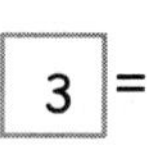 =

b) 2 × ☐ = 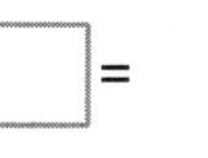

c) 3 × ☐ =

d) 3 × ☐ =

e) 4 × ☐ = 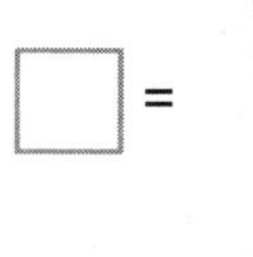

f) 2 × ☐ = 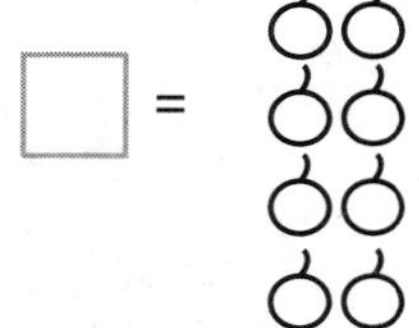

4. Écris une équation pour chaque situation.

a) Tom prend 3 pommes d'une boîte. Il reste 2 pommes.

Combien de pommes y avait-il dans la boîte?

b) Sarah prend 3 œufs d'un carton. Il reste 5 œufs.

Combien d'œufs y avait-il dans le carton?

c) Ed a 15 pommes dans 3 boîtes. Chaque boîte contient le même nombre de pommes.

Combien de pommes y a-t-il dans chaque boîte?

5. Écris un problème pour chaque équation.

a)  + 2 = 5

b) ☐ – 4 = 6

c) 3 × ☐ = 12

PA5-37 : Les variables

Une **variable** est une lettre ou un symbole (tel que **x**, **n**, ou **h**) qui représente un nombre.

Dans le produit d'un nombre et d'une variable, le signe de multiplication est généralement omis.

$3 \times T$ est écrit $3T$ et $5 \times z$ est écrit $5z$.

1. Écris une expression numérique qui représente le coût de louer des patins pendant …

Louez une paire de patins
3 $ par heure

a) 2 heures : 3 x 2 b) 5 heures : _______ c) 6 heures :________

2. Écris une expression qui représente la distance parcourue par une auto à …

a) Vitesse : 60 km par heure
Temps : 2 heures
Distance : ________ km

b) Vitesse: 80 km par heure
Temps : 3 heures
Distance : __________ km

c) Vitesse : 70 km par heure
Temps : h heures
Distance : ___________ km

3. Écris une expression algébrique qui représente le coût de louer des skis pour…

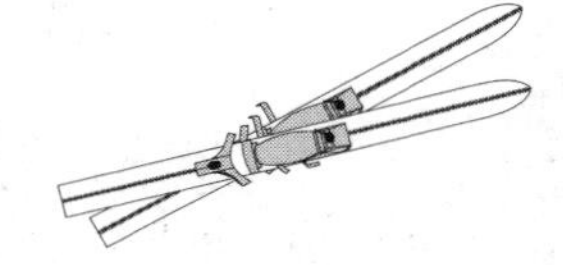

Louez une paire de skis
5 $ par heure

a) h heures : _____ ou ______ b) t heures : _____ ou ______

c) x heures : _____ ou ______ d) n heures : _____ ou ______

4. Écris une équation qui indique la relation entre le nombres dans la colonne A et dans la colonne B.

a)

A	B
1	4
2	5
3	6

A + 3 = B

b)

A	B
1	2
2	4
3	6

2 × A = B

c)

A	B
1	3
2	4
3	5

____

d)

A	B
1	3
2	6
3	9

____

e)

A	B
1	5
2	10
3	15

____

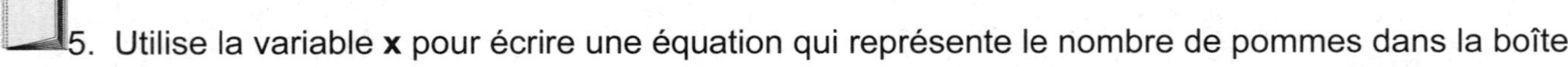

5. Utilise la variable **x** pour écrire une équation qui représente le nombre de pommes dans la boîte.

a) Il y a 10 pommes en tout.
4 sont en dehors de la boîte.
Combien y a-t-il de pommes dans la boîte?

b) Il y a 12 pommes en tout.
7 sont en dehors de la boîte.
Combien y a-t-il de pommes dans la boîte?

PA5-38 : Les équations

1. Trouve le nombre qui rend l'équation vraie (devine et vérifie). Écris-le dans la boîte.

a) □ + 3 = 9 b) □ + 2 = 5 c) □ + 4 = 10

d) 8 – □ = 6 e) 18 – □ = 14 f) 10 – □ = 7

g) 2 × □ = 8 h) 5 × □ = 20 i) 3 × □ = 12

j) □ ÷ 3 = 2 k) □ ÷ 5 = 3 l) □ ÷ 2 = 5

BONUS

m) 7 + 3 = 6 + □ n) 10 – 3 = □ + 2 o) □ + □ + 3 = 7

p) 9 = 1 + 2+ □ q) 7 + 8 = □ + 2 r) □ + 12 = 20 – 7

s) 5 x □ = 9 + 11 t) □ ÷ 2 = 7 – 4 u) 2 x 3 = □ ÷ 5

2. Trouve un ensemble de nombres qui rendent l'équation vraie. (Certaines questions ont plus d'une réponse.) **NOTE : Dans les questions, les formes congruentes représentent le <u>même</u> nombre.**

a) □ + □ + ○ = 10 b) □ + □ + ○ = 8

c) ◇ + ◇ + ○ + ○ = 8 d) □ + △ + ○ = 9

3. Trouve deux réponses différentes pour les équations.

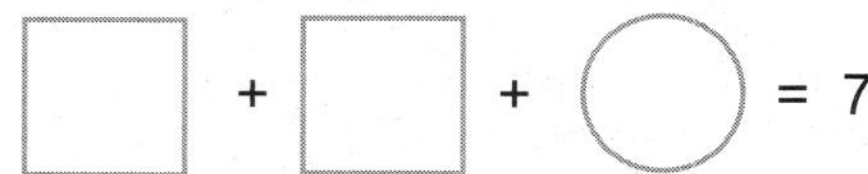

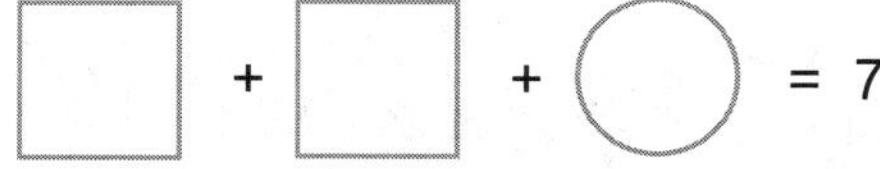

4. Trouve un même nombre qui rend les 2 équations vraies.

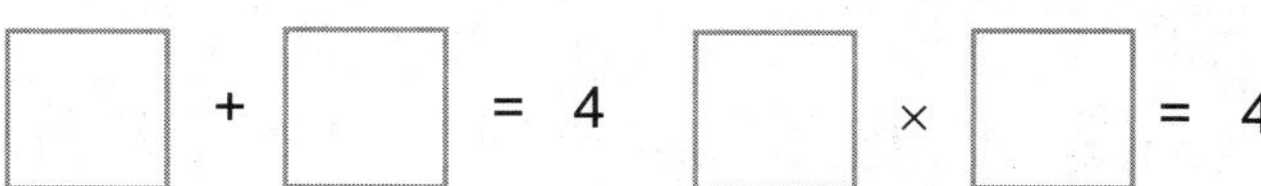

5. Trouve trois nombres différents qui rendent les 2 équations vraies.

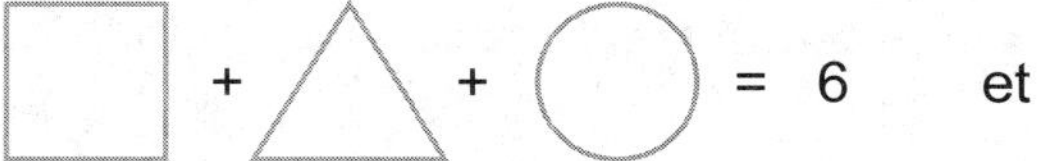

et

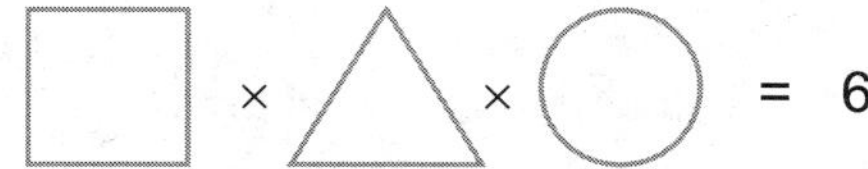

PA5-38 : Les équations *(suite)*

6. Trouve une combinaison de nombres qui rendent l'équation vraie. (Tu ne peux pas utiliser le nombre 1.)

a) 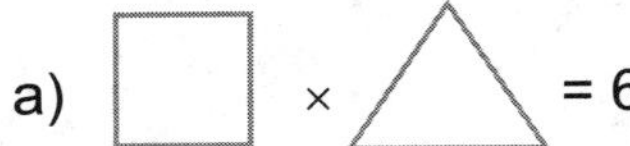 = 6

b)  = 8

c) □ × ○ = 10

d) □ × 3 = 3 × □

e) □ × □ × ○ = 12

f) □ × □ × ○ = 18

g) 3 × 10 = 2 × □ × △

7. Complète les régularités.

a)	b)	c)
10 + [1] = ○	10 − [1] = ○	10 × [1] = ○
10 + [2] = ○	10 − [2] = ○	10 × [2] = ○
10 + [3] = ○	10 − □ = ○	10 × □ = ○
10 + □ = ○	10 − □ = ○	10 × □ = ○

8. Pour chaque régularité à la question 7, décris comment le nombre dans le cercle change quand le nombre dans la boîte augmente de un.

9. Quand le nombre dans chaque boîte ci-dessous <u>double</u>, qu'est-ce qui arrive au produit? (Utilise la régularité pour répondre à la dernière question.)

5 × □ = 10   5 × □ = 20   5 × □ = 40   5 × □ = ______

10. Tu sais que 6 est le double de 3, et que $7 \times 3 = 21$, alors comment peux-tu trouver $7 \times 6 = 42$ sans multiplier 7×6?

11. Fran lance 3 fléchettes et marque 10 points.
La fléchette dans le cercle du centre vaut plus que les autres.
Chaque fléchette dans le cercle extérieur vaut plus de deux points.
Combien vaut chaque fléchette?
Indice : Comment une équation comme celle de la question 2 a) peut-elle t'aider à résoudre le problème?

PA5-39 : Problèmes et énigmes

Réponds aux questions ci-dessous dans ton cahier.

1. L'illustration ci-dessous montre combien de chaises peuvent être placées à chaque table arrangée de façon différente.

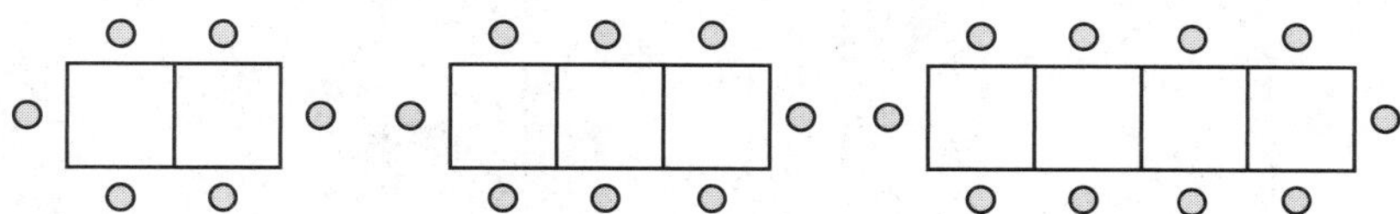

   a) Fais un tableau en T et énonce une règle qui décrit le lien entre le nombre de tables et le nombre de chaises.

   b) Combien de chaises peuvent être placées à 15 tables?

2. Julia fait des décorations en utilisant des triangles et des carrés. Elle a 16 carrés.

   De combien de triangles aura-t-elle besoin pour faire des décorations avec les 16 carrés?

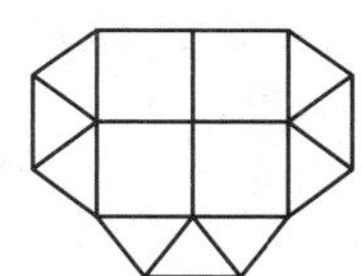

3. Raymond est à 400 km de sa maison mercredi matin.

   Il parcoure 65 km vers sa maison chaque jour.

   À quelle distance sera-t-il de sa maison samedi soir?

4. Explique pourquoi le terme souligné est ou n'est pas la prochaine étape de la régularité.

   a) 127, 124, 121, <u>118</u>

   b) 27, 31, 35, <u>40</u>

   c) 7, 5, 8, 6, <u>9</u>

5. Une recette demande 3 tasses de farine pour chaque 4 tasses d'eau.

   Combien de tasses d'eau faudra-t-il pour 18 tasses de farine?

6. Trouve le nombre mystère.

   a) Je suis un nombre à 2 chiffres. Je suis un multiple de 4 et de 6. Mon chiffre des dizaines est 2.

   b) Je suis plus grand que 20 et plus petit que 40. Je suis un multiple de 3. Mon chiffre des unités est 6.

7. Toutes les 6e personnes qui viennent à une vente de livres reçoivent un calendrier gratuit.
   Toutes les 8e personnes reçoivent un livre gratuit.
   Lesquelles des 50 premières personnes recevront un livre et un calendrier?

PA5-39 : Problèmes et énigmes *(suite)*

8. Décris comment chaque illustration a été créée à partir de l'illustration précédente.

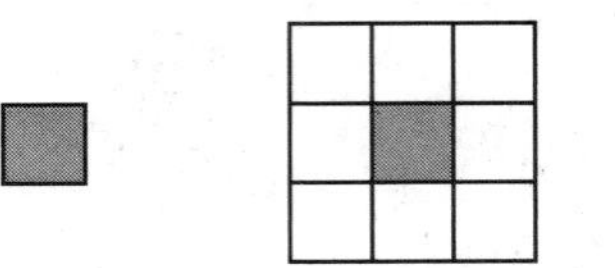

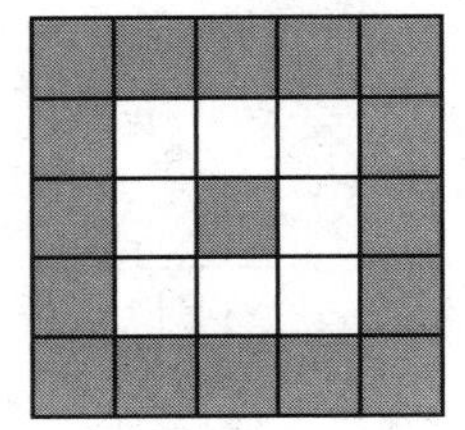

9. Quelle stratégie utiliserais-tu pour trouver la 63e forme dans la régularité suivante?

Quelle sera la forme?

10. Paul déblaie 26 trottoirs en 4 jours.

Chaque jour, il déblaie 3 trottoirs de plus que le jour précédent.

Combien de trottoirs a-t-il déblayés chaque jour?
Devine et vérifie!

11. Un camp offre 2 façons de louer un voilier.

Tu peux payer 8,50 $ pour la première heure et ensuite 4,50 $ pour chaque heure qui suit.

Ou bien tu peux payer 6 $ par heure.

Si tu voulais louer le voilier pendant 5 heures, quelle façon de payer choisirais-tu?

12. L'illustration montre comment la température dans un nuage change selon l'altitude du nuage.

a) Est-ce que la température augmente ou diminue aux plus hautes altitudes?

b) Quelle distance est-ce que la flèche représente en réalité?

c) Mesure la longueur de la flèche.

d) Quelle est l'échelle de l'illustration?

_____________ cm = _______________ m

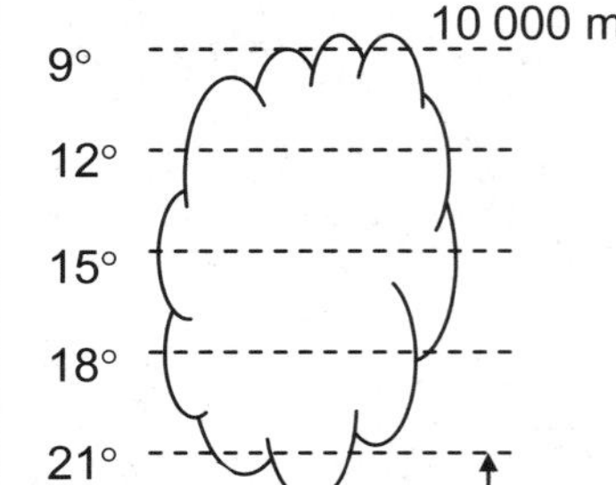

e) Les températures changent-elles du même montant chaque fois?

f) Si tu continues la régularité, quelle serait la température à
i) 12 000 m?
ii) 14 000 m?

13. Marlene dit qu'il lui faut 27 blocs pour faire la figure 7.

A-t-elle raison? Explique.

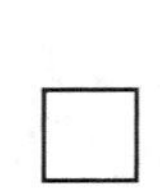
Figure 1

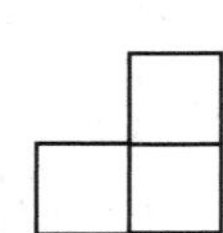
Figure 2

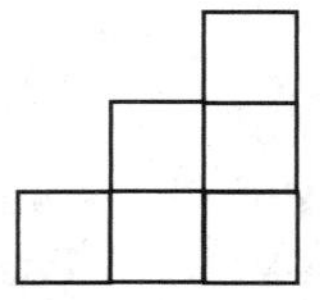
Figure 3

NS5-61 : Les parties égales et des modèles de fractions

Les **fractions** nomment les parties égales d'un entier.

La tarte est divisée en 4 parties égales.

3 des 4 parties sont coloriées.

$\frac{3}{4}$ de la tarte est coloriée.

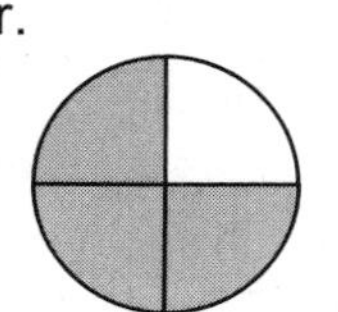

$\frac{3}{4}$

Le **numérateur** (3) indique combien de parties sont comptées.

Le **dénominateur** (4) indique combien de parties il y a en tout.

---

1. Nomme la fraction qui est représentée par la partie coloriée de chaque illustration.

a) 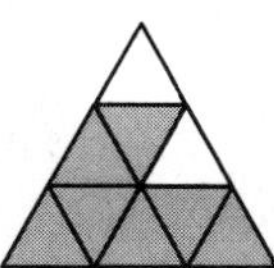

b) 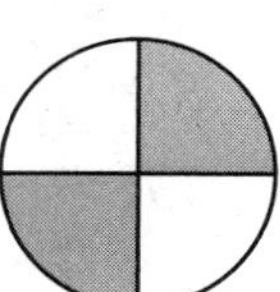

c) 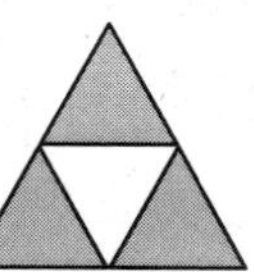

d) 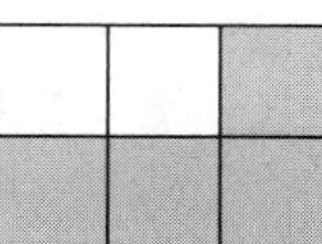

2. Tu as $\frac{5}{8}$ d'une tarte.

a) Qu'est-ce que le chiffre du bas (dénominateur) de la fraction représente?

____

b) Qu'est-ce que le chiffre du haut (numérateur) de la fraction représente?

____

3. Utilise une **règle** pour diviser chaque boîte en parties égales.

a) 4 parties égales 

b) 5 parties égales 

4. Utilise une **règle** pour trouver la fraction de chaque boîte représentée par la partie coloriée.

a)  _____ est colorié

b) 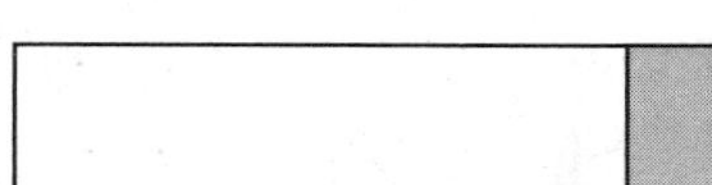 _____ est colorié

5. Utilise une **règle** pour compléter les figures suivantes et en faire des entiers.

a) 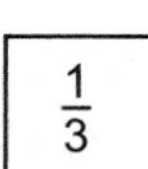

b) 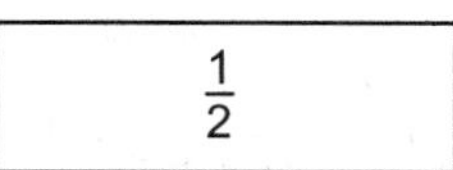

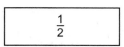

c) 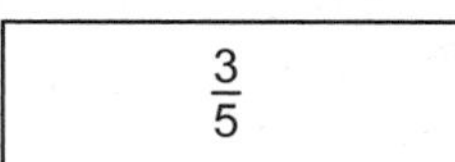

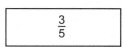

6. Chacune des lignes ci-dessous représente $\frac{1}{3}$ d'une ligne. Avec une **règle**, complète les lignes pour en faire des entiers.

a) 

b) __________

7. Explique pourquoi chaque illustration représente (ou ne représente pas) $\frac{1}{3}$.

a) 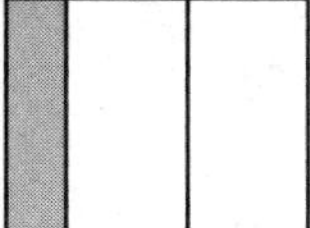

b) 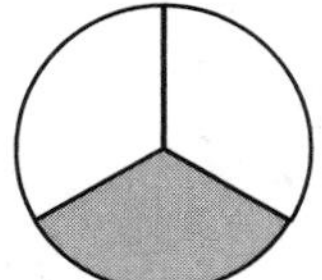

c) 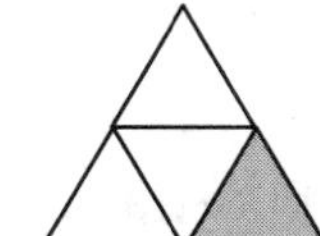

d) 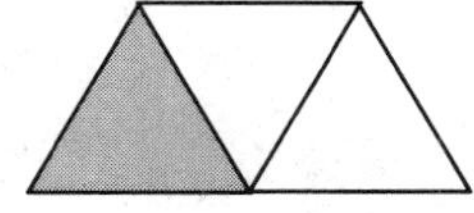

NS5-62 : Les parties égales d'un ensemble

Les fractions peuvent servir à identifier les parties d'un ensemble : $\frac{3}{5}$ des figures sont des triangles, $\frac{1}{5}$ sont des carrés et $\frac{1}{5}$ sont des cercles.

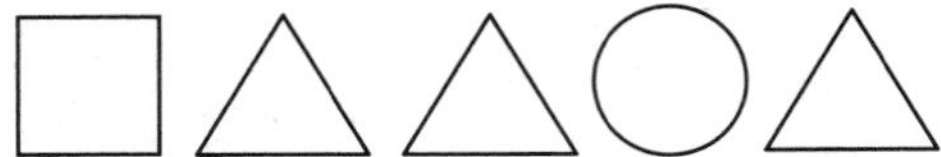

---

1. Remplis les espaces vides.

a) 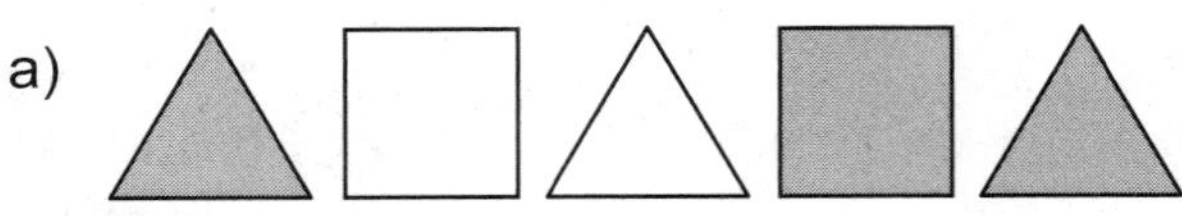

______ des figures sont des triangles.

______ des figures sont coloriées.

b)

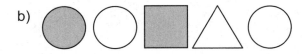

______ des figures sont des carrés.

______ des figures sont coloriées.

2. Remplis les espaces vides.

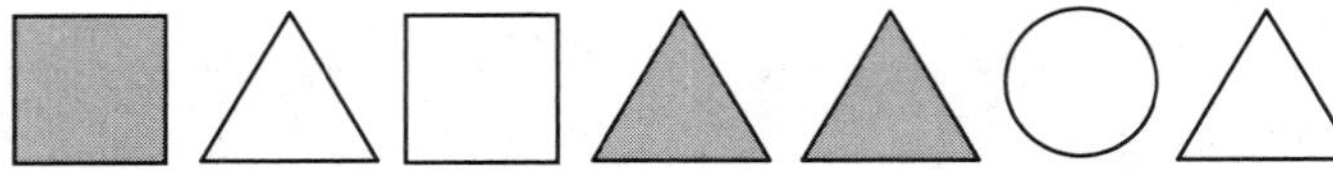

a) $\frac{4}{7}$ des figures sont ________________

b) $\frac{2}{7}$ des figures sont ________________

c) $\frac{1}{7}$ des figures sont ________________

d) $\frac{3}{7}$ des figures sont ________________

3. 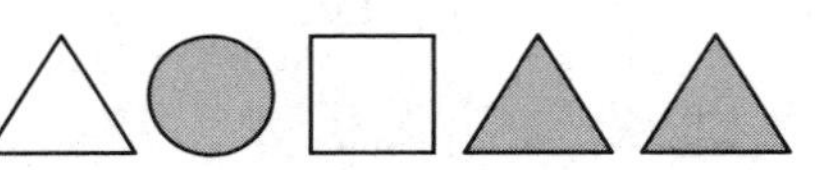

Décris cette illustration de deux différentes façons en utilisant la fraction $\frac{3}{5}$.

4. Une équipe de football gagne 7 parties et en perd 5.

a) Combien de parties l'équipe a-t-elle jouées? ____________

b) Quelle <u>fraction</u> des parties l'équipe a-t-elle gagnée? ____________

c) L'équipe a-t-elle gagné plus de la moitié de ses parties? ____________

5.

	Nombre de garçons	Nombre de filles
La famille Smith	2	3
La famille Sinha	1	2

a) Quelle fraction des enfants dans chaque famille les garçons représentent-ils?

Smith _______ Sinha _______

b) Quelle fraction de tous les enfants les garçons représentent-ils? _______

6. Quelle fraction des lettres du nom « Canada » est représentée par des …

a) voyelles? _________ b) consonnes? _________

7. Exprime 7 mois en fraction d'une année : ___________

8. Écris une fraction pour chaque énoncé.

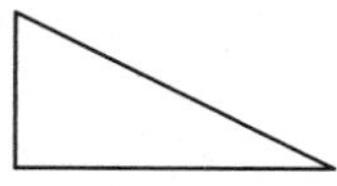 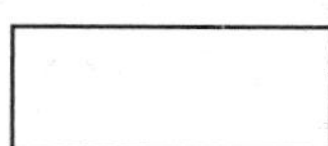 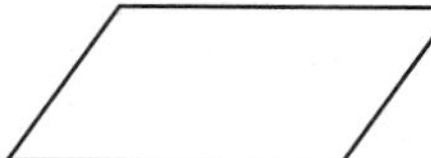 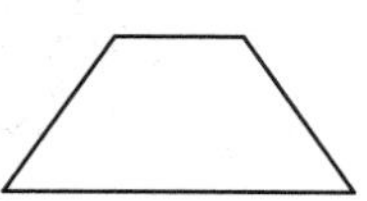 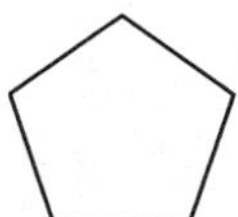 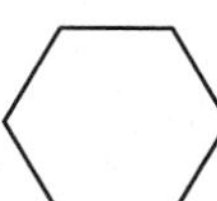

a) ☐ des figures ont 4 sommets

b) ☐ des figures ont plus de 4 côtés

c) ☐ des figures ont exactement un angle droit

d) ☐ des figures ont exactement 2 paires de côtés parallèles

9. Écris deux énoncés de fraction pour les figures à la question 8 ci-dessus.

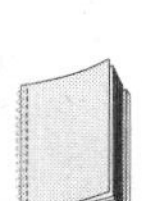

10. Fais un dessin pour résoudre l'énigme.

a) Il y a 7 figures (des cercles et des carrés).

$\frac{2}{7}$ des figures sont des carrés.

$\frac{5}{7}$ des figures sont coloriées.

Trois cercles sont coloriés.

b) Il y a 8 figures (des triangles et des carrés).

$\frac{6}{8}$ des figures sont coloriées.

$\frac{2}{8}$ des figures sont des triangles.

Un triangle est colorié.

NS5-63 : Les parties et les entiers

1. 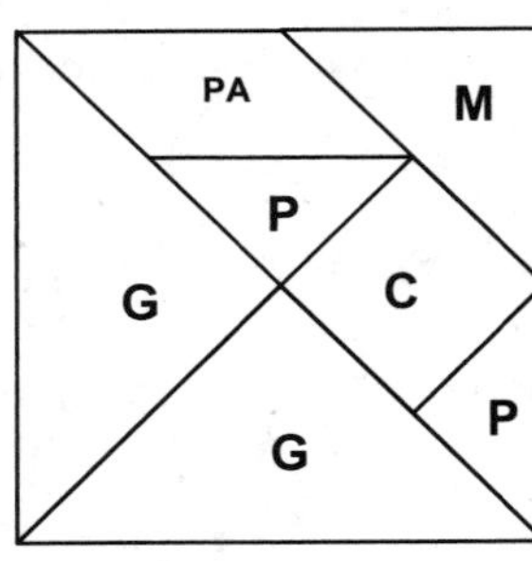

Dans un tangram …

- 2 petits triangles (**P**) peuvent recouvrir un triangle moyen (**M**)
- 2 petits triangles (**P**) peuvent recouvrir un carré (**C**)
- 2 petits triangles (**P**) peuvent recouvrir un parallélogramme (**PA**)
- 4 petits triangles (**P**) peuvent recouvrir un grand (**G**) triangle

Quelle fraction de chaque figure est recouverte par un <u>seul</u> petit triangle?

a)  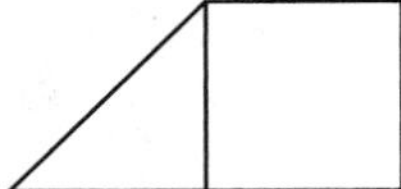

b)  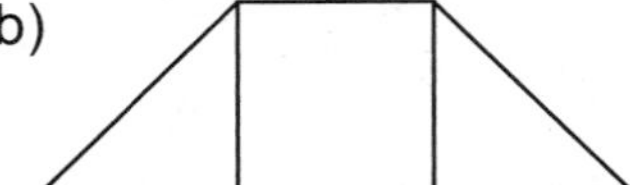

c) 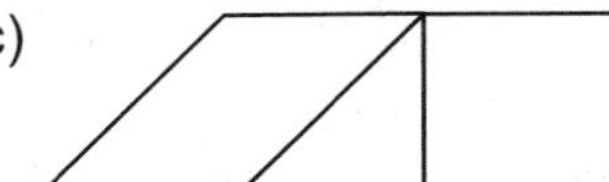

d) 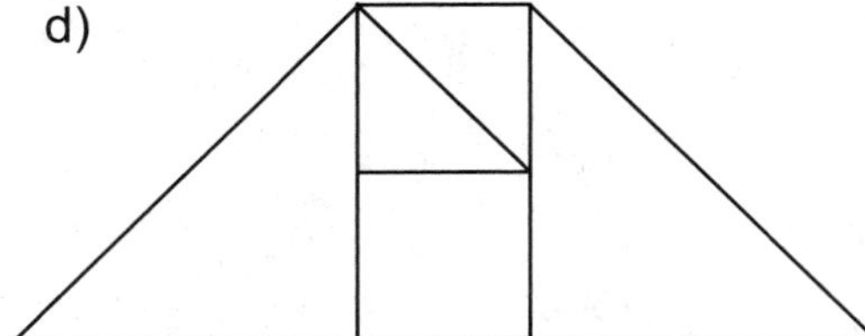

e) 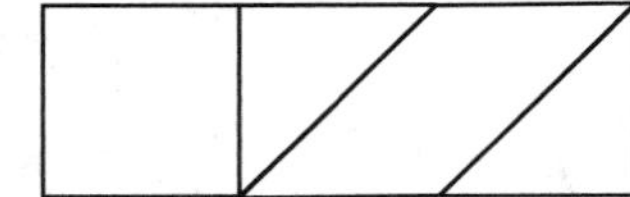

f) 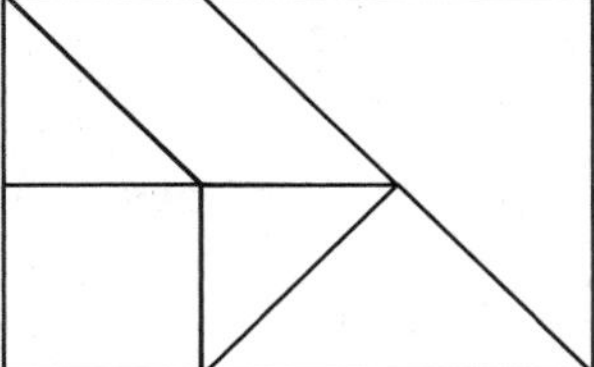

2. Quelle fraction de chaque figure est coloriée? Explique comment tu le sais.

a) 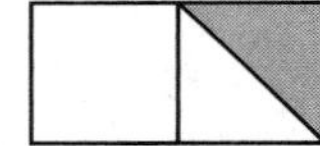

b) 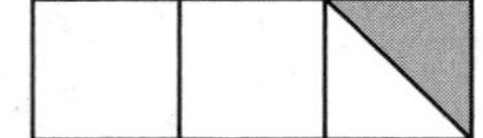

c) 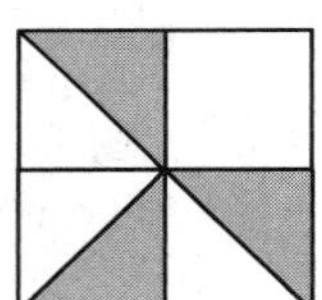

d) 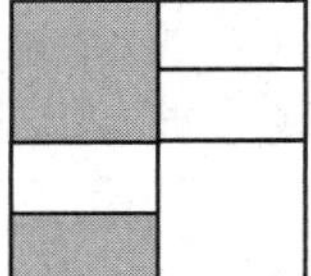

3. Quelle fraction du trapèze est recouverte par un <u>seul</u> petit triangle?

Montre ton travail.

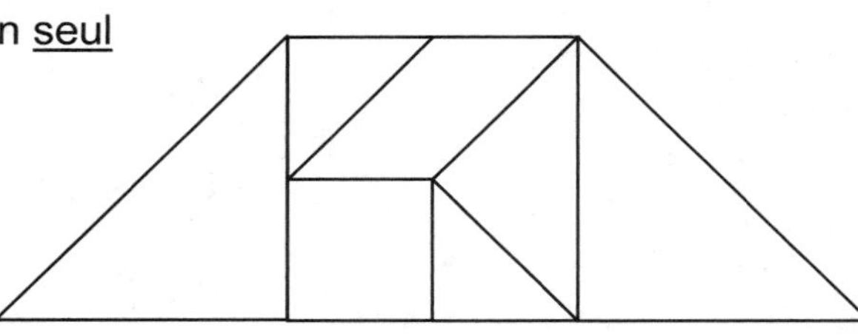

4. Si  = rouge et = bleu, environ quelle fraction du drapeau est coloriée en rouge? Explique.

a)

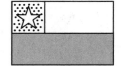

b) 

c) 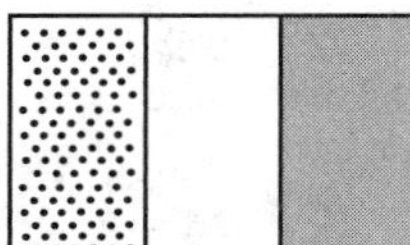

d) 

NS5-64 : Comparer et mettre les fractions en ordre

1. 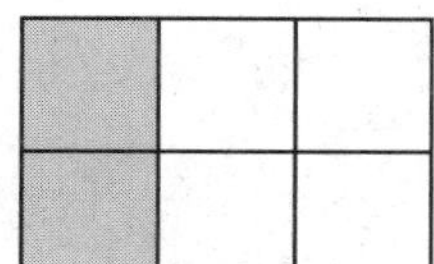 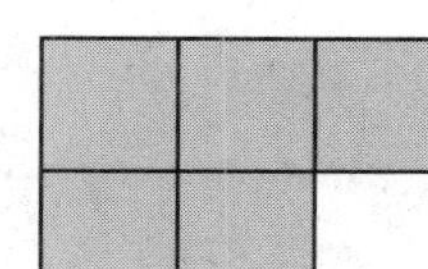

Quelle fraction a le plus grand numérateur, $\frac{2}{6}$ ou $\frac{5}{6}$? _______

Quelle fraction est la plus grande? _______

Explique ton raisonnement. ____

____

2. Encercle la plus grande fraction dans chaque paire.

a) $\frac{6}{16}$ ou $\frac{9}{16}$ b) $\frac{5}{8}$ ou $\frac{3}{8}$ c) $\frac{24}{25}$ ou $\frac{22}{25}$ d) $\frac{37}{53}$ ou $\frac{27}{53}$

3. Deux fractions ont le même <u>dénominateur</u> (chiffre du bas) mais de différents <u>numérateurs</u> (chiffre du haut). Comment peux-tu savoir quelle fraction est la plus grande?

____

4. Encercle la plus grande fraction dans chaque paire.

a) $\frac{1}{8}$ ou $\frac{1}{9}$ b) $\frac{12}{12}$ ou $\frac{12}{13}$ c) $\frac{5}{225}$ ou $\frac{5}{125}$

5. Fraction A et Fraction B ont le même <u>numérateur</u> mais des différents <u>dénominateurs</u>. Comment peux-tu savoir quelle fraction est la plus grande?

____

6. Écris les fractions en ordre de grandeur, de la plus petite à la plus grande.

a) $\frac{2}{3}, \frac{1}{3}, \frac{3}{3}$ b) $\frac{9}{10}, \frac{2}{10}, \frac{1}{10}, \frac{5}{10}$

c) $\frac{1}{7}, \frac{1}{3}, \frac{1}{13}$ d) $\frac{2}{11}, \frac{2}{5}, \frac{2}{7}, \frac{2}{16}$

7. Encercle la plus grande fraction dans chaque paire.

a) $\frac{2}{3}$ ou $\frac{2}{9}$ b) $\frac{7}{17}$ ou $\frac{11}{17}$ c) $\frac{6}{288}$ ou $\frac{6}{18}$

8. Quelle fraction est la plus grande, $\frac{1}{2}$ ou $\frac{45}{100}$? Explique ton raisonnement.

9. Est-ce possible que $\frac{2}{3}$ d'une tarte soit plus grand que $\frac{3}{4}$ d'une autre tarte? Montre ton raisonnement à l'aide d'un dessin.

NS5-65 : Les nombres fractionnaires

Mattias et ses amis ont mangé les parties représentées par les sections coloriées de ces tartes.

En tout, ils ont mangé trois tartes entières et trois quarts d'une autre tarte (ou $3\frac{3}{4}$ de tartes).

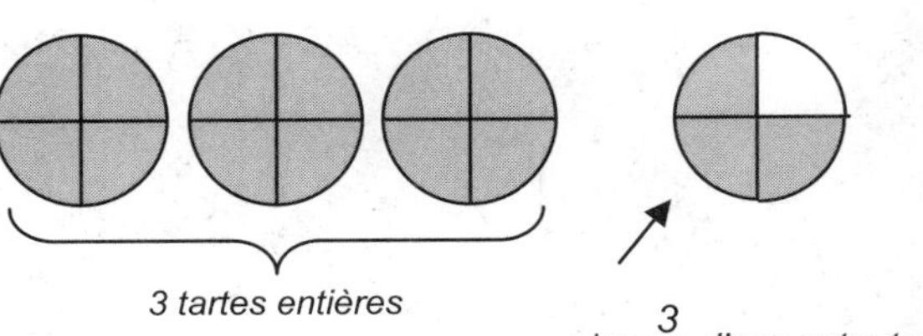

NOTE : $3\frac{3}{4}$ s'appelle un <u>nombre fractionnaire</u> parce que c'est un mélange d'un nombre entier et d'une fraction.

---

1. Écris combien de tartes <u>entières</u> sont coloriées.

a) 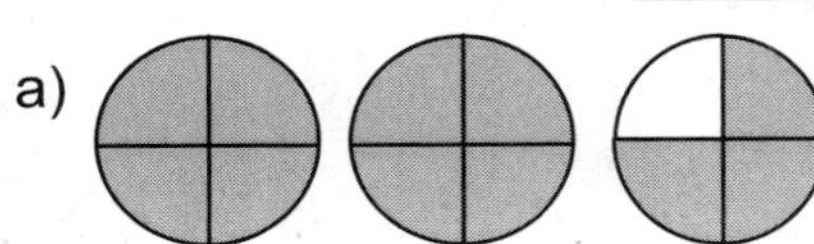 b) 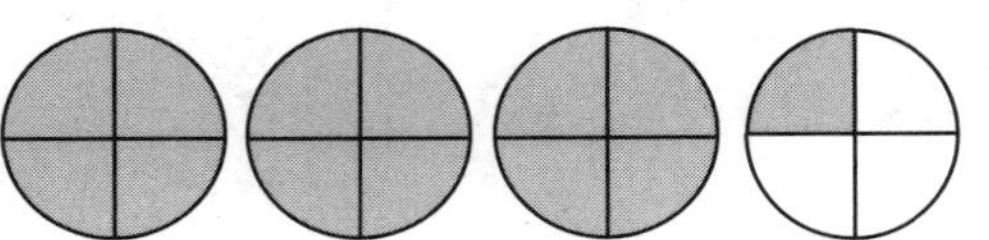 c) 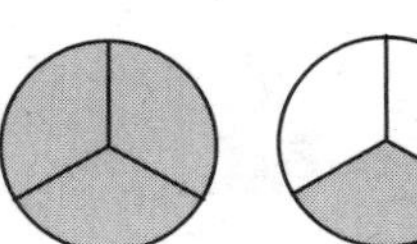

2 tartes entières ______ tartes entières ______ tartes entières

2. Écris les fractions sous forme de <u>nombres fractionnaires</u>.

a) 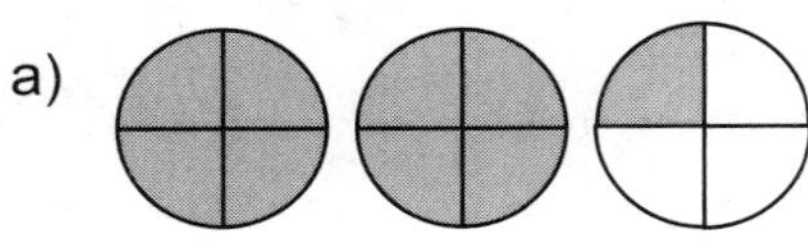 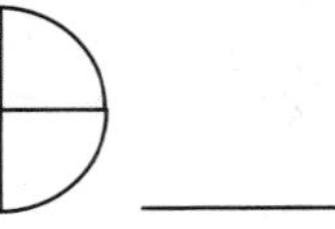 ______ b) 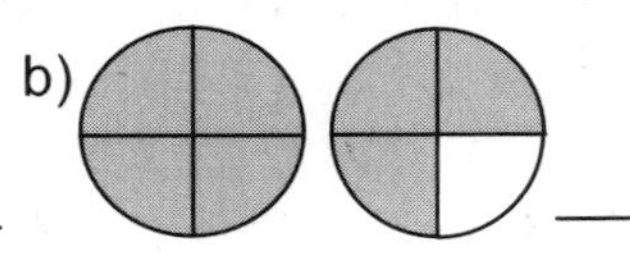 ______ c) 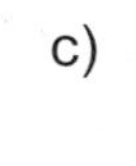 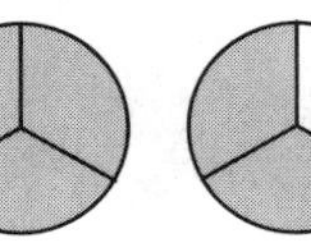 ______

d) 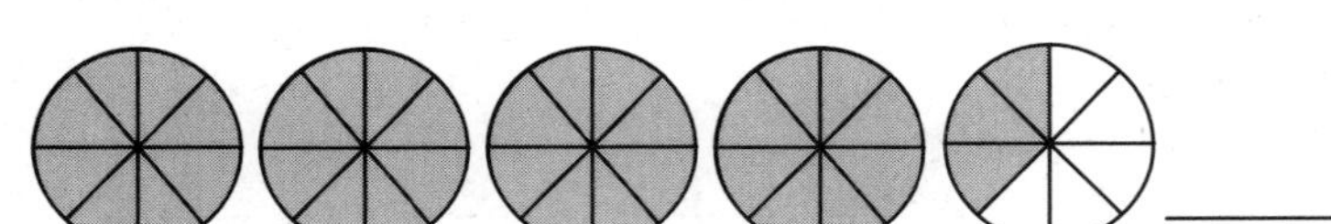 ______ e) 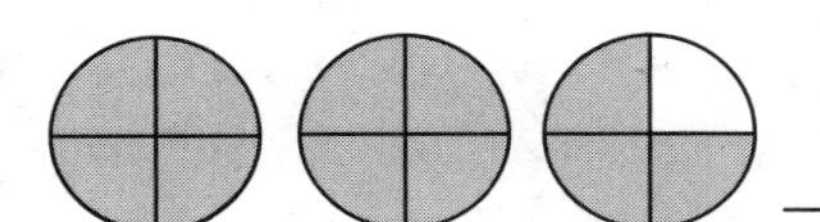 ______

f) 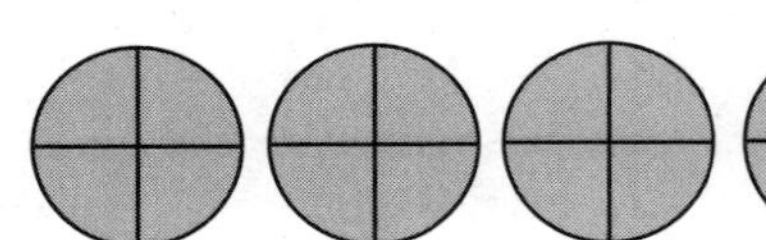 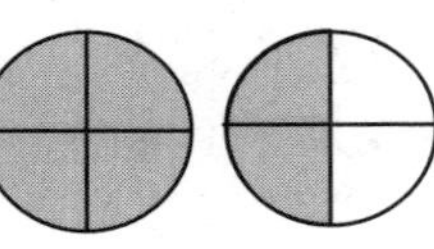 ______ g) 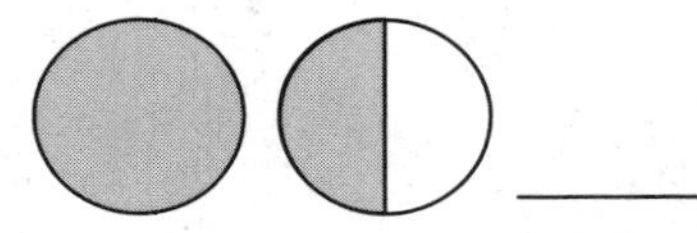 ______

3. Colorie le nombre de tartes indiqué en caractères gras.
NOTE : Il y a peut-être plus de tartes que le nombre de tartes dont tu as besoin.

a) $\mathbf{3\frac{1}{2}}$ 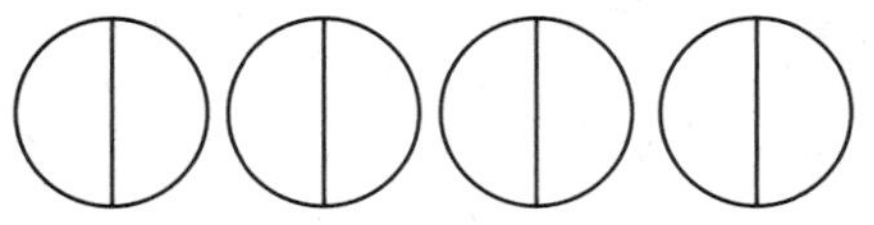 b) $\mathbf{1\frac{1}{4}}$ 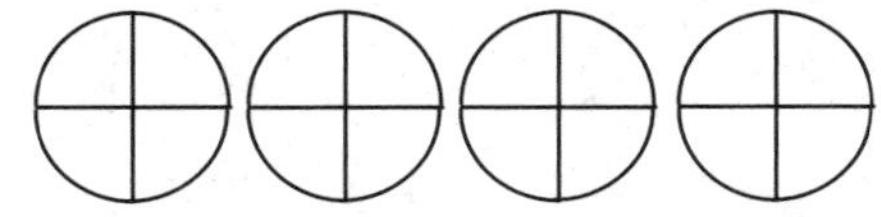

c) $\mathbf{2\frac{3}{4}}$ 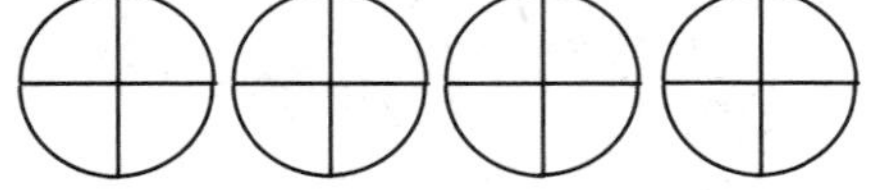 d) $\mathbf{3\frac{2}{3}}$ 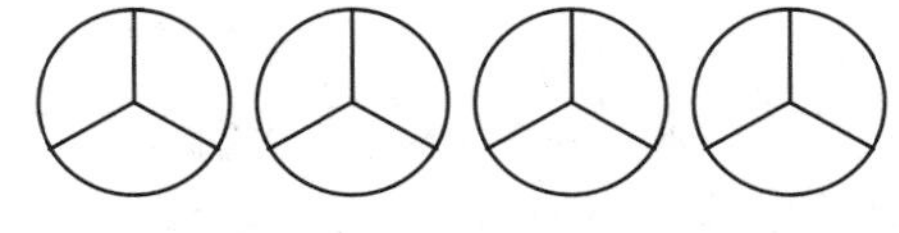

e) $\mathbf{1\frac{2}{5}}$ 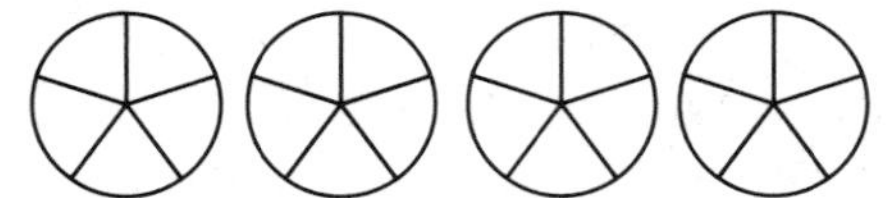 f) $\mathbf{2\frac{5}{6}}$ 

4. Dessine. a) $2\frac{1}{3}$ tartes b) $3\frac{3}{4}$ tartes c) $2\frac{3}{5}$ tartes d) $3\frac{1}{2}$ tartes

NS5-66 : Les fractions impropres

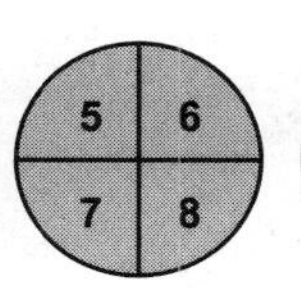

Fraction impropre : $\frac{9}{4}$ = *Nombre fractionnaire :* $2\frac{1}{4}$

Huan-Yue et ses amis ont mangé **9** morceaux de pizza, chaque morceau étant égal à environ un quart de pizza. En tout ils ont mangé $\frac{9}{4}$ de pizzas.

NOTE : Quand le numérateur d'une fraction est plus grand que le dénominateur, la fraction représente *plus qu'un* entier. On appelle ces fractions des fractions impropres.

1. Écris les fractions suivantes sous forme de fractions impropres.

a) 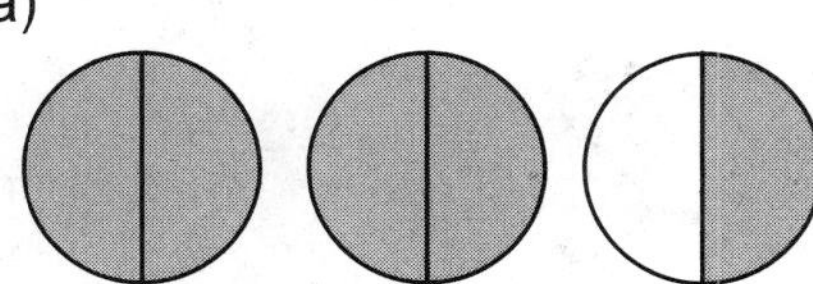 ______

b) 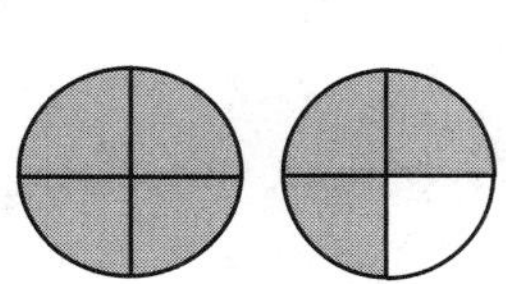 ______

c) 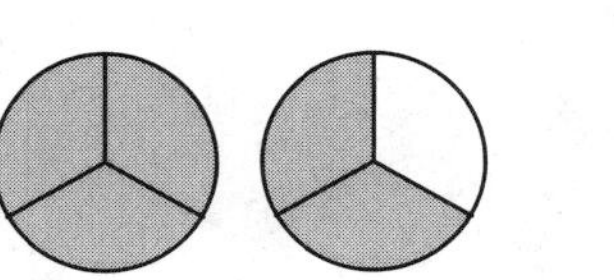 ______

d) 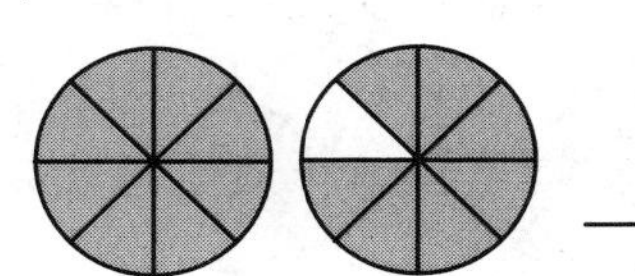 ______

e) 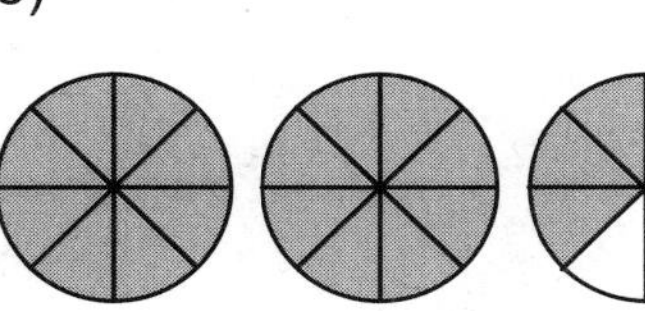 ______

f) 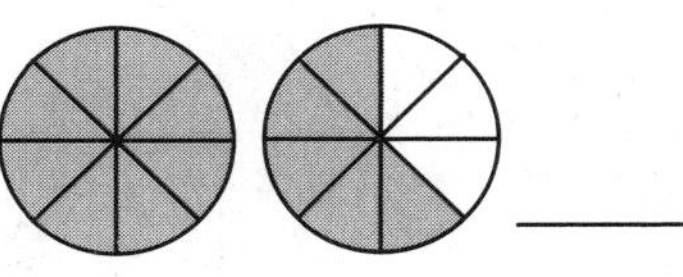 ______

g) 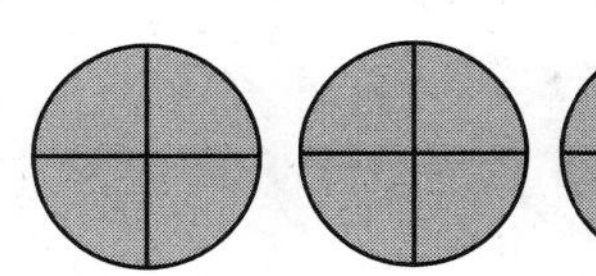 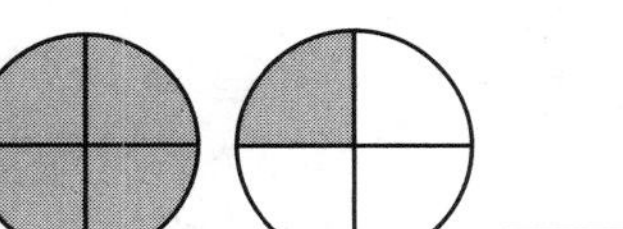 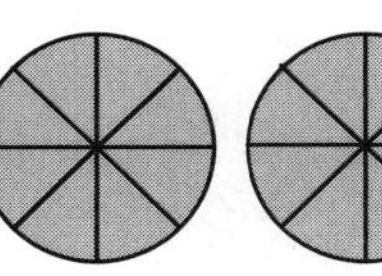 ______

h) 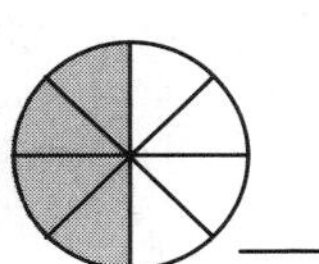 ______

2. Colorie un morceau à la fois jusqu'à ce que tu aies colorié la quantité de tartes indiquée.

a) $\frac{7}{2}$ 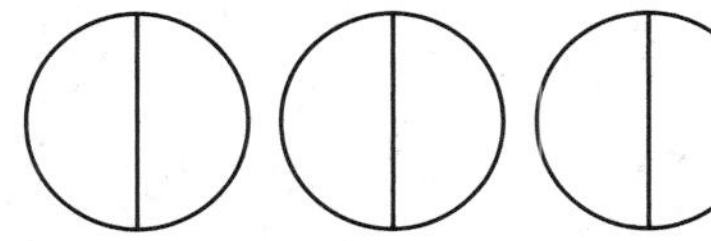

b) $\frac{7}{4}$ 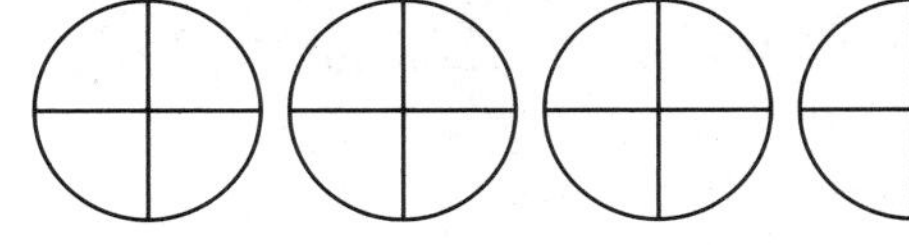

c) $\frac{11}{3}$ 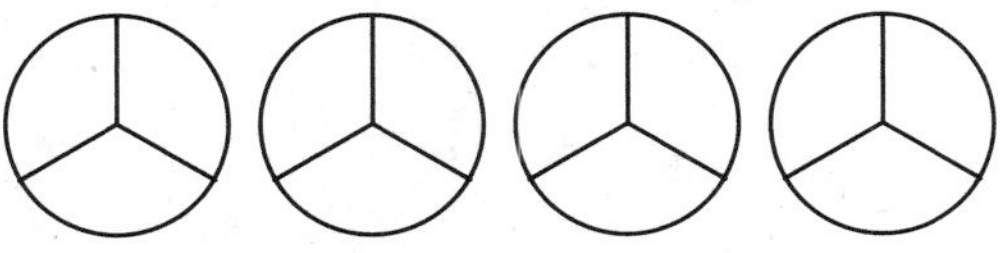

d) $\frac{12}{4}$ 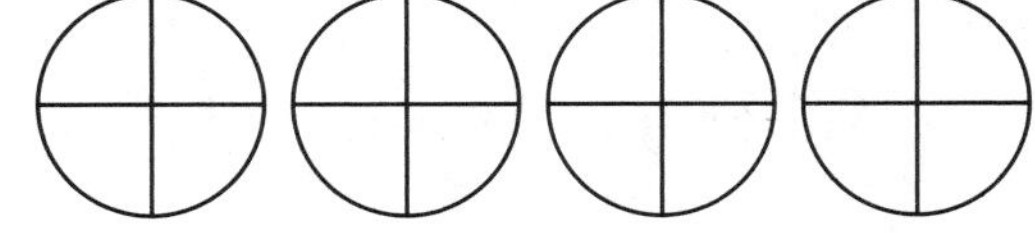

e) $\frac{17}{5}$ 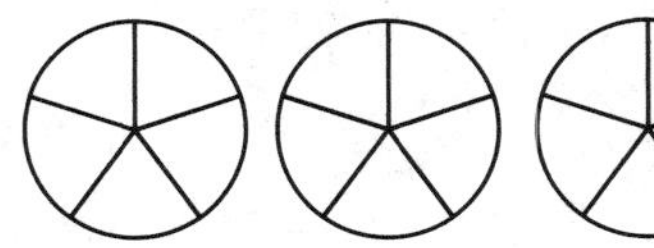

f) $\frac{19}{8}$ 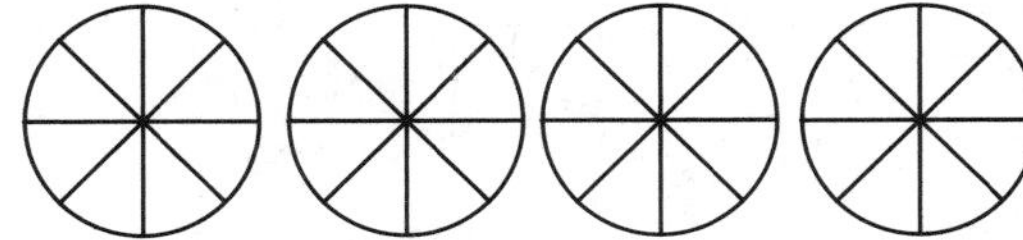

3. Dessine. a) $\frac{6}{4}$ tartes b) $\frac{7}{2}$ tartes c) $\frac{11}{4}$ tartes d) $\frac{13}{3}$ tartes

4. Quelles fractions sont plus grandes qu'un entier? Comment le sais-tu? a) $\frac{9}{10}$ b) $\frac{15}{7}$ c) $\frac{12}{8}$

NS5-67 : Les nombres fractionnaires et les fractions impropres

1. Écris ces fractions sous forme de nombres fractionnaires et de fractions impropres.

a)

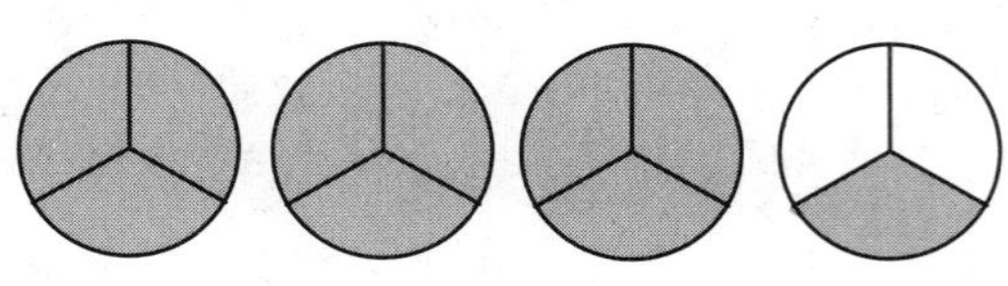

______

b)

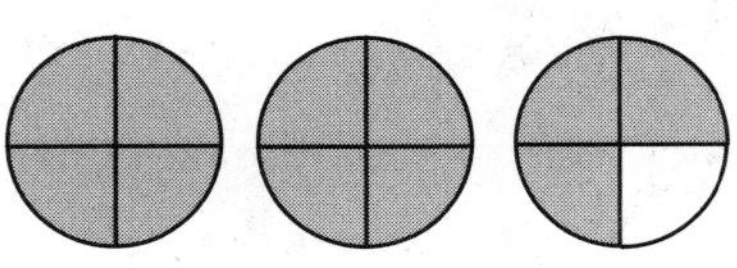

______

c)

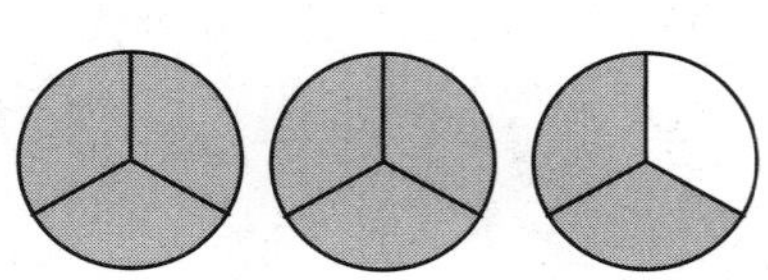

______

d)

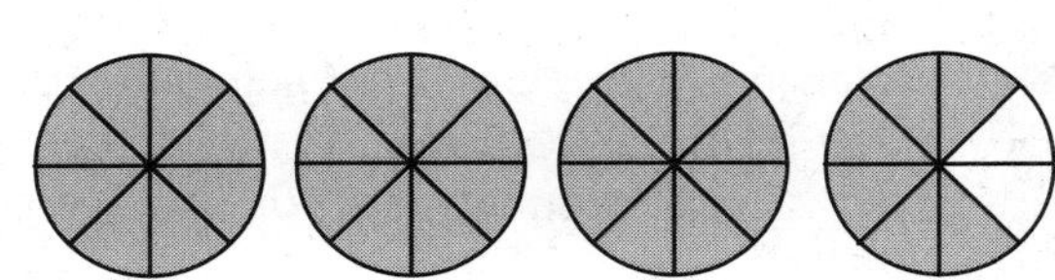

______

e)

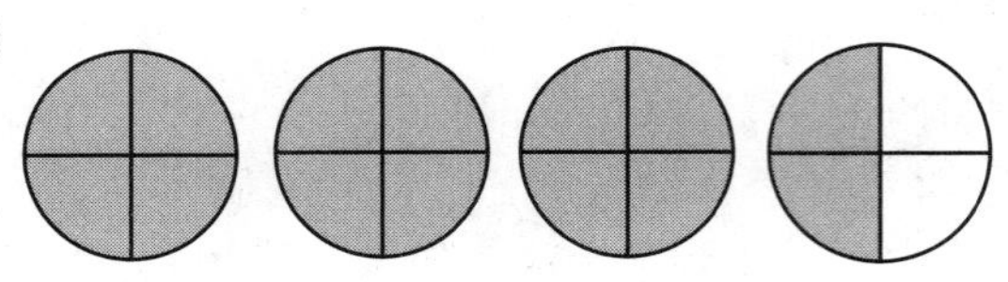

______

f)

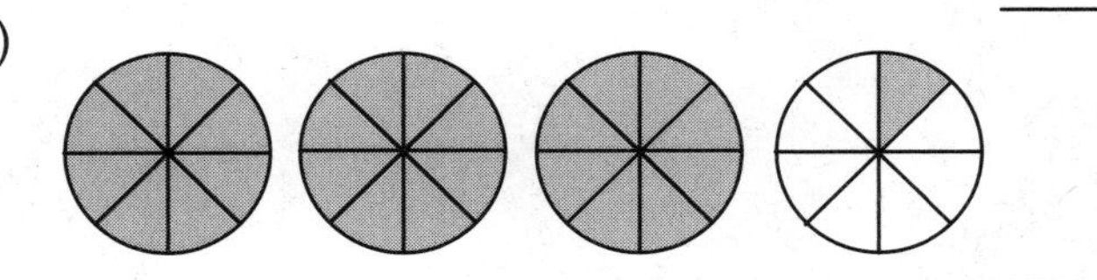

______

2. Colorie la partie indiquée des tartes, et écris une fraction impropre représentant la quantité de tartes.

a) $4\frac{1}{2}$ 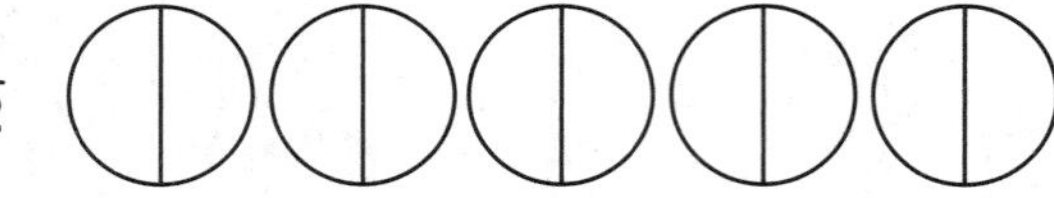

Fraction impropre : __________

b) $2\frac{3}{4}$ 

Fraction impropre : __________

c) $2\frac{2}{5}$ 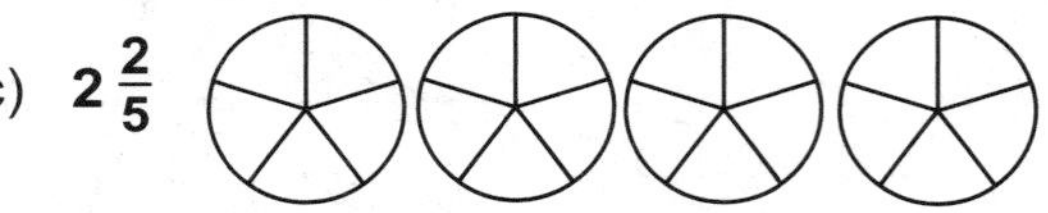

Fraction impropre : __________

d) $3\frac{3}{8}$ 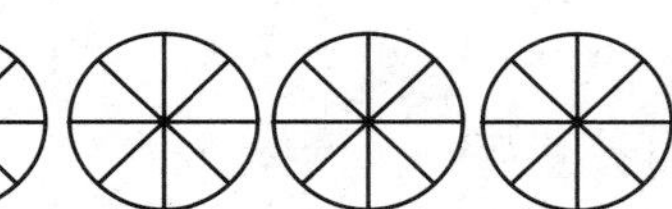

Fraction impropre : __________

3. Colorie un morceau à la fois jusqu'à ce que tu aies colorié la quantité de tartes indiquée. Écris ensuite un nombre fractionnaire pour représenter cette quantité.

a) $\frac{10}{3}$ 

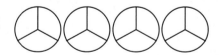

Nombre fractionnaire : __________

b) $\frac{22}{6}$ 

Nombre fractionnaire : __________

c) $\frac{9}{4}$ 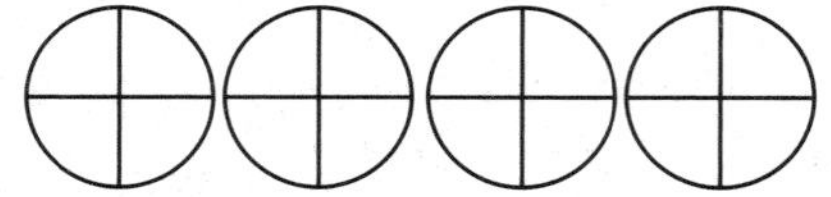

Nombre fractionnaire : __________

d) $\frac{17}{5}$ 

Nombre fractionnaire : __________

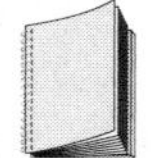

4. Fais un dessin pour trouver quelle fraction est la plus grande.

a) $3\frac{1}{2}$ ou $\frac{5}{2}$

b) $2\frac{4}{5}$ ou $\frac{12}{5}$

c) $4\frac{1}{3}$ ou $\frac{14}{3}$

NS5-68 : Les nombres fractionnaires (avancé)

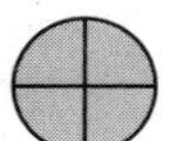

Il y a 4 quarts dans une tarte.

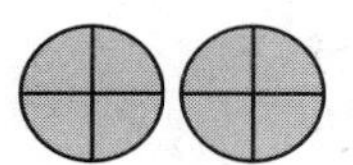

Il y a 8 (2 × 4) quarts dans 2 tartes.

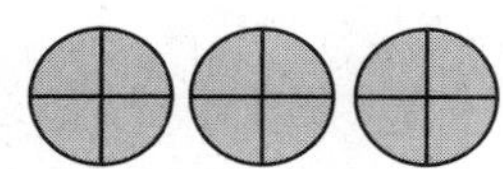

Il y a 12 (3 × 4) quarts dans 3 tartes.

Combien de quarts y a-t-il dans $3\frac{3}{4}$ tartes?

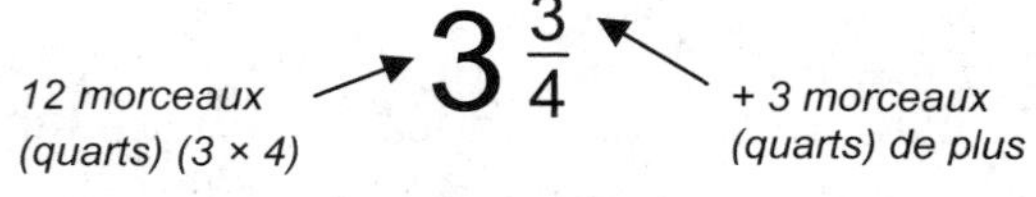

Il y a donc 15 morceaux (quarts) en tout.

---

1. Trouve le nombre de **demies** dans chaque quantité.

a) 1 tarte = ______ demies b) 2 tartes = ______ demies c) 3 tartes = ______ demies

d) $2\frac{1}{2}$ tartes = ______ demies e) $3\frac{1}{2}$ tartes = ______ demies f) $4\frac{1}{2}$ tartes = ____________

2. Trouve le nombre de **tiers** ou de **quarts** dans chaque quantité.

a) 1 tarte = ______ tiers b) 2 tartes = ______ tiers c) 3 tartes = ______ tiers

d) $1\frac{2}{3}$ tartes = ______ tiers e) $2\frac{1}{3}$ tartes = _________ tiers f) $4\frac{2}{3}$ tartes = _________ tiers

g) 1 tarte = ______ quarts h) 2 tartes = ______ quarts i) 5 tartes = ______ quarts

j) $2\frac{3}{4}$ tartes = ______ quarts k) $5\frac{1}{4}$ tartes = ______ quarts l) $5\frac{3}{4}$ tartes = _______ quarts

3. Une boîte contient 4 cannettes.

a) 2 boîtes contiennent ____ cannettes b) 3 boîtes contiennent ____ cannettes c) 4 boîtes contiennent ____ cannettes

d) $2\frac{1}{4}$ boîtes contiennent ___ cannettes e) $3\frac{1}{4}$ boîtes contiennent ___ cannettes f) $4\frac{3}{4}$ boîtes contiennent ___ cannettes

4. Une boîte contient 6 cannettes.

a) $2\frac{1}{6}$ boîtes contiennent ___ cannettes b) $2\frac{5}{6}$ boîtes contiennent ___ cannettes c) $3\frac{1}{6}$ boîtes contiennent ___ cannettes

5. Il y a 6 stylos dans un paquet. Pierre utilise $1\frac{5}{6}$ paquet. Combien de stylos a-t-il utilisés? _________

6. 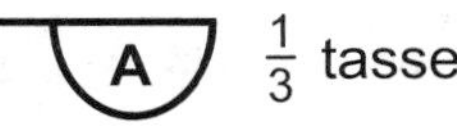

A : $\frac{1}{3}$ tasse

B : $\frac{1}{4}$ tasse

Jérôme a besoin de $4\frac{2}{3}$ tasses de farine.

a) Quelle pelle devrait-il utiliser? _______________

b) Combien de pelles lui faudra-t-il? _____________

NS5-69 : Les nombres fractionnaires et les fractions impropres (avancé)

Combien de tartes entières y a-t-il dans $\frac{13}{4}$ tartes?

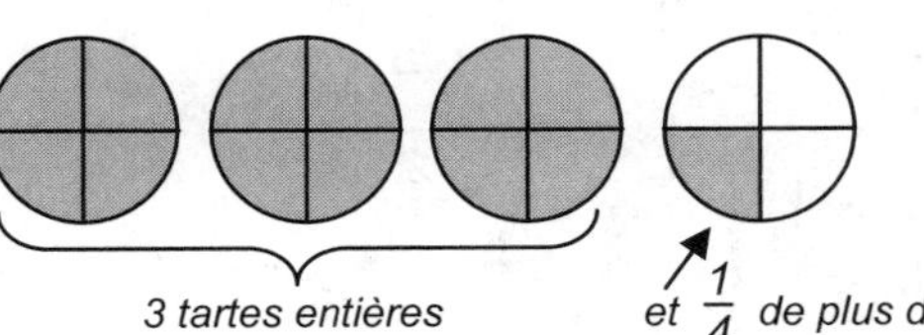

Il y a 13 morceaux en tout, et chaque tarte a 4 morceaux. Tu peux alors trouver le nombre de tartes entières en divisant 13 par 4 : **13 ÷ 4 = 3 reste 1**

Il y a 3 tartes entières et 1 quart qui reste. Alors : $\mathbf{\frac{13}{4} = 3\frac{1}{4}}$

---

1. Trouve le nombre de tartes entières dans chaque quantité en divisant.

a) $\frac{6}{2}$ tartes = ______ tartes entières b) $\frac{8}{2}$ tartes = ______ tartes entières c) $\frac{12}{2}$ tartes = ______ tartes entières

d) $\frac{9}{3}$ tartes = ______ tartes entières e) $\frac{15}{3}$ tartes = ______ tartes entières f) $\frac{16}{4}$ tartes = ______ tartes entières

2. Trouve le nombre de tartes entières et le nombre de morceaux qui restent en divisant.

a) $\frac{7}{2}$ tartes = ___3___ tartes entières et ___1___ demie tarte = ___$3\frac{1}{2}$___ tartes

b) $\frac{13}{3}$ tartes = ______ tartes entières et ______ tiers de tartes = ______ tartes

c) $\frac{11}{3}$ tartes = ______ tartes entières et ______ tiers de tartes = ______ tartes

d) $\frac{15}{4}$ tartes = ______ tartes entières et ______ quarts de tartes = ______ tartes

3. Écris les fractions impropres suivantes sous forme de nombres fractionnaires.

a) $\frac{5}{2}$ = b) $\frac{9}{2}$ = c) $\frac{10}{3}$ = d) $\frac{11}{4}$ = e) $\frac{13}{5}$ =

4. a) Écris une fraction impropre et un nombre fractionnaire pour le nombre de litres.

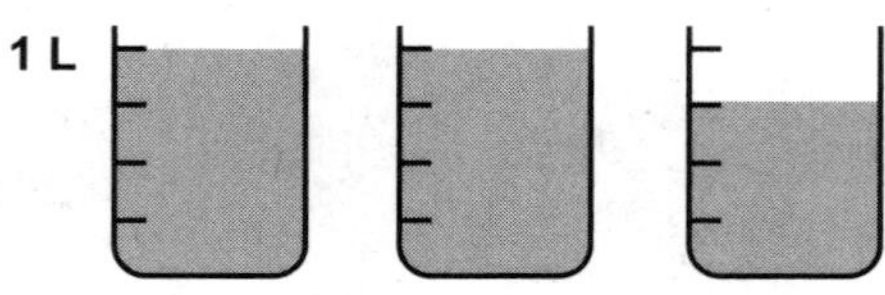

Nombre fractionnaire _____ Fraction impropre _____

b) Écris une fraction impropre et un nombre fractionnaire pour la longueur de la corde.

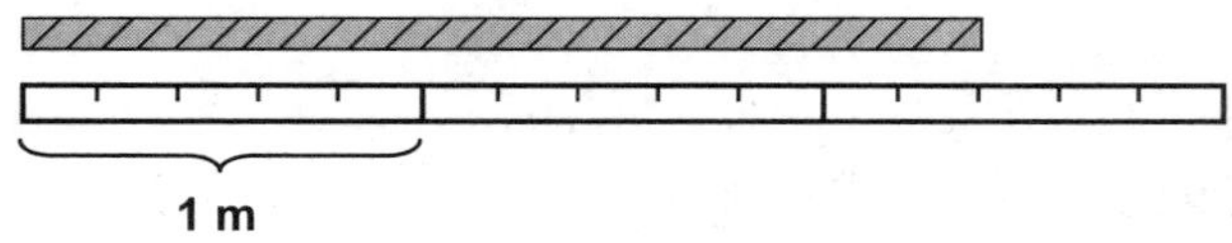

Nombre fractionnaire _____ Fraction impropre _____

5. Combien de plus qu'un entier sont … a) $\frac{10}{7}$? b) $\frac{6}{5}$? c) $\frac{4}{3}$?

NS5-70 : Explorer les nombres fractionnaires et les fractions impropres

ENSEIGNANT :
Vos élèves auront besoin de blocs-formes, ou d'une copie de la fiche reproductible des blocs-formes du guide de l'enseignant, pour cet exercice.

NOTE : Les blocs ci-contre ne sont pas à l'échelle!

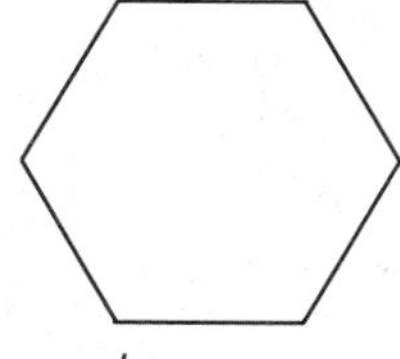
hexagone

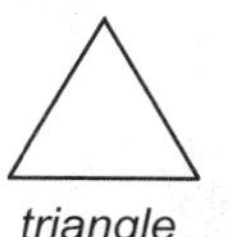
triangle

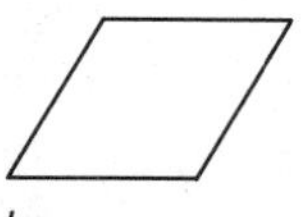
losange

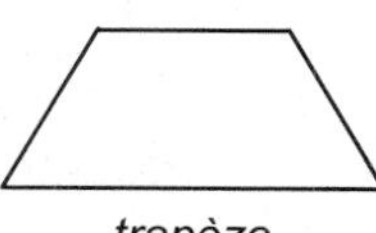
trapèze

La pâtisserie d'Euclide vend des tartes hexagonales. Ils vendent des morceaux en forme de triangles, de losanges et de trapèzes.

1. a) Colorie $2\frac{5}{6}$ tartes : 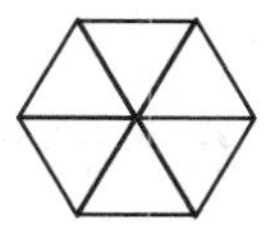  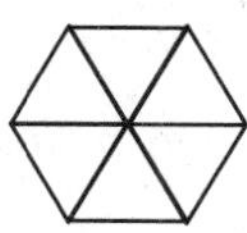 b) Combien de morceaux as-tu coloriés? ______

   c) Écris une fraction impropre qui représente la quantité de tarte coloriée : ________

2. Fais un modèle des tartes ci-dessous avec des blocs-formes. (Place les formes plus petites sur les hexagones.) Écris ensuite un nombre fractionnaire et une fraction impropre pour chaque tarte.

   a) 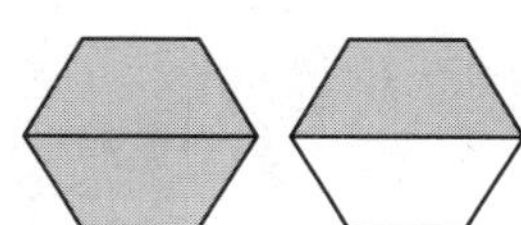

   Nombre fractionnaire : _____

   Fraction impropre : ______

   b) 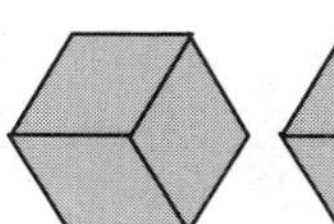

   Nombre fractionnaire : _____

   Fraction impropre : ______

   c) 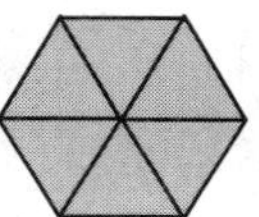

   Nombre fractionnaire : _____

   Nombre impropre : ______

3. Utilise les hexagones pour les tartes entières, et les triangles, losanges et trapèzes pour les morceaux. Fais un modèle des fractions avec des blocs-formes. Dessine ensuite tes modèles dans les grilles.

   a) $2\frac{1}{2}$  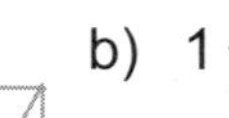 

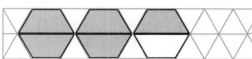

   b) $1\frac{1}{2}$ 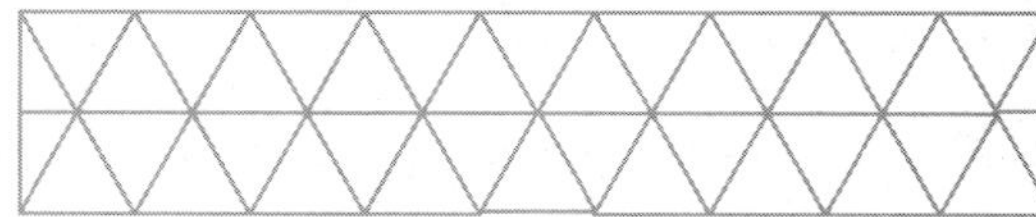

   c) $2\frac{1}{6}$ 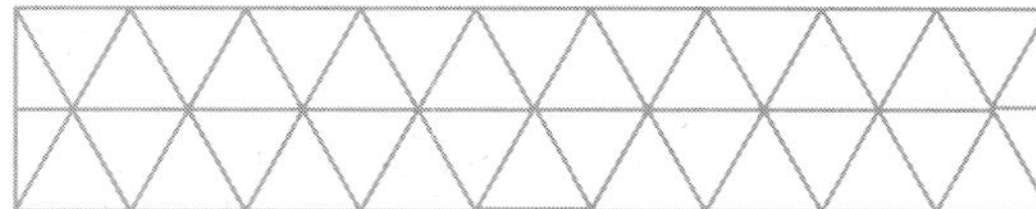 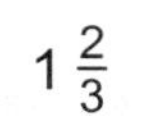

   d) $1\frac{2}{3}$ 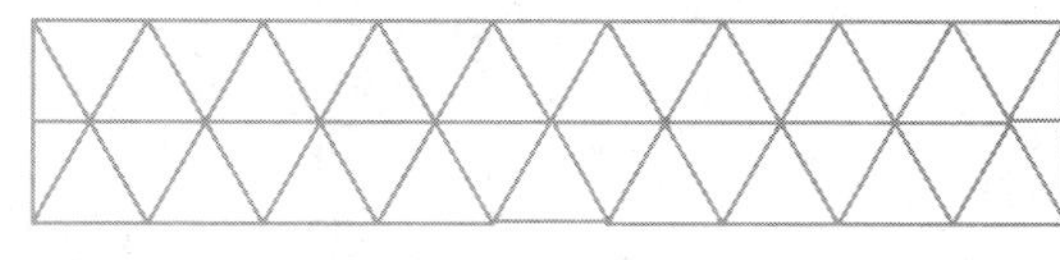

   e) $\frac{3}{2}$ 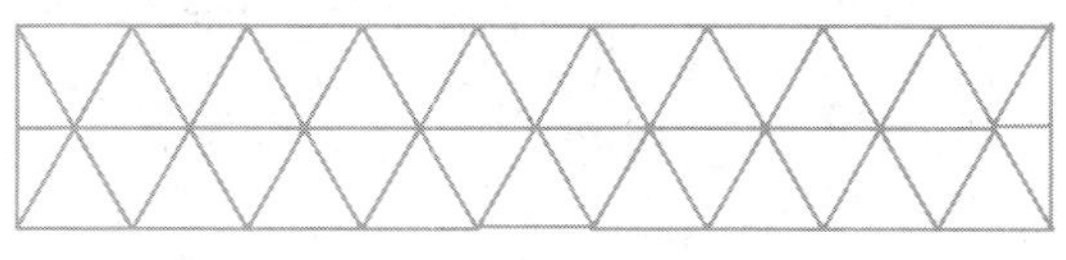 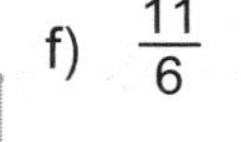

   f) $\frac{11}{6}$ 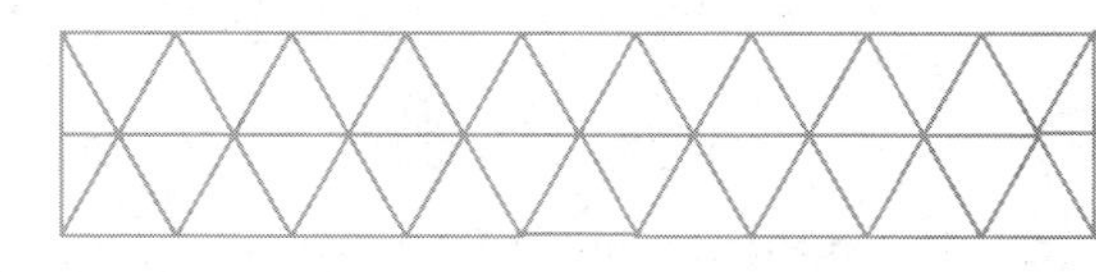

   g) $\frac{5}{3}$ 

   h) $\frac{10}{3}$ 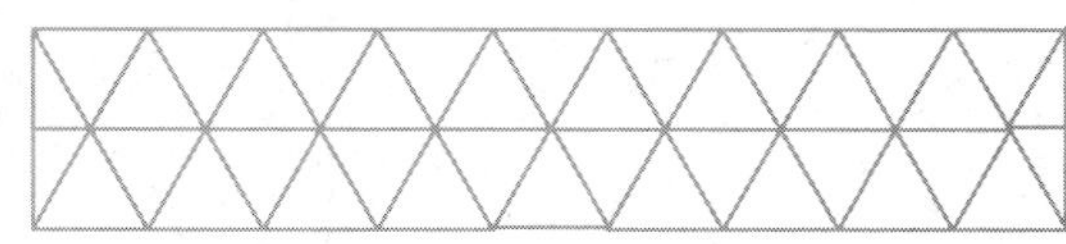

NS5-70 : Explorer les nombres fractionnaires et les fractions impropres *(suite)*

4. Utilise les trapèzes pour les tartes entières, et les triangles pour les morceaux. Fais un modèle des fractions avec des blocs-formes. Dessine les modèles dans les grilles. Le premier est déjà fait.

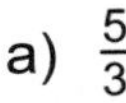

a) $\frac{5}{3}$

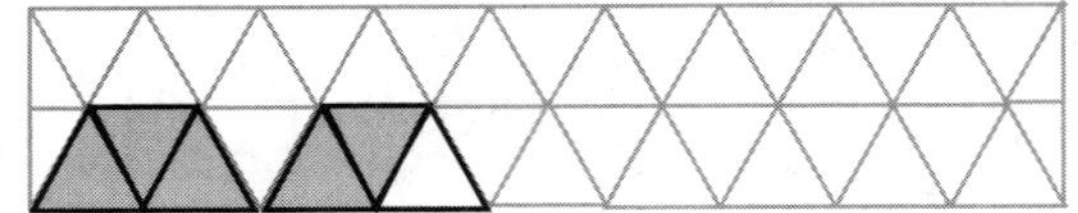

b) $\frac{7}{3}$

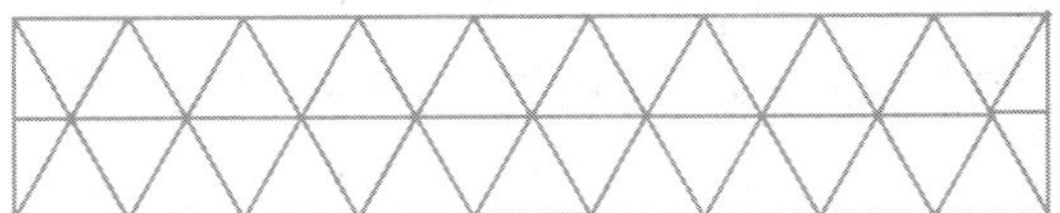

c) $1\frac{2}{3}$

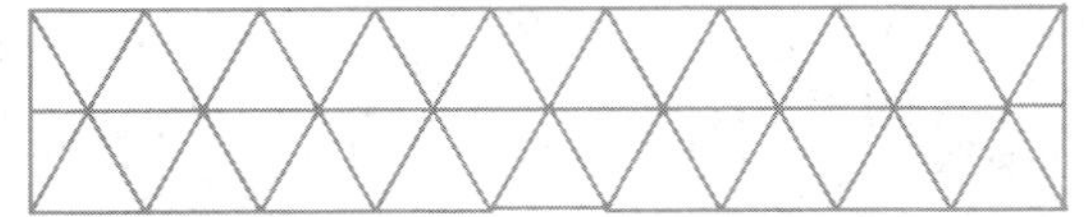

d) $2\frac{1}{3}$

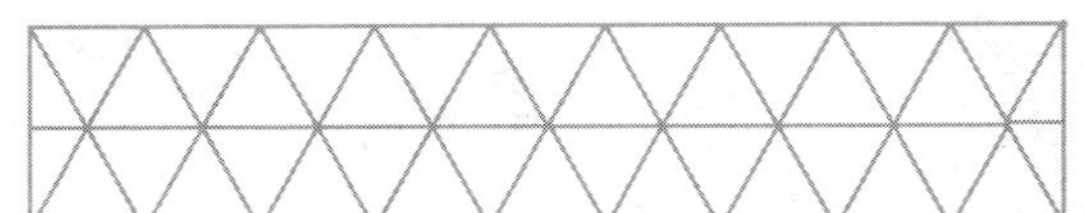

Fais un dessin (en utilisant l'hexagone comme entier) pour trouver les réponses.

5. Quelle fraction est la plus grande : $1\frac{5}{6}$ ou $\frac{9}{6}$?

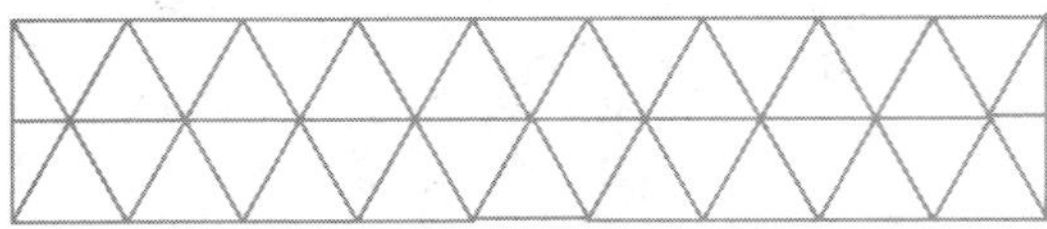

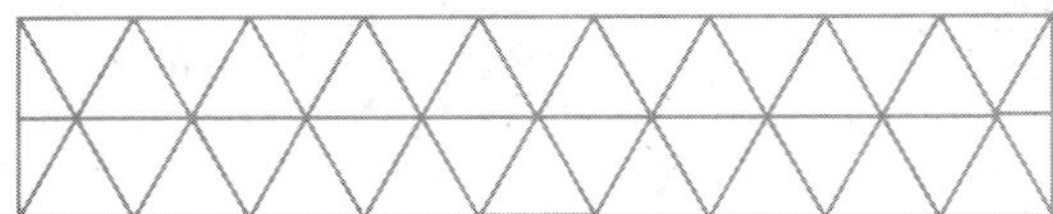

7. Fais un dessin pour montrer $3 - \frac{1}{6}$.

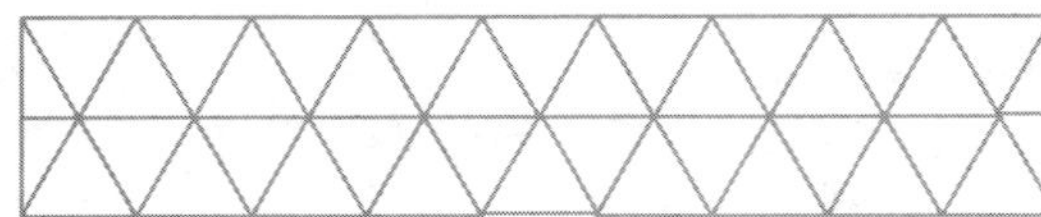

9. De combien $\frac{4}{3}$ est-il plus grand qu'un entier?

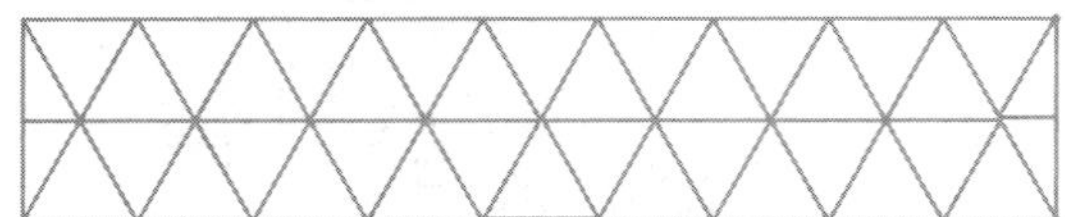

11. Ahmed a mangé $1\frac{1}{3}$ tartes durant la semaine. Jill a mangé $\frac{1}{6}$ de tarte chaque jour pendant une semaine. Qui a mangé plus de tarte?

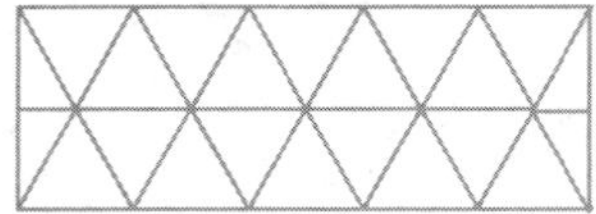

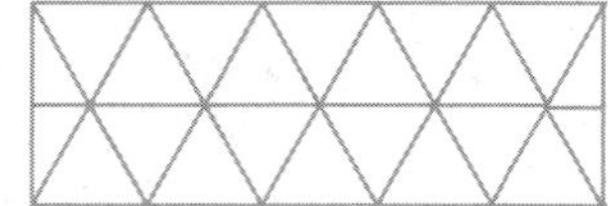

6. Quelle fraction est la plus grande : $2\frac{1}{6}$ ou $\frac{14}{6}$?

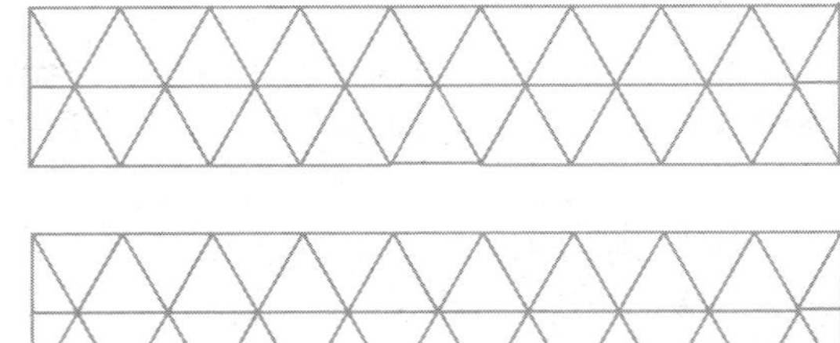

8. De combien $\frac{7}{6}$ est-il plus grand qu'une tarte entière?

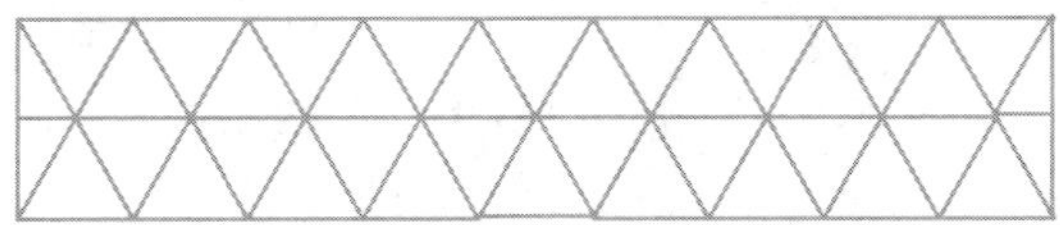

10. Crystal a mangé $\frac{2}{3}$ d'une tarte par jour pendant 4 jours de suite. Combien a-t-elle mangé de tartes en tout?

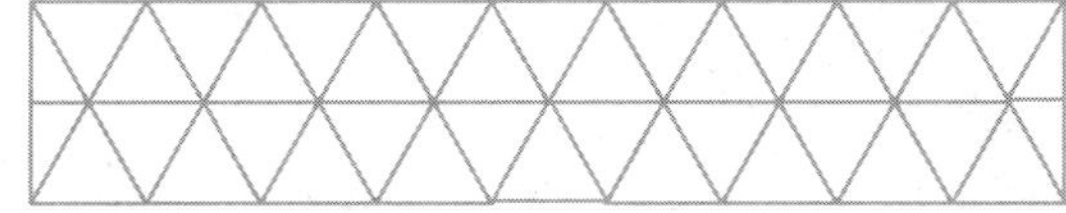

12. Alice a mangé $3\frac{2}{3}$ tartes en janvier. Combien de tiers de tartes a-t-elle mangés?

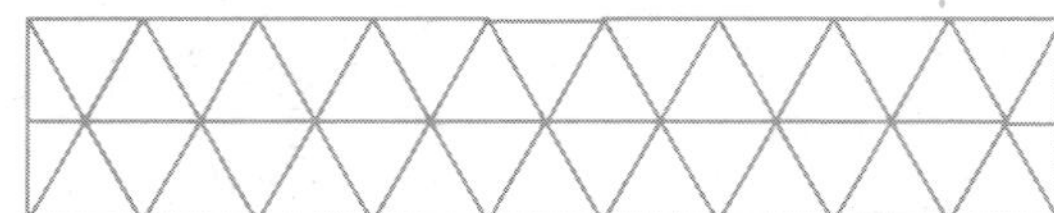

NS5-71 : Les fractions équivalentes

Aidan colorie $\frac{2}{6}$ des carrés dans un tableau : 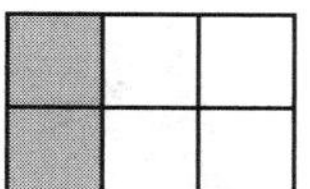

Il noircit ensuite les lignes autour des carrés pour les regrouper en 3 groupes égaux. 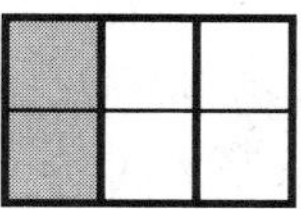

Il voit que $\frac{1}{3}$ des carrés sont coloriés.

Les illustrations montrent que deux sixièmes est égal à un tiers : $\mathbf{\frac{2}{6} = \frac{1}{3}}$

Deux sixièmes et un tiers sont des **fractions équivalentes**.

---

1. Regroupe les carrés pour montrer les fractions équivalentes.

a)  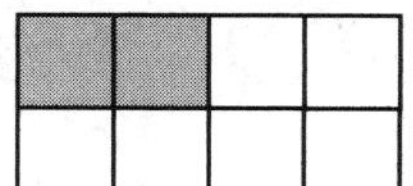

$\frac{2}{8} = \frac{}{4}$

b) 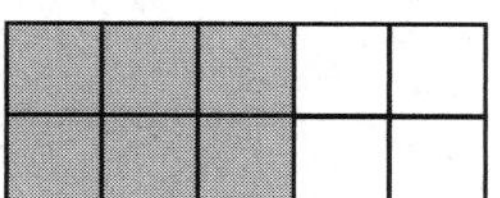

$\frac{6}{10} = \frac{}{5}$

c) 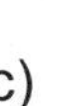 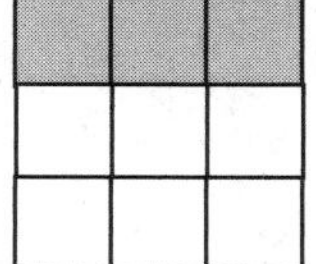

$\frac{3}{9} = \frac{}{3}$

2. Regroupe les carrés pour montrer que ...

a) Six douzièmes est égal à une demie ($\frac{6}{12} = \frac{1}{2}$)

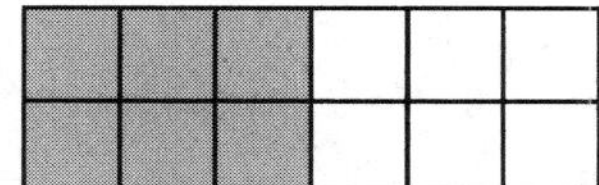

b) Six douzièmes est égal à trois sixièmes ($\frac{6}{12} = \frac{3}{6}$)

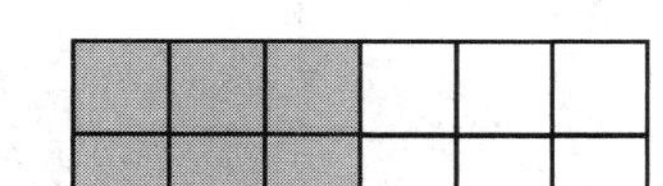

3. Regroupe les carrés pour faire une fraction équivalente.

a)  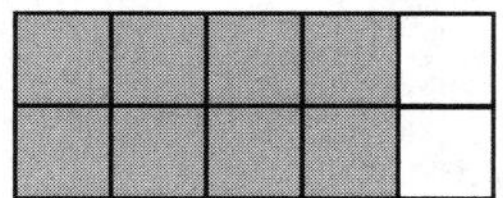

$\frac{8}{10} = \frac{}{5}$

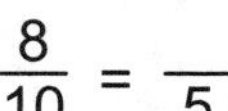

b)  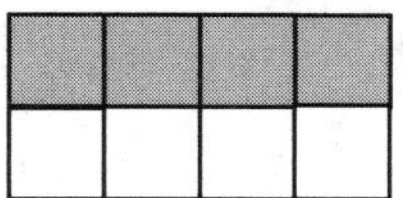

$\frac{4}{8} = \frac{}{2}$

c) 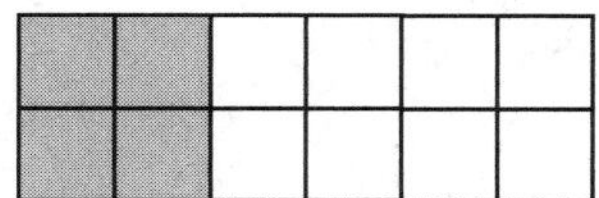

$\frac{4}{12} = \frac{}{3}$

d) 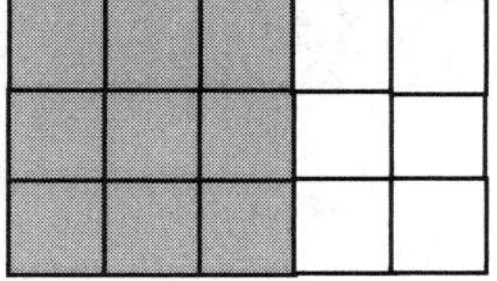

$\frac{9}{15} = —$

e) 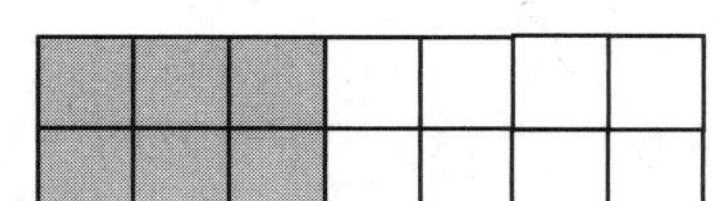

$\frac{6}{14} = —$

f) 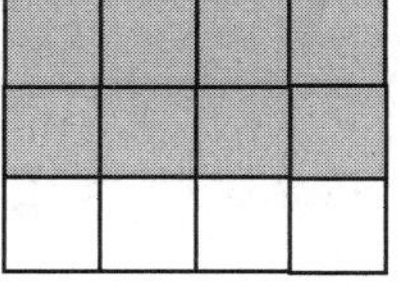

$\frac{8}{12} = —$

4. Écris quatre fractions équivalentes pour les carrés coloriés.

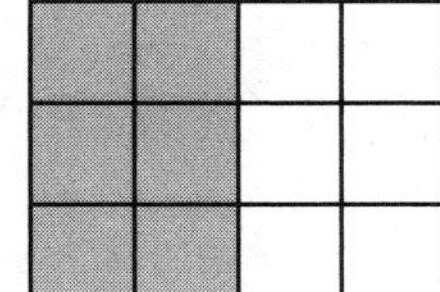
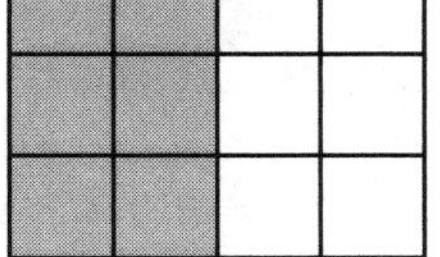

________ ________ ________ ________

NS5-71 : Fractions équivalentes *(suite)*

Candice a un ensemble de boutons gris et blancs. Quatre des six boutons sont gris.

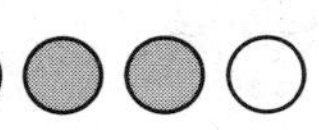 =   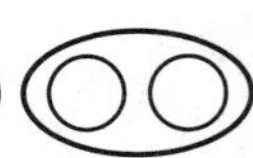

Candice regroupe les boutons pour montrer que deux tiers des boutons sont gris :

$\frac{4}{6} = \frac{2}{3}$

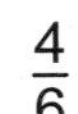

---

5. Regroupe les boutons pour faire une fraction équivalente.

a)    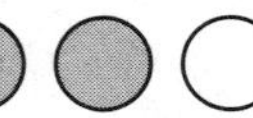 $\frac{4}{6} = —$

b)  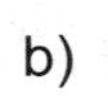 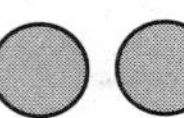 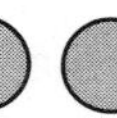  $\frac{3}{6} = —$

c)  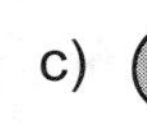  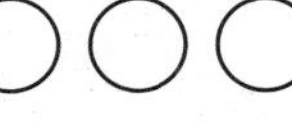 $\frac{2}{6} = —$

d) 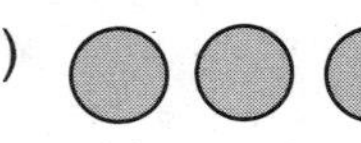 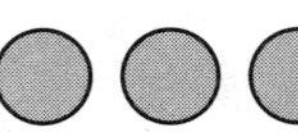 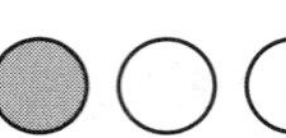 $\frac{6}{9} = —$

e)     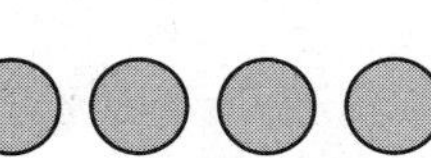 $\frac{8}{10} = —$

6. Regroupe les cercles pour faire une fraction équivalente.
Le regroupement à la première question est déjà fait pour toi.

a)  $\frac{2}{8} = \frac{}{4}$

b) 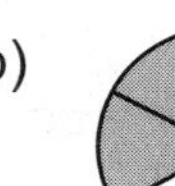 $\frac{2}{6} = \frac{}{3}$

c) 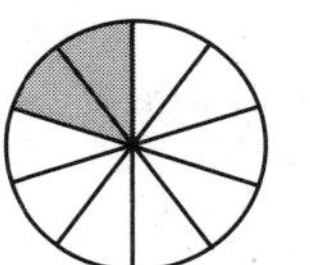 $\frac{2}{10} = \frac{}{5}$

d) 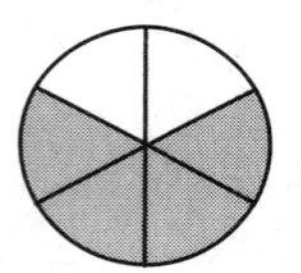 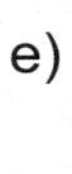 $\frac{4}{6} = —$

e) 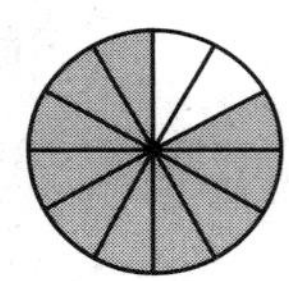 $\frac{10}{12} = —$

f)  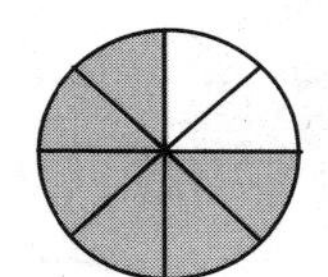 $\frac{6}{8} = —$

7. Coupe chaque tarte en plus petits morceaux pour faire une fraction équivalente.

a) 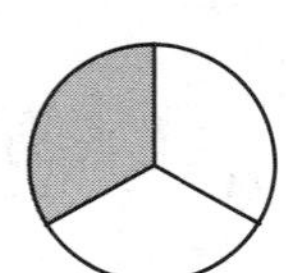 $\frac{1}{3} = \frac{}{6}$

b) 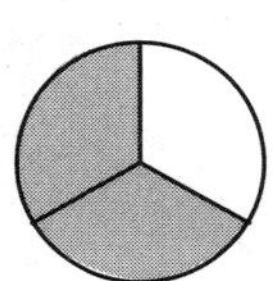 $\frac{2}{3} = \frac{}{9}$

c) 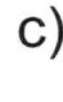 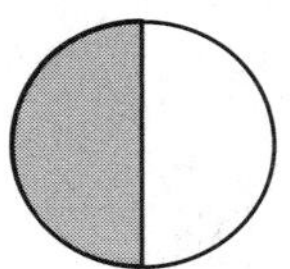 $\frac{1}{2} = \frac{}{4}$

8. Écris autant de fractions équivalentes que tu peux pour chaque illustration.

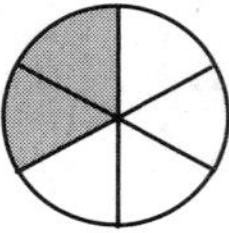

a) 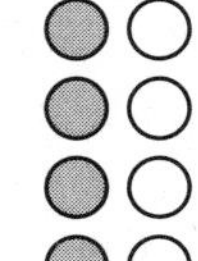

b) 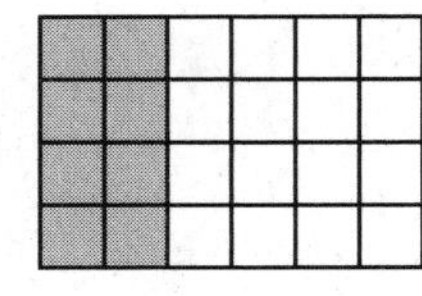

9. Une pizza est coupée en 8 morceaux. Chaque morceau a des olives, des champignons, ou les deux.

$\frac{1}{4}$ de la pizza a des olives.

$\frac{7}{8}$ de la pizza a des champignons.

Fais un dessin pour montrer combien de morceaux ont à la fois des olives et des champignons.

NS5-72 : Modèles de fractions équivalentes

1. Dessine des lignes pour couper les tartes en plus de morceaux. Écris ensuite les numérateurs des fractions équivalentes :

a) 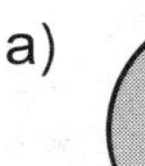 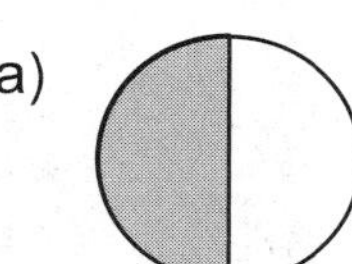 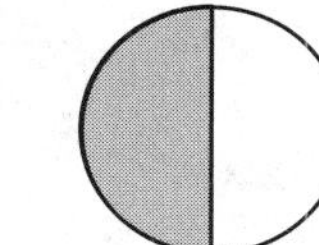 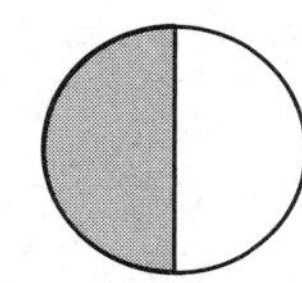

4 morceaux 6 morceaux 8 morceaux

$\frac{1}{2} = \frac{}{4} = \frac{}{6} = \frac{}{8}$

b) 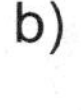 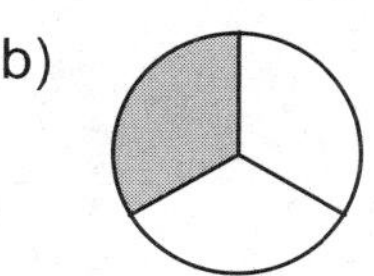 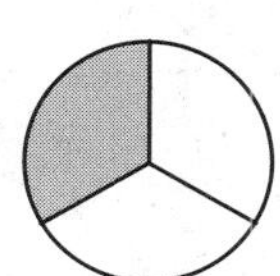 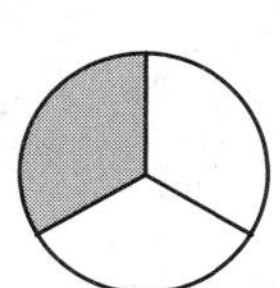

6 morceaux 9 morceaux 12 morceaux

$\frac{1}{3} = \frac{}{6} = \frac{}{9} = \frac{}{12}$

2. Coupe chaque tarte en plus de morceaux. Remplis ensuite les nombres qui manquent.

a) 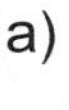 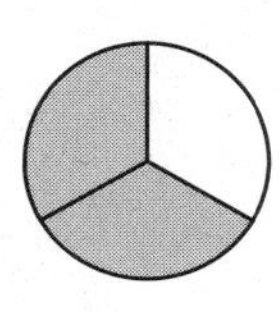 $\frac{2}{3} \xrightarrow{\times 2} = \frac{}{6}$ (× 2)

b) 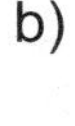 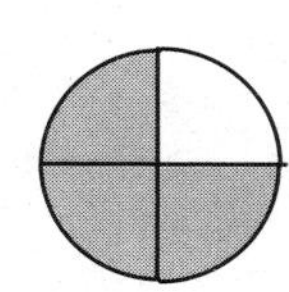 $\frac{3}{4} \xrightarrow{\times 2} = \frac{}{8}$ (× 2)

c)  $\frac{2}{3} \xrightarrow{\times} = \frac{}{9}$ (×)

Ce nombre t'indique en combien de morceaux tu dois couper chaque tranche.

3. Utilise une multiplication pour trouver les fractions équivalentes ci-dessous.

a) $\frac{1}{3} \xrightarrow{\times 2} = \frac{}{6}$ (× 2) b) $\frac{1}{2} = \frac{}{10}$ c) $\frac{2}{5} = \frac{}{10}$ d) $\frac{3}{4} = \frac{}{8}$ e) $\frac{1}{4} = \frac{}{12}$

4. Utilise les régularités dans les numérateurs et les dénominateurs pour trouver 6 fractions équivalentes à :

a) $\frac{1}{2} = \frac{2}{4} = \frac{3}{} = \frac{}{8} = \frac{}{10} = \frac{}{}$

b) $\frac{3}{5} = \frac{6}{} = \frac{9}{15} = \frac{12}{20} = \frac{}{} = \frac{}{}$

5. Pour montrer que $\frac{3}{4}$ est équivalent à $\frac{9}{12}$, Brian fait un modèle de $\frac{9}{12}$ avec des blocs.

Étape 1:  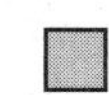  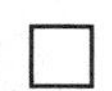

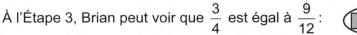

Brian fait un modèle de la fraction originale $\frac{3}{4}$.

(Il laisse un espace entre les blocs.)

Étape 2: 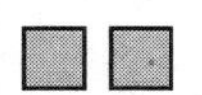 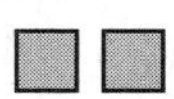  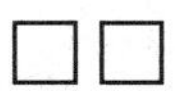

Étape 3:

Il ajoute des blocs jusqu'à ce qu'il en ait placé 12.

À l'Étape 3, Brian peut voir que $\frac{3}{4}$ est égal à $\frac{9}{12}$:

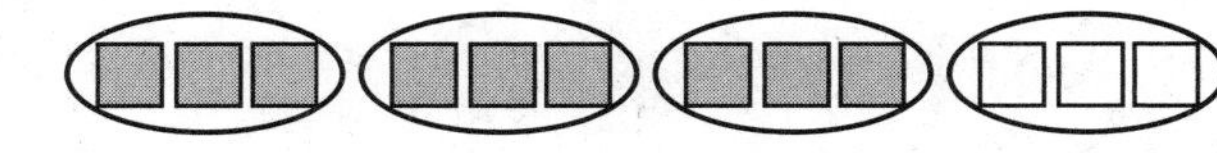

Utilise la méthode de Brian pour montrer que les fractions sont équivalentes.

a) $\frac{3}{5}$ et $\frac{9}{15}$ b) $\frac{2}{3}$ et $\frac{8}{12}$ c) $\frac{3}{4}$ et $\frac{12}{16}$

NS5-73 : Les fractions des nombres entiers

Dan a 6 biscuits. Il veut donner $\frac{2}{3}$ de ses biscuits à ses amis.
Il doit donc distribuer les biscuits également dans 3 assiettes :

Il y a 3 groupes égaux, donc chaque groupe est $\frac{1}{3}$ de 6.

Il y a 2 biscuits dans chaque groupe, donc $\frac{1}{3}$ de 6 est 2.

Il y a 4 biscuits dans 2 groupes, donc $\frac{2}{3}$ de 6 est 4.

$\frac{1}{3}$ de 6

$\frac{2}{3}$ de 6

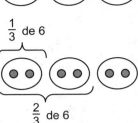

1. Écris une fraction pour la quantité de points qui est montrée. Le premier est déjà fait pour toi.

a) 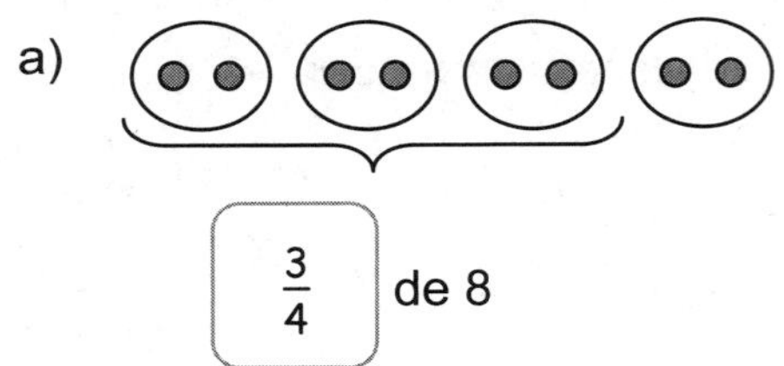

$\frac{3}{4}$ de 8

b) 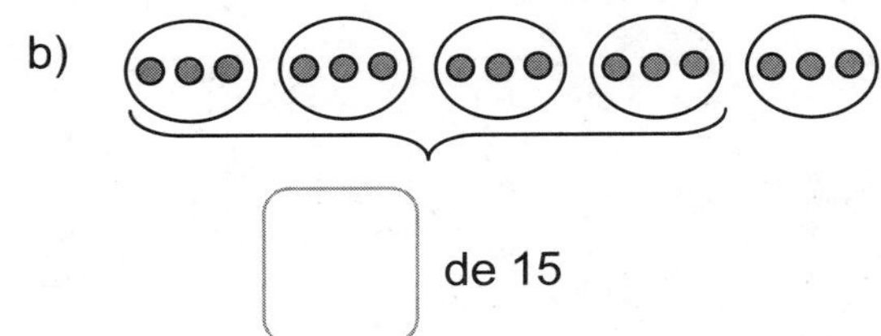

de 15

2. Écris les nombres qui manquent.

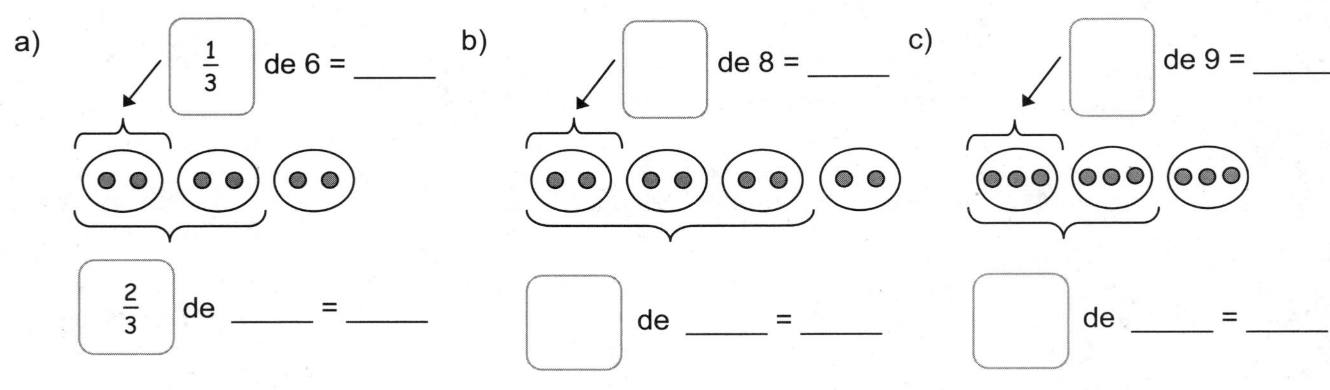

a) $\frac{1}{3}$ de 6 = _____

$\frac{2}{3}$ de _____ = _____

b) de 8 = _____

de _____ = _____

c) de 9 = _____

de _____ = _____

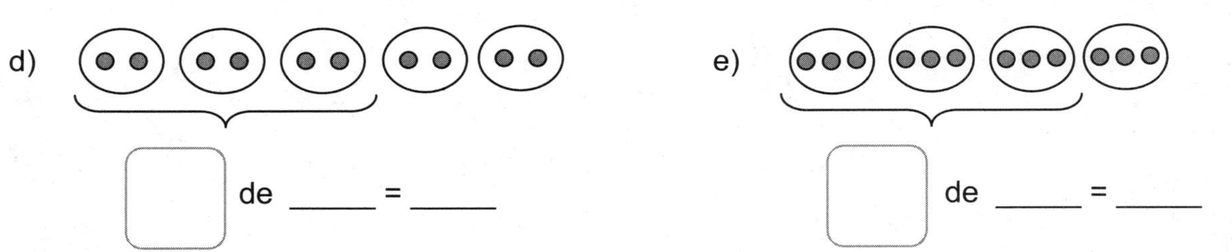

d) de _____ = _____

e) de _____ = _____

3. Dessine un cercle pour montrer la quantité indiquée. Le premier est déjà fait pour toi.

a) $\frac{2}{3}$ de 6 

b) $\frac{3}{4}$ de 8 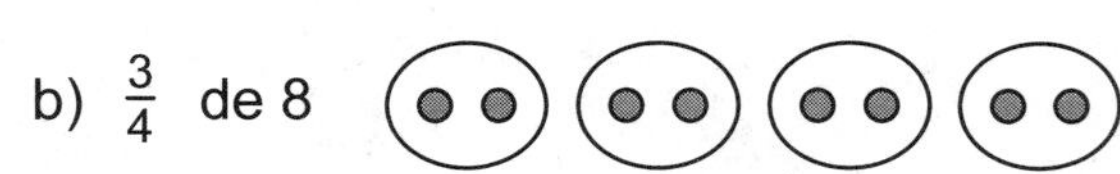

c) $\frac{3}{5}$ de 10 

d) $\frac{3}{4}$ de 12 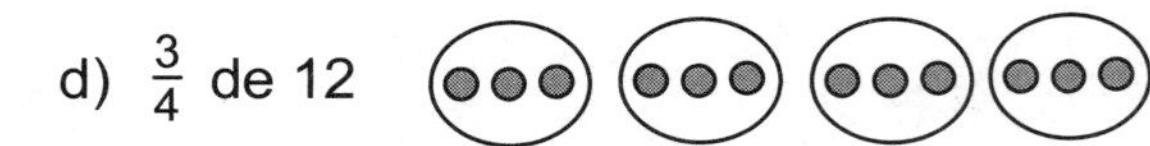

NS5-73 : Les fractions des nombres entiers *(suite)*

4. Dessine le bon nombre de points dans chaque cercle, et fais un plus grand cercle pour montrer la quantité indiquée.

a) $\frac{2}{3}$ de 12

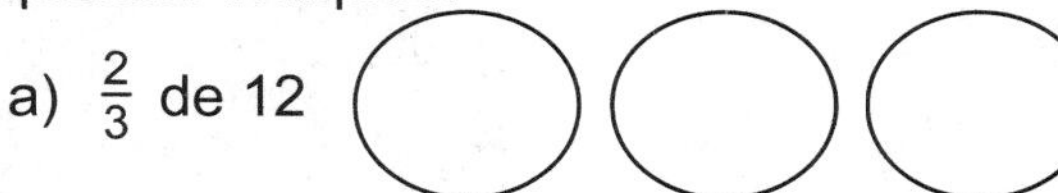

b) $\frac{2}{3}$ de 9

5. Trouve la fraction de la quantité totale en partageant les biscuits également. **INDICE : Dessine le bon nombre d'assiettes et places-y les biscuits un à la fois. Encercle ensuite la bonne quantité.**

a) Trouve $\frac{1}{4}$ de 8 biscuits.

$\frac{1}{4}$ de 8 est ________

b) Trouve $\frac{1}{2}$ de 10 biscuits.

$\frac{1}{2}$ de 10 est ________

c) Trouve $\frac{2}{3}$ de 6 biscuits.

$\frac{2}{3}$ de 6 est ________

d) Trouve $\frac{3}{4}$ de 12 biscuits.

$\frac{3}{4}$ de 12 est ________

6. Andy trouve $\frac{2}{3}$ de 12 comme ceci :

<u>Étape 1</u> : *Il trouve $\frac{1}{3}$ de 12 en divisant 12 par 3.*

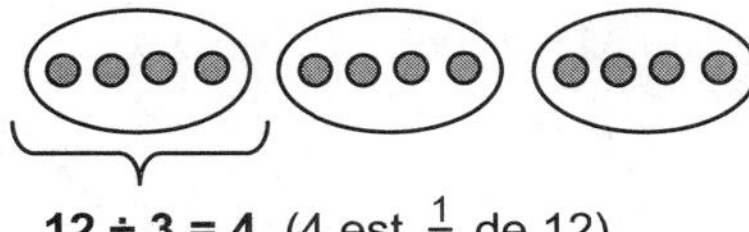

12 ÷ 3 = 4 (4 est $\frac{1}{3}$ de 12)

<u>Étape 2</u> : *Ensuite il multiplie le résultat par 2.*

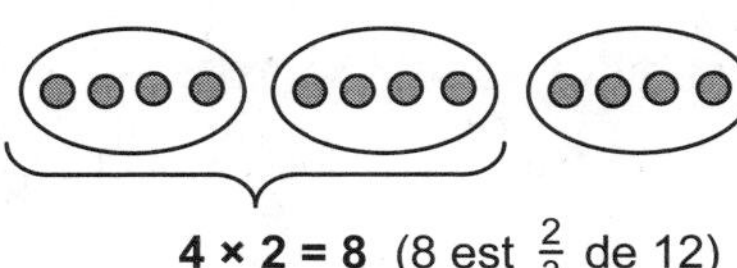

4 × 2 = 8 (8 est $\frac{2}{3}$ de 12)

Trouve les quantités suivantes en utilisant la méthode d'Andy.

a) $\frac{2}{3}$ de 9 ____________

b) $\frac{3}{4}$ de 8 ____________

c) $\frac{2}{3}$ de 15 ____________

d) $\frac{2}{5}$ de 10 ____________

e) $\frac{3}{5}$ de 25 ____________

f) $\frac{2}{7}$ de 14 ____________

g) $\frac{1}{6}$ de 18 ____________

h) $\frac{1}{2}$ de 12 ____________

i) $\frac{3}{4}$ de 12 ____________

j) $\frac{2}{3}$ de 21 ____________

k) $\frac{3}{8}$ de 16 ____________

l) $\frac{3}{7}$ de 21 ____________

NS5-73 : Les fractions des nombres entiers *(suite)*

7. a) Colorie $\frac{2}{5}$ des boîtes.

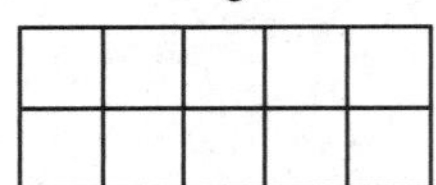

b) Colorie $\frac{2}{3}$ des boîtes.

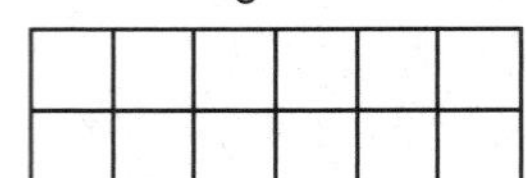

c) Colorie $\frac{3}{4}$ des boîtes.

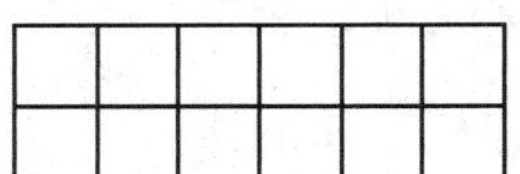

d) Colorie $\frac{5}{6}$ des boîtes.

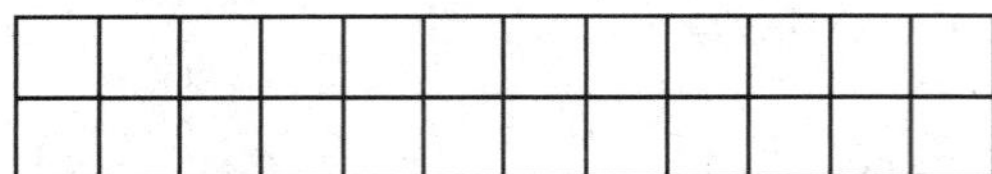

e) Colorie $\frac{2}{7}$ des boîtes.

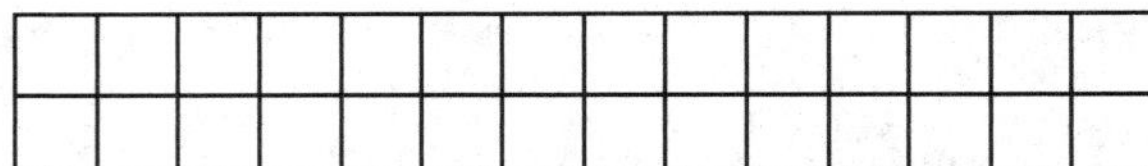

8. a) Colorie $\frac{1}{4}$ des boîtes.

Dessine des rayures dans $\frac{1}{6}$ des boîtes.

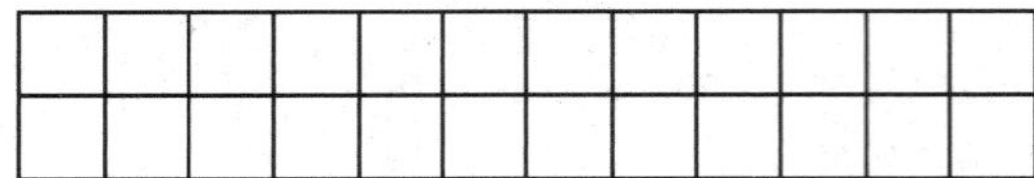

b) Colorie $\frac{1}{3}$ des boîtes.

Dessine des rayures dans $\frac{1}{6}$ des boîtes.

Dessine des points dans $\frac{1}{8}$ des boîtes.

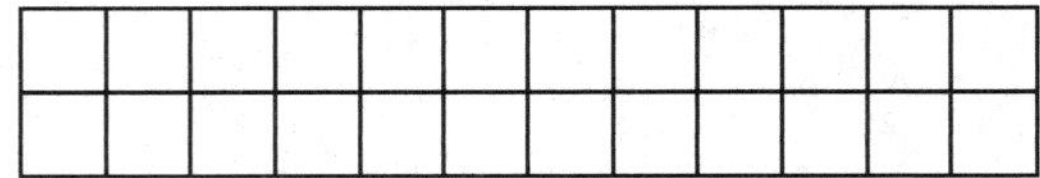

9. Dans les problèmes ci-dessous, chaque cercle représente un enfant. Résous les problèmes en écrivant **J** pour « jus » et **E** pour «eau » dans le bon nombre de cercles. Le premier est déjà fait pour toi.

a) 8 enfants ont des boissons à midi.
$\frac{1}{2}$ boivent du jus et $\frac{1}{4}$ boivent de l'eau.

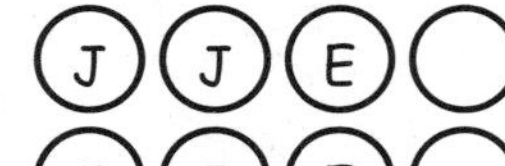

Combien d'enfants n'ont bu ni jus ni eau? 2 n'ont bu ni jus ni eau

b) 6 enfants ont des boissons à midi.
$\frac{1}{2}$ boivent du jus et $\frac{1}{3}$ boivent de l'eau.

Combien d'enfants n'ont bu ni jus ni eau? ______________________

10. 12 enfants ont des boissons.
$\frac{1}{4}$ boivent du jus et $\frac{2}{3}$ boivent de l'eau.
Combien d'enfants n'ont bu ni jus ni eau?

11. Carol a une collection de 12 coquillages. $\frac{1}{3}$ des coquillages sont des coquillages de pétoncles. $\frac{1}{4}$ sont des conques. Les coquillages qui restent sont des cônes. Combien des coquillages de Carol sont des cônes?

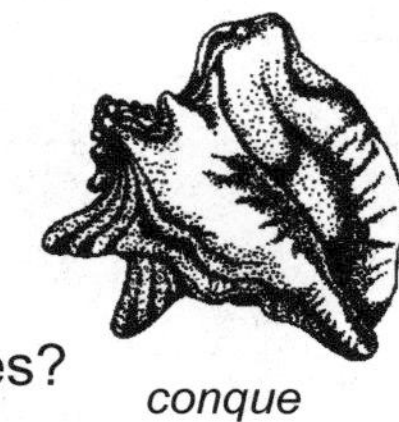
conque

NS5-74 : Les fractions des nombres entiers (avancé)

1. Un kilogramme de noix coûte 8 $.

   Combien coûterait $\frac{3}{4}$ de kilogramme? _______________

2.  Gérald a 10 oranges.
   Il donne $\frac{3}{5}$ de ses oranges.

   a) Combien d'oranges a-t-il données? _______ b) Combien en a-t-il gardées? _____

3. 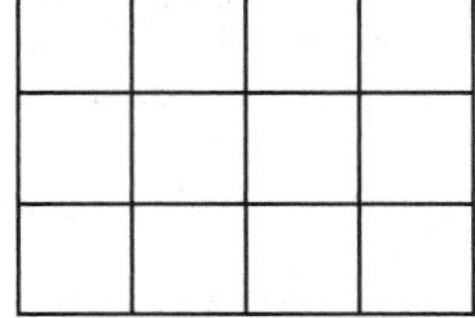

   Colorie $\frac{1}{3}$ des carrés.

   Dessine des rayures dans $\frac{1}{6}$ des carrés.

   Combien de carrés sont blancs? ______

4. Sapin a 20 billes.
   $\frac{2}{5}$ sont bleues. $\frac{1}{4}$ sont jaunes.
   Les billes qui restent sont vertes.

   Combien Sapin a-t-il de billes vertes?

5. Qu'est-ce qui est plus long :
   17 mois ou $1\frac{3}{4}$ ans?

6. Combien de mois y a-t-il dans $\frac{3}{4}$ d'une année?

7. Combien de minutes y a-t-il dans $\frac{2}{3}$ d'une heure?

8. Fong a 28 autocollants.

   Elle en garde $\frac{1}{7}$ et divise le reste également entre 6 amis.

   Combien d'autocollants chaque ami a-t-il reçu?

9. Nancy place 4 de ses 10 coquillages sur une tablette.
   Explique comment tu sais qu'elle a mis $\frac{2}{5}$ de ses coquillages sur la tablette.

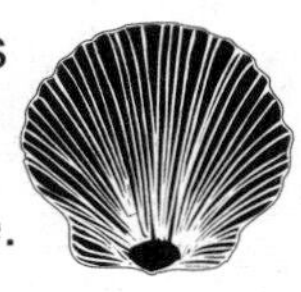

10. Karl a commencé à étudier à 7 h 15.

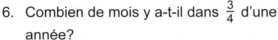

   Il a étudié pendant $\frac{3}{5}$ d'une heure.

   À quelle heure a-t-il arrêté d'étudier?

11. Linda a 12 pommes.

    Elle donne $\frac{1}{4}$ des pommes à Nandita et 2 à Amy. Elle dit qu'il lui en reste la moitié.

    Est-ce qu'elle a raison?

DÉFI :

12. Fais un dessin ou un modèle pour résoudre ce problème.

- $\frac{2}{5}$ des billes de Kim sont jaunes
- $\frac{3}{5}$ sont bleues
- 8 sont jaunes

Combien des billes de Kim sont bleues?

NS5-75 : Comparer et mettre les fractions en ordre

Utilise les bandes de fractions ci-dessous pour répondre aux questions 1 à 3.

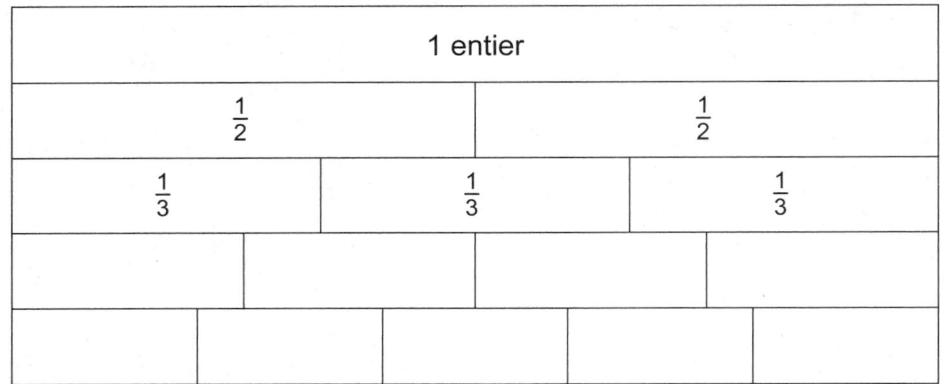

1. Écris les nombres qui manquent dans les bandes de fractions ci-dessus. Écris ensuite > (plus grand que) ou < (plus petit que) entre chaque paire de nombres ci-dessous.

a) $\frac{1}{2}$ ☐ $\frac{2}{3}$ b) $\frac{3}{4}$ ☐ $\frac{2}{3}$ c) $\frac{2}{5}$ ☐ $\frac{3}{4}$ d) $\frac{4}{5}$ ☐ $\frac{3}{4}$

2. Encercle les fractions plus grandes que $\frac{1}{3}$.

$\frac{1}{5}$ $\frac{2}{5}$ $\frac{1}{2}$

3. Encercle les fractions plus grandes que $\frac{1}{2}$.

$\frac{3}{5}$ $\frac{2}{5}$ $\frac{3}{4}$

4. Dessine des lignes pour couper la tarte de gauche dans le même nombre de morceaux que la tarte de droite. Encercle ensuite la plus grande fraction.

a) 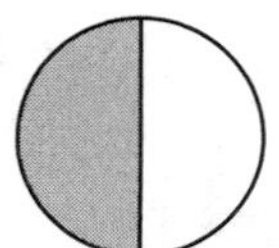

$\frac{1}{2} = \frac{}{4}$ $\frac{1}{4}$

b) 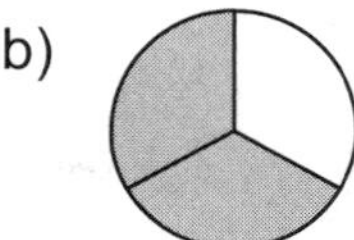 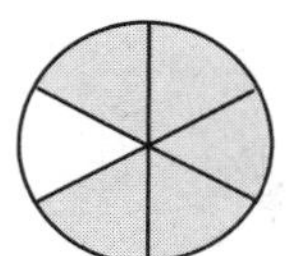

$\frac{2}{3} = \frac{}{6}$ $\frac{5}{6}$

5. Fais de chaque fraction à gauche une fraction équivalente qui a le même dénominateur que la fraction à droite. Écris ensuite > ou < pour montrer quelle fraction est plus grande.

a) 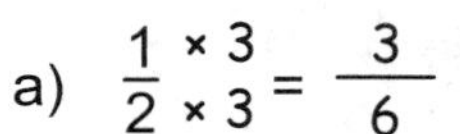 $\frac{1 \times 3}{2 \times 3} = \frac{3}{6}$ [<] $\frac{4}{6}$ b) $\frac{1 \times}{2 \times} = \frac{}{8}$ ☐ $\frac{5}{8}$ c) $\frac{1}{2} = \frac{}{}$ ☐ $\frac{3}{4}$

d) $\frac{1}{2} = \frac{}{}$ ☐ $\frac{4}{10}$ e) $\frac{1}{2} = \frac{}{}$ ☐ $\frac{3}{12}$ f) $\frac{1}{3} = \frac{}{}$ ☐ $\frac{4}{9}$

g) $\frac{1}{5} = \frac{}{}$ ☐ $\frac{7}{10}$ h) $\frac{1}{5} = \frac{}{}$ ☐ $\frac{4}{10}$ i) $\frac{1}{4} = \frac{}{}$ ☐ $\frac{7}{16}$

NS5-76 : Le plus petit dénominateur commun

1. Coupe chaque tarte en parties égales selon le nombre de morceaux indiqué. Écris ensuite une fraction pour représenter le résultat.

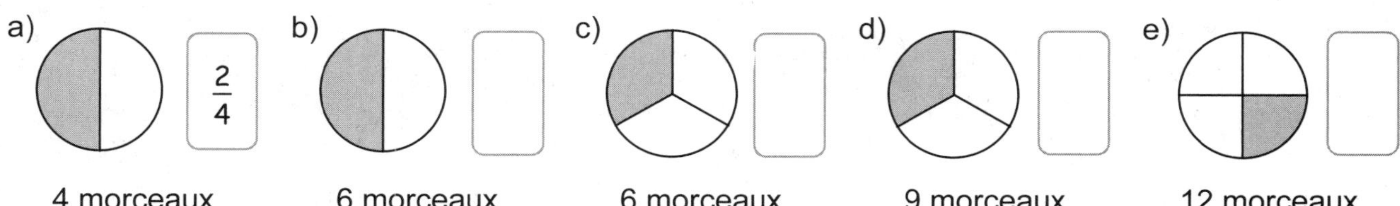

2. Rappelle-toi que pour trouver le **plus petit multiple commun** (ppmc) d'une paire de nombres, tu dois d'abord écrire les multiples du nombre.

18

Exemple :

4 : 4 8 12 ← *Arrête quand le même nombre apparaît sur les deux listes.*

6 : 6 12 18

***12** est le ppmc de 4 et 6.*

Suis les étapes du tableau a) pour couper chaque tarte dans le même nombre de morceaux.

a)	Tarte A	Tarte B
Nombre de morceaux	2	3
ppmc	6	

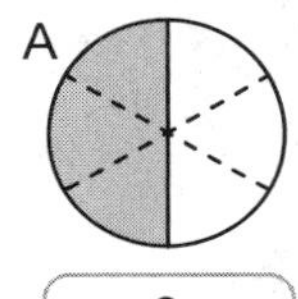

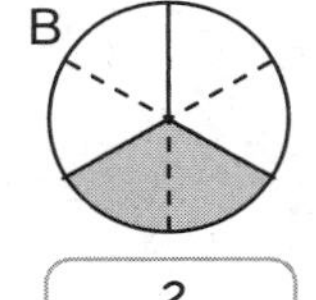

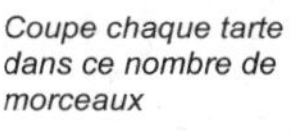

b)	Tarte A	Tarte B
Nombre de morceaux		
ppmc		

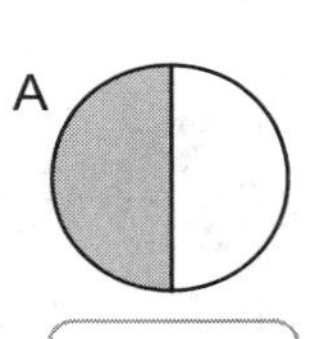

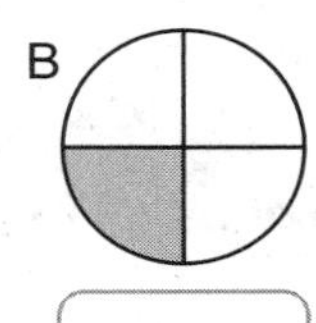

c)	Tarte A	Tarte B
Nombre de morceaux		
ppmc		

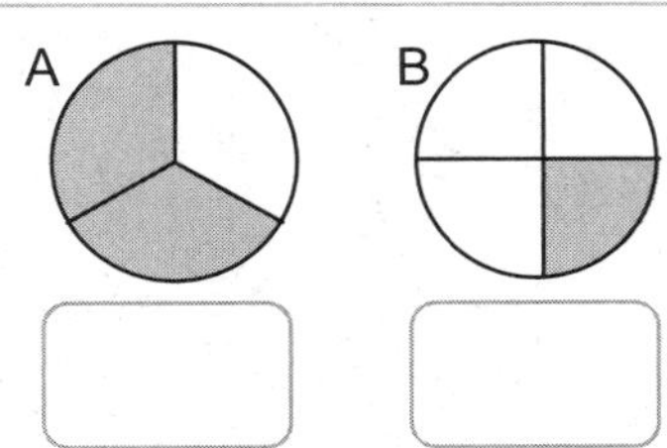

d)	Tarte A	Tarte B
Nombre de morceaux		
ppmc		

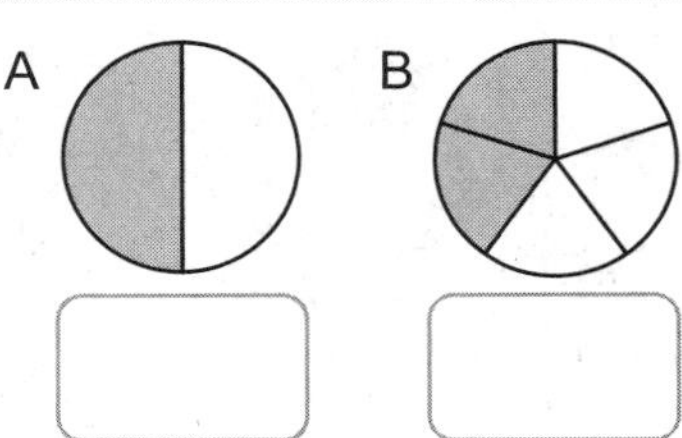

3. Crée une paire de fractions qui ont le même dénominateur. Encercle la plus grande fraction.

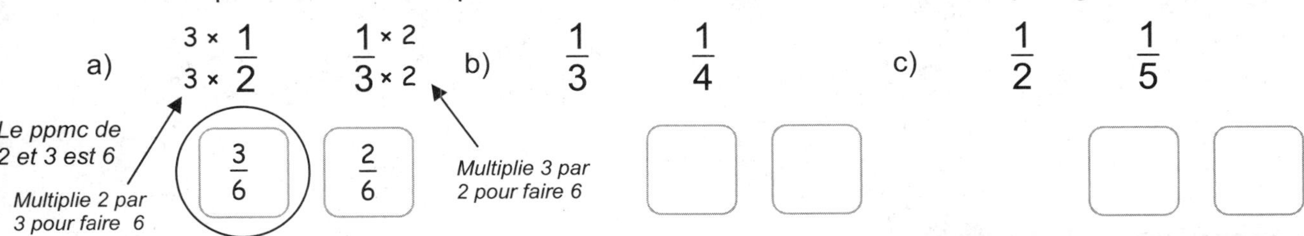

a) $\frac{3 \times 1}{3 \times 2}$ $\frac{1 \times 2}{3 \times 2}$
b) $\frac{1}{3}$ $\frac{1}{4}$
c) $\frac{1}{2}$ $\frac{1}{5}$
Le ppmc de 2 et 3 est 6
Multiplie 2 par 3 pour faire 6
$\frac{3}{6}$
$\frac{2}{6}$
Multiplie 3 par 2 pour faire 6

NS5-77 : Additionner et soustraire des fractions

1. Imagine que tu déplaces les morceaux coloriés des tartes A et B à l'assiette C. Montre combien de l'assiette C serait remplie et écris une fraction pour la tarte C.

A B C

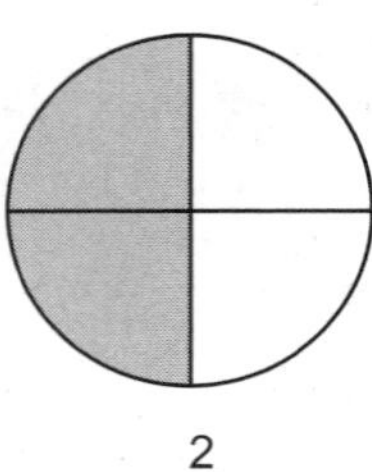

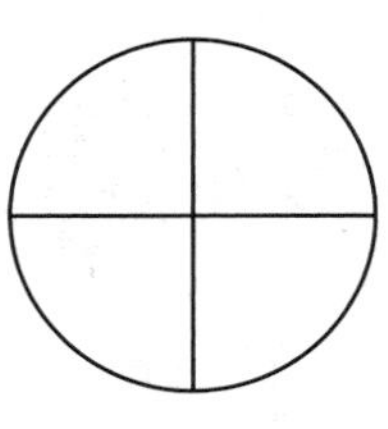

$\frac{1}{4}$ + $\frac{2}{4}$ = ___

2. Imagine que tu verses le liquide des contenants A et B dans le contenant C. Colorie la quantité de liquide qui serait dans le contenant C.
Complète ensuite l'énoncé d'addition.

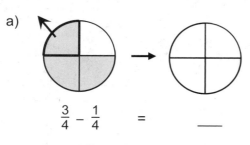

a) A B C

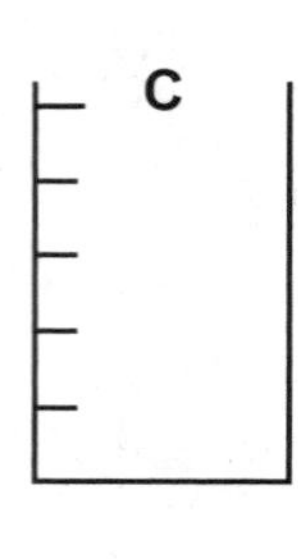

$\frac{\_\_}{5}$ + $\frac{\_\_}{5}$ = ___

b) A B C

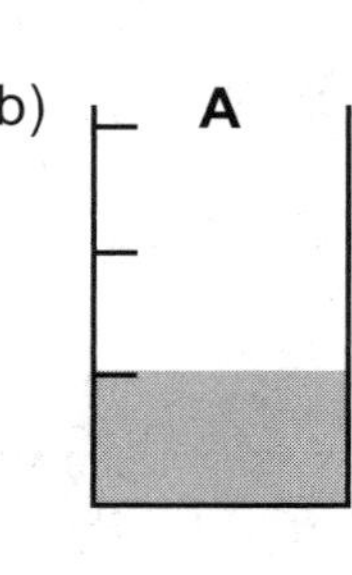

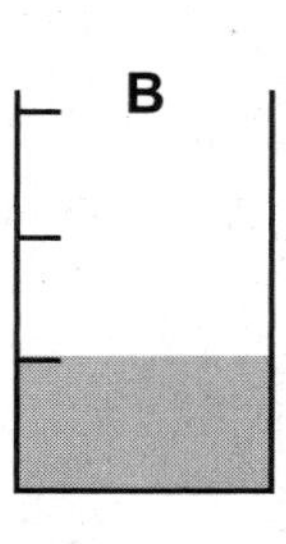

$\frac{\_\_}{3}$ + $\frac{\_\_}{3}$ = ___

3. Additionne.

a) $\frac{3}{5} + \frac{1}{5} =$ b) $\frac{2}{4} + \frac{1}{4} =$ c) $\frac{3}{7} + \frac{2}{7} =$ d) $\frac{5}{8} + \frac{2}{8} =$

e) $\frac{3}{11} + \frac{7}{11} =$ f) $\frac{5}{17} + \frac{9}{17} =$ g) $\frac{11}{24} + \frac{10}{24} =$ h) $\frac{18}{57} + \frac{13}{57} =$

4. Montre combien de tarte il resterait si tu enlevais la quantité indiquée.
Complète ensuite l'énonce de fraction.

a) $\frac{3}{4} - \frac{1}{4}$ = ___

b)

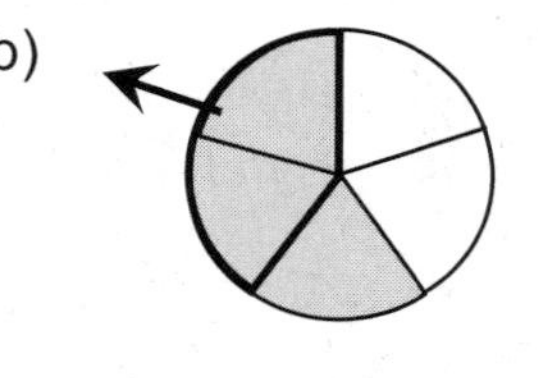

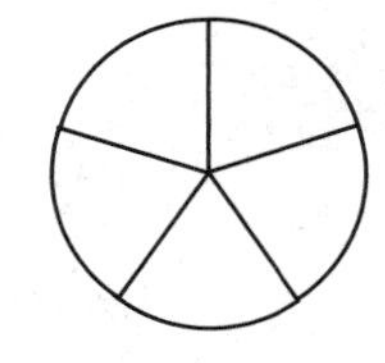

$\frac{3}{5} - \frac{2}{5}$ = ___

5. Soustrais.

a) 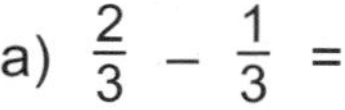 $\frac{2}{3} - \frac{1}{3} =$ b) $\frac{3}{5} - \frac{1}{5} =$ c) $\frac{6}{7} - \frac{3}{7} =$ d) $\frac{5}{8} - \frac{2}{8} =$

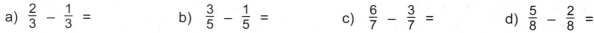

e) $\frac{9}{12} - \frac{2}{12} =$ f) $\frac{6}{19} - \frac{4}{19} =$ g) $\frac{9}{28} - \frac{3}{28} =$ h) $\frac{17}{57} - \frac{12}{57} =$

1. Écris les nombres fractionnaires qui manquent sur la droite numérique.

a)
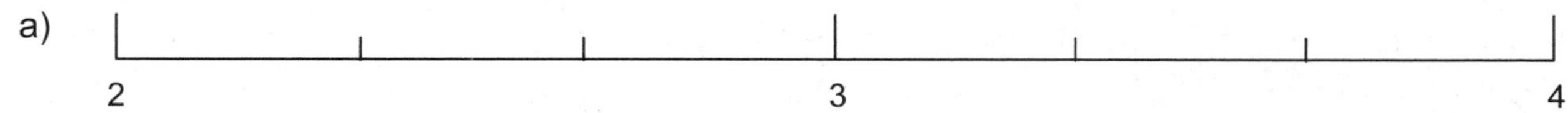

b)
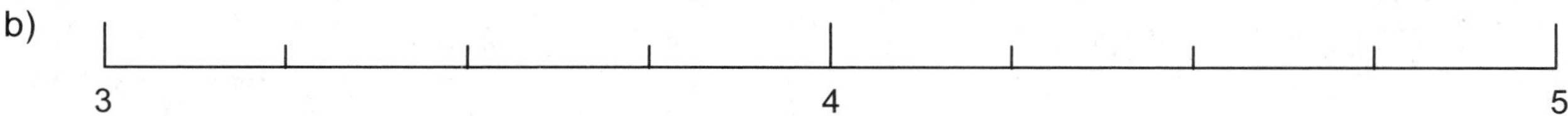

c)

7 8 9

2. Continue les régularités.

a) $2\frac{1}{4}$, $2\frac{2}{4}$, $2\frac{3}{4}$, ______ , ______

b) $7\frac{1}{5}$, $7\frac{2}{5}$, $7\frac{3}{5}$, ______ , ______

3. Remplis les espaces vides.

a) $2\frac{3}{4}$ tartes = __11__ quarts

$2\frac{3}{4} = \frac{11}{4}$

b) $3\frac{2}{5}$ = ______ cinquièmes

$3\frac{2}{5}$ =

c) $4\frac{1}{3}$ = ______ tiers

$4\frac{1}{3}$ =

4. Écris les fractions par ordre de grandeur, de la plus petite à la plus grande. **INDICE : Écris d'abord chaque fraction en lui donnant le même dénominateur.**

a) $\frac{1}{2}$ $\frac{2}{5}$ $\frac{3}{10}$

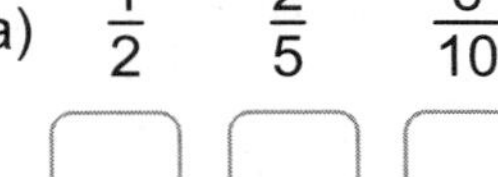
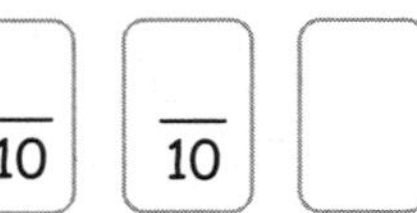

$\frac{}{10}$ $\frac{}{10}$

____

b) $\frac{1}{3}$ $\frac{5}{6}$ $\frac{1}{2}$

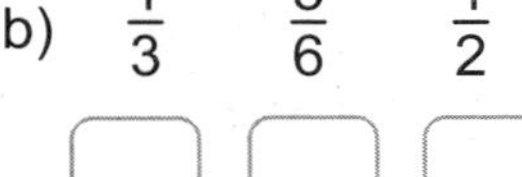
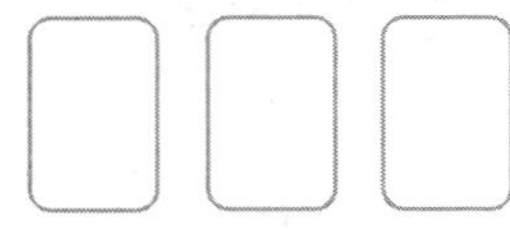

____

c) $\frac{5}{8}$ $\frac{1}{2}$ $\frac{3}{4}$

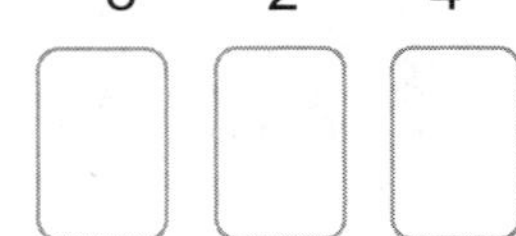

____

5. Utilise <u>deux</u> de 2, 3, 4, et 5 pour créer …

a)
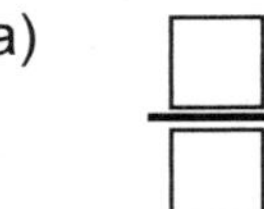
la plus petite fraction possible

b)
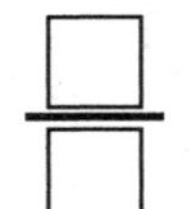
une fraction plus grande que 2

c)
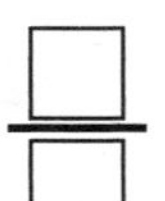
une fraction équivalente à $\frac{1}{2}$

d)
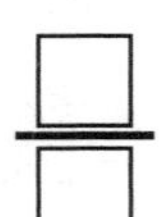
une fraction équivalente à $1\frac{1}{2}$

6. Quelle fraction est plus grande que 2 mais plus petite que 3? a) $\frac{11}{3}$ b) $\frac{5}{4}$ c) $\frac{10}{4}$
Comment le sais-tu?

7. Comment pourrais-tu utiliser une division pour trouver combien de tartes <u>entières</u> il y a dans $\frac{13}{4}$ de tarte? Explique.

NS5-79 : Les valeurs de position (décimales)

Les fractions dont les dénominateurs sont des multiples de dix (dixièmes, centaines) sont souvent utilisées dans les unités de mesure.

- Un millimètre est un dixième d'un centimètre (10 mm = 1 cm)
- Un centimètre est un dixième d'un décimètre (10 cm = 1 dm)
- Un décimètre est un dixième d'un mètre (10 dm = 1 m)
- Un centimètre est un centième d'un mètre (100 cm = 1 m)

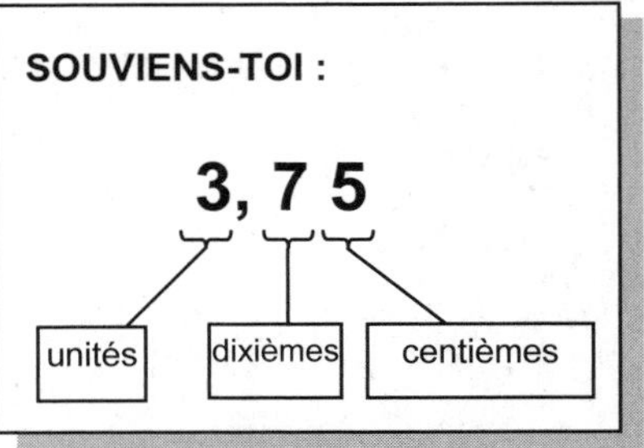

Les **décimales** sont des formes courtes de fractions. Le tableau montre la valeur des chiffres des décimales.

1. Écris la valeur de position des chiffres soulignés.

a) 3,7<u>2</u> centièmes b) 3,<u>2</u>1 ____ c) <u>7</u>,52 ____

d) 5,<u>2</u>9 ____ e) 9,9<u>8</u> ____ f) <u>1</u>,05 ____

g) <u>0</u>,32 ____ h) 5,5<u>5</u> ____ i) 6,<u>4</u>2 ____

2. Écris la valeur de position du chiffre 6 dans chacun des nombres ci-dessous.

a) 3,65 ____ b) 2,36 ____ c) 0,63 ____

d) 9,06 ____ e) 0,06 ____ f) 3,61 ____

g) 1,60 ____ h) 6,48 ____ i) 7,26 ____

3. Écris les nombres suivants dans le tableau des valeurs de position.

	Unités	Dixièmes	Centièmes
a) 5,03	5	0	3
b) 9,47			
c) 0,36			
d) 2,30			
e) 0,05			

NS5-80 : Les centièmes

1. Compte le nombre de carrés coloriés. Écris une fraction qui représente la partie coloriée du carré de centaines. Écris ensuite la fraction sous forme de décimale.
INDICE : Compte par 10 pour chaque colonne ou rangée coloriée.

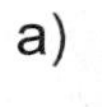

a) 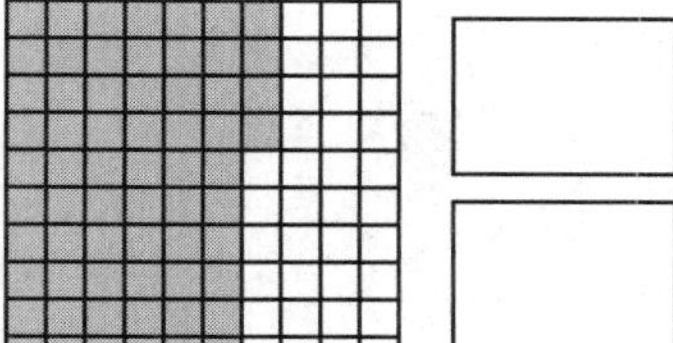

b) 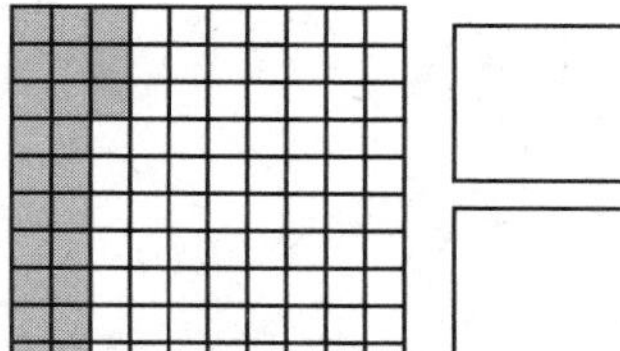

c) 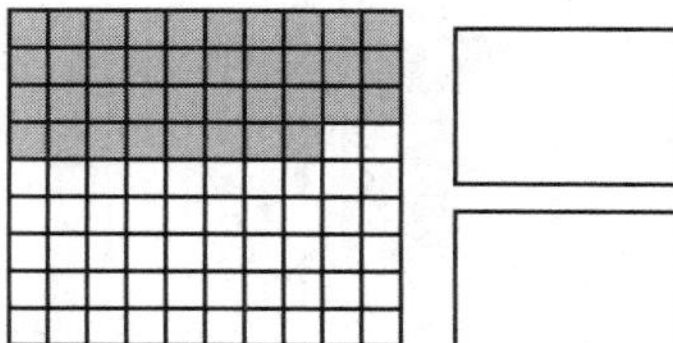

d) 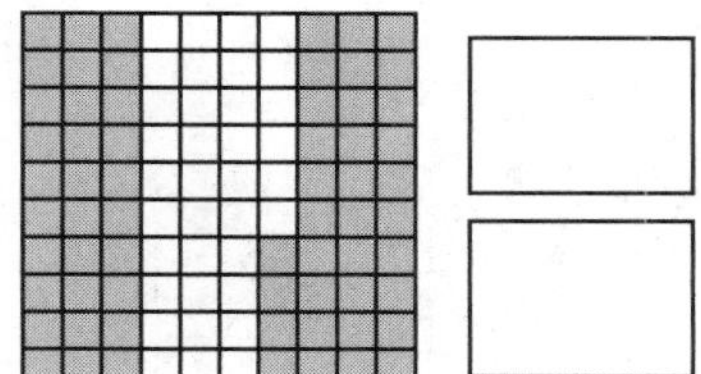

e) 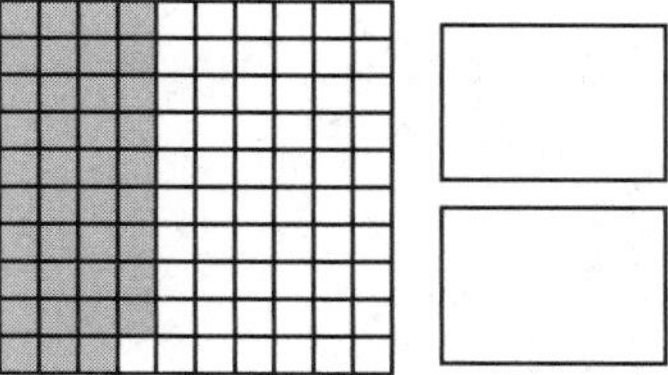

f) 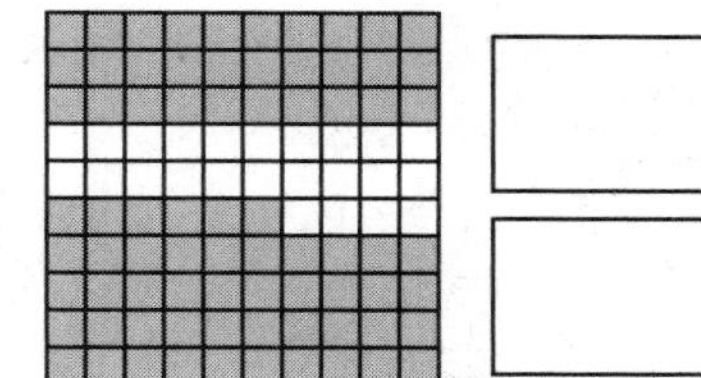

2. Convertis chaque fraction en décimale. Colorie-la ensuite.

a) $\frac{38}{100}$ = 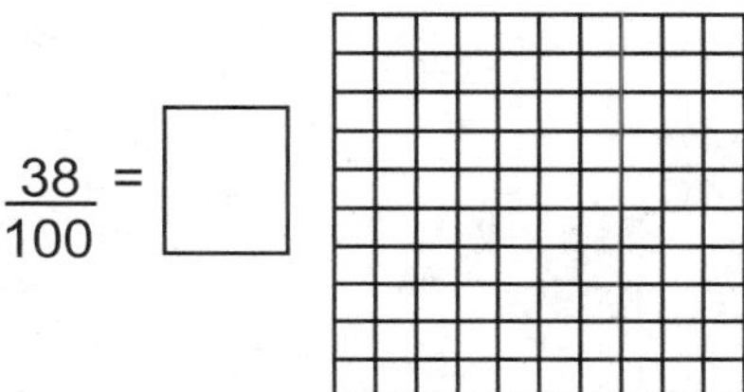

b) $\frac{45}{100}$ = 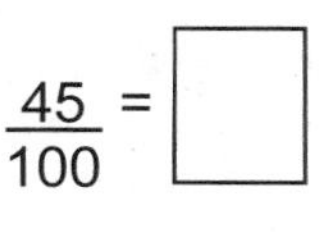

c) $\frac{5}{100}$ =

3. L'illustration montre le plan d'étage d'un musée. Écris une fraction et une décimale pour chaque partie coloriée.

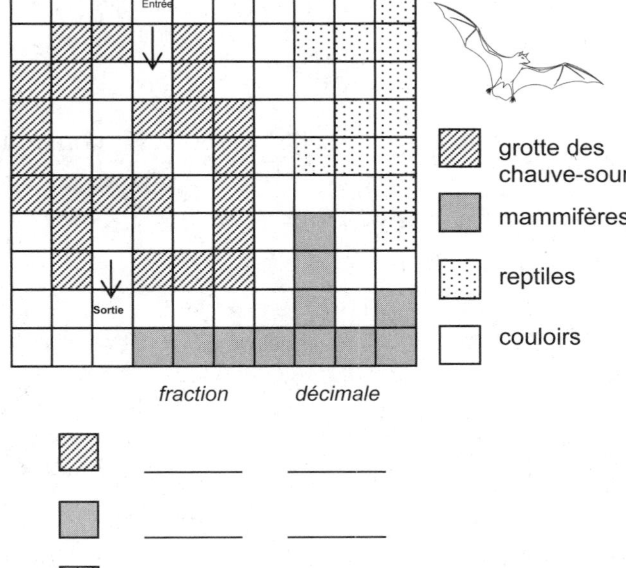

4. Fais ton propre plan d'étage pour un musée. Écris une fraction et une décimale pour chaque partie colorée.

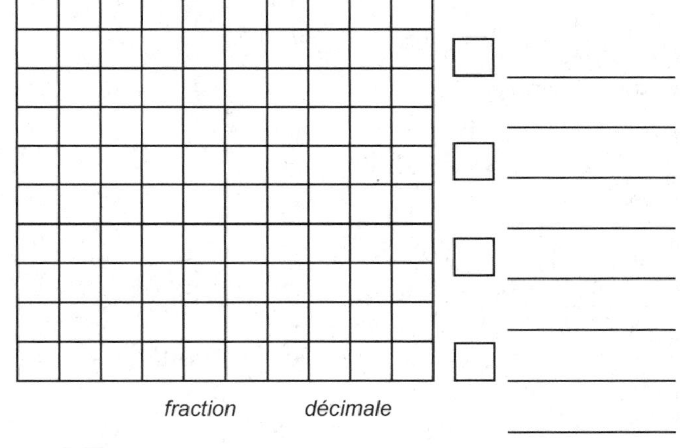

fraction décimale

NS5-81 : Les dixièmes et les centièmes

1. Trace des lignes autour des colonnes pour montrer les dixièmes comme dans a). Écris ensuite une fraction et une décimale qui représentent le nombre de carrés coloriés.

a) 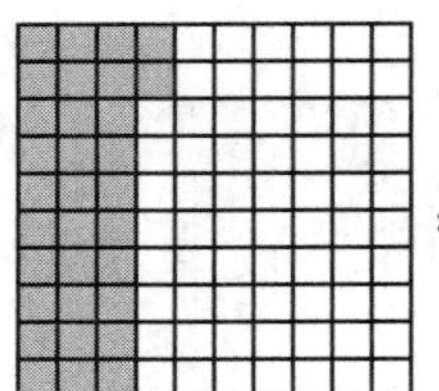 =

32 centièmes = 3 dixièmes ___ centièmes

$\frac{32}{100}$ = ,3 2

b) 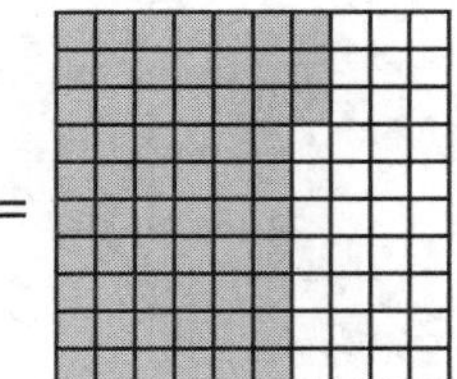

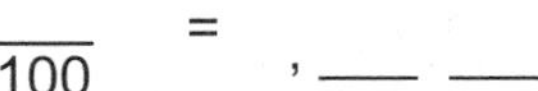

___ centièmes = ___ dixièmes ___ centièmes

$\frac{}{100}$ = , ___ ___

c) 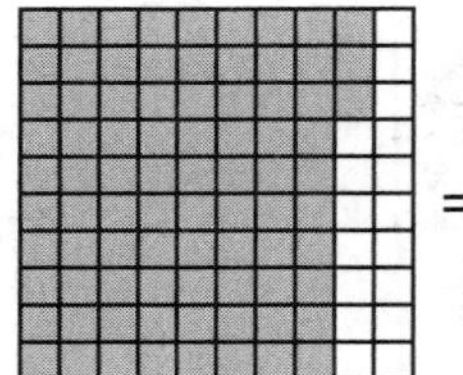 = 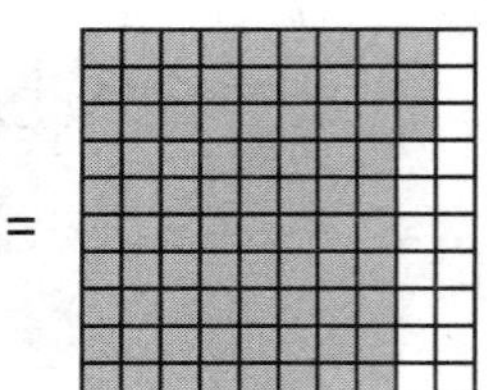

___ centièmes = ___ dixièmes ___ centièmes

$\frac{}{100}$ = , ___ ___

d) 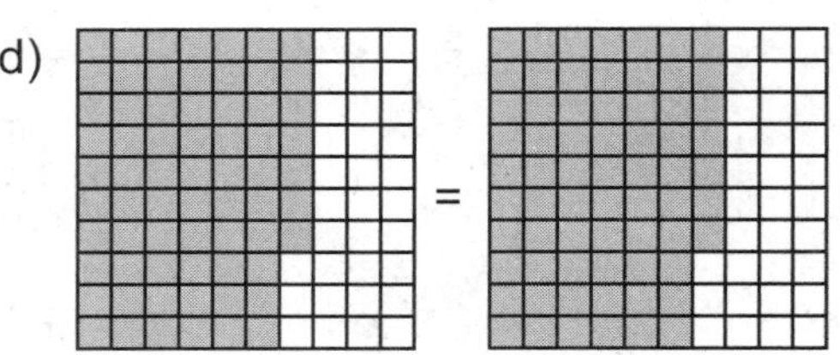

___ centièmes = ___ dixièmes ___ centièmes

$\frac{}{100}$ = , ___ ___

2. Remplis les espaces vides.

a) 53 centièmes = ___ dixièmes ___ centièmes

$\frac{53}{100}$ = ,5 3

b) 27 centièmes = ___ dixièmes ___ centièmes

$\frac{}{100}$ = , ___ ___

c) 65 centièmes = ___ dixièmes ___ centièmes

$\frac{}{100}$ = , ___ ___

d) 90 centièmes = ___ dixièmes ___ centièmes

$\frac{}{100}$ = , ___ ___

e) 6 centièmes = ___ dixièmes ___ centièmes

$\frac{}{100}$ = , ___ ___

f) 3 centièmes = ___ dixièmes ___ centièmes

$\frac{}{100}$ = , ___ ___

3. Décris chaque décimale de deux façons.

a) ,52 = 5 dixièmes 2 centièmes

= 52 centièmes

b) ,44 = ___ dixièmes ___ centièmes

= ___

c) ,30 = ___ dixièmes ___ centièmes

= ___

d) ,23 = ___ dixièmes ___ centièmes

= ___

e) ,05 = ___ dixièmes ___ centièmes

= ___

f) ,08 = ___ dixièmes ___ centièmes

= ___

NS5-82 : Changer les dixièmes en centièmes

1. Complète le tableau ci-dessous. La première rangée est déjà faite pour toi.

Dessin	Fraction	Décimale	Décimale équivalente	Fraction équivalente	Dessin
	$\frac{4}{10}$	0,4	0,40	$\frac{40}{100}$	

2. Écris une fraction pour le nombre de centièmes. Compte ensuite les colonnes coloriées et écris une fraction pour le nombre de dixièmes.

a) 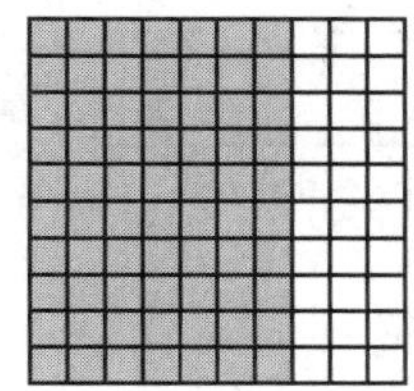

$\frac{}{100} = \frac{}{10}$

b) 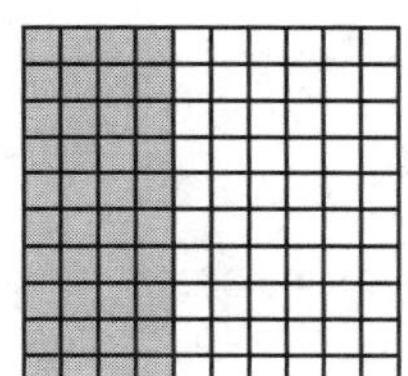

$\frac{}{100} = \frac{}{10}$

c) 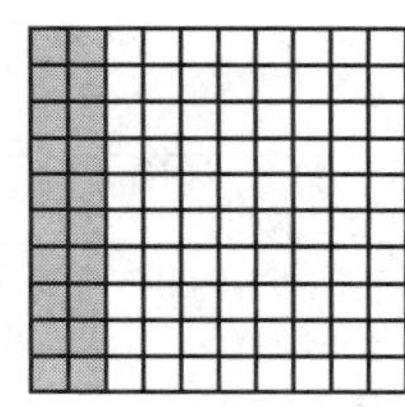

$\frac{}{100} = \frac{}{10}$

d) 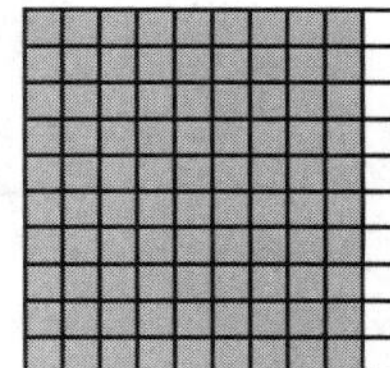

$\frac{}{100} = \frac{}{10}$

3. Ajoute les nombres qui manquent.

SOUVIENS-TOI : $\frac{10}{100} = \frac{1}{10}$

a) $,8 = \frac{8}{10} = \frac{}{100} = ,\_\_\ \_\_$

b) $,\_\_ = \frac{2}{10} = \frac{}{100} = ,20$

c) $,\_\_ = \frac{6}{10} = \frac{}{100} = ,60$

d) $,\_\_ = \frac{7}{10} = \frac{}{100} = ,\_\_\ \_\_$

e) $,\_\_ = \frac{}{10} = \frac{40}{100} = ,\_\_\ \_\_$

f) $,\_\_ = \frac{}{10} = \frac{30}{100} = ,\_\_\ \_\_$

g) $,\_\_ = \frac{4}{10} = \frac{}{100} = ,\_\_\ \_\_$

h) $,\_\_ = \frac{9}{10} = \frac{}{100} = ,\_\_\ \_\_$

i) $,3 = \frac{}{10} = \frac{}{100} = ,\_\_\ \_\_$

NS5-83 : Les décimales et l'argent

Une pièce de **dix cents** est **un dixième** d'un dollar. **Un cent** est **un centième** d'un dollar.

1. Exprime la valeur de chaque décimale de quatre façons différentes.

a) ,64
6 dix cents 4 un cent ____________
6 dixièmes 4 centièmes ____________
64 cents ____________
64 centièmes ____________

b) ,62
____
____
____
____

c) ,57
____
____
____
____

d) ,05
____
____
____
____

e) ,08
____
____
____
____

f) ,13
____
____
____
____

2. Exprime la valeur de chaque décimale de 4 façons différentes.
INDICE : Ajoute un zéro à la place des centièmes en premier.

a) ,4 ____ dix cents ____ cents
____ dixièmes ____ centièmes
____ cents
____ centièmes

b) ,9 ____ dix cents ____ cents
____ dixièmes ____ centièmes
____ cents
____ centièmes

3. Exprime la valeur de chaque décimale de quatre façons différentes. Encercle le plus grand nombre.

,17 ____ dix cents ____ cents
____ dixièmes ____ centièmes
____ cents
____ centièmes

,2 ____ dix cents ____ cents
____ dixièmes ____ centièmes
____ cents
____ centièmes

4. Tanya dit que ,53 est plus grand que ,7 parce que 53 est plus grand que 7. Explique son erreur.

NS5-84 : Changer les notations : fractions et décimales

page 227

1. Ajoute les nombres qui manquent.

a) 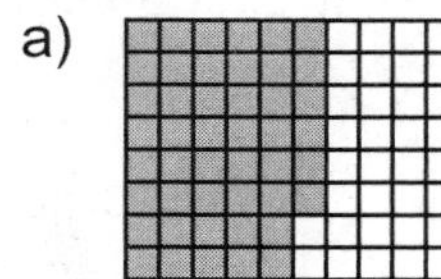

dixièmes	centièmes

$\frac{\ }{100} = ,\_\_\_\ \_\_\_$ (dixièmes, centièmes)

b) 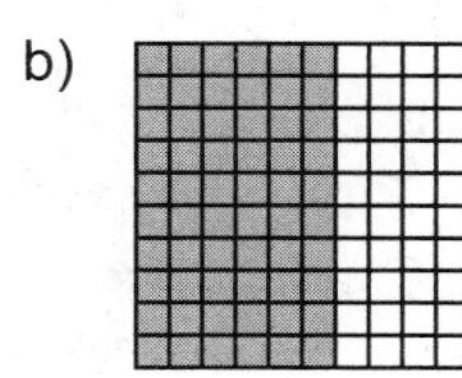

dixièmes	centièmes

$\frac{\ }{100} = ,\_\_\_\ \_\_\_$

c) 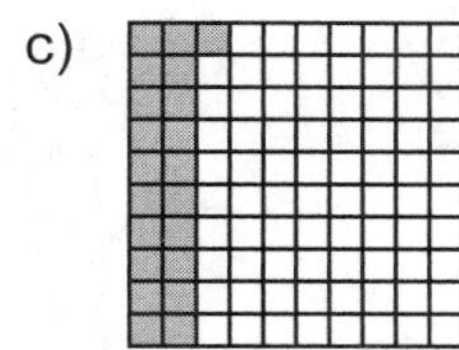

dixièmes	centièmes

$\frac{\ }{100} = ,\_\_\_\ \_\_\_$

d) 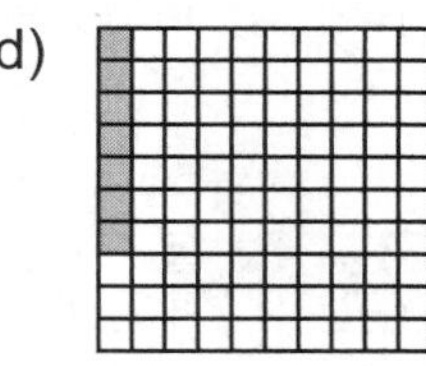

dixièmes	centièmes

$\frac{\ }{100} = ,\_\_\_\ \_\_\_$

2. Écris les décimales suivantes sous forme de fractions.

a) $,5 = \frac{\ }{10}$ b) $,3 = \frac{\ }{10}$ c) $,6 = \frac{\ }{10}$ d) $,2 = \frac{\ }{10}$ e) $,1 = \frac{\ }{10}$

f) $,34 = \frac{\ }{100}$ g) $,59 = \frac{\ }{100}$ h) $,77 = \frac{\ }{100}$ i) $,84 = \frac{\ }{100}$ j) $,31 = \frac{\ }{100}$

k) $,08 = \frac{\ }{100}$ l) $,03 = \frac{\ }{100}$ m) $,09 = \frac{\ }{100}$ n) $,05 = \frac{\ }{100}$ o) $,01 = \frac{\ }{100}$

p) ,7 = q) ,3 = r) ,06 = s) ,8 = t) ,08 =

u) ,6 = v) ,46 = w) ,05 = x) ,9 = y) ,6 =

3. Change les fractions suivantes en décimales.

a) $\frac{5}{10} = ,\_\_$ b) $\frac{4}{10} = ,\_\_$ c) $\frac{6}{10} = ,\_\_$ d) $\frac{9}{10} = ,\_\_$

e) $\frac{93}{100} = ,\_\ \_$ f) $\frac{8}{100} = ,\_\ \_$ g) $\frac{88}{100} = ,\_\ \_$ h) $\frac{4}{100} = ,\_\ \_$

4. Encercle les égalités qui sont incorrectes.

a) $,63 = \frac{63}{100}$ b) $,9 = \frac{9}{10}$ c) $,6 = \frac{6}{100}$ d) $\frac{27}{100} = ,27$ e) $\frac{4}{100} = ,04$

f) $,7 = \frac{7}{100}$ g) $,64 = \frac{64}{10}$ h) $,75 = \frac{75}{100}$ i) $,06 = \frac{6}{100}$ j) $,03 = \frac{3}{10}$

5. Explique comment tu sais que ,7 est égal à ,70.

NS5-85 : Les décimales et les fractions plus grandes que 1

Utilise un bloc de centaines pour représenter un entier. 10 est un dixième de 100, alors un bloc de 10 représente un dixième d'un entier. 1 est un centième de 100, alors un bloc de 1 représente un centième d'un entier.

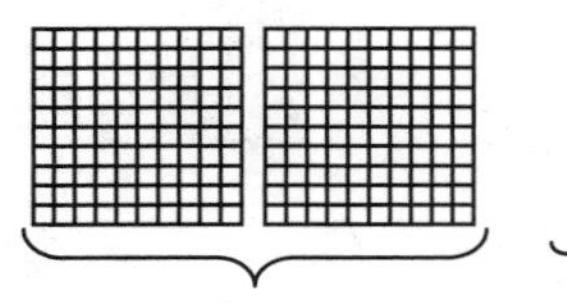
2 entiers

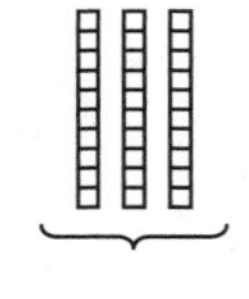
3 dixièmes

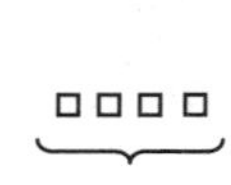
4 centièmes

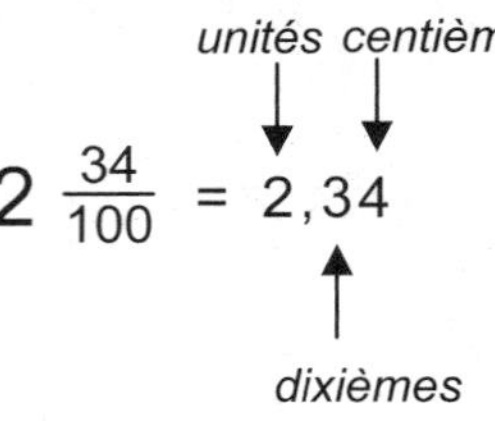

NOTE : Tu peux écrire un nombre fractionnaire sous forme de décimale.

1. Écris un nombre fractionnaire et une décimale pour les modèles de base de dix ci-dessous.

a) 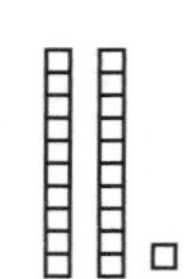 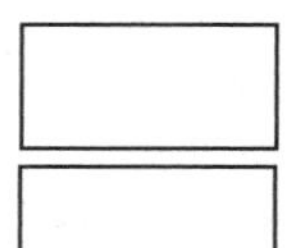

b) 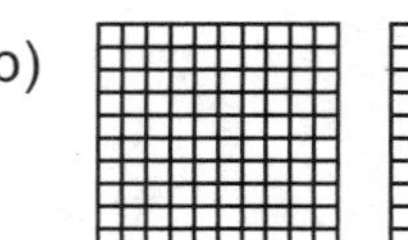 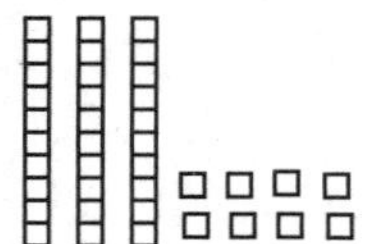 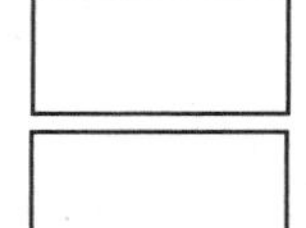

c) 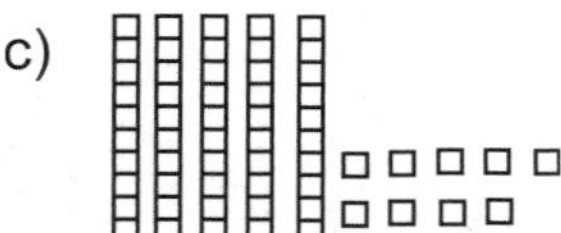 

d) 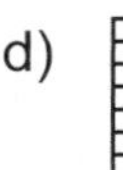 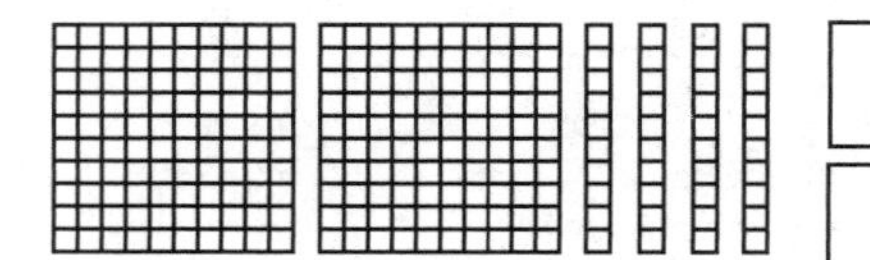

e) 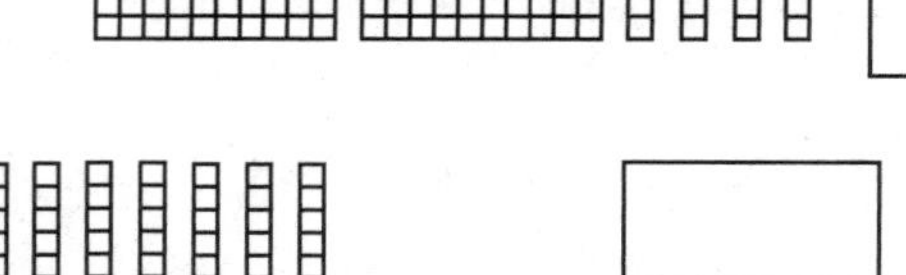

2. Dessine un modèle de base de dix pour les décimales suivantes.

a) 2,52　　b) 1,04

3. Écris une décimale et un nombre fractionnaire pour chaque illustration ci-dessous.

a) 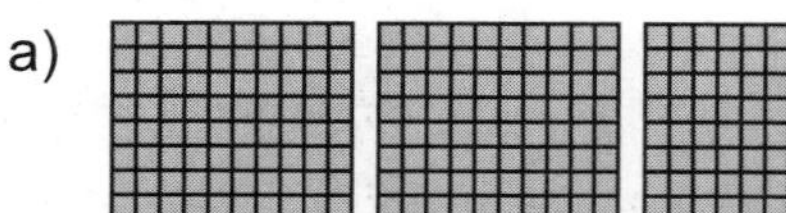 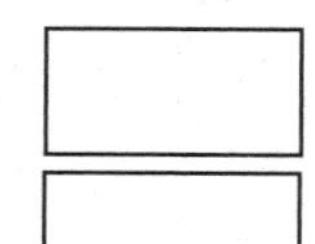

b) 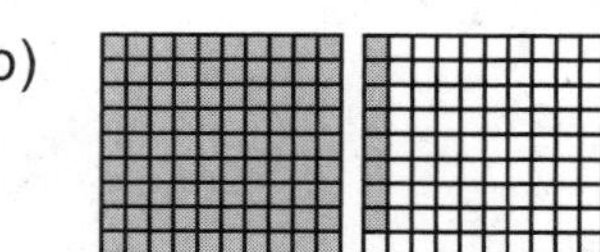 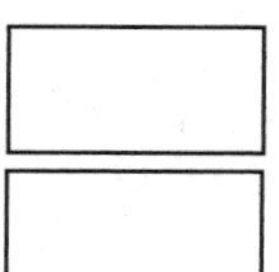

4. Écris une décimale pour chacun des nombres fractionnaires ci-dessous.

a) $2\frac{57}{100}$ =　　b) $3\frac{17}{100}$ =　　c) $5\frac{3}{10}$ =　　d) $1\frac{3}{100}$ =

e) $2\frac{7}{100}$ =　　f) $19\frac{9}{10}$ =　　g) $35\frac{1}{100}$ =　　h) $87\frac{6}{100}$ =

5. Quelle décimale représente le plus grand nombre? Explique avec un dessin.

a) 3 dixièmes ou 3 centièmes?　　b) ,7 ou ,07?　　c) 1,08 ou 1,80?

NS5-86 : Les décimales et les fractions sur les droites numériques

Cette droite numérique est divisée en dizièmes. Le nombre représenté par le point A est $2\frac{3}{10}$ ou 2,3 :

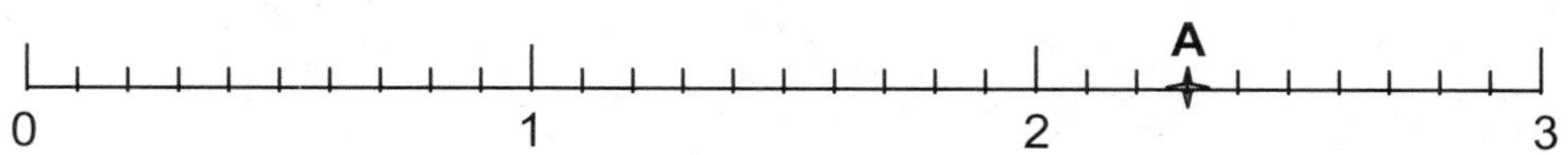

1. Écris une décimale ou une fraction (ou un nombre fractionnaire) pour chaque point.

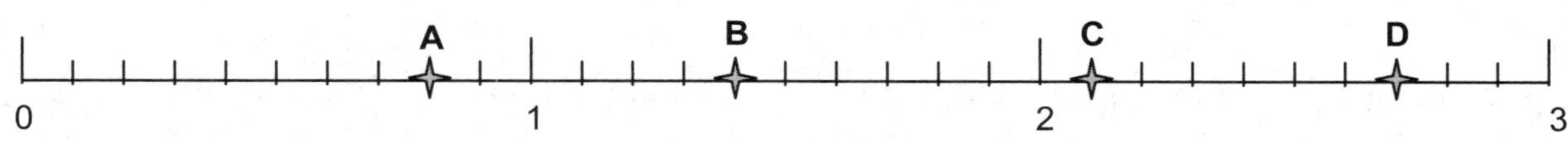

A : $\frac{8}{10}$ = ,8 **B :** **C :** **D :**

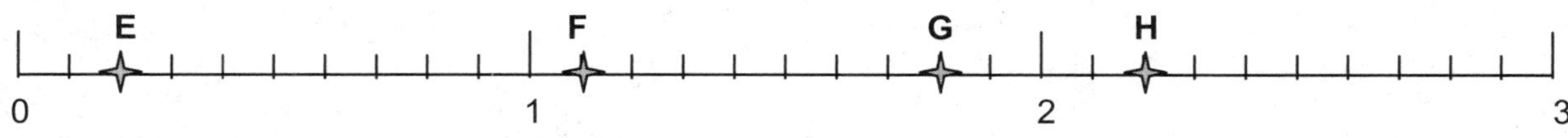

E : **F :** **G :** **H :**

2. Fais un « X » pour chaque point et écris la lettre correspondante au-dessus.

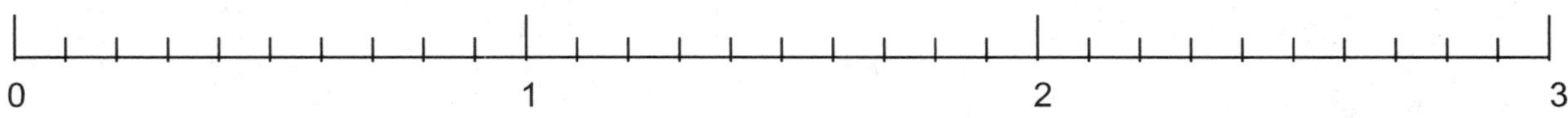

A : 1,3 **B :** 2,7 **C :** ,70 **D :** 1,1

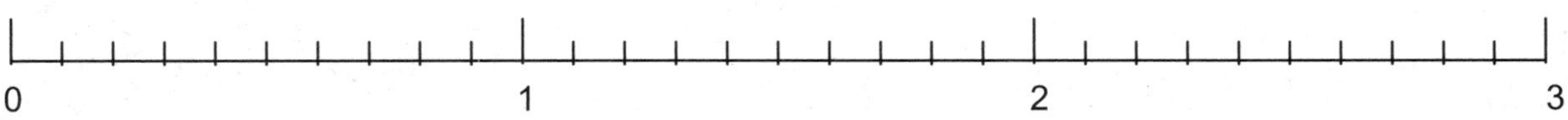

E : $1\frac{2}{10}$ **F :** $2\frac{9}{10}$ **G :** $\frac{27}{10}$ **H :** $1\frac{3}{10}$

3. Écris le nom de chaque point sous forme de décimale, en mots.

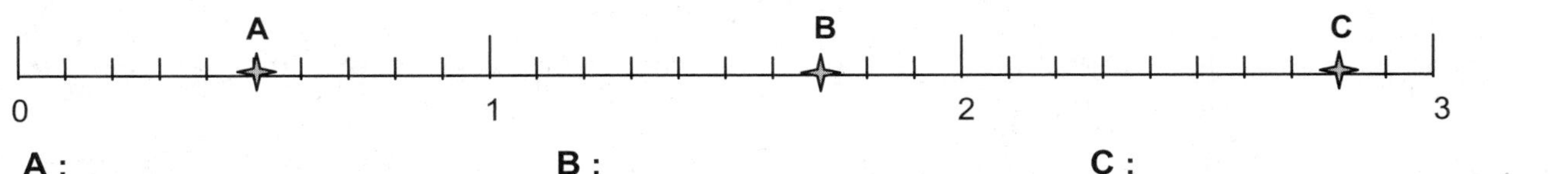

A : ____________________ **B :** ____________________ **C :** ____________________

BONUS

4. Marque les fractions et décimales suivantes sur la droite numérique.

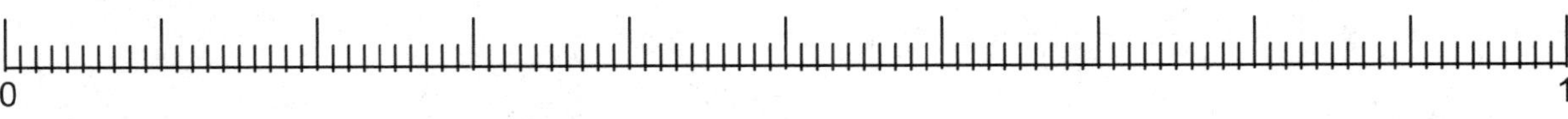

A. ,72 **B.** $\frac{34}{100}$ **C.** ,05 **D.** $\frac{51}{100}$

NS5-87 : Comparer et mettre les fractions et décimales en ordre

1.

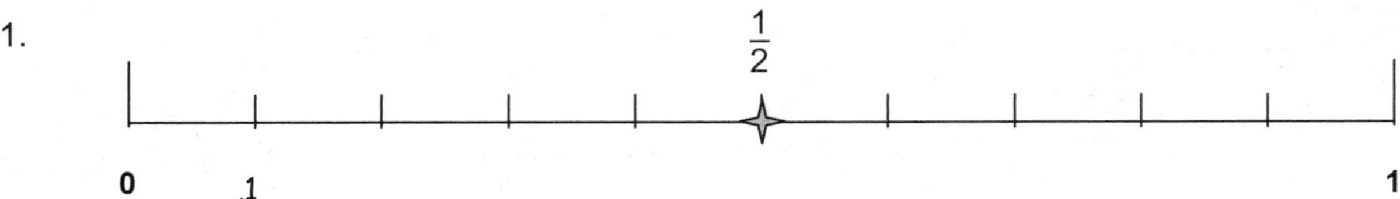

a) Écris une décimale pour chaque point sur la droite numérique. (La première est déjà faite.)

b) Quelle décimale est égale à une demie? $\frac{1}{2}$ =

2. Utilise la droite numérique de la question 1 pour dire si chaque décimale est plus près de « zéro », « une demie » ou « un ».

a) ,2 est plus près de ________ b) ,6 est plus près de ________ c) ,9 est plus près de ________

d) ,4 est plus près de ________ e) ,8 est plus près de ________ f) ,1 est plus près de ________

3. Utilise les droites numériques ci-dessous pour comparer les nombres donnés. Écris **<** (plus petit que) ou **>** (plus grand que) entre chaque paire de nombres.

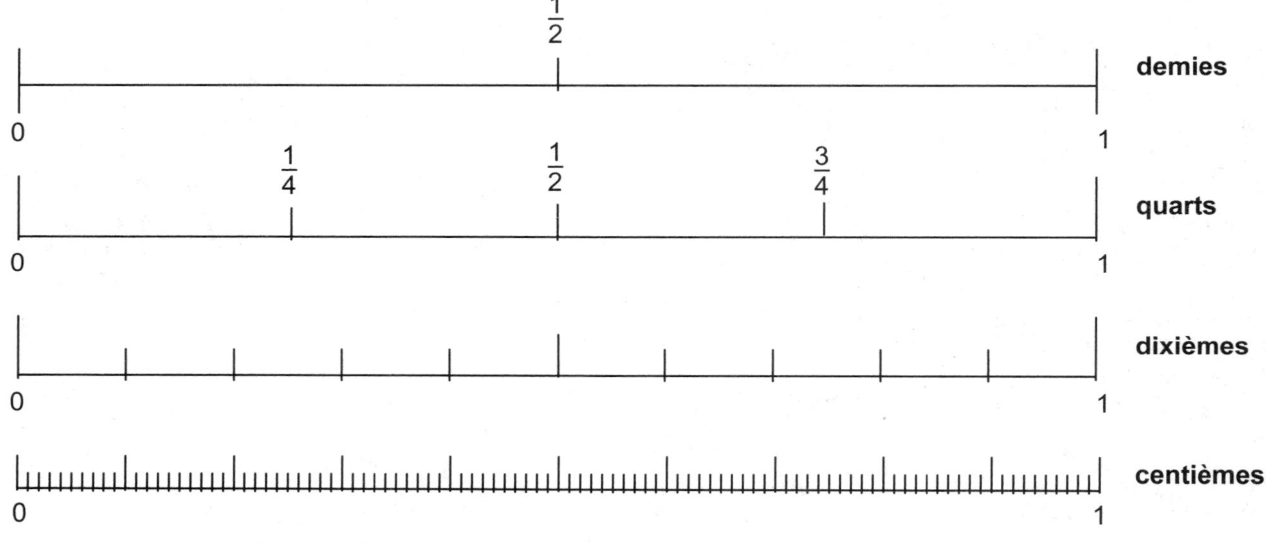

a) 0,4 ☐ $\frac{1}{2}$ b) 0,9 ☐ $\frac{3}{4}$ c) 0,7 ☐ $\frac{1}{4}$ d) 0,6 ☐ $\frac{1}{4}$

e) 0,3 ☐ $\frac{1}{2}$ f) 0,25 ☐ $\frac{1}{2}$ g) 0,85 ☐ $\frac{3}{4}$ h) $\frac{1}{3}$ ☐ ,45

4. Les décimales ou nombres fractionnaires suivants sont plus près de quel nombre entier : « zéro », « un », « deux » ou « trois »?

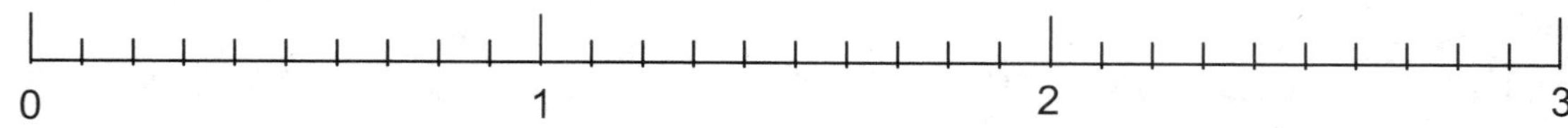

a) 1,3 est plus près de ______ b) 1,9 est plus près de ______ c) 2 $\frac{2}{10}$ est plus près de ______

NS5-88 : Mettre les fractions et les décimales en ordre

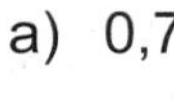

1. Écris les nombres en ordre croissant en changeant en premier chaque décimale en fraction dont le dénominateur est 10. **NOTE : Montre ton travail en-dessous de chaque nombre.**

a) 0,7 — 0,3 — 0,5

$\frac{7}{10}$ ☐ ☐

b) $\frac{1}{10}$ — 0,3 — 0,9

c) 0,2 — 0,6 — $\frac{3}{10}$

d) 1,2 — 3,5 — 3,1

$1\frac{2}{10}$ ☐ ☐

e) 1,5 — 1,2 — 1,7

f) $1\frac{1}{10}$ — ,7 — 3,5

g) $1\frac{3}{10}$ — 1,2 — 1,1

h) 4,5 — 3,2 — $1\frac{7}{10}$

i) 2,3 — 2,9 — $2\frac{1}{2}$

2. Karen dit : « Pour comparer ,6 et ,42, j'ajoute un zéro à ,6 :

,6 = 6 dixièmes = 60 centièmes = ,60

60 (centièmes) est plus grand que 42 (centièmes).

Donc ,6 est plus grand que ,42. »

Ajoute un zéro à la décimale exprimée en dixièmes, et encercle le plus grand nombre de chaque paire.

a) ,7 — ,52 b) ,34 — ,6 c) ,82 — ,5

3. Écris chaque décimale en une fraction dont le dénominateur est 100 en ajoutant un zéro à la décimale.

a) ,7 = ,70 = $\frac{70}{100}$ b) ,6 = ☐ = ☐ c) ,5 = ☐ = ☐

4. Écris les nombres en ordre du plus petit au plus grand en changeant premièrement toutes les décimales en fractions dont le dénominateur est 100.

a) ,2 — ,8 — ,35

b) $\frac{27}{100}$ — ,9 — ,25

c) 1,3 — $1\frac{22}{100}$ — $1\frac{39}{100}$

5. 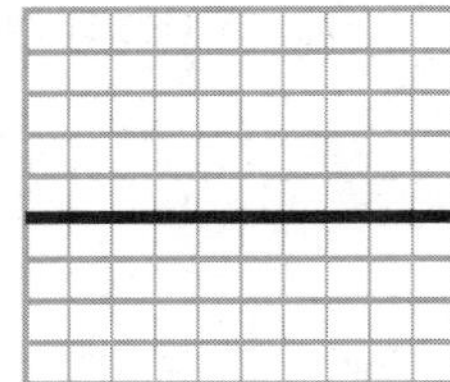

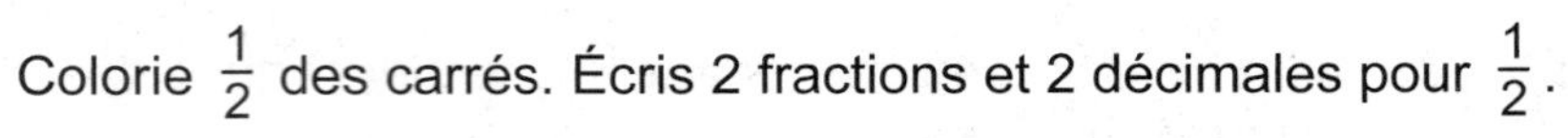
Colorie $\frac{1}{2}$ des carrés. Écris 2 fractions et 2 décimales pour $\frac{1}{2}$.

Fractions : $\frac{1}{2} = \frac{\quad}{10} = \frac{\quad}{100}$

Décimales : $\frac{1}{2}$ = ,____ = ,____

6. 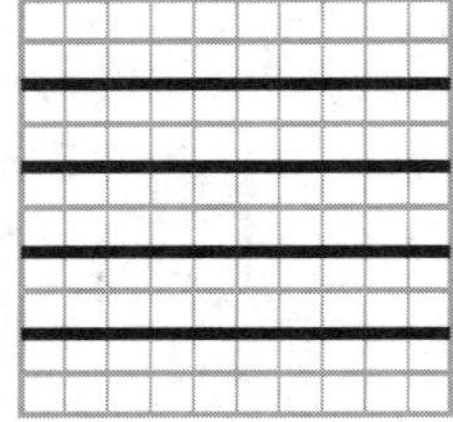

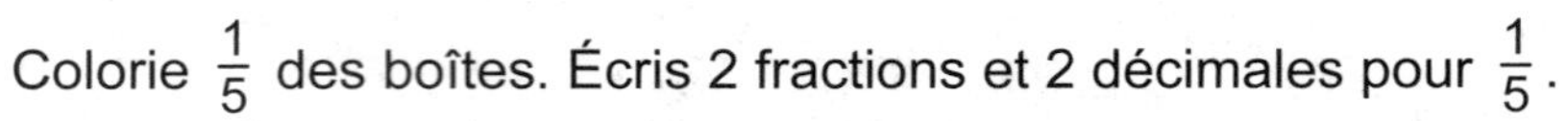
Colorie $\frac{1}{5}$ des boîtes. Écris 2 fractions et 2 décimales pour $\frac{1}{5}$.

Fractions : $\frac{1}{5} = \frac{\quad}{10} = \frac{\quad}{100}$

Décimales : $\frac{1}{5}$ = ,____ = ,____

7. Écris les fractions équivalentes.

a) $\frac{2}{5} = \frac{\quad}{10} = \frac{\quad}{100}$　　b) $\frac{3}{5} = \frac{\quad}{10} = \frac{\quad}{100}$　　c) $\frac{4}{5} = \frac{\quad}{10} = \frac{\quad}{100}$

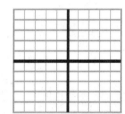

8. Colorie $\frac{1}{4}$ des carrés. Écris une fraction et une décimale pour $\frac{1}{4}$.

Fraction : $\frac{1}{4} = \frac{\quad}{100}$　　*Décimale :* $\frac{1}{4}$ = ,____

Fraction : $\frac{3}{4} = \frac{\quad}{100}$　　*Décimale :* $\frac{3}{4}$ = ,____

9. Encercle le plus grand nombre.
INDICE : Change premièrement toutes les fractions et les décimales en fractions dont le dénominateur est 100.

a) $\frac{1}{2}$　　,37

$\frac{50}{100}$

b) $\frac{1}{4}$　　,52

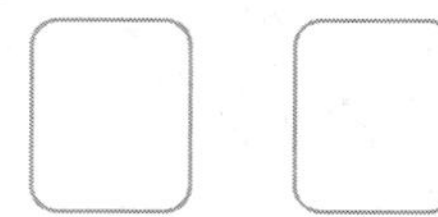

c) $\frac{2}{5}$　　,42

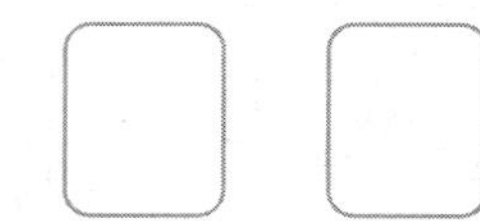

d) ,7　　$\frac{3}{5}$

e) ,23　　$\frac{1}{5}$

f) ,52　　$\frac{1}{2}$

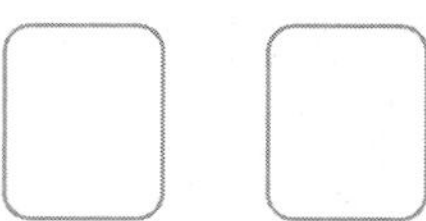

10. Écris les nombres en ordre du plus petit au plus grand. Explique comment tu as trouvé tes réponses.

a) 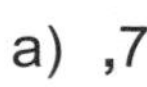 ,7　　 ,32　　$\frac{1}{2}$

b) $\frac{1}{4}$　　$\frac{3}{5}$　　,63

c) $\frac{2}{5}$　　,35　　$\frac{1}{2}$

NS5-89 : Additionner et soustraire les dixièmes

1. 1,3 est un entier et 3 dixièmes. Combien de dixièmes est-ce en tout? ___________________

2. a) 4,7 = _____ dixièmes b) 7,1 = _____ dixièmes c) 3,0 = _____ dixièmes

   d) ______ = 38 dixièmes e) ______ = 42 dixièmes f) ______ = 7 dixièmes

3. Additionne ou soustrais les décimales en les écrivant en nombres entiers de dixièmes en premier.

a)	2,1	21 dixièmes	
	+ 1,0	10 dixièmes	
	3,1	← 31 dixièmes	
b)	1,3	___ dixièmes	
	+ 1,1	___ dixièmes	
	[ ]	← ___ dixièmes	
c)	1,4	___ dixièmes	
	+ 7,3	___ dixièmes	
	[ ]	← ___ dixièmes	
d)	2,5	___ dixièmes	
	− 1,0	___ dixièmes	
	[ ]	← ___ dixièmes	
e)	7,6	___ dixièmes	
	− 4,2	___ dixièmes	
	[ ]	← ___ dixièmes	
f)	8,9	___ dixièmes	
	− 1,4	___ dixièmes	
	[ ]	← ___ dixièmes	

4. Trouve la somme ou la différence.

a) b)

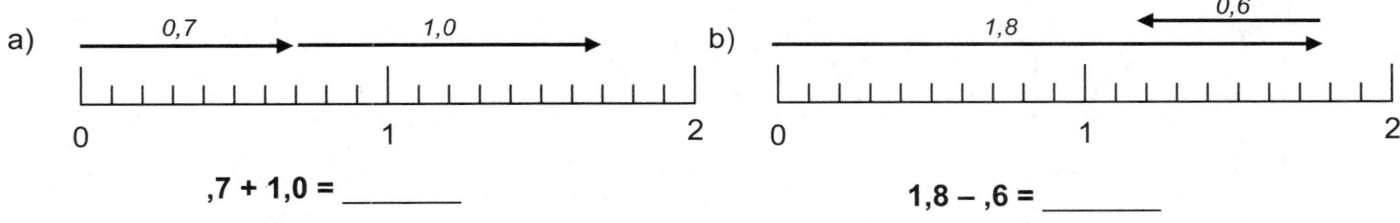

,7 + 1,0 = ________ **1,8 – ,6 =** ________

Maintenant dessine tes propres flèches.

c) 0 1 2 3 4

2,5 + 1,2 = ________

d) 0 1 2 3 4

2,7 – 1,9 = ________

5. Additionne ou soustrais.

a)	b)	c)	d)	e)	f)
3,5	4,6	5,4	9,2	3,7	2,8
− 1,2	+ 3,2	+ 1,7	− 4,9	+ 4,9	− 1,9
[ ]	[ ]	[ ]	[ ]	[ ]	[ ]

NS5-90 : Additionner les centièmes

1. Écris une fraction pour chaque partie coloriée. Additionne ensuite les fractions et colorie ta réponse. Le premier est déjà fait pour toi.

a) 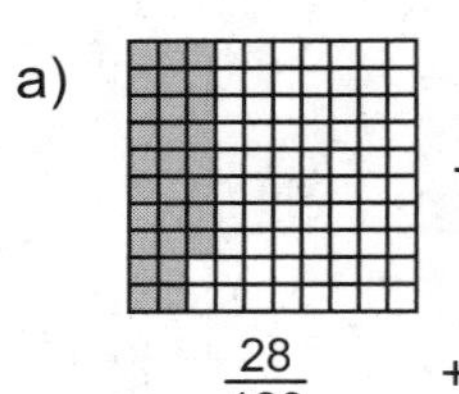 + 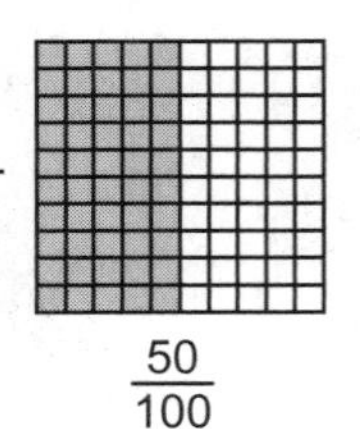 = 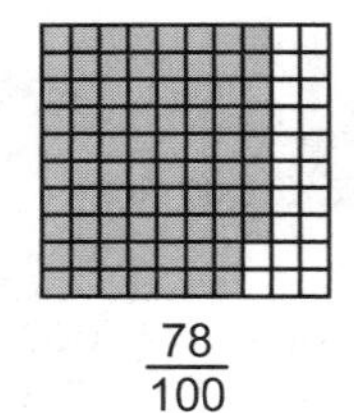

$\frac{28}{100} + \frac{50}{100} = \frac{78}{100}$

b) 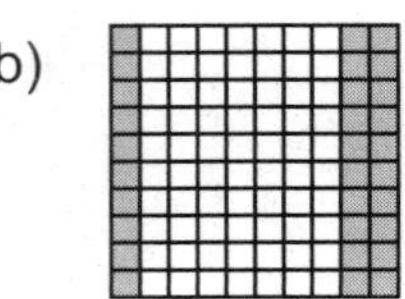 + 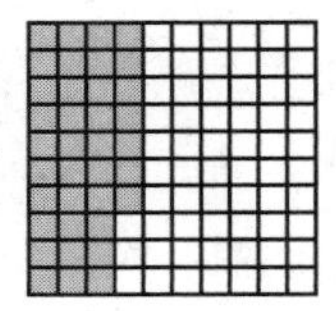 = 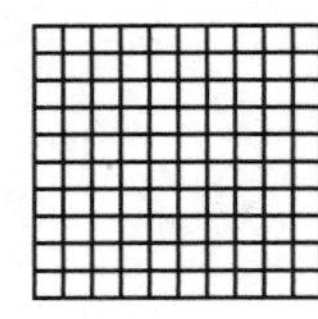

c)  + 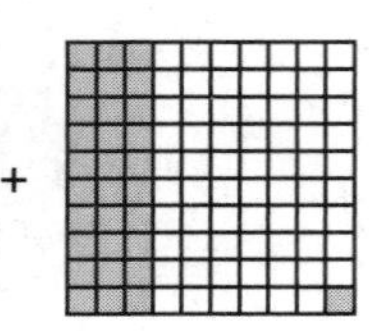 = 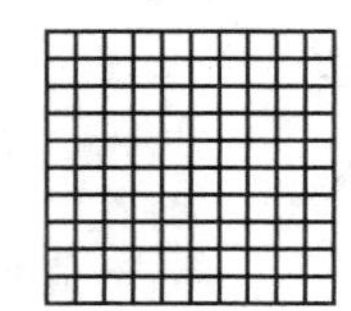

d) 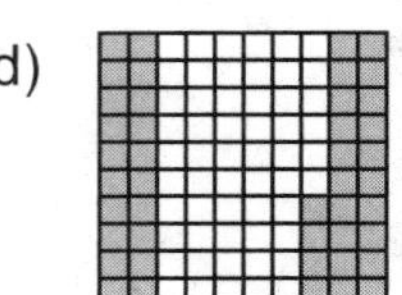 + 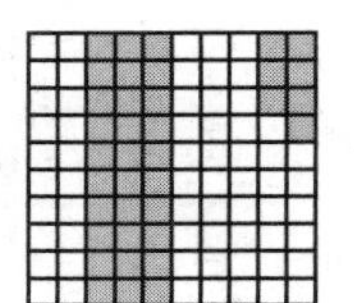 = 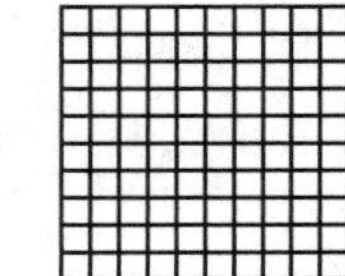

2. Écris les décimales qui correspondent aux fractions de la question 1.

a) ,28 + ,50 = ,78	b)
c)	d)

3. Additionne les décimales en alignant les chiffres. Assure-toi que ta réponse finale est une décimale.

a) 0,42 + 0,36

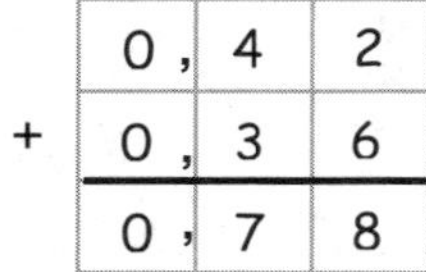

	0,	4	2
+	0,	3	6
	0,	7	8

b) 0,91 + 0,04

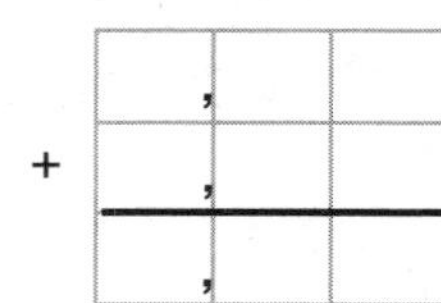

c) 0,42 + 0,72

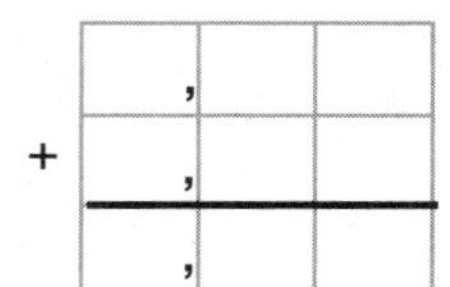

d) 0,22 + 0,57

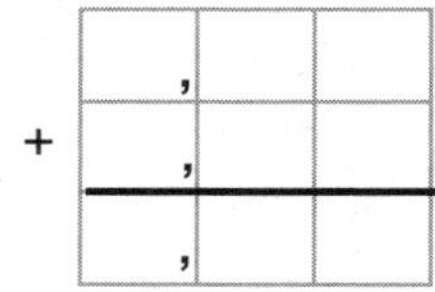

e) 0,3 + 0,36

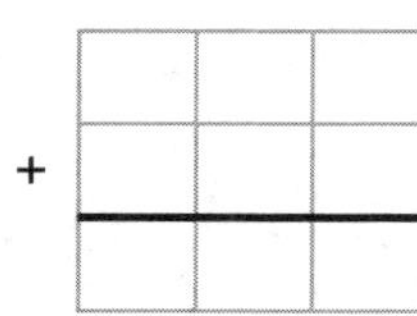

f) 0,5 + 0,48

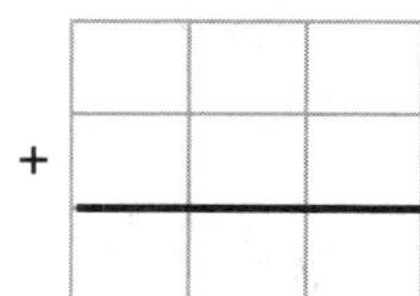

g) 0,81 + 0,58

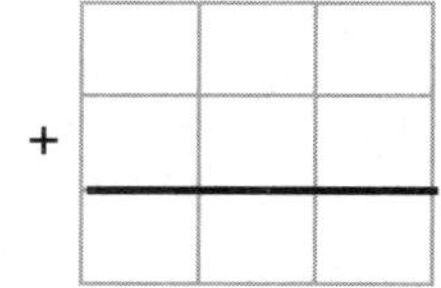

h) 0,46 + 0,22

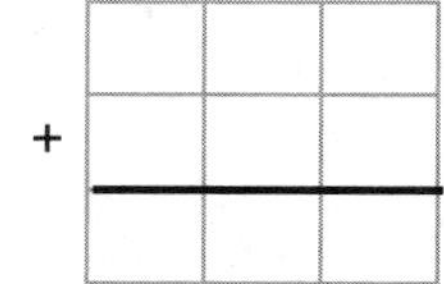

4. Aligne les décimales et additionne les nombres suivants.

a) 0,32 + 0,17 b) 0,64 + 0,23 c) 0,46 + 0,12 d) 0,87 + 0,02 e) 0,48 + 0,31

5. Anne a mélangé ,63 litres de jus à ,36 litres de soda au gingembre.
Combien de litres de punch a-t-elle?

6. Un serpent mesure ,56 mètres de long.
Cela représente quelle fraction d'un mètre?

Deux serpents de la même longueur placés de bout en bout mesureraient-ils plus ou moins qu'un mètre?

NS5-91 : Soustraire les centièmes

1. Soustrais en rayant le bon nombre de boîtes.

a) 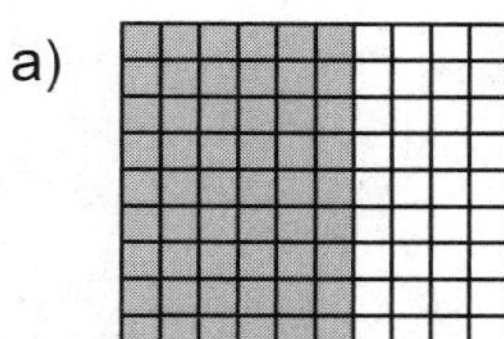

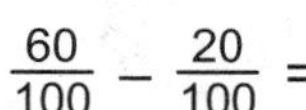

$\frac{60}{100} - \frac{20}{100} =$

b) 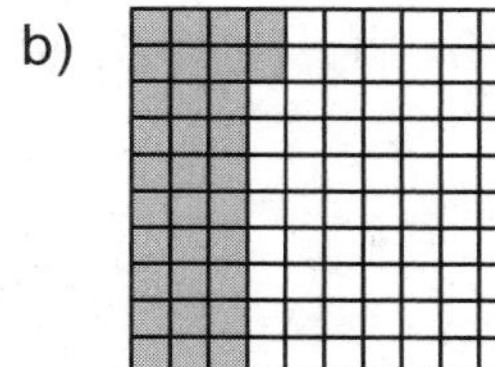

$\frac{32}{100} - \frac{22}{100} =$

c) 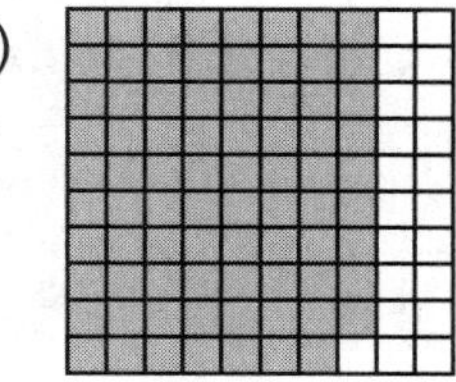

$\frac{79}{100} - \frac{53}{100} =$

2. Écris les décimales qui correspondent aux fractions de la question 1.

a) ,60 - ,20 = ,40 b) c)

3. Soustrais les décimales en alignant les chiffres.

a) 0,74 – 0,31

	0 ,	7	4
–	0 ,	3	1
	0 ,	4	3

b) 0,88 – 0,34

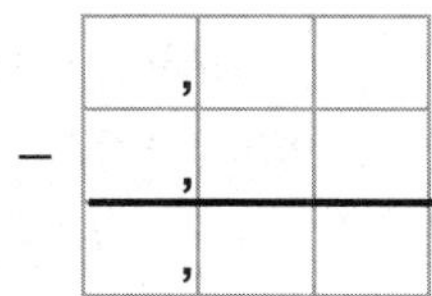

c) 0,46 – 0,23

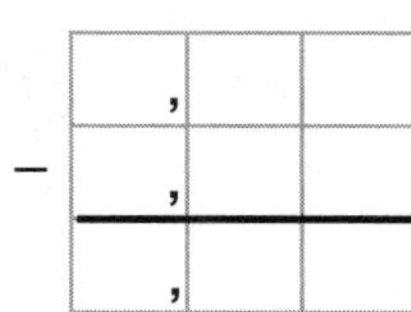

d) 0,75 – 0,21

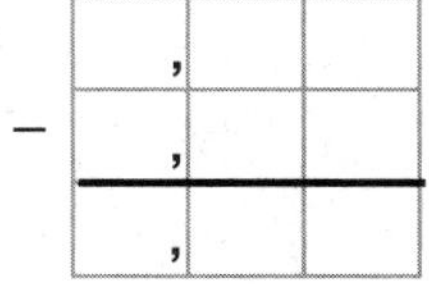

e) 0,33 – ,17

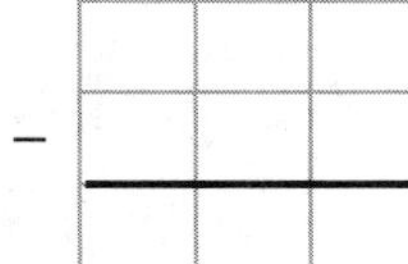

f) 0,64 – 0,38

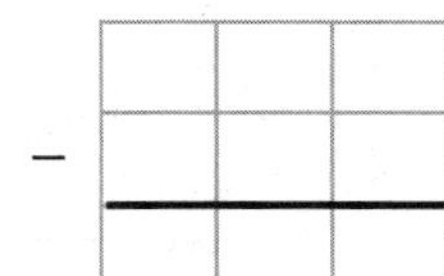

g) 0,92 – 0,59

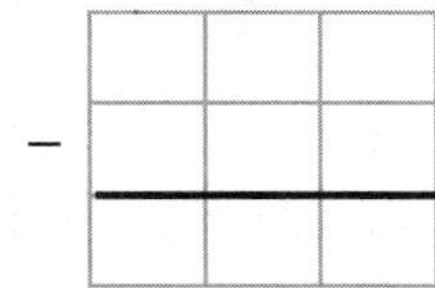

h) 0,53 – 0,26

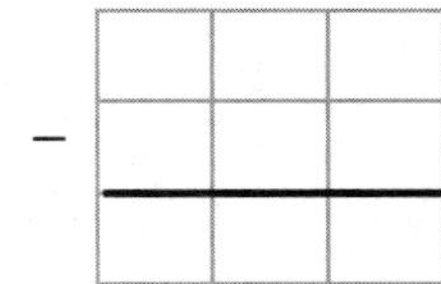

i) 1,00 – ,82

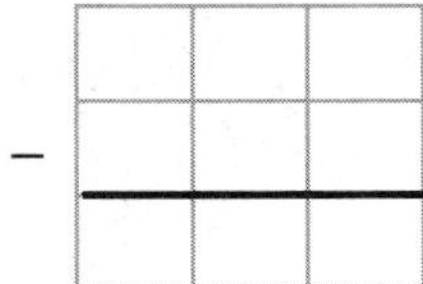

j) 1,00 – 0,36

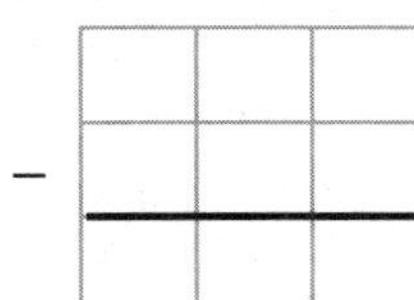

k) 1,00 – 0,44

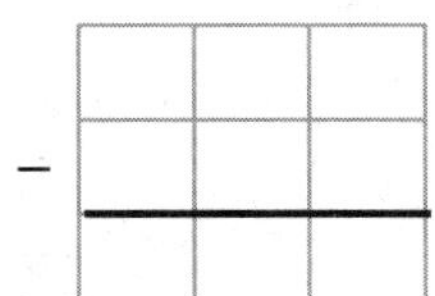

l) 1,00 – 0,29

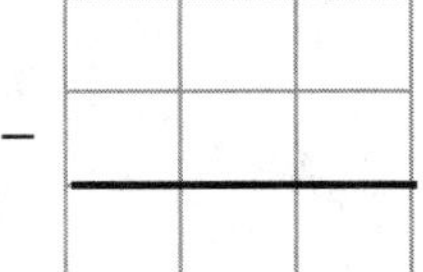

4. Soustrais les décimales suivantes.

a) ,82 – ,45 b) ,97 – ,38 c) ,72 – ,64 d) ,31 – ,17

e) ,58 – ,3 f) ,62 – ,6 g) ,98 – ,03 h) ,53 – ,09

5. Trouve la décimale qui manque.

a) 1 = ,35 + ☐ b) 1 = ,72 +  c) 1 = ,41 + ☐

NS5-92: Additionner et soustraire les décimales (révision)

1. Additionne en dessinant des modèles de base dix. Utilise ensuite le tableau ci-dessous pour aligner et additionner les décimales.
NOTE : Utilise un bloc de centaines pour un entier, et un bloc de dizaines pour un dixième.

a) 1,32 + 1,15

b) 1,46 + 1,33

	unités	dixièmes	centièmes
+	,		
	,		
	,		

	unités	dixièmes	centièmes
+	,		
	,		
	,		

2. Soustrais en dessinant un modèle de base dix du plus grand nombre et en rayant ensuite autant d'unités, de dixièmes et de centièmes qu'il y a dans le plus petit nombre, comme dans a).

a) 2,15 – 1,13

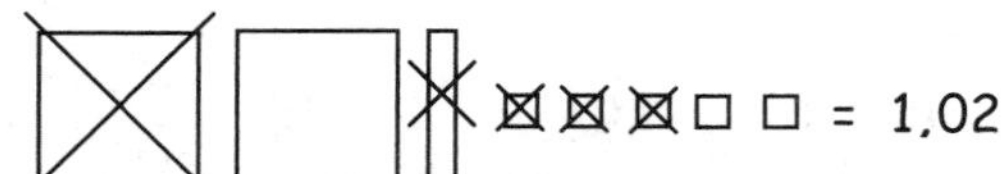

b) 2,33 – 1,12

3. Additionne ou soustrais.

a) 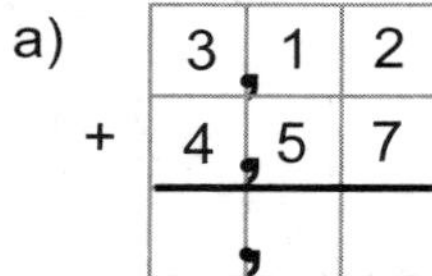

	3,	1	2
+	4,	5	7
	,		

b)

	5,	8	9
+	1,	3	4
	,		

c)

	3,	8	6
–	2,	1	5
	,		

d) 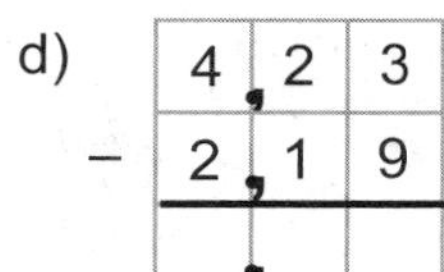

	4,	2	3
–	2,	1	9
	,		

e)

	1	8,	0	5
–	1	2,	7	3
		,		

f)

	7,	8	7
+	4,	0	3
	,		

g) 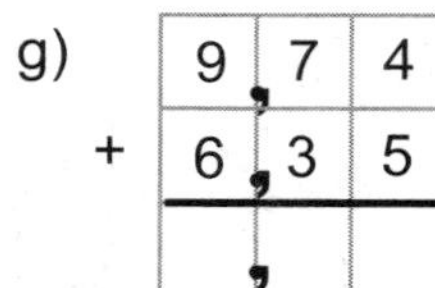

	9,	7	4
+	6,	3	5
	,		

h)

	2,	7	5
–	,	2	8
	,		

i) 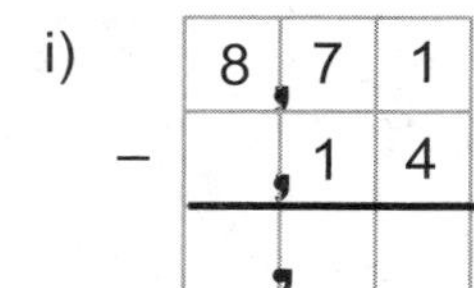

	8,	7	1
–	,	1	4
	,		

j)

	1	7,	9	
–		4,	2	9
		,		

4. Une tige de bambou peut pousser de jusqu'à 0,3 m en une seule journée dans des conditions idéales. De combien pourrait-elle pousser en 3 jours?

5. L'axe la plus grande au monde mesure 18,28 m de long. Si une axe de longueur régulière mesure 1,5 mètres, de combien de plus mesure l'axe la plus grande?

6. Continue les régularités. a) ,2 , ,4 , ,6 , _____ , _____ , _____ b) ,3 , ,6 , ,9 , _____ , _____ , _____

NS5-93 : Multiplier les décimales par 10

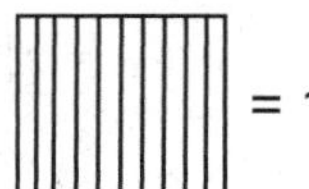

= 1,0 = 0,1 *et* → 10 × =

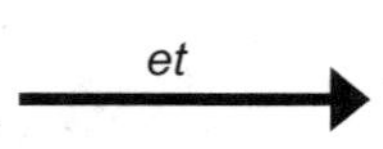

Si un bloc de centaines représente 1 entier, alors un bloc de dizaines représente 1 dixième (ou 0,1).

10 dixièmes font 1 entier :
10 × 0,1 = 1,0

1. Multiplie le nombre de blocs de dizaines par 10. Montre ensuite combien de blocs de centaines tu auras. Le premier est déjà fait pour toi.

a) 10 × = 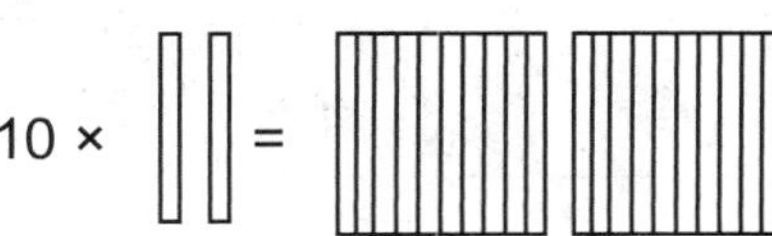

10 × 0,2 = __2__

b) 10 × =

10 × 0,3 = ______

c) 10 × =

10 × 0,6 = ______

2. Multiplie.

a) 10 × ,5 = ____ b) 10 × ,7 = ____ c) 10 × 1,4 = ____ d) 10 × ,9 = ____

e) 10 × 1,7 = ____ f) 1,6 × 10 = ____ g) 18,2 × 10 = ____ h) 17,3 × 10 = ____

i) 10 × 23,5 = ____ j) 10 × 1,72 = ____ k) 10 × 42,6 = ____ l) 5,36 × 10 = ____

3. Pour convertir des mesures de dm à cm, tu multiplies par 10 (parce qu'il y a 10 cm en un 1 dm).

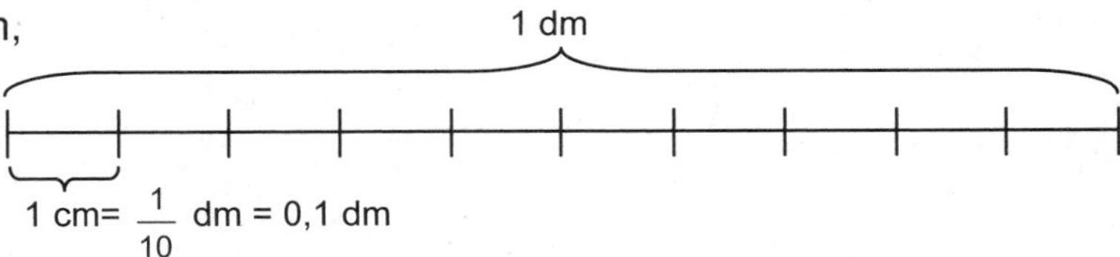

Trouve les réponses.

a) ,6 dm = _________ cm b) ,8 dm = _________ cm c) 1,6 dm = _________ cm

4. 10 × 3 peut être écrit sous forme de somme : 3 + 3 + 3 + 3 + 3 + 3 + 3 + 3 + 3 + 3.
Écris 10 × ,3 sous forme de somme et compte par bonds de ,3 pour trouver la réponse.

5. Une pièce de dix cents est un dixième d'un dollar (10 ¢ = 0,10 $).
Fais un dessin ou utilise de l'argent fictif pour montrer que 10 × 0,20 $ = 2,00 $.

NS5-94 : Multiplier les décimales par 100

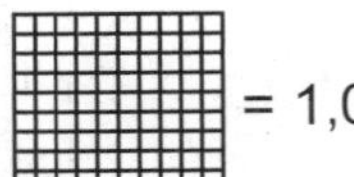 = 1,0 □ = 0,01 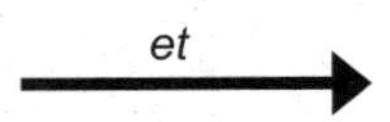 100 × □ =

Si un bloc de centaines représente 1 entier, alors un bloc d'unités représente 1 centième (ou ,01).

100 centièmes font 1 entier : 100 × ,01 = 1,00

---

1. Écris un énoncé de multiplication pour chaque illustration.

a) 100 × 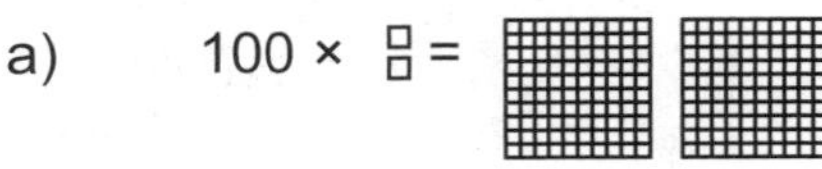

100 × ,02 = ______

b) 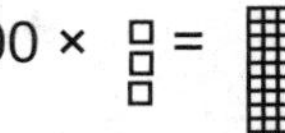 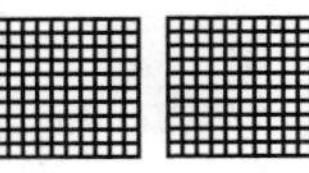

______ = ______

2. L'illustration ci-dessous montre pourquoi la décimale se déplace de deux rangs vers la droite quand tu multiplies par 100.

100 × 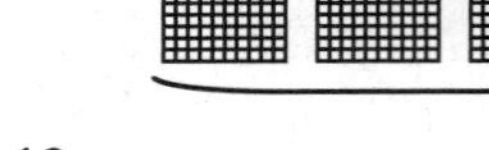 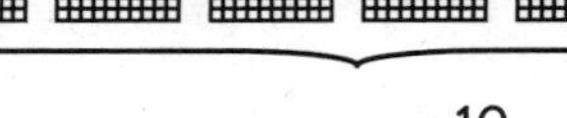 

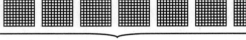

100 × 0,12 = 12 100 × 0,1 = 10 100 × 0,02 = 2

Déplace la décimale d'un ou de deux rangs vers la droite. Dessine des flèches comme dans a).

a) 100 × ,7 = 70 b) 100 × 1,8 = ______ c) 100 × 4,6 = ______

d) 100 × ,03 = ______ e) 100 × 6,25 = ______ f) 100 × 3,07 = ______

g) 100 × ,07 = ______ h) 100 × ,06 = ______ i) 10 × ,67 = ______

j) ,95 × 100 = ______ k) 100 × 1,82 = ______ l) 100 × 4,07 = ______

m) 100 × ,50 = ______ n) 100 × ,7 = ______ o) 10 × 1,8 = ______

p) 1,9 × 100 = ______ q) 100 × ,6 = ______ r) 100 × 1,7 = ______

3. Il y a 10 centimètres dans un décimètre et 100 millimètres dans un décimètre.

a) 1,52 dm = ______ cm b) 3,75 dm = ______ mm c) ,05 dm = ______ mm

d) ,08 dm = ______ cm e) ,6 dm = ______ mm f) 1,23 dm = ______ cm

4. Explique pourquoi … a) 100 × 0,02 $ = 2,00 $ b) 100 × 0,10 $ = 10,00 $

5. Explique pourquoi la décimale se déplace de 2 rangs vers la droite quand tu multiplies par 100.

NS5-95 : Multiplier les décimales par des nombres entiers page 239

L'illustration montre comment multiplier une décimale par un nombre entier.

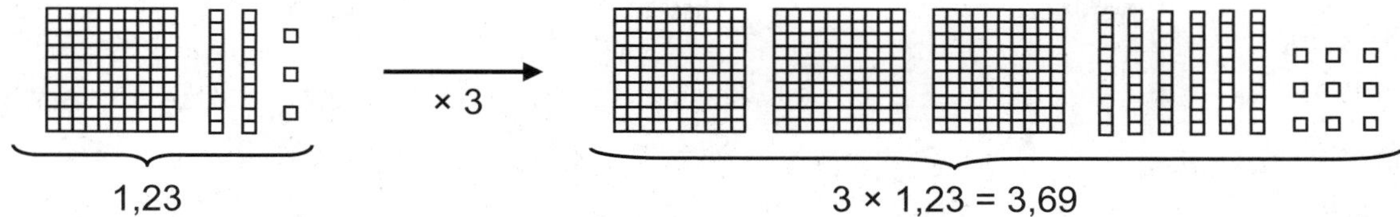

INDICE : Multiplie simplement chaque chiffre séparément.

---

1. Multiplie dans ta tête.

   a) 2 × 1,43 = ______ b) 3 × 1,2 = ______ c) 5 × 1,01 = ______ d) 4 × 2,1 = ______

   e) 2 × 5,34 = ______ f) 4 × 2,1 = ______ g) 3 × 3,12 = ______ h) 3 × 4,32 = ______

2. Multiplie en regroupant les dixièmes en unités (le premier est déjà fait pour toi).

   a) 6 × 1,4 = __6__ unités + __24__ dixièmes = __8__ unités + __4__ dixièmes = __8,4__

   b) 3 × 2,5 = _____ unités + _____ dixièmes = _____ unités + _____ dixièmes = ______

   c) 3 × 2,7 = _____ unités + _____ dixièmes = _____ unités + _____ dixièmes = ______

   d) 4 × 2,6 = ____

3. Multiplie en regroupant les dixièmes en unités ou les centièmes en dixièmes.

   a) 3 × 2,51 = _____ unités + _____ dixièmes + _____ centièmes
   = _____ unités + _____ dixièmes + _____ centièmes = ______

   b) 4 × 2,14 = _____ unités + _____ dixièmes + _____ centièmes
   = _____ unités + _____ dixièmes + _____ centièmes = ______

   c) 5 × 1,41 = _____ unités + _____ dixièmes + _____ centièmes
   = _____ unités + _____ dixièmes + _____ centièmes = ______

4. Multiplie. Pour certaines questions tu devras peut-être regrouper deux fois.

a) 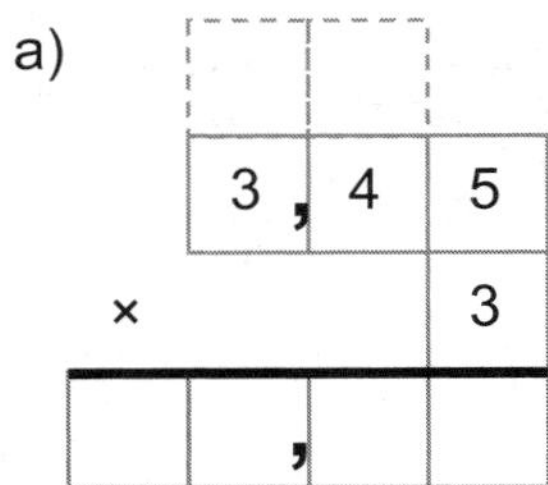

b) 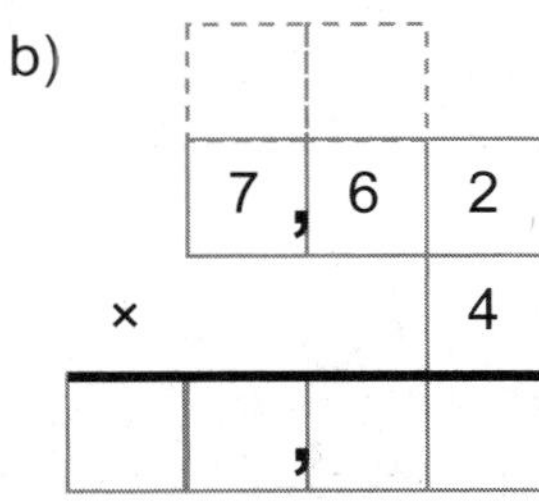

c) 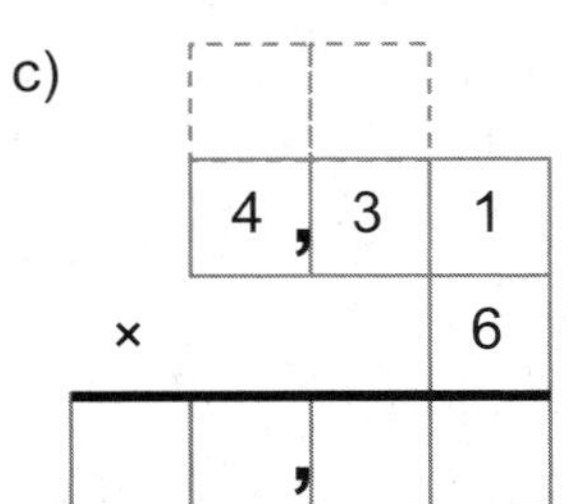

d) 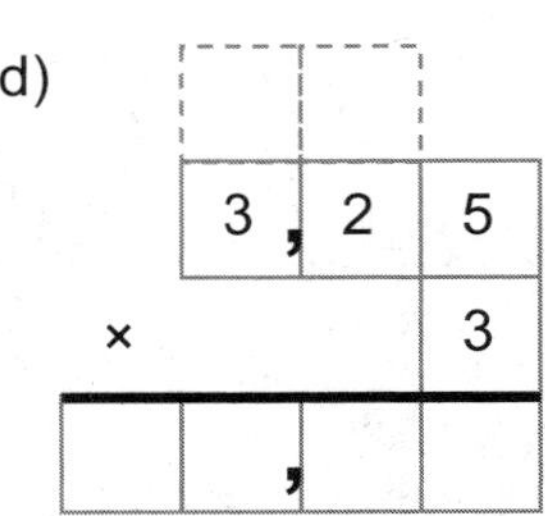

5. Trouve les produits.

   a) 5 × 2,1 b) 3 × 8,3 c) 5 × 7,5 d) 9 × 2,81 e) 7 × 3,6 f) 6 × 3,4

   g) 4 × 3,2 h) 5 × 6,35 i) 6 × 3,95 j) 8 × 2,63 k) 3 × 31,21 l) 4 × 12,32

NS5-96 : Diviser les décimales par 10

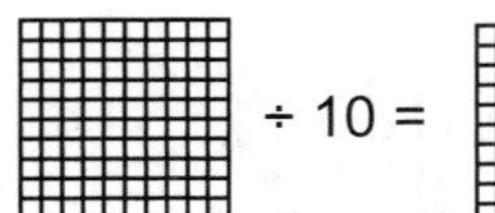

Divise 1 entier en 10 parties égales.

Chaque partie est 1 dixième :
1,0 ÷ 10 = 0,1

÷ 10 =

Divise 1 dixième en 10 parties égales.

Chaque partie est 1 centième :
0,1 ÷ 10 = 0,01.

Quand tu divises une décimale par 10, la décimale se déplace d'<u>un rang vers la gauche</u> :

0 , 7 ÷ 10 = ,07

7 , 0 ÷ 10 = ,7

---

1. Complète l'illustration et écris un énoncé de division.

a) 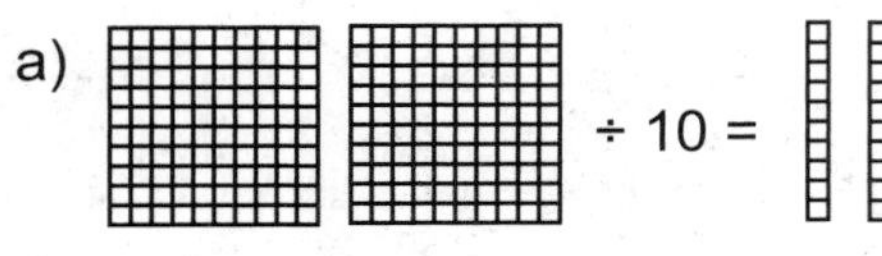

2,0 ÷ 10 = ,2

b) 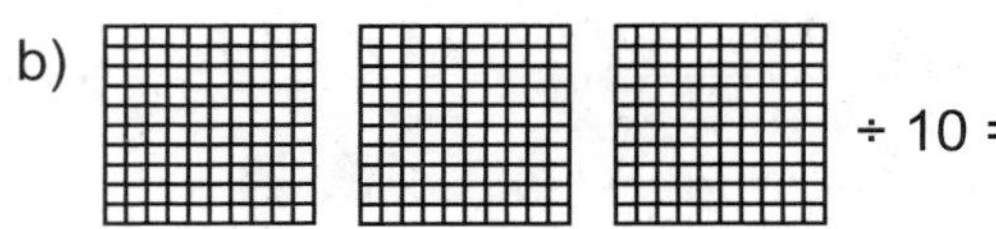

______ = ______

c) 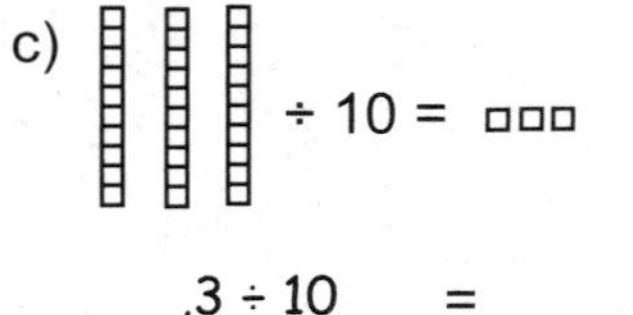

,3 ÷ 10 = ______

d) 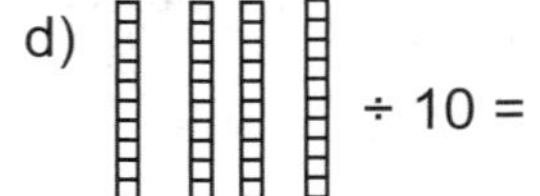

______ = ______

e) 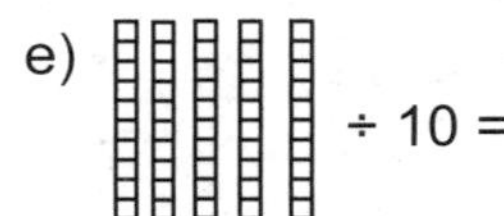

______ = ______

2. Complète l'illustration et écris un énoncé de division (le premier est déjà fait pour toi).

a) 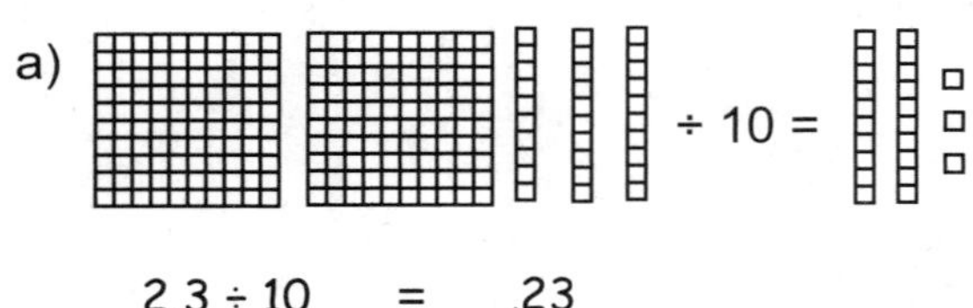

2,3 ÷ 10 = ,23

b) 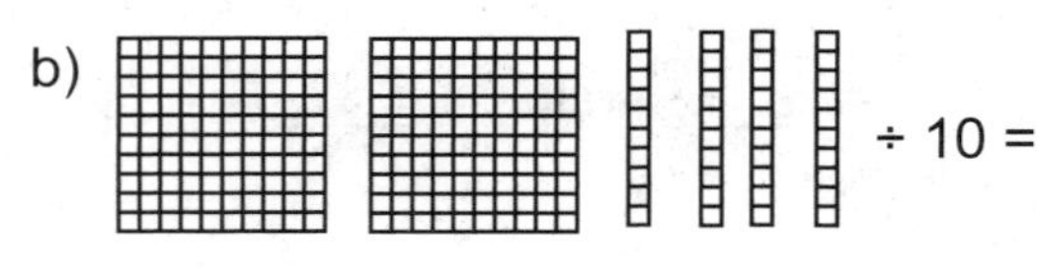

______ = ______

3. Déplace la décimale d'un rang vers la gauche en dessinant une flèche. (Ajoute la décimale s'il le faut.)

a) 0,3 ÷ 10 = ,03 b) 0,5 ÷ 10 = ______ c) 0,7 ÷ 10 = ______ d) 1,3 ÷ 10 = ______

e) 7,6 ÷ 10 = ______ f) 12,0 ÷ 10 = ______ g) 9 ÷ 10 = ______ h) 6 ÷ 10 = ______

i) 42 ÷ 10 = ______ j) 17 ÷ 10 = ______ k) ,9 ÷ 10 = ______ l) 27,3 ÷ 10 = ______

4. Convertis les mesures suivantes en divisant par 10.

a) 5 cm = ______ dm b) 1,7 cm = ______ dm c) 3,5 mm = ______ cm d) 2 mm = ______ cm

5. Sarah a un ruban qui mesure 2,7 m. Elle veut le couper en 10 morceaux de longueurs égales. Quelle sera la longueur de chaque morceau (en mètres)?

6. Une piscine mesure 25 m de large. Elle est divisée en 10 couloirs. Quelle est la largeur de chaque couloir (en mètres)?

NS5-97 : Diviser les décimales par des nombres entiers

Tu peux diviser une décimale par un nombre entier en utilisant des blocs de base dix. Vérifie ton travail en faisant une longue division. Utilise un bloc de centaines pour représenter 1 entier, un bloc de dizaines pour représenter 1 dixième, et un bloc d'unités pour représenter 1 centième.

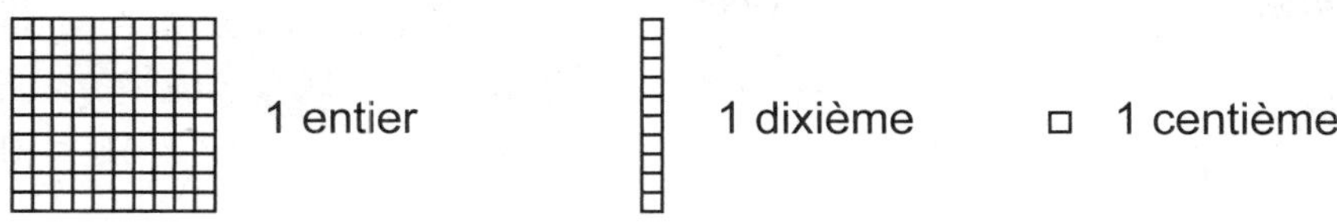

1. Trouve **5,12 ÷ 2** en dessinant un modèle de base dix et en faisant une longue division.

Étape 1 : Dessine un modèle de base 10 de 5,12.

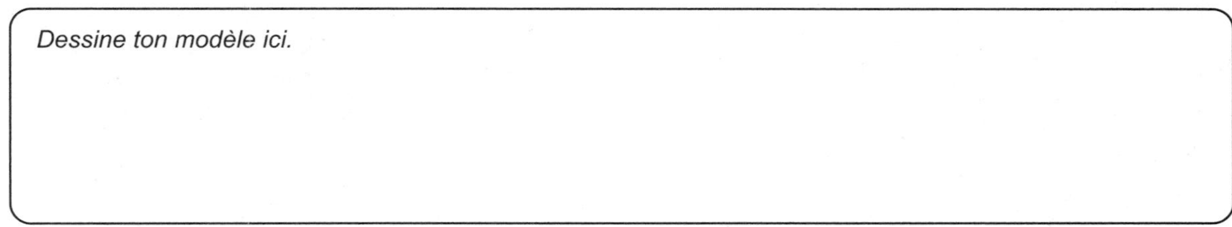

Étape 2 : Divise les unités (bloc des centaines) en 2 groupes égaux.

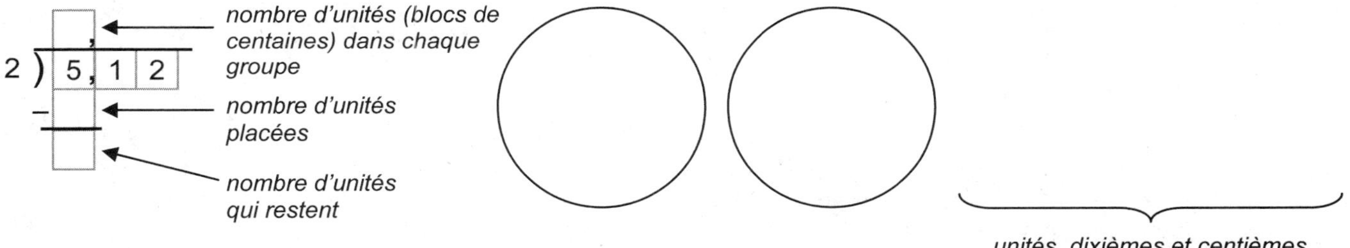

unités, dixièmes et centièmes qui restent

Étape 3 : Échange les unités qui restent (blocs de centaines) pour 10 dixièmes (blocs de dizaines).

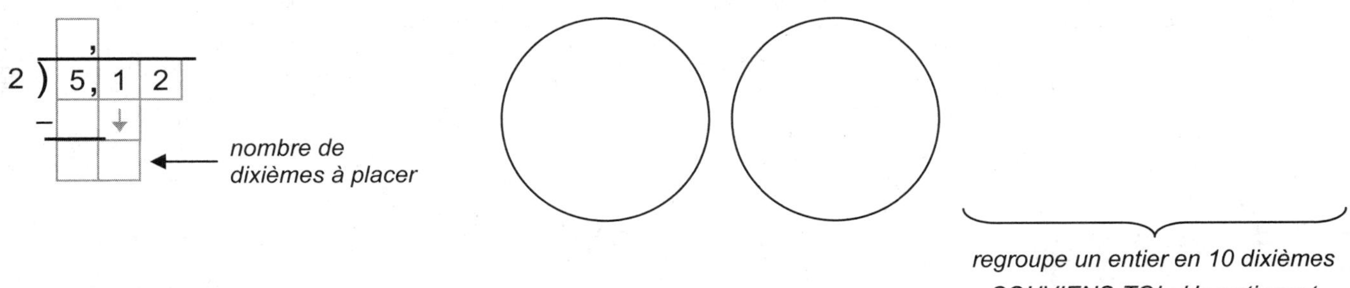

regroupe un entier en 10 dixièmes

SOUVIENS-TOI : Un entier est représenté par un bloc de centaines.

Étape 4 : Divise les dizaines en 2 groupes égaux.

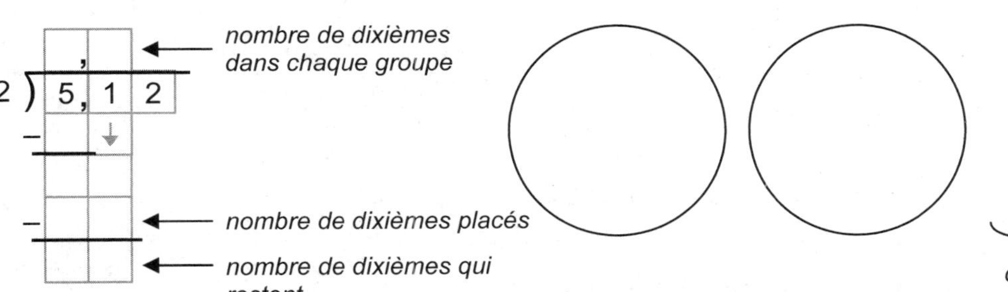

dixièmes et centièmes qui restent

Étape 5 : Regroupe les dixièmes qui restent (blocs de dizaines) en 10 centièmes (blocs d'unités).

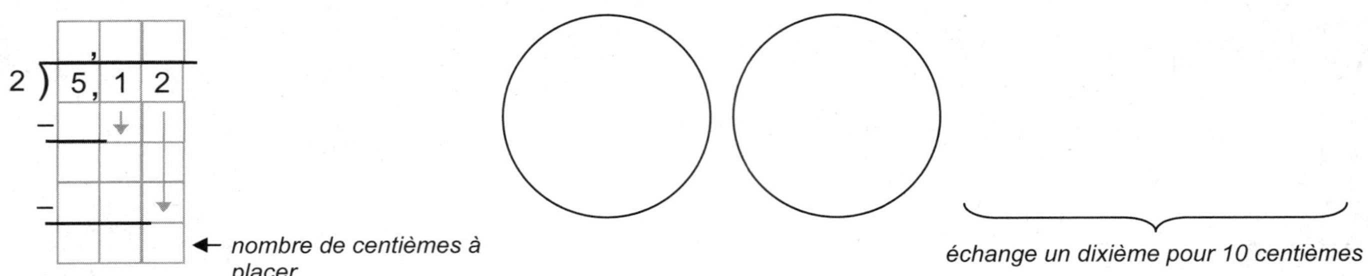

Étapes 6 et 7 : Divise les centièmes (blocs d'unités) en 2 groupes égaux.

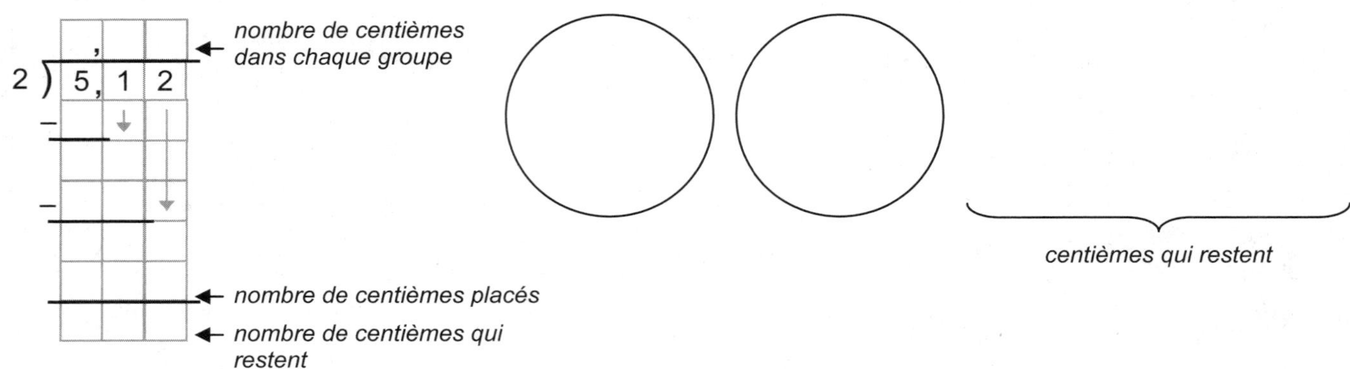

2. Divise.

a) 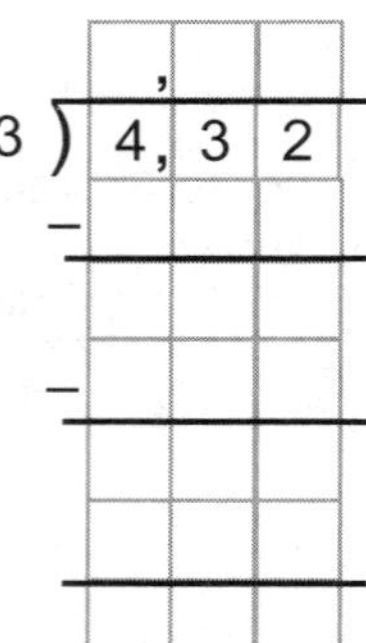

b) 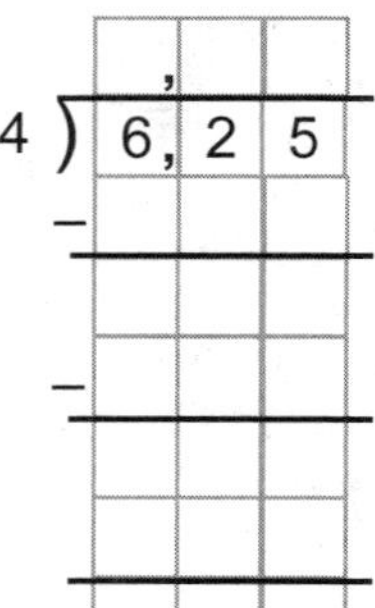

c) 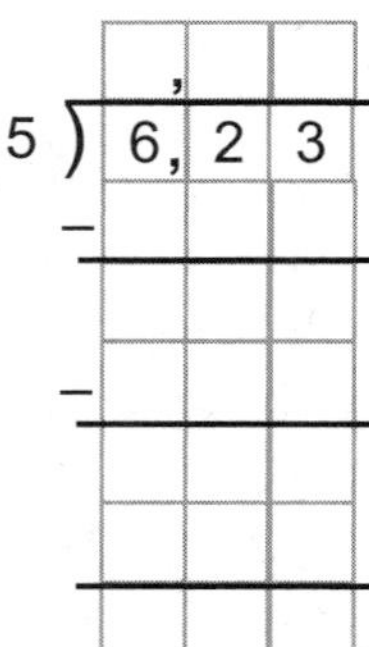

d) 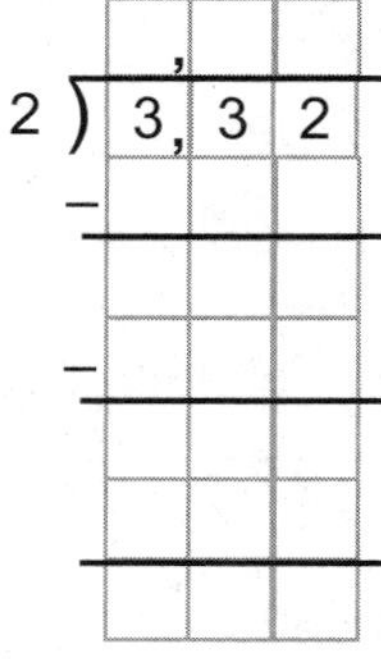

3. Divise. a) 8) 1,44 b) 7) 9,4 c) 8) 2,72 d) 9) 6,13 e) 5) 20,5

4.  Cinq pommes coûtent 2,75 $. Combien coûte chaque pomme?

5. Karen a parcouru 62,4 km à bicyclette en 4 heures. Combien de kilomètres a-t-elle parcourus en une heure ?

6. Quatre amis ont gagné 29,16 $ en tout en déblayant de la neige. Combien par ami?

7. Quelle est la meilleure aubaine : 6 stylos pour 4,98 $ ou 8 stylos pour 6,96 $?

NS5-98 : Les millièmes

Si un bloc de milliers est utilisé pour représenter un nombre entier, alors un bloc de centaines représente un dixième, un bloc de dizaines représente un centième, et un bloc d'unités représente les millièmes d'un nombre entier.

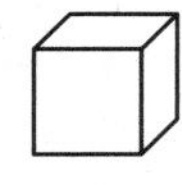

1 nombre entier

1 dixième

1 centième

1 millième

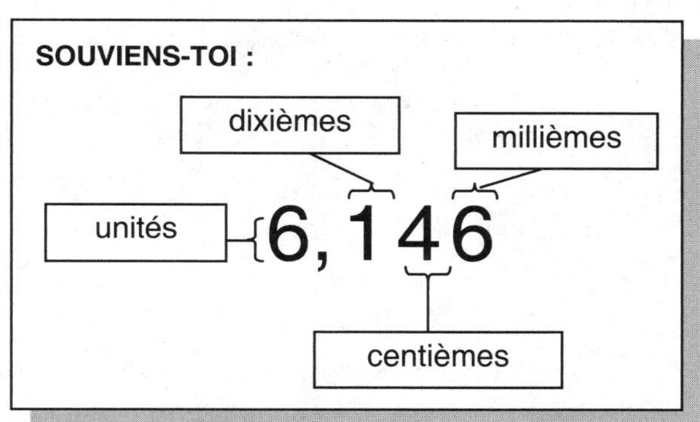

1. À côté de chaque nombre, écris la valeur de position du chiffre souligné.

   a) 3,<u>8</u>19 b) 9,78<u>2</u> c) 4,<u>5</u>14

   d) 7,15<u>9</u> e) <u>2</u>,541 f) 3,8<u>9</u>8

2. Écris les nombres suivants dans le tableau de valeurs de position. Le premier est déjà fait pour toi.

	unités	dixièmes	centièmes	millièmes
a) 6,512	6	5	1	2
c) 2,83				
e) 1,763				
g) 9,02				
i) 4,081				

	unités	dixièmes	centièmes	millièmes
b) 4,081				
d) 1,306				
f) ,53				
h) 8				
j) 2,011				

3. Écris les décimales suivantes sous forme de fractions.

   a) ,725 = b) ,237 = c) ,052 = d) ,006 =

4. Écris chaque décimale sous forme décomposée.

   a) ,237 = 2 dixièmes + 3 centièmes + 7 millièmes

   b) ,523 = __________

   c) 6,253 = __________

5. Écris les fractions suivantes sous forme de décimales.

   a) $\frac{94}{100}$ = b) $\frac{5}{100}$ = c) $\frac{875}{1000}$ = d) $\frac{25}{1000}$ =

6. Compare chaque paire de décimales en écrivant < ou > dans la boîte.
   INDICE : Ajoute des zéros où c'est nécessaire pour que chaque nombre ait le même nombre de chiffres.

   a) ,275 ☐ ,273 b) ,332 ☐ ,47 c) ,596 ☐ ,7

   d) ,27 ☐ ,123 e) ,7 ☐ ,32 f) ,8 ☐ ,526

NS5-99 : Les différences de 0,1 et 0,01

1. Remplis les espaces vides.

a) ,64 + ,1 = _______ b) ,35 + ,1 = _______ c) ,06 + ,1 = _______

d) ,89 + ,1 = _______ e) ,73 + ,01 = _______ f) ,40 + ,01 = _______

g) 4,23 + ,01 = _______ h) 2,87 + ,1 = _______ i) 11,95 + ,01 = _______

2. Remplis les espaces vides.

a) _______ est ,1 de plus que ,7 b) _______ est ,1 de plus que 2,6

c) _______ est ,1 de plus que 1,32 d) _______ est ,1 de plus que ,63

e) _______ est ,01 de plus que ,35 f) _______ est ,01 de plus que ,2

3. Remplis les espaces vides.

a) 1,35 + ______ = 1,36 b) 2,3 + ______ = 2,4 c) 3,06 − ______ = 3,05

d) 4,95 − ______ = 4,94 e) 3,7 + ______ = 4,7 f) 7,85 + ______ = 7,95

4. Écris les nombres qui manquent sur les droites numériques.

a)
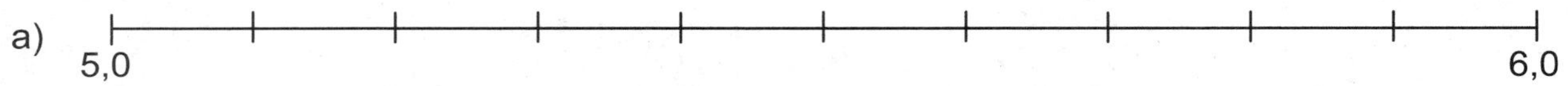
5,0 6,0

b)
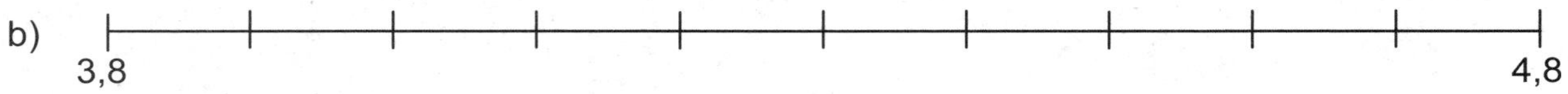
3,8 4,8

c)
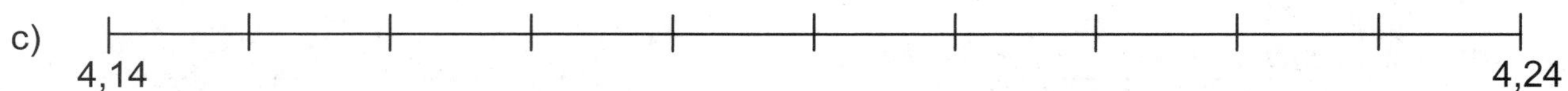
4,14 4,24

5. Continue les régularités.

a) ,2, ,3, ,4, _______, _______, _______ b) 6,6, 6,7, 6,8, _______, _______, _______

c) 3,5, 3,6, 3,7, _______, _______, _______ d) 9,6, 9,7, 9,8, _______, _______, _______

e) 4,71, 4,72, 4,73, _______, _______, _______ f) 5,96, 5,97, 5,98, _______, _______, _______

6. Remplis les espaces vides.

a) 3,9 + ,1 = ________ b) 4,9 + ,1 = ________ c) 8,93 + ,1 = ________

d) 3,79 + ,01 = ________ e) 6,09 + ,01 = ________ f) 7,99 + ,01 = ________

NS5-100 : Les décimales (révision)

La valeur d'une unité de mesure dépend de l'unité sélectionnée comme étant l'**entier**.

Un millimètre est un **dixième** d'un centimètre, mais seulement un **centième** d'un décimètre.

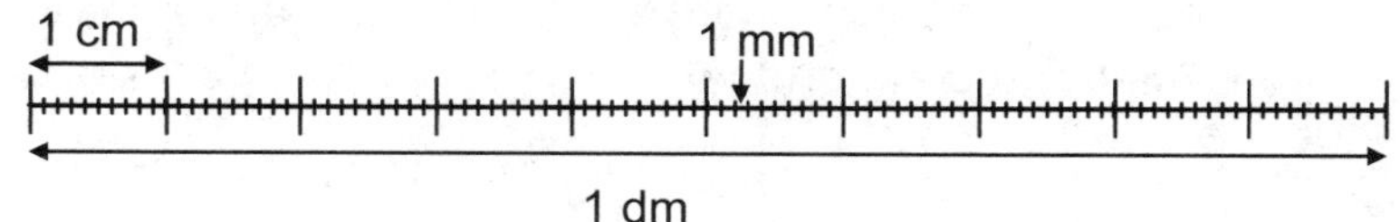

1. Fais un dessin dans l'espace fourni pour montrer 1 dixième de chaque entier.

a) 

1 entier 1 dixième

b) 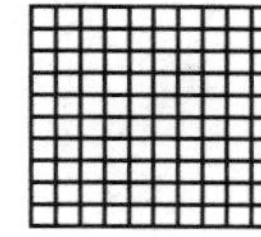

1 entier 1 dixième

c) 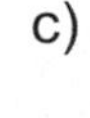 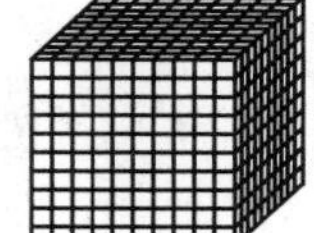

1 entier 1 dixième

2. Écris chaque mesure sous forme de fraction et ensuite sous forme de décimale.

a) 1 cm = $\frac{1}{10}$ dm = ,1 dm

b) 100 cm = ☐ dm = ______ dm

c) 1 mm = ☐ cm = ______ cm

d) 16 mm = ☐ cm = ______ cm

e) 77 mm = ☐ dm = ______ dm

f) 83 cm = ☐ m = ______ m

3. Additionne en convertissant en premier la plus petite unité de mesure en une décimale dans la plus grande unité de mesure.

a) 4 cm + 9,2 dm = 0,4 dm + 9,2 dm = 9,6 dm

b) 6 cm + 2,9 dm = ______________________

c) 9 mm + 8,4 cm = ______________________

d) 33 cm + 1,64 m = ______________________

4. Quel montant est représenté par le chiffres des dixièmes?

a) 7,52 m 5 dm

b) 6,29 $ ______________

c) 2,32 m ______________

d) 3,7 millions ______________

e) 2,8 mille ______________

f) 5,35 dm ______________

5. Arrondis chaque décimale au dixième près.
INDICE : Souligne en premier le chiffre des centièmes. Il t'indiquera si tu dois arrondir vers le haut ou vers le bas.

a) ,2<u>5</u> ________ b) ,32 ________ c) ,68 ________ d) 1,35 ________

6. Arrondis chaque décimale au nombre entier le plus près. **INDICE : Souligne en premier le chiffre des dixièmes.**

a) 3,<u>2</u>5 ________ b) 4,13 ________ c) 2,95 ________ d) 8,3 ________

NS5-100 : Les décimales (révision) *(suite)*

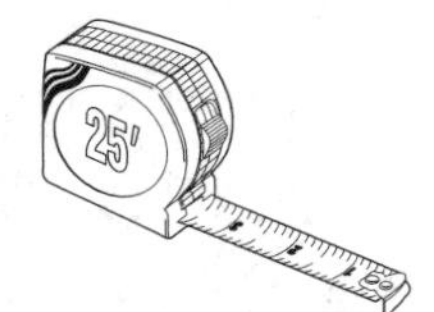

7. Le diagramme montre une section d'un ruban de mesure.
   Arrondis chaque mesure au dixième de mètre près.
   Écris ta réponse en mots.

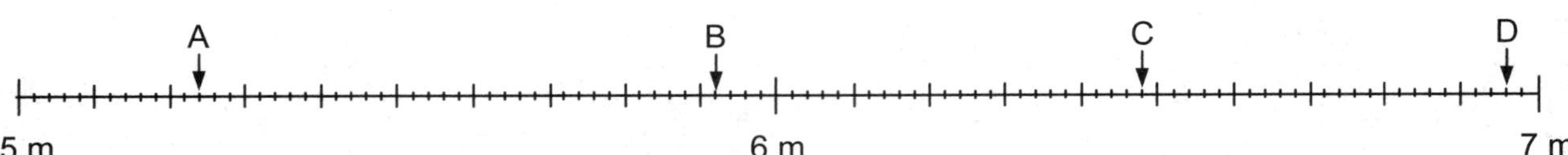

A : Cinq et deux dixièmes ______ **B :** ______

C : ______ **D :** ______

8. Écris une décimale pour chaque description.

   a) Entre 3,52 et 3,57 : ___ , ___ ___ b) Entre 1,70 et 1,80 : ___ , ___ ___

   c) Entre 12,65 et 12,7 : ___ ___ , ___ ___ d) Entre 2,6 et 2,7 : ___ . ___ ___

9. Additionne.

   a) 3 000 + 200 + 7 + 0,02 = ______ b) 10 000 + 500 + 20 + 0,1 + 0,05 = ______

   c) 6 000 + 300 + 8 + 0,1 = ______ d) 400 + 7 + ,02 = ______

10. Écris < ou > pour montrer quelle décimale est la plus grande.

    a) 3,7 ☐ 3,5 b) 2,32 ☐ 2,37 c) 1,7 ☐ 1,69 d) 0,5 ☐ 0,55

11. Si tu divises ce nombre par 10, le résultat est 12,9.
    Quel est le nombre original? Explique.

12. La médaille d'or du lancer du poids aux Jeux olympiques de 2004 a été remportée avec un jet à 21,16 m.
    La distance du jet qui a remporté la médaille de bronze était de 21,07 m.

    a) La différence entre les jets était-elle plus ou moins que 0,1 m?

    b) Arrondis les deux jets au dixième près.
       Quelle est la différence entre les montants arrondis?

    c) Pense à deux jets dont la distance pourrait être arrondie au même nombre (arrondir au dixième près).

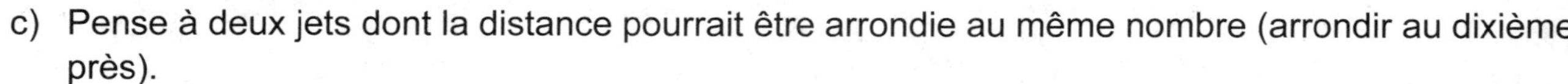

    d) Pourquoi les lancers de poids aux Jeux olympiques sont-ils mesurés avec tant de précision?

NS5-101 : Problèmes écrits de décimales

Réponds aux questions suivantes dans ton cahier.

1. L'algue géante est la plante océanique dont la croissance est la plus rapide. Elle peut pousser de 0,67 m en une journée. Combien pourrait-elle pousser en une semaine?

2. Le lichen pousse lentement, à un taux de 3,4 mm par an. Pourrait-il pousser de 1 cm en 3 ans?

3. Si un livre coûte 8,99 $, combien coûteraient 7 livres?

4. Quelle est la meilleure aubaine : 4 stylos pour 2,96 $ ou 6 stylos pour 4,99 $?

5. Sur une carte, 1 cm représente 15 km. Il y a un écart de 2,3 cm entre deux villes sur la carte. Quelle est la distance en kilomètres entre les deux villes?

6.
$$\begin{array}{r} 6,42 \\ +\ 7,19 \\ \hline 78,32 \end{array}$$

Tim a additionné les nombres en utilisant sa calculatrice. Quelle erreur a-t-il faite en poussant sur les boutons de sa calculatrice?

7. 0,45 $ est équivalent à 4 dix cents et 5 un cent. Pourquoi utilisons-nous la notation décimale pour l'argent? Dix cents représentent un dixième de quoi? Un cent représente un centième de quoi?

8. Le tableau indique la longueur de plusieurs des plus grandes créatures de l'océan.
   a) De combien le rorqual bleu est-il plus long que le grand requin blanc?
   b) Environ combien de fois le grand requin blanc est-il plus long que la tortue?
   c) Environ quelle serait la longueur de 3 poissons-lunes nageant l'un derrière l'autre?

Animal	Longueur (m)
Rorqual bleu	34
Grand requin blanc	7,9
Tortue-cuir du Pacifique	2,1
Poisson-lune	2,9

NS5-102 : Les taux unitaires

Un **taux** est la comparaison de deux quantités ayant des unités différentes.

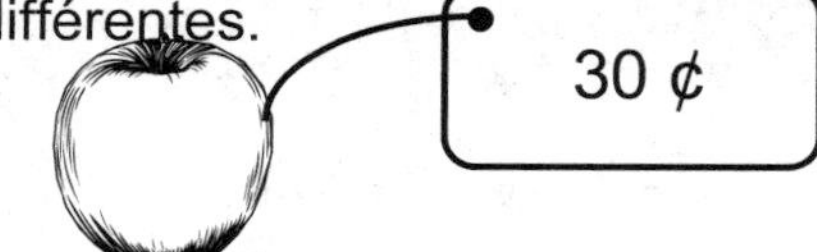

Avec un **taux unitaire**, une des quantités est égale à un.
Par exemple, « 1 pomme coûte 30 ¢ » est un taux unitaire.

---

1. Trouve l'information qui manque.

a) 1 livre coûte 5 $
2 livres coûtent _____
3 livres coûtent _____
4 livres coûtent _____

b) 1 billet coûte 6 ¢
2 billets coûtent _____
3 billets coûtent _____
4 billets coûtent _____

c) 1 pomme coûte 20 ¢
2 pommes coûtent _____
3 pommes coûtent _____
4 pommes coûtent _____

d) 30 km en 1 heure
_____ km en 3 heures

e) 15 $ en allocation en 1 semaine
_____ en allocation en 4 semaines

f) 1 enseignant pour 24 élèves
3 enseignants pour _____

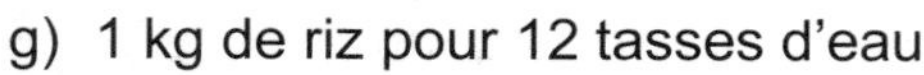

g) 1 kg de riz pour 12 tasses d'eau
5 kg de riz pour ______ tasses d'eau

2. Dans les images ci-dessous, 1 centimètre représente 60 mètres.
Utilise une règle pour trouver la hauteur actuelle de chaque tour.

a) Hauteur en cm ______
Hauteur en m _______

b) Hauteur en cm ______
Hauteur en m _______

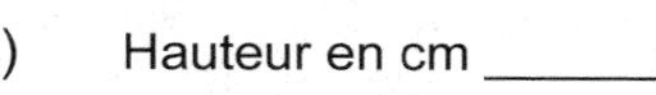

c) Hauteur en cm ______
Hauteur en m _______

La Tour penchée de Pise (Italie)

La Tour Eiffel (France)

La Tour CN (Canada)

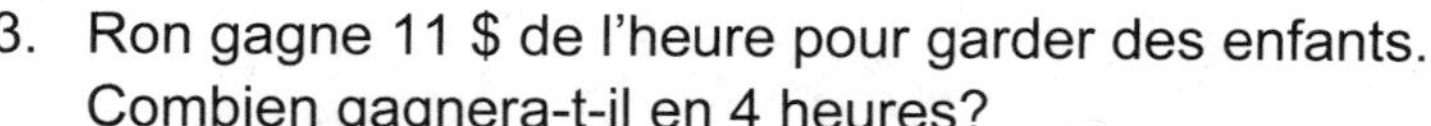

3. Ron gagne 11 $ de l'heure pour garder des enfants.
Combien gagnera-t-il en 4 heures?

____

4. Tina gagne 15 $ de l'heure pour tondre des gazons.
Combien gagnera-t-elle en 8 heures?

____

5. Trouve le taux unitaire.

a) 2 livres coûtent 10 $
1 livre coûte ________

b) 4 mangues coûtent 12 $
1 mangue coûte ______

c) 6 boîtes de jus coûtent 12 $
1 boîte coûte ______

NS5-103 : Les diagrammes à l'échelle

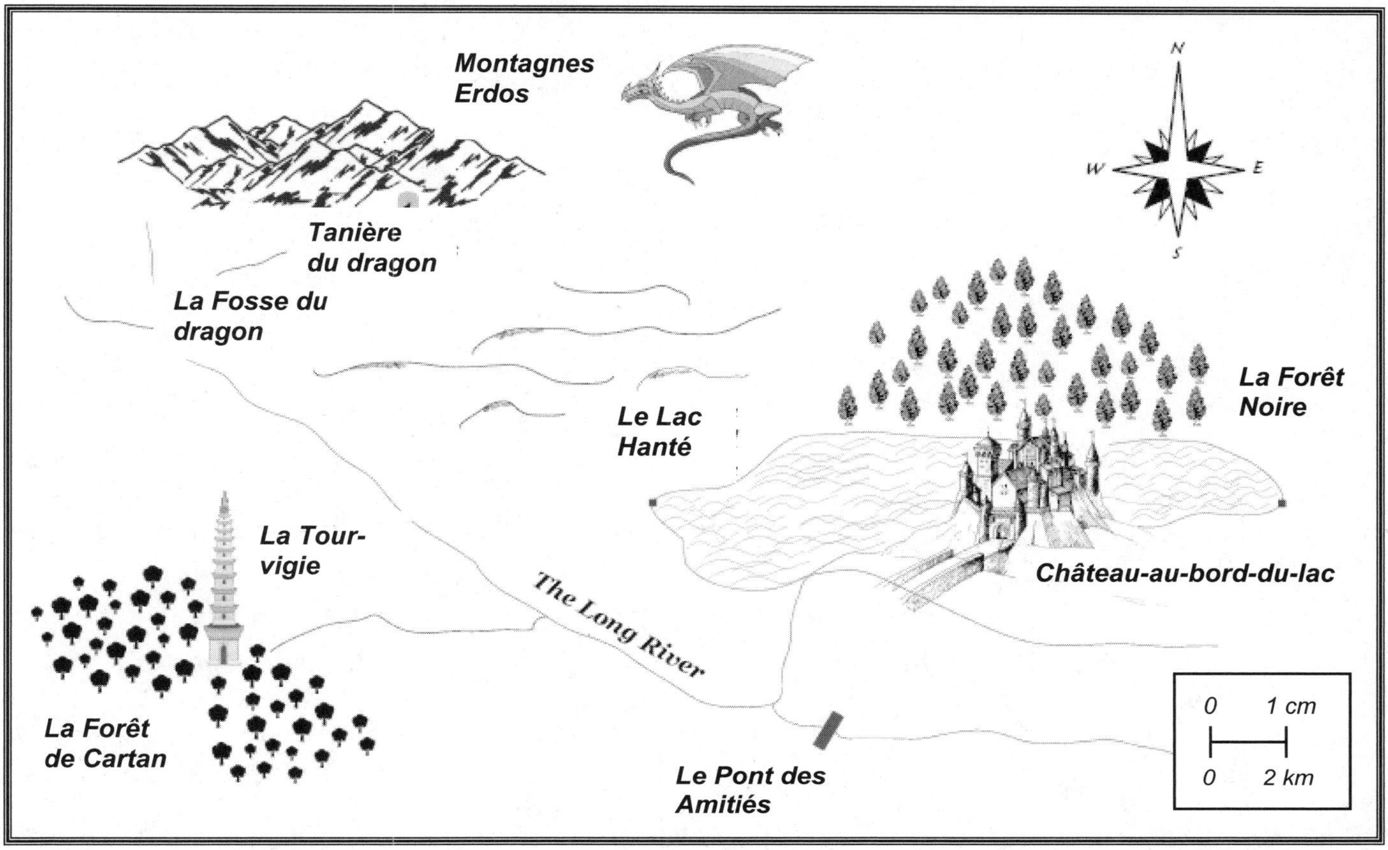

Montagnes Erdos

Tanière du dragon

La Fosse du dragon

Le Lac Hanté

La Forêt Noire

La Tour-vigie

Château-au-bord-du-lac

The Long River

La Forêt de Cartan

Le Pont des Amitiés

N E S W

0 1 cm

0 2 km

1. Sharon a dessiné une carte d'un monde imaginaire. Utilise l'échelle pour répondre aux questions.

   a) Combien de kilomètres le dragon doit-il voler pour arriver au Château-au-bord-du-lac?

   ____

   b) Quelle est la longueur du Lac Hanté (de l'est à l'ouest)?

   ____

   c) Quelle est la largeur de la Forêt Noire (du nord au sud)?

   ____

d) Quelle distance un chevalier doit-il parcourir pour aller de la Tour-vigie à l'entrée du Château-au-bord-du-lac (en présumant que le Pont des Amitiés est la seule façon de traverser la rivière)?

   ____

2. Sur la carte que Jacob a dessinée, 2 cm = 50 km.
   Combien de kilomètres chacune des distances suivantes sur la carte représenteraient-elles?

   a) 8 cm : _____ b) 10 cm : _____ c) 1 cm : _____ d) 5 cm : _____ e) 9 cm : _____

NS5-104: Les proportions

1. a) Complète le tableau.

# de tartes	Tasses de farine	Tasses de cerises
1	2	3
2		

b) Quelle est la règle de la régularité pour le nombre de tasses de cerises?

____

c) Quelle est la règle de la régularité pour le nombre de tasses de farine?

____

d) De combien de tasses de cerises Andy aurait-il besoin pour faire des tartes avec 10 tasses de farine?

____

e) Andy dit qu'il lui faut 8 tasses de farine pour faire des tartes avec 15 tasses de cerises. A-t-il raison?

____

f) Andy a 12 tasses de cerises et 9 tasses de farine. Combien de tartes peut-il faire? Il lui restera une tasse de quel ingrédient?

____

2. Kim veut savoir combien de fois de plus il lui faut de tasses de farine (comparé au nombre de tasses de fruits) pour chaque recette de crêpes.

Remplis le tableau.

	Rapport entre le nombre de tasses de farine et de fruits	Rapport entre les unités	Rapport (nombre fractionnaire)	Rapport (décimale)	Combien de fois de tasses de farine de plus?
a) 10 tasses de farine 8 tasses de bananes	10 à 8	$\frac{10}{8}$ à 1 *ou* $\frac{5}{4}$ à 1	$1\frac{1}{4}$ à 1	1,25 à 1	1,25 fois autant de tasses de farine
b) 6 tasses de farine 4 tasses de pommes		*ou*			_____ fois autant de tasses de farine
c) 13 tasses de farine 4 tasses de pêches		*ou*			_____ fois autant de tasses de farine

d) 20 tasses de farine à 8 tasses de cerises e) 15 tasses de farine à 6 tasses de bleuets

NS5-105 : Les nombres dans les carrières et les médias

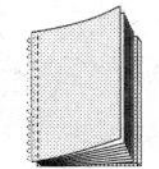

Réponds aux questions suivantes dans ton cahier.

NOUVELLES DU JOUR

Durant leurs années d'adolescence, les tyrannosaures rois gagnent environ 2,1 kilogrammes de poids par jour.

Les scientifiques ont découvert que le tyrannosaure roi grossit de 2,07 kg par jour entre les âges de 14 et 28 ans, mais qu'après cet âge il ne pousse plus. Un tyrannosaure roi adulte peut peser jusqu'à cinq tonnes et demie.

Un rorqual bleu gagne 90 kilogrammes par jour pendant les sept premiers mois de sa vie, et peut atteindre un poids total de 136 tonnes.

1. a) Dans l'article ci-dessus, deux différentes mesures sont données pour le poids que peut gagner un tyrannosaure roi en une journée.

   i) Quelles sont les deux mesures?

   ii) Quelle mesure est la plus précise?

   iii) Quelle mesure est la plus grande?

   iv) Quelle est la différence entre les deux mesures?

   b) Environ combien de fois de kilogrammes de plus le bébé rorqual bleu gagne-t-il par jour?

   c) Un nouveau-né humain pèse environ 3 kg.
   Si le bébé poussait aussi vite qu'un tyrannosaure roi, combien pèserait-il après un mois?

2. Le diagramme (publié dans un journal) montre combien de nouvelles planètes les astronomes ont découvertes.

   a) Combien de planètes de plus ont été découvertes en 2002 par rapport à 2004?

   b) Dans quelles années 15 planètes ou plus ont été découvertes?

   c) Entre quelles années est-ce que 5 planètes au moins ont été découvertes chaque année?

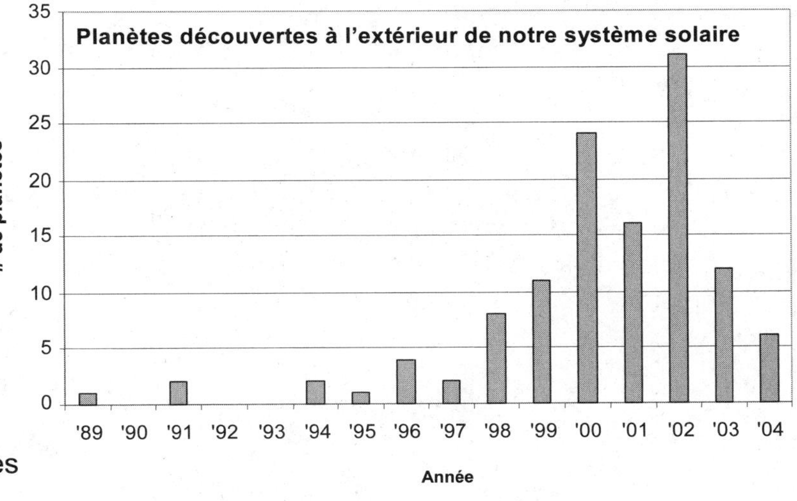

NS5-106 : Les problèmes écrits

Réponds aux questions suivantes dans ton cahier.

1. Au cours d'une expédition en canoë de 3 jours, Pamela a canoté 25,5 km le premier jour, 32,6 km le deuxième jour, et 17,25 km le troisième jour.

a) Quelle distance a-t-elle canotée en tout?

b) En moyenne, combien de kilomètres a-t-elle canotés par jour?

c) Si elle canote 6 heures par jour, combien de kilomètres fait-elle par heure?

d) Le canoë de Pamela peut supporter 100 kg. Pamela pèse 45 kg, sa tente pèse 10 kg, et son sac pèse 15 kg. Combien de poids son canoë pourrait-il transporter de plus?

2. Jessica a 78 perles.

Elle en donne 23 à chacune de ses amies.

Combien de perles lui reste-t-il?

3. James a acheté une pointe de pizza pour 3,21 $, un jeu vidéo pour 15,87 $, une bouteille de soda pour 1,56 $ et un sac de croustilles pour 1,37 $.

Combien de monnaie lui remet-on sur 25,00 $?

4. Six classes sont allées faire du patin. Il y a 24 élèves par classe.

Chaque autobus peut transporter 30 élèves.

Les enseignants ont commandé 4 autobus.

Il y aura-t-il assez de place?

Explique.

5. Janice gagne 28,35 $ le lundi.
Le jeudi, elle achète une chemise pour 17,52 $.

Il lui reste maintenant 32,23 $.

Combien d'argent avait-elle avant de commencer à travailler lundi? **INDICE : Compte à reculons. Combien d'argent avait-elle avant d'acheter la chemise?**

6. Sue a dépensé la moitié de son argent sur un livre.
Elle a ensuite acheté un stylo pour 1,25 $. Il lui reste 3,20 $.

Combien d'argent avait-elle au début?

7. Anne a parcouru 12,5 m en 10 pas.

Combien est-ce de mètres par pas?

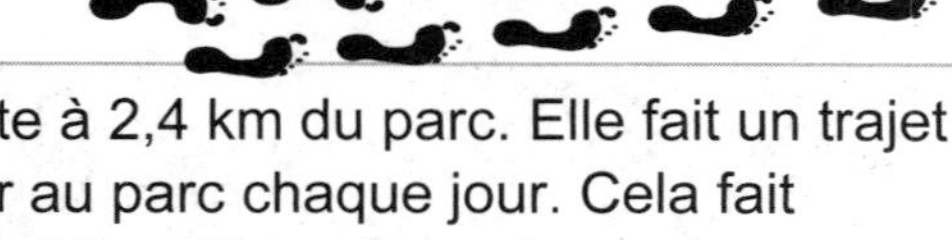

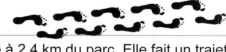

8. La force de gravité sur la planète Jupiter est 2,3 fois plus forte que celle de la Terre.

Combien un chien de 7 kg pèserait-il de plus sur Jupiter que sur la Terre?

9. Ruby habite à 2,4 km du parc. Elle fait un trajet aller-retour au parc chaque jour. Cela fait combien de kilomètres aller-retour par semaine?

10. La comète Encke revient dans notre système solaire tous les 3,3 ans. Elle a été découverte pour la première fois en 1786.

À quelle date la comète a-t-elle été aperçue pour la dernière fois dans les années 1700 (avant 1800)?

Montre ton travail.

NS5-107 : Les listes organisées

Plusieurs problèmes en mathématiques et en science ont plus d'une solution.

Si un problème implique deux quantités, fais la liste des valeurs d'une des quantités en ordre croissant. Tu trouveras ainsi toutes les solutions possibles.

Par exemple, pour trouver toutes les façons de faire 35 ¢ avec des dix cents et des cinq cents, commence en supposant que tu n'as pas de dix cents, ensuite que tu as un dix cents, et ainsi de suite jusqu'à trois dix cents (4 serait trop grand).

Dans chaque cas, compte par 5 jusqu'à 35 pour trouver combien de cinq cents il te faudra pour obtenir 35 ¢.

Étape 1 :

10 cents	5 cents
0	
1	
2	
3	

Étape 2 :

10 cents	5 cents
0	7
1	5
2	3
3	1

---

1. Ajoute le montant de cents, de cinq cents ou de dix cents dont tu as besoin pour ...

a) obtenir 17 ¢.

5 cents	1 cent
0	
1	
2	
3	

b) obtenir 45 ¢.

10 cents	5 cents
0	
1	
2	
3	
4	

c) obtenir 23 ¢.

5 cents	1 cent
0	
1	
2	
3	
4	

d) obtenir 32 ¢.

10 cents	1 cent
0	
1	
2	
3	

e) obtenir 65 ¢.

25 cents	5 cents
0	
1	
2	

f) obtenir 85 ¢.

25 cents	5 cents
0	
1	
2	
3	

2.

25 cents	5 cents
0	
1	
2	

Ben veut trouver toutes les façons possibles d'obtenir 60 ¢ en utilisant des pièces de 25 cents et des pièces de 5 cents. Il fait la liste du nombre de pièces de 25 cents en ordre croissant.
Pourquoi a-t-il arrêté à deux pièces de 25 cents?

____

____

3. Fais un tableau pour montrer combien de façons différentes tu peux obtenir le montant donné.

a) Fais 27 ¢ avec des 5 cents et des 1 cent.

b) Fais 70 ¢ avec des 25 cents et des 5 cents.

c) Fais 65 ¢ avec des 10 cents et des 5 cents.

d) Fais 13 $ avec des pièces de 1 $ et de 2 $.

NS5-107 : Les listes organisées *(suite)*

Alana veut trouver toutes les paires de nombres dont les nombres, quand ils sont multipliés ensemble, donnent 15.

Aucun nombre multiplié par 2 ou par 4 ne peut donner 15, alors Alana n'écrit rien dans ces espaces.

Les nombres dans la dernière rangée du tableau sont les mêmes que ceux dans la 3e rangée, alors Alana sait qu'elle a trouvé toutes les paires de nombres possibles qui donnent 15 quand ils sont multipliés ensemble : $1 \times 15 = 15$ et $3 \times 5 = 15$.

1er nombre	2e nombre
1	15
2	---
3	5
4	---
5	3

4. Trouve toutes les paires de nombres qui donnent le nombre donné quand ils sont multipliés ensemble.

a) **6**

1er nombre	2e nombre

b) **8**

1er nombre	2e nombre

5.

25 cents	10 cents
0	
1	
2	

Alicia veut trouver toutes les façons dont elle peut obtenir 70 ¢ avec des pièces de 25 cents et des pièces de 10 cents.

Une des entrées dans son tableau ne marchera pas. Laquelle?

6. Trouve toutes les façons différentes d'obtenir les montants donnés avec des pièces de 25 cents et de 10 cents. (Certaines entrées dans ton tableau ne marcheront peut-être pas.)

a) 80 ¢

25 cents	10 cents
0	
1	
2	
3	

b) 105 ¢

25 cents	10 cents

7.

Largeur	1	2	3	4
Longueur				

Trouve tous les rectangles dont la longueur des côtés est un nombre entier qui forment une aire de 16 unités carrées.

8. Fais un tableau pour trouver les paires de nombres qui, si tu les multiplies ensemble, donnent ...
   a) 12 b) 14 c) 20 d) 24

9. Trouve les rectangles dont la longueur des côtés est un nombre entier, qui ont un périmètre de 14 unités.

10. Trouve les rectangles dont la longueur des côtés est un nombre entier, qui ont une superficie de 10 unités carrées.

1. Le **produit** des nombres 2 et 5 est 10 (si tu les **multiplies** ensemble, la réponse est 10). La **somme** de 2 et 5 est 7 (si tu les **additionnes**, la réponse est 7).

   Peux-tu trouver deux nombres qui ont ...

   a) un produit de 8, et une somme de 6? ____ ____

   b) un produit de 9, et une somme de 6? ____ ____

   c) un produit de 12, et une somme de 7? ____ ____

   d) un produit de 12, et une somme de 8? ____ ____

2. Remplis les espaces vides en utilisant les chiffres 0 à 9. (Pour chaque question, n'utilise chaque chiffre qu'une seule fois). Crée ...

   a) le plus grand nombre :

   ____ ____ ____ ____

   b) le plus petit nombre impair :

   ____ ____ ____ ____

   c) le plus grand nombre avec 9 dans la position des dizaines :

   ____ ____ ____ ____

   d) le plus grand nombre avec 6 dans la position des centaines :

   ____ ____ ____ ____

3. Place les nombres 1, 2, 3, 4, 5, et 6 de façon à ce que la somme des trois nombres de chaque côté soit :

   a) 10

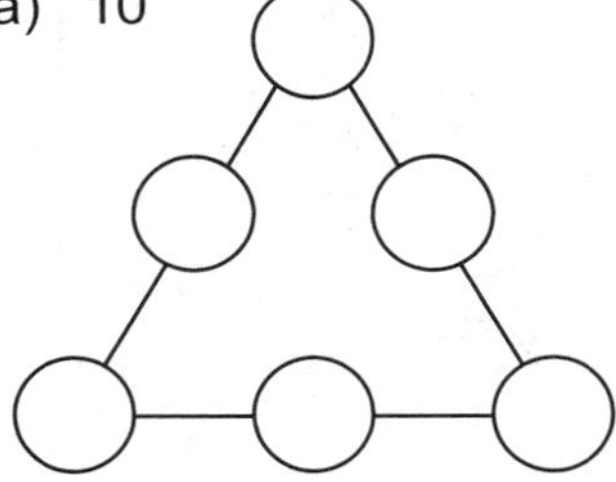

   b) 11

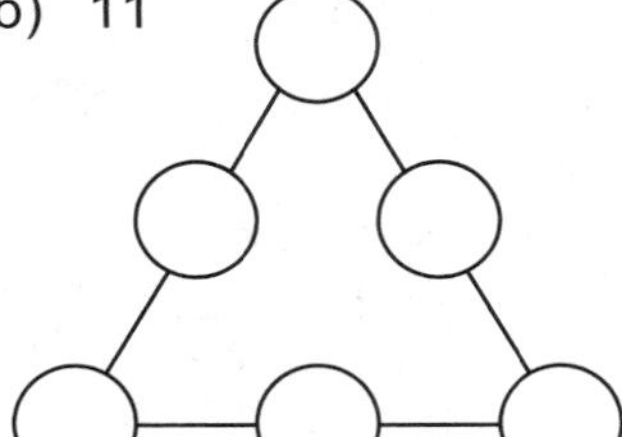

   c) 12

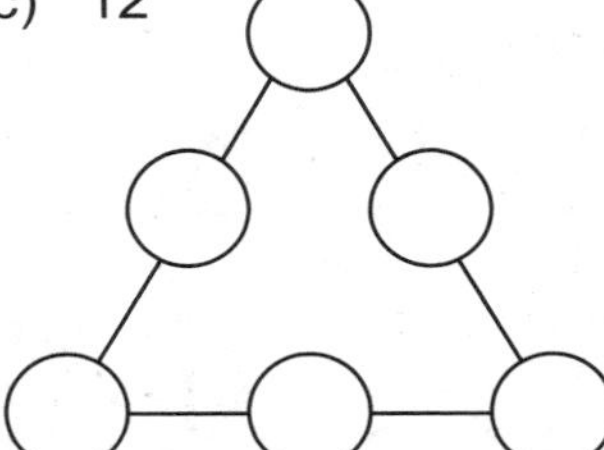

4. Les crayons se vendent dans des boîtes de 4 ou de 5. Peux-tu acheter une combinaison de boîtes qui te donne exactement le nombre de crayons donné? **NOTE : Tu ne devras pas toujours acheter les deux types de boîtes.**

   a) 8 crayons b) 10 crayons c) 11 crayons d) 14 crayons

   e) 17 crayons f) 18 crayons g) 19 crayons h) 21 crayons

5. Le chiffre des unités et le chiffre des dizaines sont les mêmes dans le nombre 188. Combien de nombres entre 100 et 200 ont les mêmes chiffres des unités et des dizaines?

6. « Je suis un nombre à 4 chiffres ... »

   a) « Je suis plus petit que 2 000. Mes trois premiers chiffres sont tous les mêmes. La somme de mes chiffres est 7. »

   b) « Tous mes chiffres sont les mêmes. La somme de mes chiffres est 20. »

   c) « Je suis plus petit que 4 000. Tous mes chiffres sont des multiples de 3. La somme de mes chiffres est 21. »

ME5-8 : Les centimètres

Un **centimètre** est une unité de mesure pour la longueur (ou la hauteur ou l'épaisseur).

1. Mesure la longueur de chaque ligne avec ta règle.

a) ______ cm

b) ______ cm

c) ______ cm

2. Mesure la longueur de chaque objet avec ta règle.

a) ______ cm

b) ______ cm

3. Mesure tous les côtés des formes.

a)

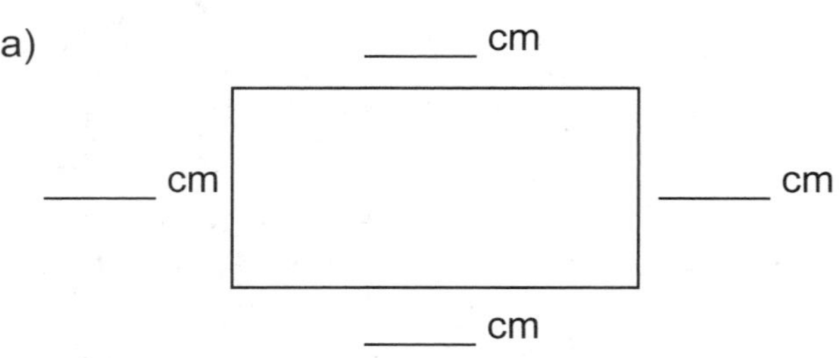

______ cm

______ cm ______ cm

______ cm

b)

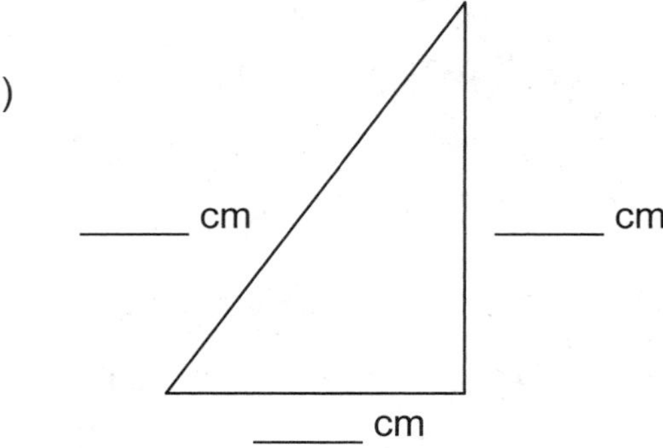

______ cm ______ cm

______ cm

4. Sur chaque règle, dessine deux flèches pour indiquer la distance donnée.

a) Deux flèches séparées de 4 cm. b) Deux flèches séparées de 3 cm. c) Deux flèches séparées de 5 cm.

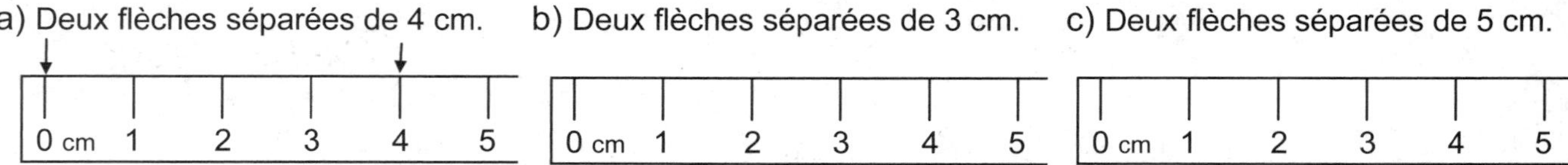

5. Dessine les objets suivants.

a) une ligne de 3 cm de long

b) une ligne de 5 cm de long

c) une coccinelle de 1 cm de long

d) une chaussure de 4 cm de long

6. Ton index mesure environ 1 cm de large. Mesure un objet sur ton bureau en utilisant ton index.

Mon ______________________ mesure environ ________ cm de long.

7. Combien dois-tu écarter les doigts pour que ta main mesure 10 cm de large? Utilise ta main pour estimer combien mesure ton bureau en cm. Mesure ensuite la longueur exacte de ton bureau en cm.

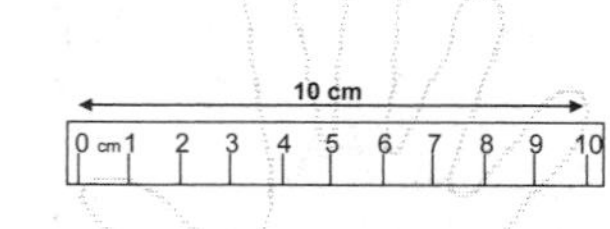

Longueur approximative : ___________ Longueur exacte : __________

ME5-9 : Les millimètres et les centimètres

Si tu regardes une règle qui mesure en **millimètres**, tu peux voir que 1 cm égale 10 mm.

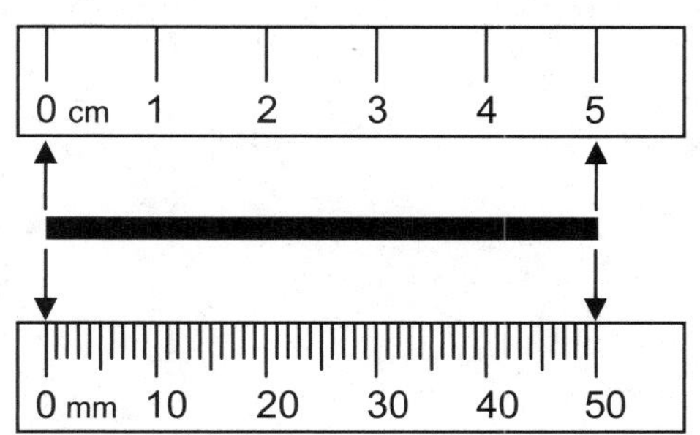

Combien mesure la ligne en cm? Et en mm?

La ligne mesure ____ cm de long, ou ____ mm de long.

Pour convertir une mesure exprimée en cm en une mesure exprimée en mm, tu dois multiplier la mesure par _____.

1. Ton index mesure environ 1 cm (ou 10 mm) de large. Mesure les objets suivants en utilisant ton index. Convertis ensuite la mesure en mm.

a) 

Le trombone mesure environ _____ index.

Il mesure donc environ _____ mm de long.

b) 

Le rectangle mesure environ _____ index.

Il mesure donc environ _____ mm de long.

2. Sur chaque règle, mesure la distance entre les deux flèches.

a) 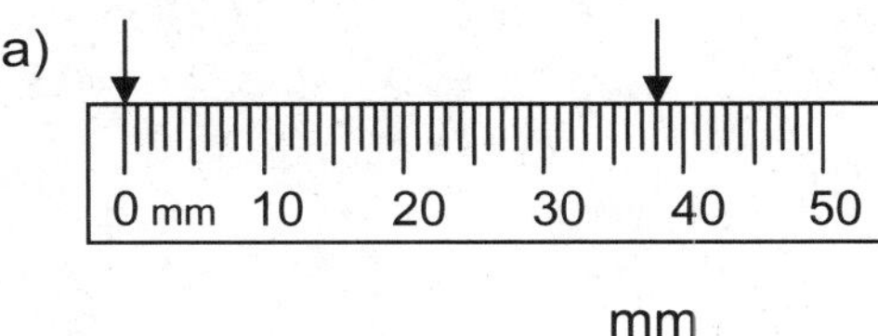

_____ mm

b) 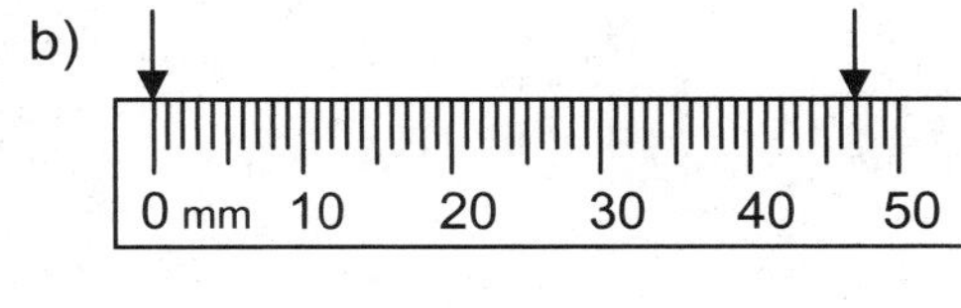

_____ mm

3. Mesure les côtés du rectangle en cm.
Mesure ensuite la distance entre les deux points diagonaux en cm et en mm.
NOTE : Ta réponse en cm sera une décimale.

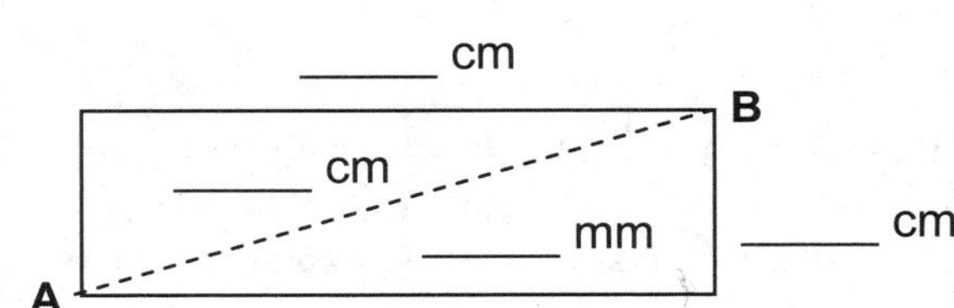

4. En te servant d'une règle, trace les objets suivants au millimètre près.

a) Une ligne de 20 mm de long.

b) Une ligne de 52 mm de long.

c) Un coléoptère de 35 mm de long.

d) Un crayon de 70 mm de long.

ME5-9 : Les millimètres et les centimètres *(suite)*

5. Estime si chaque ligne mesure moins de 40 mm ou plus de 40 mm.
   Mets un crochet dans la colonne appropriée.
   Mesure ensuite la longueur actuelle.

	Moins de 40 mm	Plus de 40 mm
a)		
b)		
c)		

a) _____ mm　　b) _____ mm　　c) _____ mm

6. Par quel nombre dois-tu multiplier pour convertir une mesure de centimètres (cm) en millimètres (mm)?

____

7. Ajoute les nombres qui manquent dans les tableaux suivants.

mm	cm
	13
	32

mm	cm
	8
	18

mm	cm
	213
	170

mm	cm
	9
	567

8. Par quel nombre dois-tu diviser pour convertir une mesure de mm en cm? _______

9. Convertis les mesures.

a) 460 mm = ____ cm　　b) 60 mm = ____ cm　　c) 580 mm = ____ cm

10. Pour chaque paire de nombres, encercle la plus grande mesure. **INDICE : Convertis l'une des mesures afin que les unités soient les mêmes. Montre ton travail.**

a) 5 cm　　70 mm

b) 83 cm　　910 mm

c) 45 cm　　53 mm

d) 2 cm　　12 mm

e) 60 cm　　6200 mm

11. Trace un rectangle qui mesure 2 cm de haut et 50 mm de long.

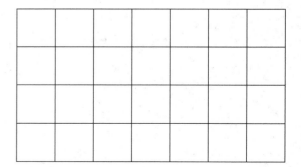

12. Avec ta règle, trace une deuxième ligne séparée de la première ligne par la distance donnée. Complète le tableau.

	Distance entre les deux lignes	
	en cm	**en mm**
| |	4	40
|	3	
|		80

13. Dans l'espace fourni, trace une ligne qui mesure ...

a) entre 4 et 5 cm.

Combien mesure ta ligne en mm? _______

b) entre 6 et 7 cm.

Combien mesure ta ligne en mm? _______

14. Écris une mesure en mm qui est entre …

a) 7 et 8 cm : __________ mm   b) 27 et 28 cm : __________ mm

15. Écris une mesure qui est un nombre entier en cm et qui mesure entre …

a) 67 mm et 75 mm : _____ cm   b) 27 mm et 39 mm : _______   c) 52 mm et 7 cm : _______

16. Trace une ligne qui mesure un nombre entier de centimètres et qui mesure entre …

a) 35 et 45 mm   b) 55 et 65 mm   c) 27 et 33 mm

17. Carl a une collection de bâtons : certains mesurent 5 cm de long et d'autres mesurent 3 cm. L'illustration (elle n'est pas dessinée à l'échelle) montre comment il pourrait aligner les bâtons de façon à ce qu'ils mesurent 14 cm :

5 cm   3 cm   3 cm   3 cm

Fais un dessin pour montrer comment Carl pourrait mesurer chacune des longueurs suivantes en alignant les bâtons de bout à bout.

a) 8 cm   b) 11 cm   c) 13 cm   d) 26 cm   e) 19 cm   f) 17 cm

BONUS

g) Utilise deux bâtons de 5 cm et un bâton de 3 cm pour tracer une ligne de 7 cm de long.

ME5-10 : Les décimètres

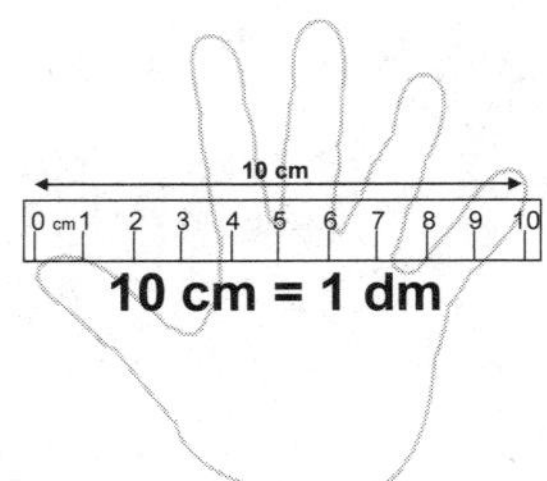

Quand tu écartes les doigts autant que tu peux, ta main mesure environ 10 cm de large :

10 centimètres est égal à 1 **décimètre** (dm).

Il y a donc 10 **cm** en 1 **dm** (tout comme 10 **mm** est égal à 1 **cm**).

1. Place un crochet dans la bonne colonne.
INDICE : Souviens-toi que 1 dm = 10 cm.

	Moins de 1 dm	**Plus de 1 dm**
Mon bras		
Un trombone		
Mon crayon		
La hauteur de la porte de la salle de classe		

2. Par quel nombre dois-tu multiplier pour convertir une mesure de décimètres (dm) en centimètres (cm)?

____

3. Par quel nombre dois-tu diviser pour convertir une mesure de cm en dm? _______________

4. Ajoute les nombres qui manquent dans les tableaux suivants.

a)

cm	dm
150	15
	23
	32

b)

cm	dm
90	
	510
400	

c)

cm	dm
610	
	1
780	

5. Trace une ligne qui mesure entre 1 et 2 décimètres de long.

a) Combien mesure ta ligne en cm? __________ b) Combien mesure ta ligne en mm? __________

6. Écris une mesure en cm qui est entre …

a) 4 et 5 dm __________ b) 3 et 4 dm __________ c) 7 et 8 dm __________

7. Écris une mesure en dm qui est entre …

a) 72 et 82 cm __________ b) 27 et 35 cm __________ c) 68 et 74 cm __________

8. Il y a 10 mm en 1 cm. Il y a 10 cm en 1 dm. Combien y a-t-il de mm en 1 dm? Explique.

ME5-11 : Les mètres et les kilomètres

Un **mètre** est une unité de mesure de la **longueur** (ou **hauteur** ou **épaisseur**) égale à 100 cm.

Un mètre (règle) mesure 100 cm de long.

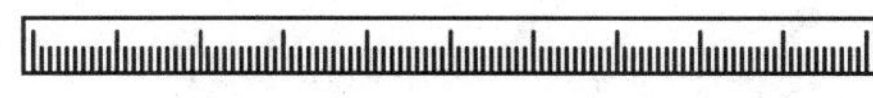

Un **kilomètre** est une unité de mesure de longueur égale à 1000 mètres.

Voici quelques mesures que tu peux utiliser pour estimer en mètres.

environ 2 mètres	*environ 2 mètres*	*environ 10 mètres*	*environ 100 mètres*
	 	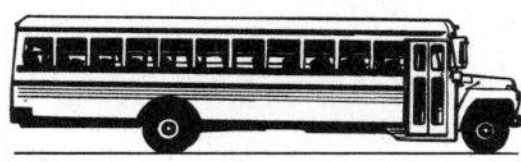	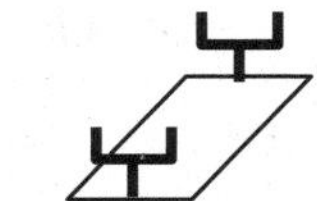
La hauteur d'un adulte (de grande taille)	La longueur d'une bicyclette pour adulte	La longueur d'un autobus scolaire	La longueur d'un terrain de football

1. D'après toi, combien d'adultes pourraient s'allonger, tête contre pieds, d'un mur à l'autre dans ta salle de classe? ________________

2. a) Ton école mesure environ combien d'autobus scolaires alignés bout à bout, en hauteur? ________
   b) Quelle est la hauteur approximative de ton école? ____________________

3. Un petit pâté de maisons dans ta ville mesure environ 100 m de long.

   Nomme un endroit où tu peux marcher à partir de ton école. ________________________________

   Il y a environ combien de mètres entre l'endroit que tu as nommé et ton école? ______________

4. Convertis ces mesures en mètres.

   a) 3 km = _________ b) 6 km = _________ c) 7 km = _________ d) 12 km = _________

5. Un terrain de football mesure environ 100 m de long. Un kilomètre est égal à environ combien de terrains de football?

   ____

6. Tu peux parcourir environ 1 km en 15 minutes si tu marches à une vitesse normale.
   Nomme un endroit qui est à environ 1 km de ton école.

   ____

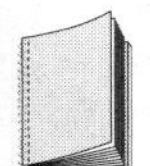

7. La Tour CN mesure 531 mètres de haut.
   Environ combien de Tours CN, alignées bout à bout, faudrait-il pour faire un kilomètre? Explique.

ME5-12 : La vitesse

1. Complète l'horaire suivant pour le tramway de la rue King, en te basant sur les régularités dans les nombres.

	Tramway 1	Tramway 2	Tramway 3	Tramway 4	Tramway 5
Avenue Jameson	7 h 00	7 h 15	7 h 30		
Avenue Dunn	7 h 05	7 h 20	7 h 35		
Rue Dufferin	7 h 10	7 h 25	7 h 40		
Avenue Strachan	7 h 15	7 h 30	7 h 45		

a) Combien de temps faut-il pour faire le trajet de l'avenue Jameson à ...

l'avenue Dunn? __________ la rue Dufferin? __________ l'avenue Strachan? __________

b) À quelle heure devrais-tu partir de l'avenue Jameson pour arriver à l'avenue Strachan ...

à 7 h 40? __________ à 8 h 15? __________ à 11 h 10? __________

2. La distance entre l'avenue Jameson et la rue Dufferin est de 1 km.
Le tramway prend environ 10 minutes pour parcourir cette distance.

a) Quelle distance le tramway parcourra-t-il en 1 heure, s'il avance à une vitesse moyenne de 1 km toutes les 10 minutes?

____

b) Quelle distance le tramway parcourrait-il en une heure, s'il avançait à une vitesse moyenne de ...

3 km toutes les 20 minutes? 5 km toutes les demi-heures? 2 km toutes les 15 minutes?

__________ __________ __________

3. Si un tramway avance à une vitesse moyenne de 12 km par heure, quelle distance parcourrait-il en ...

a) 2 heures? b) 7 heures? c) $2\frac{1}{2}$ heures? d) $\frac{1}{4}$ heure?

__________ __________ __________ __________

4. Si un tramway avance à une vitesse moyenne de 15 km par heure, cela veut-il dire qu'il avance toujours à la même vitesse?

____

ME5-13 : Convertir les unités

1. Finis de remplir le tableau en suivant la régularité.

m	1	2	3	4	5	6
dm	10	20				
cm	100	200				
mm	1000	2000				

2. Par quoi multiplierais-tu pour convertir chaque mesure?

a) m en cm ________ b) m en mm ________ c) cm en mm ________

3. Convertis les mesures suivantes.

m	cm
8	
70	

m	mm
5	
17	

cm	mm
4	
121	

dm	cm
32	
5	

4. Kathy a mesuré la hauteur de la porte de sa chambre avec une règle d'un mètre et un mètre à ruban.

- Quand elle a mesuré la porte avec la règle d'un mètre, la hauteur de la porte était de 2 m avec 25 cm de plus.
- Quand elle l'a mesurée avec le ruban de mesure, la hauteur était de 225 cm.

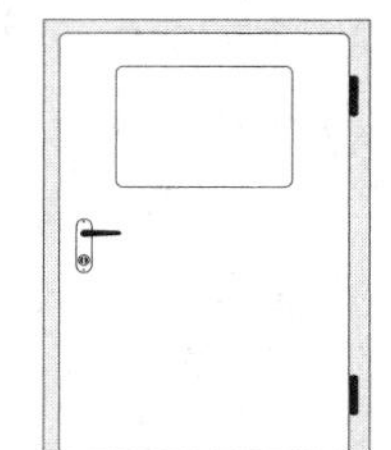

Y a-t-il une différence entre les deux mesures? Explique.

____

____

____

5. Convertis les mesures données en cm en une mesure utilisant plusieurs unités de mesure.

a) 423 cm = _4_ m _23_ cm b) 514 cm = ___ m ____ cm c) 627 cm = ___ m ____ cm

d) 673 cm = ___ m _____ cm e) 381 cm = ___ m ____ cm f) 203 cm = ___ m ____ cm

6. Convertis les unités de mesure multiples en une seule unité de mesure.

a) 2 m 83 cm = _283_ cm b) 3 m 65 cm = _____ cm c) 4 m 85 cm = _____ cm

d) 9 m 47 cm = _____ cm e) 7 m 4 cm = _____ cm f) 6 m 40 cm = _____ cm

7. Convertis les mesures suivantes en unités de mesure multiples, et ensuite sous forme de décimale.

a) 546 cm = _5_ m _46_ cm = _5,46_ m b) 217 cm = ______ m ______ cm = ______ m

c) 783 cm = ______ m ______ cm = ______ m d) 648 cm = ______ m ______ cm = ______ m

8. Pourquoi utilisons-nous la même notation décimale pour les dollars et les cents et les mètres et les centimètres?

ME5-14 : Résoudre des problèmes de kilomètres

L'autoroute Demster est une longue route de gravier qui s'étend sur **736 km** et traverse le cercle arctique.

Inuvik
Territoires du Nord-Ouest
Territoire du Yukon
Dawson

1. Arrondis la longueur de l'autoroute aux 100 km près.

   ____

2. Combien de temps te faudrait-il pour conduire de la ville de Dawson à Inuvik en conduisant à une vitesse moyenne de ...

   a) 100 km à l'heure? __________

   b) 50 km à l'heure? __________

   c) 25 km à l'heure? __________

3. L'Hôtel Eagle's Nest est à mi-chemin entre la ville de Dawson et Inuvik.

   a) Quelle est la distance entre la ville de Dawson et l'Hôtel Eagle's Nest? __________ km

   b) Fais un point sur la carte pour indiquer où l'Hôtel Eagle's Nest est situé, selon toi.

4. Si tu conduis d'Inuvik en direction de la ville de Dawson …

   A. tu traverseras le cercle arctique après avoir parcouru 331 km.

   B. tu arriveras à la frontière entre le Yukon et les Territoires du Nord-Ouest 60 km avant d'arriver au cercle arctique.

   a) Quelle est la distance en voiture entre le cercle arctique et …

   la ville de Dawson? ______________ l'Hôtel Eagle's Nest? ______________

   b) À quelle distance la ville d'Inuvik est-elle de la frontière du Yukon? __________ km

   c) À quelle distance la ville de Dawson est-elle de la frontière des Territoires du Nord-Ouest? ____ km

   d) Si tu conduis à 100 km à l'heure, environ combien de temps cela te prendrait-il pour voyager de la ville de Dawson à la frontière?

   ____

ME5-15 : Convertir les unités (avancé)

1. Mesure la ligne ci-dessous en mm, cm et dm.

_______ mm   _______ cm   _______ dm

a) Quelle unité (mm, cm, ou dm) est la plus grande? _______ la plus petite? _________

b) Il te faut plus de quelle unité pour mesurer la ligne, l'unité la plus grande ou l'unité la plus petite?

____

c) Pour convertir une mesure d'une **plus grande** unité à une **plus petite** unité, te faut-il ...

plus d'unités plus petites   ou   **moins** d'unités plus petites?

____

2. Remplis les nombres qui manquent.

a) 1 cm = _____ mm   b) 1 dm = _____ cm

c) 1 dm = _____ mm   d) 1 m = _____ dm

e) 1 m = _____ cm   f) 1 m = _____ mm

La grandeur des unités **diminue** à mesure que tu **descends** les escaliers :

m → dm → cm → mm

- 1 marche = 10 × plus petit
- 2 marches = 100 × plus petit
- 3 marches = 1 000 × plus petit

3. Convertis les mesures suivantes en suivant les étapes. Le premier est déjà fait pour toi.

a) Convertis 3,5 cm en mm

i) Les nouvelles unités sont 10 fois plus petites

ii) Donc il me faut 10 fois plus d'unités

iii) Alors je multiplie par 10

3,5 cm = 35 mm

b) Convertis 2,7 cm en mm

i) Les nouvelles unités sont __ fois _______

ii) Donc il me faut _____ fois _______ d'unités

iii) Alors je _______ par _______

2,7 cm = _______ mm

c) Convertis 6,3 dm en cm

i) Les nouvelles unités sont __ fois _______

ii) Donc il me faut ___ fois ______ d'unités

iii) Alors je multiplie par ______

6,3 dm = _______ cm

d) Convertis 3 m en cm

i) Les nouvelles unités sont ___ fois _______

ii) Donc il me faut ___ fois ______ d'unités

iii) Alors je ______ par ______

3 m = _______ cm

ME5-15 : Convertir les unités (avancé) *(suite)*

e) Convertis 4 m en dm

i) Les nouvelles unités sont ___ fois ______

ii) Donc il me faut ___ fois _______ d'unités

iii) Alors je _______ par _______

4 m = _______ dm

f) Convertis 17,3 cm en mm

i) Les nouvelles unités sont ___ fois _______

ii) Donc il me faut ___ fois _______ d'unités

iii) Alors je _______ par _______

17,3 cm = _______ mm

g) Convertis 5,2 cm en mm

i) Les nouvelles unités sont ___ fois ______

ii) Donc il me faut ___ fois _______ d'unités

iii) Alors je _______ par _______

5,2 cm = _______ mm

h) Convertis 2,14 dm en mm

i) Les nouvelles unités sont ___ fois _______

ii) Donc il me faut ___ fois _______ d'unités

iii) Alors je _______ par _______

2,14 dm = _______ mm

4. Convertis les unités en suivant les étapes de la question 3 mentalement.

a) 4 m = _________ dm b) 1,3 dm = _________ mm c) 20 cm = _________ mm

5. Classe les feuilles des fougères par ordre décroissant, de la plus longue à la plus courte. (Écris en premier la plus petite unité pour chaque mesure.)

Fougère	Longueur de la feuille	Plus petite unité
Fougère du chêne	18 cm	
Fougère-à-l'autruche	1,5 m	
Fougère grand aigle	90 cm	
Fougère royale	1,30 m	

1. ______________________
2. ______________________
3. ______________________
4. ______________________

6. Est-ce que 362 mm est plus long ou plus court que 20 cm? Comment le sais-tu?

7. La clôture est faite de 4 panneaux mesurant chacun 32 cm de long. La clôture est-elle plus longue ou plus courte qu'un mètre?

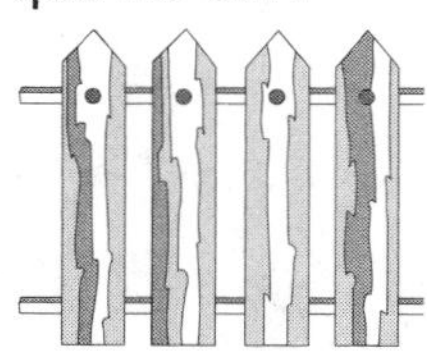

8. Un décimètre de ruban coûte 5 ¢. Combien coûteraient 90 cm de ruban?

9. Michelle dit que pour convertir 6 m 80 cm en centimètres, tu dois multiplier 6 par 100 et ensuite additionner 80. A-t-elle raison? Pourquoi est-ce que Michelle multiplie par 100?

ME5-16 : Ordonner et choisir les unités de mesure appropriées

1. Associe chaque mot avec son symbole. Associe ensuite l'objet avec l'unité de mesure appropriée.

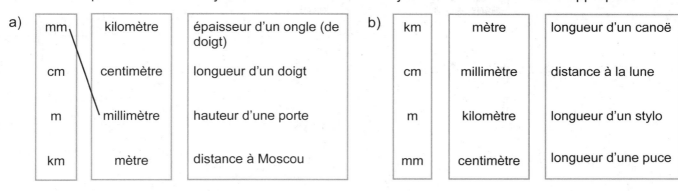

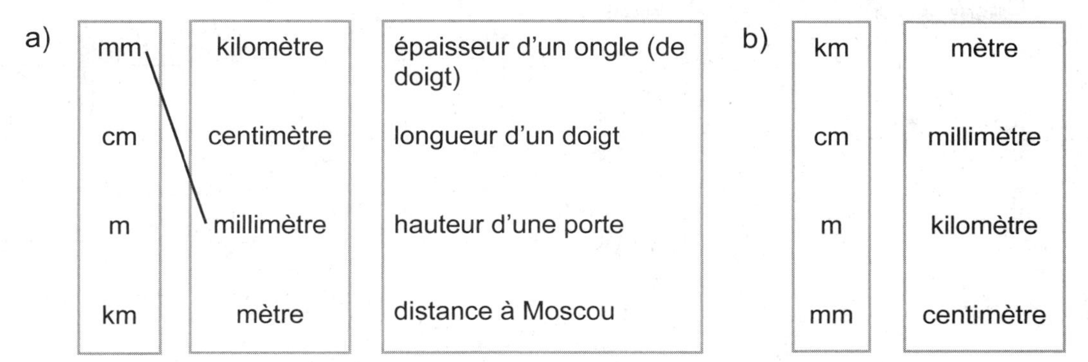

2. Encercle l'unité de mesure qui rend l'expression vraie :

   a) Un adulte qui est très grand mesure environ 2 **dm** / **m** de haut.

   b) La largeur de ta main est d'environ 1 **dm** / **cm**.

   c) La Calgary Tower mesure 191 **cm** / **m** de haut.

3. Julie a mesuré plusieurs objets, mais elle a oublié d'inclure les unités de mesure. Ajoute l'unité de mesure appropriée.

   a) lit : 180 ______ b) automobile : 2 ______ c) chapeau : 25 ______

   d) brosse à dents : 16 ______ e) allée : 11 ______

4. Ajoute l'unité de mesure (mm, cm, m ou km) pour rendre l'expression vraie.

   a) Une personne qui marche vite peut marcher 1 ______ en 10 minutes.

   b) La longueur de ta jambe est d'environ 70 ______ .

   c) Un grand requin blanc peut atteindre 4 ______ de long.

   d) Une carte postale mesure environ 150 ______ de long.

   e) La Transcanadienne qui relie Terre-Neuve à la Colombie-Britannique mesure 7604 _____ de long.

   f) Les chutes Niagara ont une hauteur de 56 ______.

   g) Un porc-épic peut atteindre jusqu'à 80 ___ de long.

5. Nomme un objet dans ta classe qui a …

   a) une épaisseur d'environ 20 mm : ______________________

   b) une hauteur d'environ 2 m : ______________________

ME5-16 : Ordonner et choisir les unités de mesure appropriées *(suite)*

6. Classe les animaux suivants selon la longueur de leurs queues, de la plus longue à la plus courte.

Animal	Longueur de la queue	Plus petite unité
Renard roux	5,5 dm	
Castor	40 cm	
Ours noir	12 cm	
Écureuil gris	2,3 dm	

1. ____________
2. ____________
3. ____________
4. ____________

7. La droite numérique mesure un décimètre de long. Marque chaque mesure sur la droite numérique avec une flèche, comme c'est déjà fait pour « A ».

A 12 mm **B** 35 mm **C** 2,0 cm **D** 49 mm **E** 9,9 cm **F** 5,7 cm **G** 6,3 cm

8. Marque l'emplacement approximatif de chaque mesure avec un « X ».

0 dm ——————————— 1 dm

A 3 cm **B** 5 cm **C** 25 mm **D** 9 cm **E** 4,5 cm **F** 8,2 cm **G** ,7 cm

0 km ——————————— 1 km

H 200 m **I** 500 m **J** 700 m **K** 350 m **L** 850 m **M** 630 m **N** 90 m

9. Complète les phrases en plaçant les nombres dans la boîte dans l'espace approprié.

a) La Tour CN mesure ________ **m** de haut.

Elle est située à environ ___ **km** de la station de métro la plus proche.

Elle a été construite il y a plus de ______ **ans**.

20	553	2

b) Toronto est à environ ________ **km** de Vancouver.

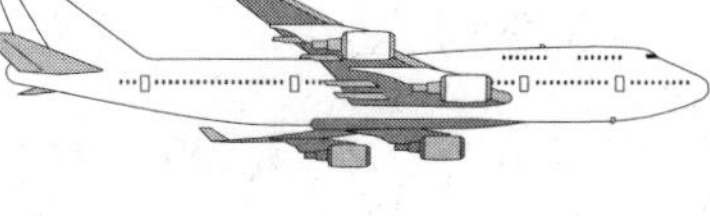

Le trajet par avion entre les deux villes prend _______ **heures**.

Le niveau de vol de croisière des avions qui font le trajet entre les deux villes peut atteindre ________ **km**.

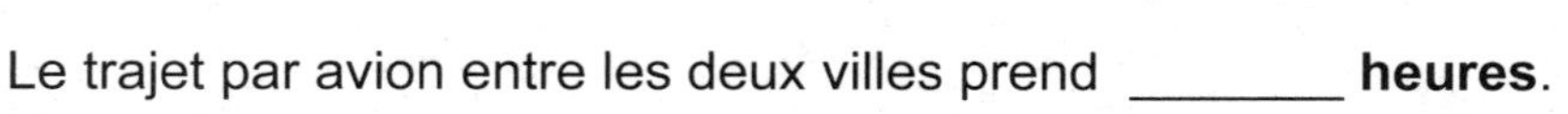

5,5	11	3500

ME5-17 : Les mathématiques et l'architecture

Au fil des ans, les mathématiques ont aidé à créer beaucoup de bâtiments, y compris les pyramides en Égypte. **Chaque pyramide est dessinée à l'échelle : 1 millimètre représente 5 mètres de la pyramide actuelle.**

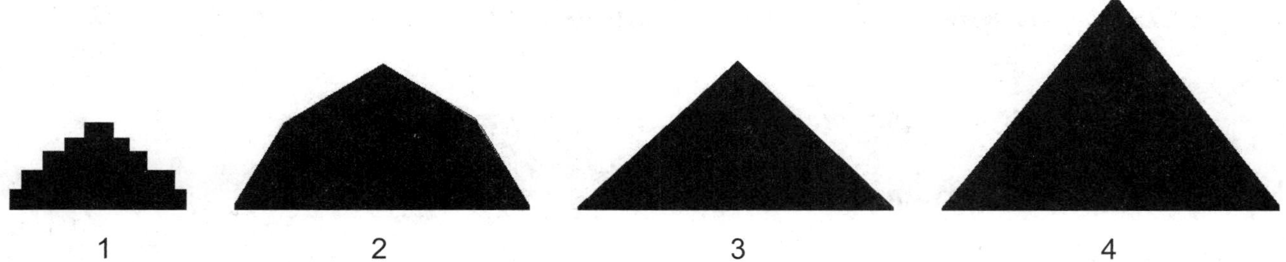

1. Mesure les diagrammes ci-dessus en mm, et calcule ensuite les mesures actuelles des pyramides.
NOTE : 1mm = 5 m.

N°	Nom	Hauteur du diagramme en mm	Hauteur actuelle de la pyramide en m	Longueur de la base du diagramme en mm	Longueur actuelle de la base en m
1.	Pyramide à degrés de Djoser				
2.	Pyramide rhomboïdale de Dashur				
3.	Pyramide rouge de Snéfrou				
4.	Grande pyramide de Gizeh				

2. Les briques utilisées pour construire la Pyramide de Gizeh mesurent 0,66 m de haut et 1,00 m de long.

   a) Quelle est la hauteur des briques en : i) centimètres ____________ ii) decimètres ______________

   b) Quelle est la longueur des briques en : i) centimètres ___________ ii) decimètres ______________

   c) Si une pyramide était haute de 100 briques, quelle serait sa hauteur en mètres? ______________

   d) Combien de briques y a-t-il le long d'un des côtés de la Pyramide de Gizeh? ___________ briques.

3. Remplis le tableau. Trace ensuite dans ton cahier un diagramme à l'échelle de chaque pyramide, en te basant sur l'échelle suivante : **1 mm = 5 m**. (Chaque pyramide ressemble à un triangle vue de côté.)

N°	Nom	Hauteur en mm	Hauteur approx. en m	Longueur de la base en mm	Longueur approx. de la base en m
1.	Pyramide noire		80 m		105 m
2.	Pyramide de Meïdoum		90 m		145 m
3.	Pyramide de Khéphren		145 m		230 m

ME5-18 : Problèmes impliquant la mesure

La construction du Pont de la Confédération, qui relie le Nouveau-Brunswick et l'Île-du-Prince-Édouard, a été terminée en 1997.

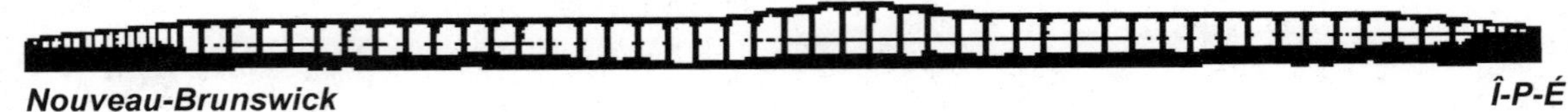

Nouveau-Brunswick *Î-P-É*

Sur le diagramme, 1 cm représente environ 860 m.

1. a) Mesure la longueur du diagramme au cm près : ______________________________

   b) Estime la longueur du pont : ______________________________
   INDICE : Arrondis l'échelle à 1 cm = 1000 m.

2. La longueur actuelle du pont est de 12,9 km.
   Cela fait combien de mètres?

3. Un autobus scolaire mesure environ 10 m de long.
   Environ combien d'autobus scolaires pourrais-tu aligner de bout à bout sur le pont?

4. Le pont comprend trois parties :
   - l'approche du Pont Est, de 600 m de long
   - l'approche du Pont Ouest, de 1300 m de long
   - et le Pont principal (qui relie les deux).

   Quelle est la longueur du Pont principal, en mètres?

5. La distance entre les piles de pont est de 250 m.
   Un navire large de 20 m passe entre les deux piles de pont au milieu du canal. À quelle distance sont les piles de pont des côtés du navire?

6. Des téléphones d'urgence sont placés à tous les 750 m le long du pont. Environ combien de téléphones y a-t-il sur le pont?

ME5-19 : Le périmètre

1. Chaque arête mesure 1 cm de long. Écris la longueur totale de chaque côté en cm comme dans a). Écris ensuite une addition et trouve le périmètre.

a)

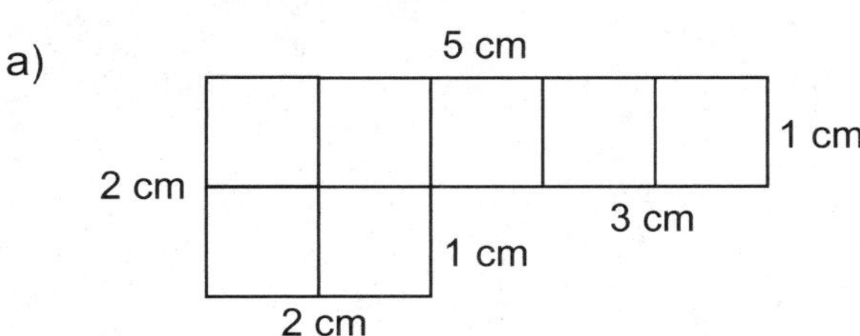

Périmètre : ____________________

b)

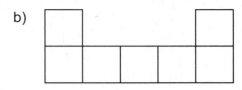

Périmètre : ____________________

c)

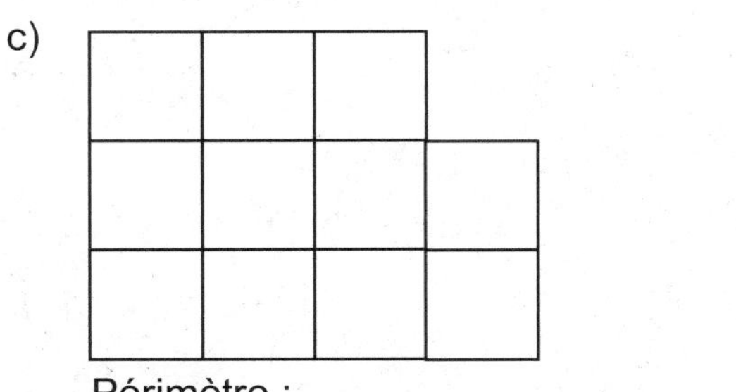

Périmètre : ____________________

d)

Périmètre : ____________________

2. Chaque arête mesure 1 unité de long. Écris la longueur de chaque côté à côté des figures (n'oublie pas d'arêtes!). Utilise ensuite les longueurs des côtés pour trouver le périmètre.

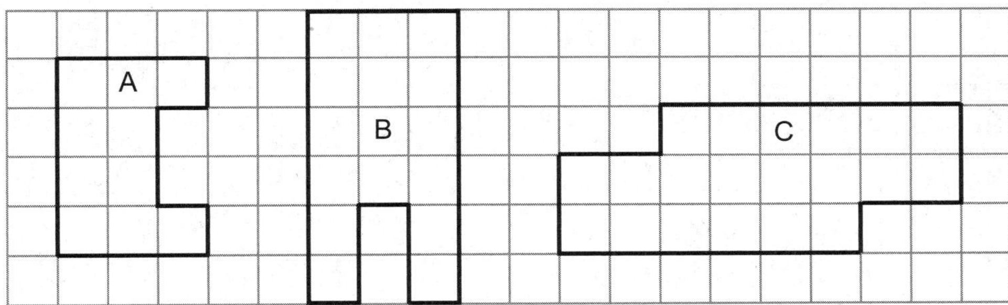

3. Dessine ta propre figure et trouve le périmètre.

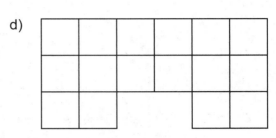

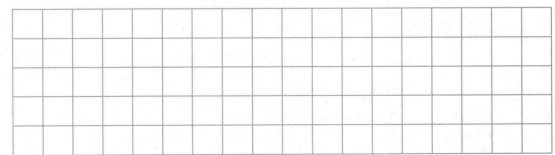

4. Sur du papier quadrillé, dessine tes propres figures et trouve leur périmètre. Essaie de faire des lettres ou d'autres formes.

ME5-20: Problèmes impliquant le périmètre

1. Mesure le périmètre de chaque figure avec une règle.

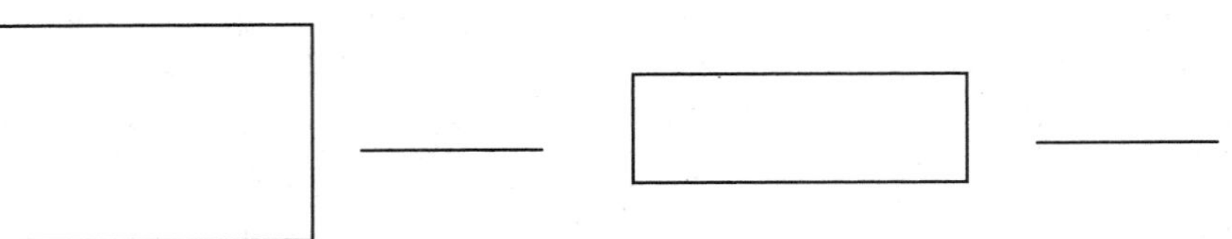

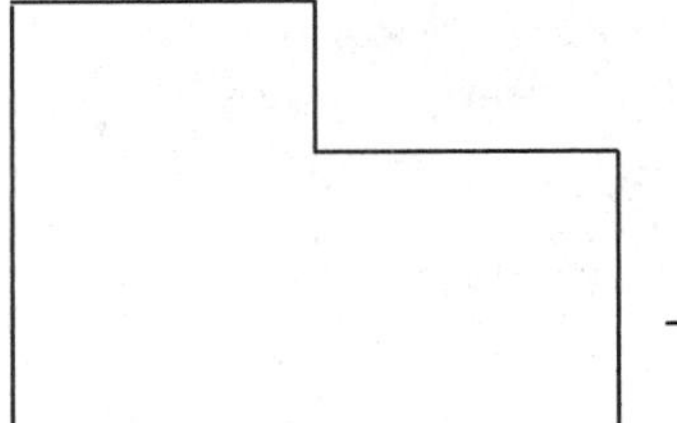

2. Trouve le périmètre de chaque forme. (Inclus les unités de mesure dans ta réponse.)

a)

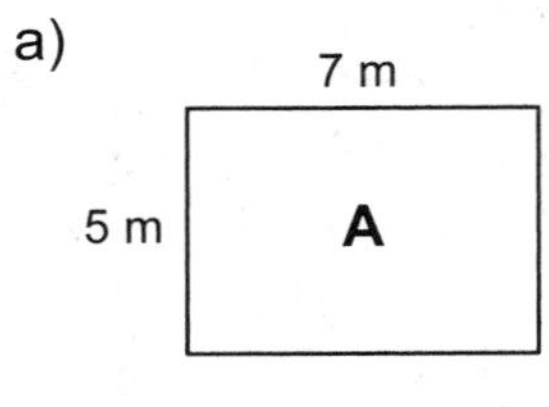

b)

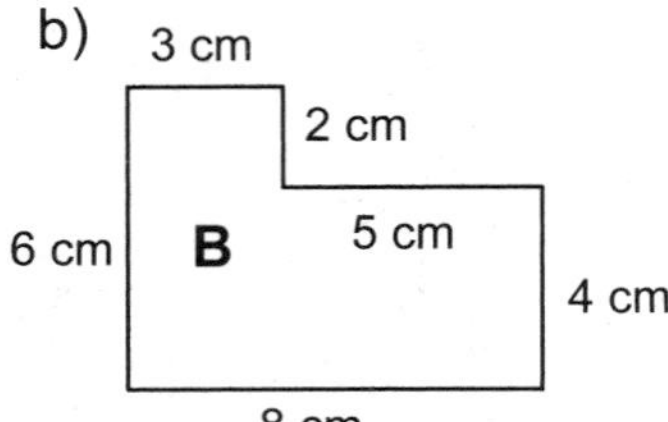

c)

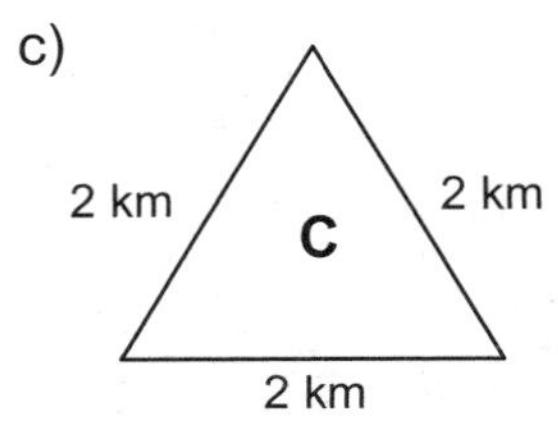

d)

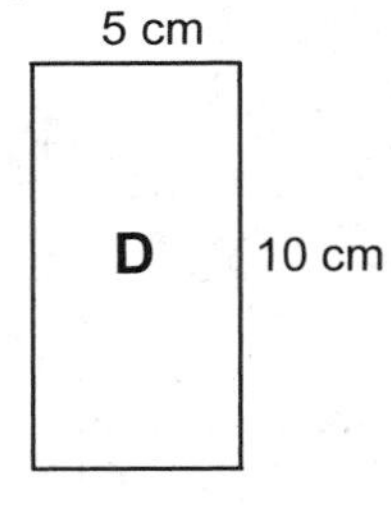

Périmètre __________ Périmètre __________ Périmètre __________ Périmètre __________

e) Écris les lettres des formes en ordre, du plus grand au plus petit périmètre. (Fais attention aux unités!)

____

3. Ton index mesure environ 1 cm de large. Estime et ensuite mesure le périmètre de chaque forme en cm.

a)

b)

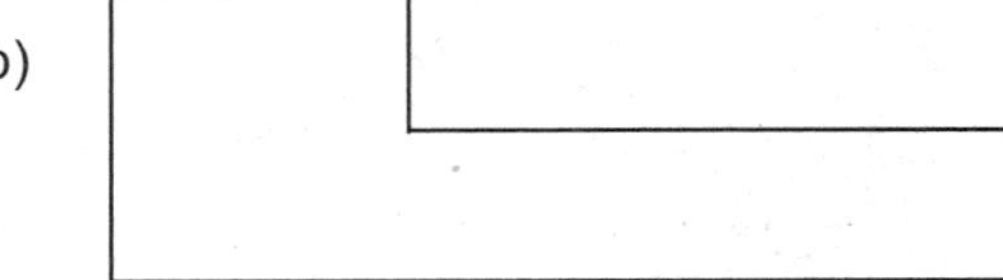

Périmètre estimé ______________ Périmètre estimé ______________

Périmètre actuel ______________ Périmètre actuel ______________

4. Sur du papier quadrillé, montre toutes les façons que tu peux faire un rectangle avec ...

a) 10 carrés b) 12 carrés c) 7 carrés

d) Quel rectangle de la question b) a le plus grand périmètre?

5. a) Le ruban coûte 35 ¢ par mètre.
Combien coûterait une bordure de ruban pour l'affiche?

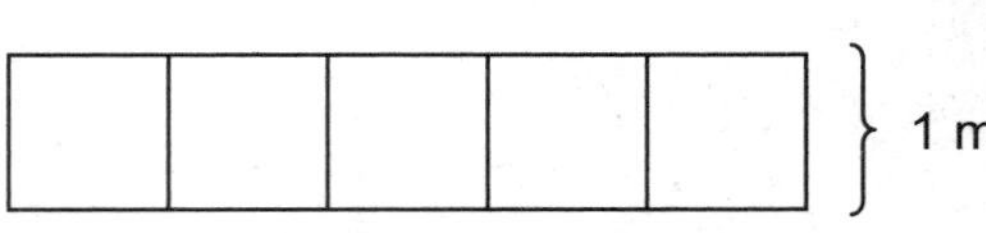

b) Combien de différents rectangles peux-tu faire avec 8 carrés de carton dont les côtés mesurent 1 mètre de long? Pour quel arrangement de carrés la bordure coûterait-elle le moins cher?

ME5-21 : Explorer les périmètres

Serge achète 12 mètres de clôture pour faire un jardin rectangulaire.
Chaque section de la clôture mesure 1 m de long.
Quelles pourraient être les dimensions du jardin de Serge?

Serge essaie des largeurs de 1 m, 2 m, et 3 m.

?

1 m 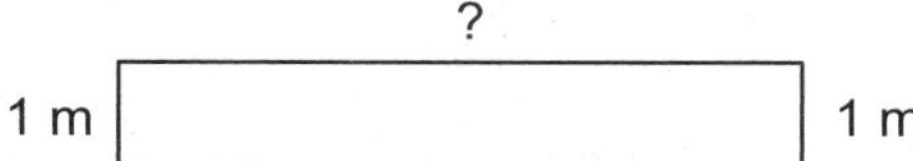 1 m

Les largeurs, additionnées ensemble, font 2 m.
Les longueurs qui manquent sont de 12 – 2 = 10 m en tout.
Chaque longueur mesure 10 ÷ 2 = 5 m.

?

2 m 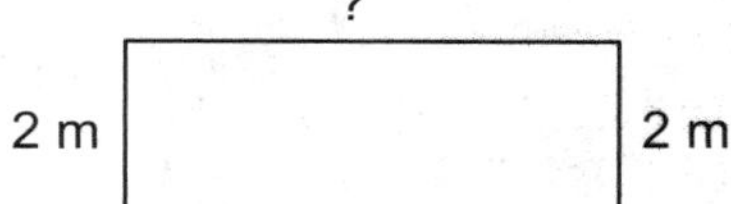 2 m

Les largeurs, additionnées ensemble, font 4 m.
Les longueurs qui manquent sont de 12 – 4 = 8 m en tout.
Chaque longueur mesure 8 ÷ 2 = 4 m.

1\.

3 cm  3 cm

Périmètre = 12 m

Complète les calculs de Serge :

a) Additionnées ensemble, les largeurs font ________ m.

b) Les longueurs qui manquent sont de ________________ en tout.

c) Chaque longueur qui manque mesure ____________________.

2\. Trouve les longueurs ou les largeurs qui manquent. (Note : les images ne sont pas à l'échelle.)

a) périmètre = 12 m

____ m

2 m ▭ 2 m

____ m

b) périmètre = 14 cm

3 cm

____ cm 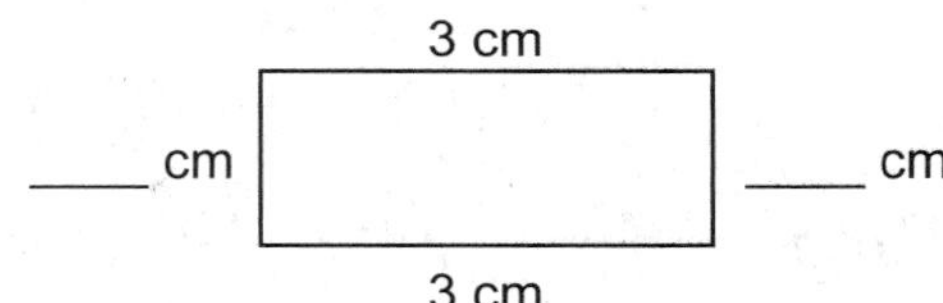 ____ cm

3 cm

c) périmètre = 10 cm

____ cm

2 cm ▭ 2 cm

____ cm

d) périmètre = 14 m

6 m

____ m ▭ ____ m

6 m

3\. Trouve tous les rectangles qui ont le périmètre donné (longueurs et largeurs = nombres entiers).

Largeur	Longueur
Périmètre = 6 unités	

Largeur	Longueur
Périmètre = 12 unités	

Largeur	Longueur
Périmètre = 16 unités	

Largeur	Longueur
Périmètre = 18 unités	

4\. Écris une règle pour trouver le périmètre d'un rectangle à partir de sa largeur et de sa longueur. ____

____

ME5-21 : Explorer les périmètres *(suite)*

5. Mark a fait cette suite de figures avec des cure-dents.

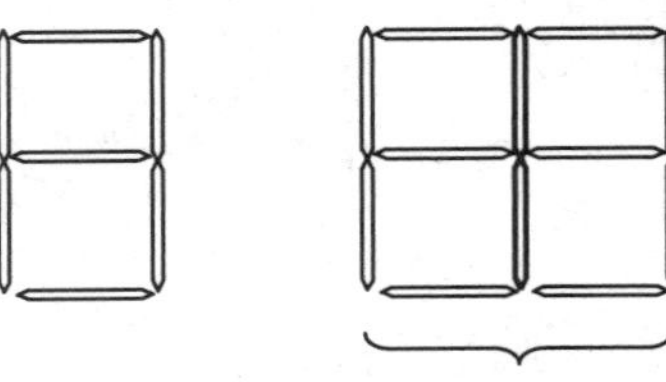
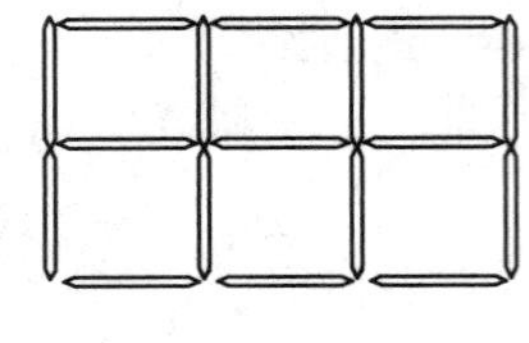

base

ENTRÉE *Nombre de cure-dents à la base de la figure*	**SORTIE** *Périmètre*
1	6

a) Complète le tableau.

b) Complète la règle qui indique comment obtenir les nombres de SORTIE à partir des nombres d'ENTRÉE :

Multiplie le nombre d'ENTRÉE par _______ et additionne ___________.

c) Utilise la règle pour prédire le périmètre d'une figure qui a une base de 10 cure-dents : ___________

6. Ajoute un carré à chaque figure pour que le périmètre de la nouvelle figure soit de 10 unités.

NOTE : Présume que les toutes les arêtes sont 1 unité.

a) 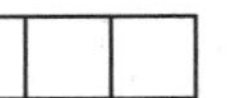

Périmètre original = ____ unités

Nouveau périmètre = 10 unités

b) 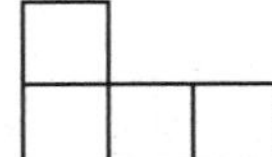

Périmètre original = ____ unités

Nouveau périmètre = 10 unités

c) 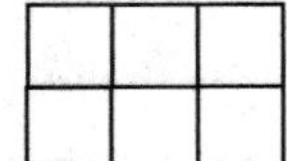

Périmètre original = ____ unités

Nouveau périmètre = 10 unités

7. Ajoute un triangle à chaque figure pour que le périmètre de la nouvelle figure soit de 6 unités.

a) 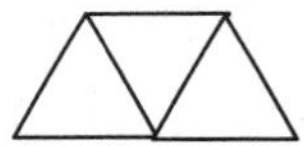

Périmètre original = ____ unités

Nouveau périmètre = 6 unités

b) 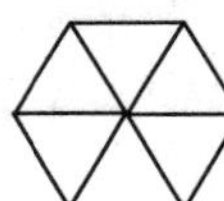

Périmètre original = ____ unités

Nouveau périmètre = 6 unités

8. Répète les étapes a), b) et c) de la question 5 pour les régularités suivantes.

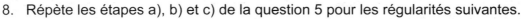

a) 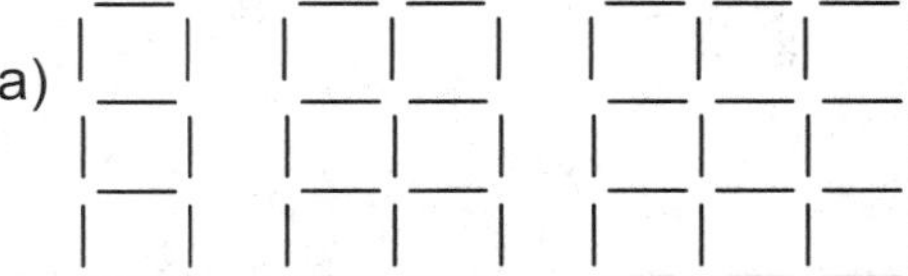

b) 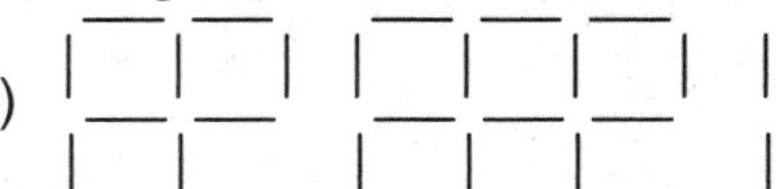 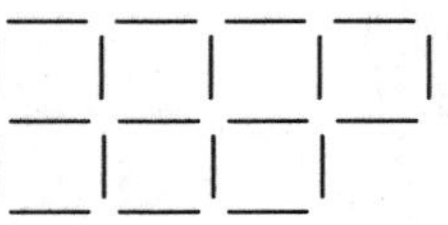

9. Emma dit que la formule 2 x (longueur + largeur) donne le périmètre d'un rectangle. A-t-elle raison?

ME5-22 : Les cercles et les polygones irréguliers

1. La distance horizontale et verticale entre deux paires de points adjacents est de 1 cm. La distance diagonale est d'environ 1,4 cm.
Trouve le périmètre approximatif de chaque figure en assumant que les côtés diagonaux mesurent 1,4 cm. (Comment la multiplication peut-elle t'aider à calculer la somme des côtés de 1,4 cm de long?)

1,4 cm

A B C

D E F

Périmètre de A : ___________ Périmètre de B : ___________ Périmètre de C : ___________

Périmètre de D : ___________ Périmètre de E : ___________ Périmètre de F : ___________

2. La distance autour de l'extérieur d'un cercle s'appelle la **circonférence**.

marque la distance autour du cercle sur la feuille de papier roulé

a) Mesure la circonférence de chaque cercle au **cm** près avec une petite feuille de papier roulé et une règle. Inscris la largeur et la circonférence dans le tableau.

Largeur	Circonférence

b) La circonférence est à peu près combien de fois plus grande que la largeur du cercle? ___________

ME5-23 : L'aire en centimètres carrés

Ont dit que les formes qui sont plates sont des formes en **deux dimensions** (2-D).
L'aire d'une forme en 2 dimensions est l'espace qu'elle occupe.

Un centimètre carré est l'unité que l'on utilise pour mesurer l'aire.
Un carré avec des côtés de 1 cm a une aire de 1 centimètre carré.
L'abréviation de centimètre carré est cm^2.

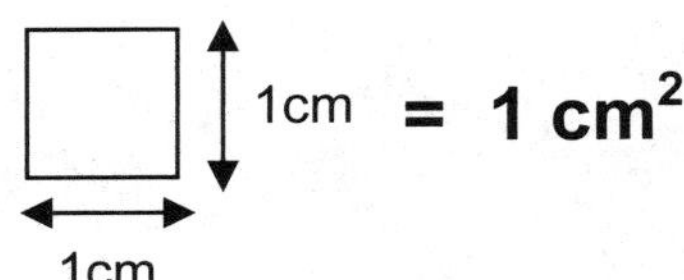

1. Trouve l'aire de ces figures en centimètres carrés.

a) 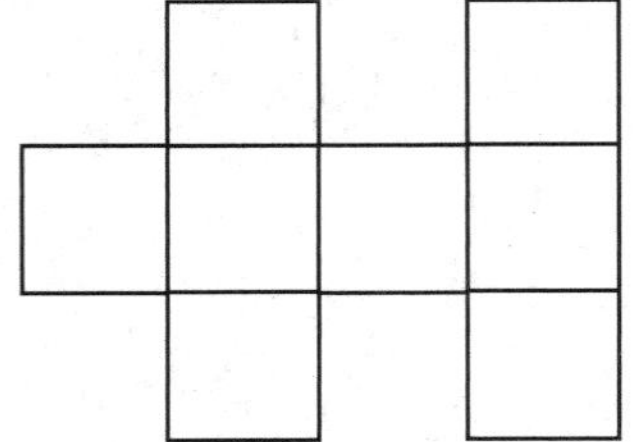

Aire = _______ cm^2

b) 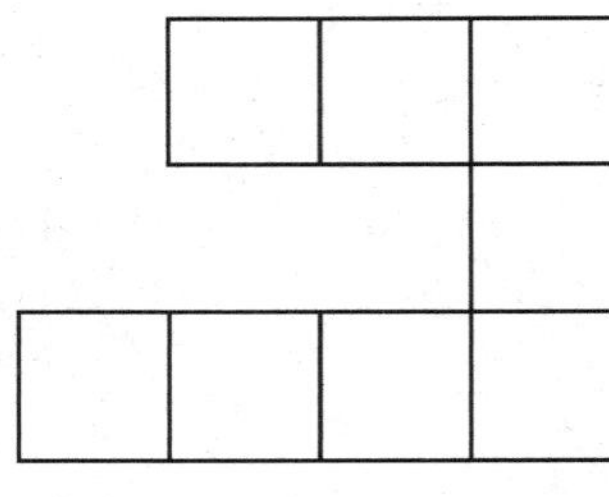

Aire = _______ cm^2

c) 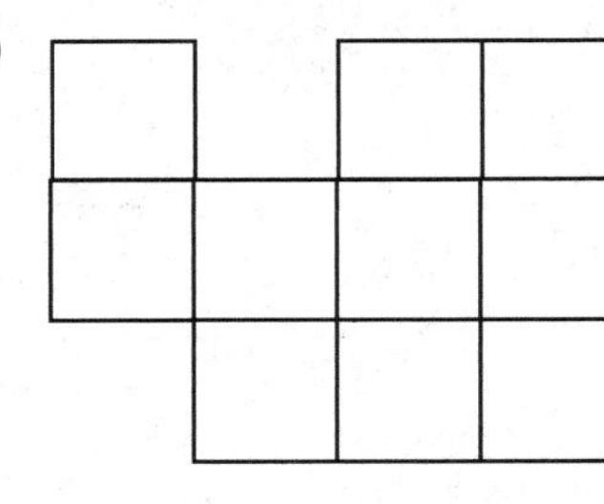

Aire = _______ cm^2

2. En utilisant une règle, relie les lignes pour diviser chaque rectangle en centimètres carrés.

a) 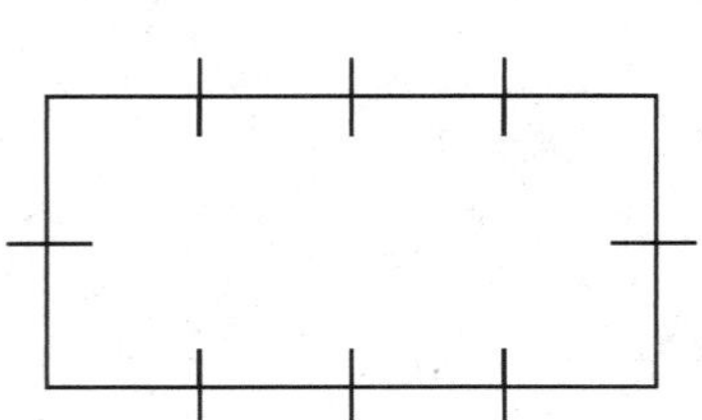

Aire = _______ cm^2

b) 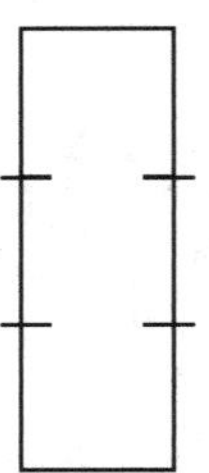

Aire = _______ cm^2

c) 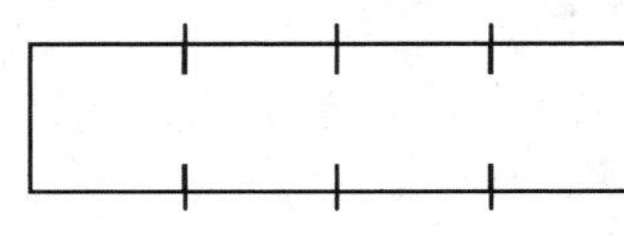

Aire = _______ cm^2

3. Comment peux-tu trouver l'aire (en unités carrées) de chacune des formes suivantes?

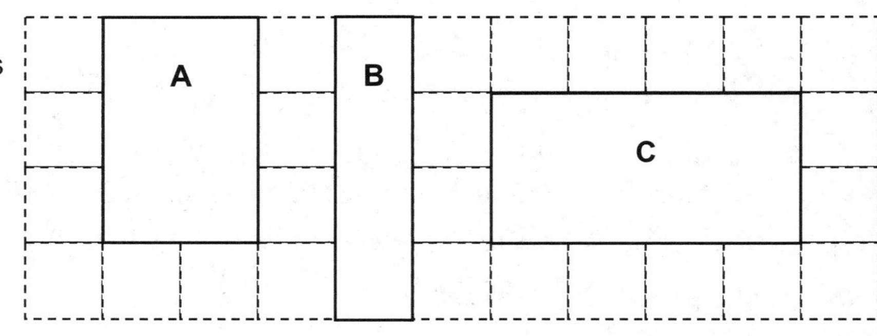

Aire de A = _______ Aire de B = _______ Aire de C = _______

Sur du papier quadrillé …

4. Dessine 3 différentes formes qui ont une aire de 10 cm^2 (pas nécessairement des rectangles).

5. Dessine plusieurs formes et trouve leur aire et leur périmètre.

6. Dessine un rectangle qui a une aire de 12 cm^2 et un périmètre de 14 cm.

ME5-24 : L'aire des rectangles

1. Écris un énoncé de multiplication pour chaque ensemble de points.

a) b) c) d)

______ ______ ______ ______

2. Fais un point dans chaque boîte.
Écris ensuite un énoncé de multiplication qui indique combien il y a de boîtes dans le rectangle.

a) 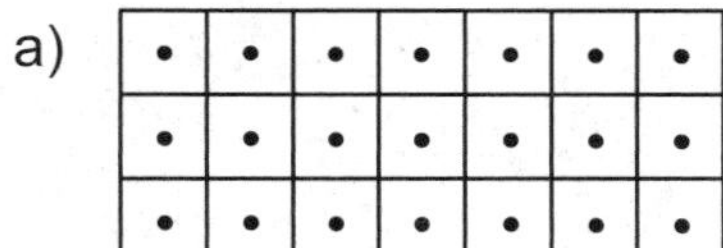
$3 \times 7 = 21$

b) 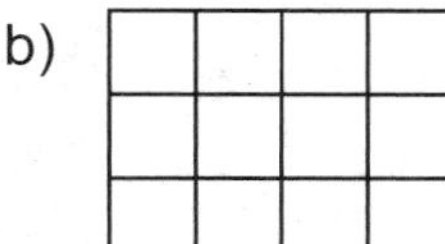
______

c) 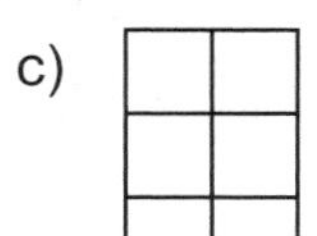
______

d) 
______

3. Écris le nombre de boîtes ainsi que la largeur et la longueur de chaque rectangle.
Écris ensuite un énoncé de multiplication pour l'aire du rectangle (en unités carrées).

a) 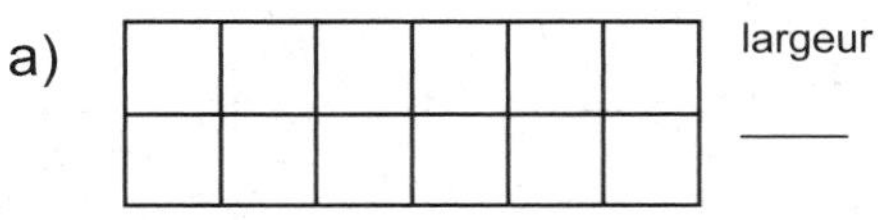
largeur = ____
longueur = ____

______

b) 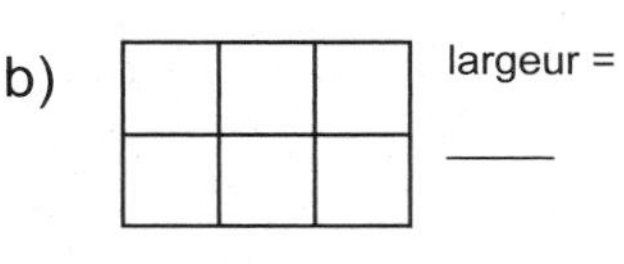
largeur = ____
longueur = ____

______

c) 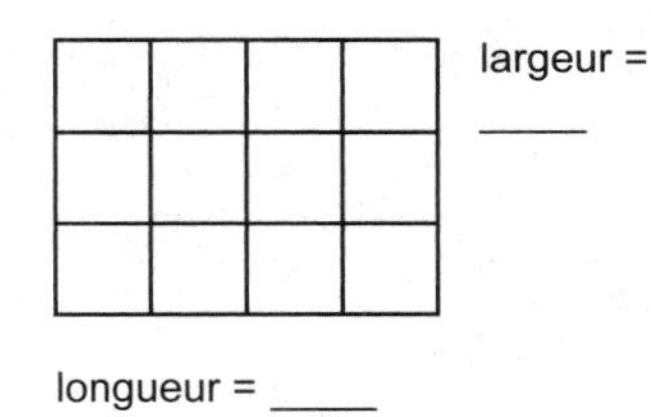
largeur = ____
longueur = ____

______

4. Les centimètres sont marqués sur les côtés des rectangles. En utilisant une règle, relie les lignes pour diviser chaque rectangle en carrés. Écris un énoncé de multiplication pour calculer l'aire des boîtes en cm^2. **NOTE : Tu devras marquer les centimètres toi-même sur les boîtes d) et e), avec une règle.**

a) 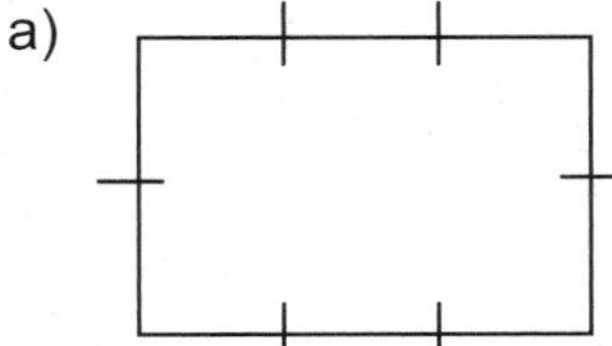

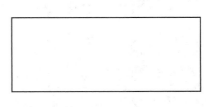

b) 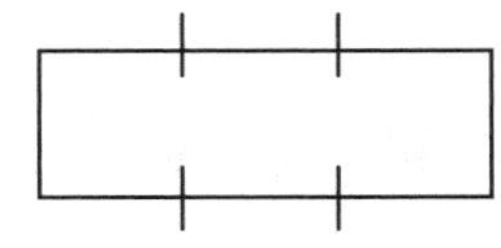

c) 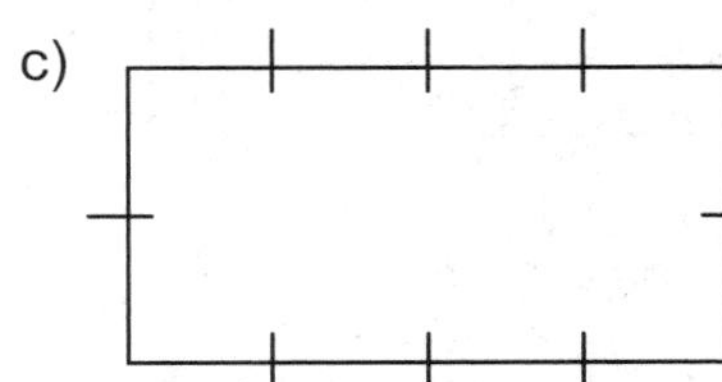

d)

e) 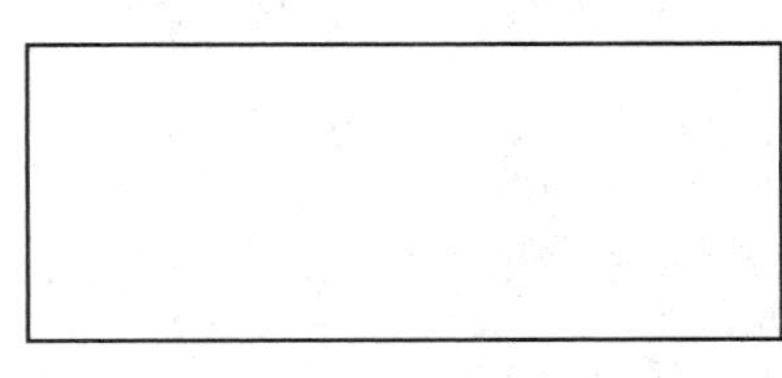

5. Si tu connais la longueur et la largeur d'un rectangle, peux-tu trouver son aire?

______

ME5-25 : Explorer l'aire

1. Mesure la longueur et la largeur des figures, et trouve ensuite l'aire.

   a) ______ b) ______ c) ______

2. Trouve l'aire des rectangles qui ont les mesures suivantes :

   a) largeur : 6 m longueur : 7 m
   b) largeur : 3 m longueur : 7 m
   c) largeur : 4 cm longueur : 8 cr

3. a) Calcule l'aire de chaque rectangle (n'oublie pas d'inclure l'unité de mesure).

   A : 3 m, 7 m — Aire : ______
   B : 4 cm, 5 cm — Aire : ______
   C : 11 m, 6 m — Aire : ______
   D : 3 km, 2 km — Aire : ______

   b) Par lettre, place les rectangles en ordre, de la plus grande à la plus petite aire : ______

4. L'aire d'un rectangle mesure 18 cm^2 et sa longueur 6 cm. Quelle est sa largeur?

5. L'aire d'un rectangle mesure 24 cm^2 et sa largeur 8 cm. Quelle est sa longueur? ______

6. L'aire d'un carré mesure 25 cm^2. Quelle est sa largeur? ______

7. Écris la longueur de chaque côté de la figure.

   Divise la figure en deux boîtes.

   Calcule l'aire totale en trouvant l'aire des deux boîtes.

   Aire de la boîte 1 :______ Aire totale :

   Aire de la boîte 2 :______ ______

8. Sur du papier quadrillé, dessine autant de rectangles que tu peux qui ont une aire de 20 unités carrées.

ME5-26 : L'aire des polygones

1. Deux demi-carrés ◺ ◹ occupent le même espace (aire) qu'un ▢ carré entier.

   Compte chaque paire de demi-carrés comme un carré entier pour trouver l'aire de la surface coloriée.

a) 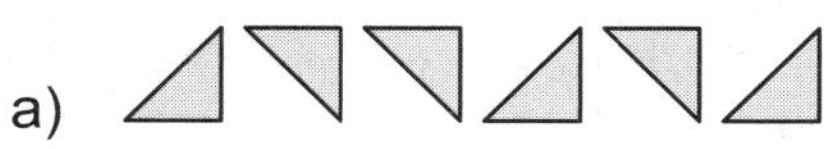
= _____ carrés entiers

b) 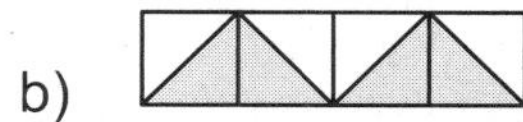
= _____ carrés entiers

c) 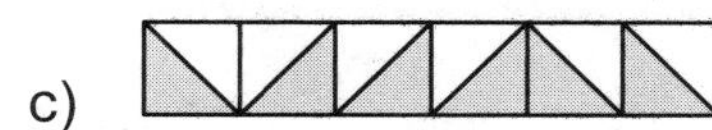
= _____ carrés entiers

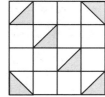

d) 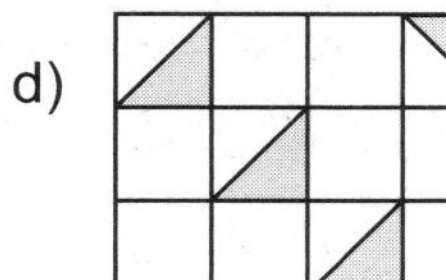
= _____ carrés entiers

e) 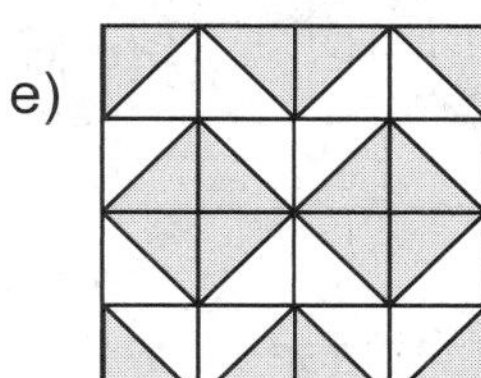
= _____ carrés entiers

f) 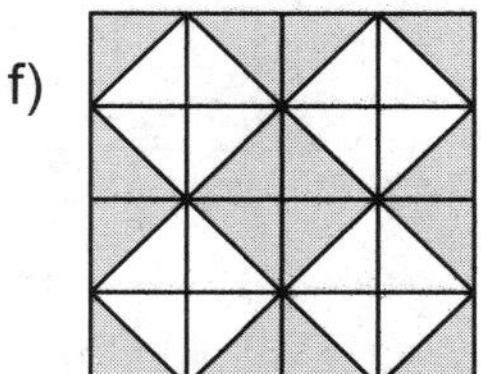
= _____ carrés entiers

g) 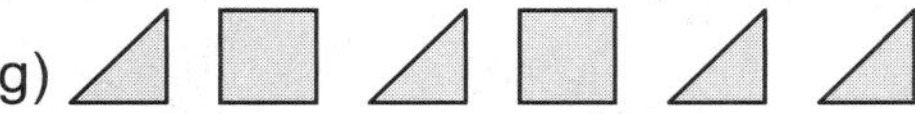
= _____ carrés entiers

h) 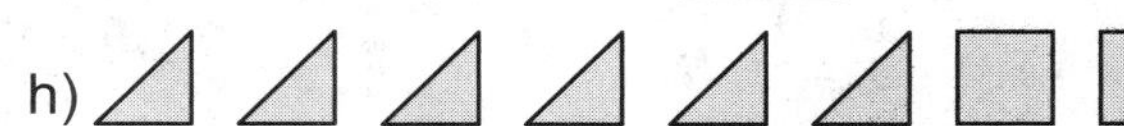
= _____ carrés entiers

i) 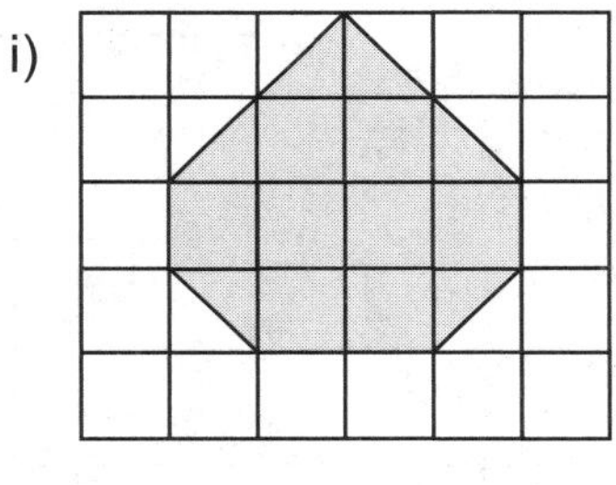
= _____ carrés entiers

j) 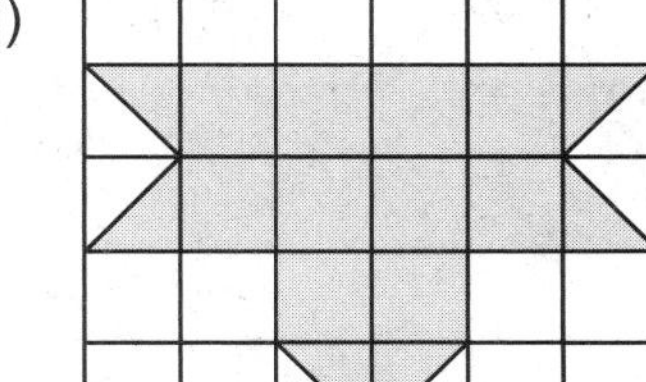
= _____ carrés entiers

k) 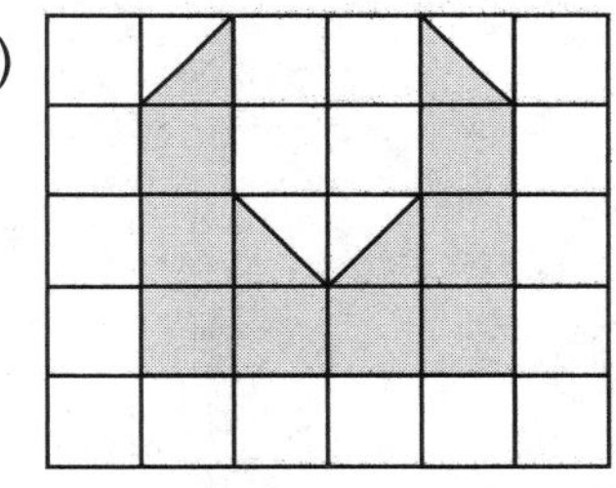
= _____ carrés entiers

2. Estime et ensuite trouve l'aire de chaque figure en unités carrées.
INDICE : Trace des lignes pour montrer tous les demi-carrés.

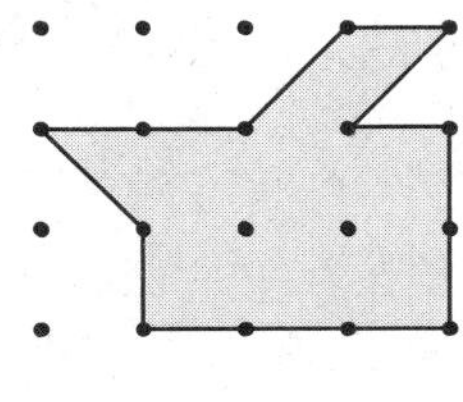
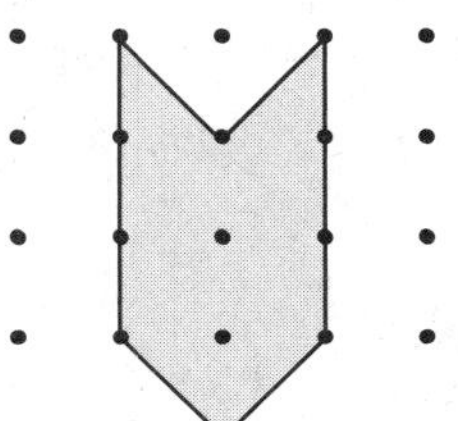
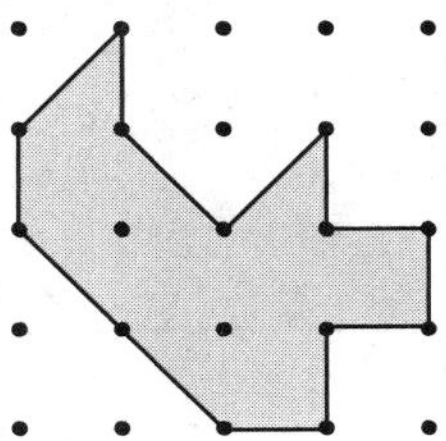

3. Pour chaque illustration, indique si l'aire de la surface coloriée est plus grande que, plus petite que ou égale à la surface non coloriée. Dans ton cahier, explique comment tu le sais.

a) 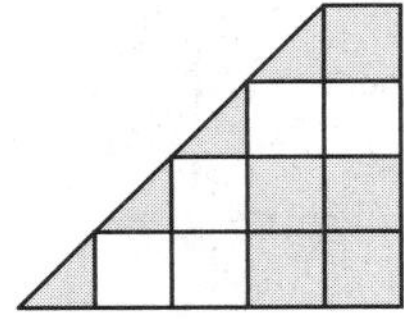

b) 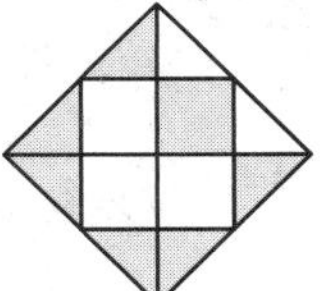

c) 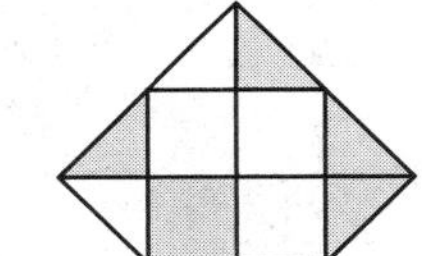

ME5-26 : L'aire des polygones *(suite)*

4. a) Quelle fraction du rectangle est coloriée?____________

   b) Quelle est l'aire du rectangle en unités carrées?____________

   c) Quelle est l'aire de la surface coloriée?____________

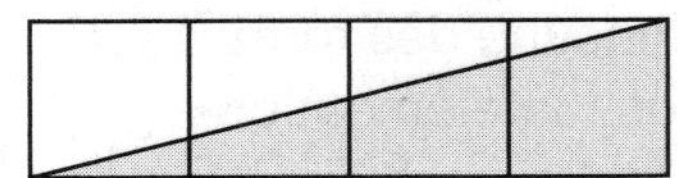

5. Trouve l'aire coloriée en unités carrées.

a)  b)  c) d)

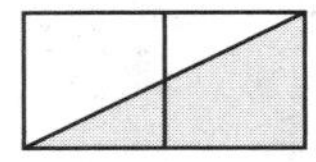 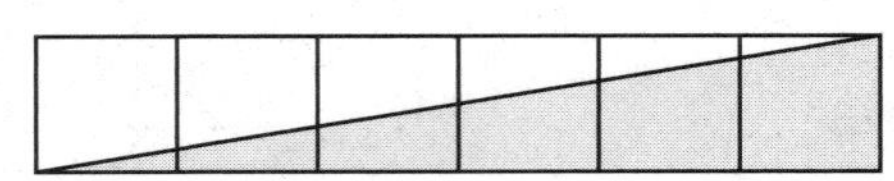 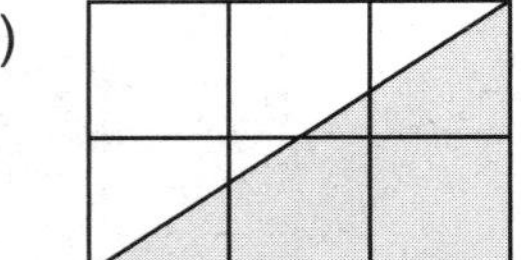 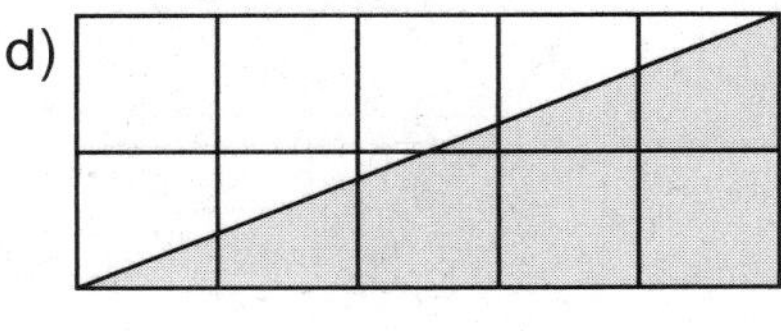

___________ ___________ ___________ ___________

6. Trace une ligne pour diviser chaque forme en un triangle et un rectangle. Calcule ensuite l'aire de chaque forme.

a) b) c) d)

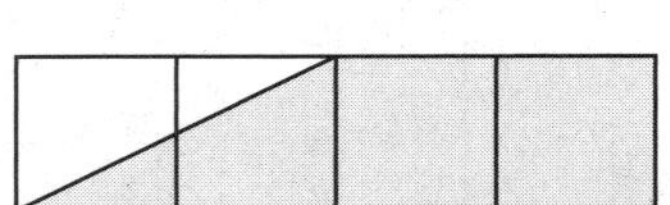 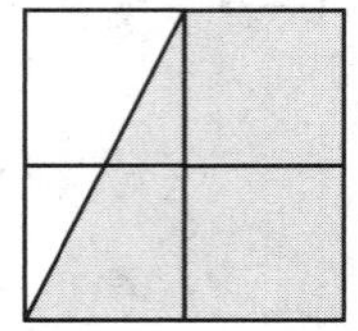 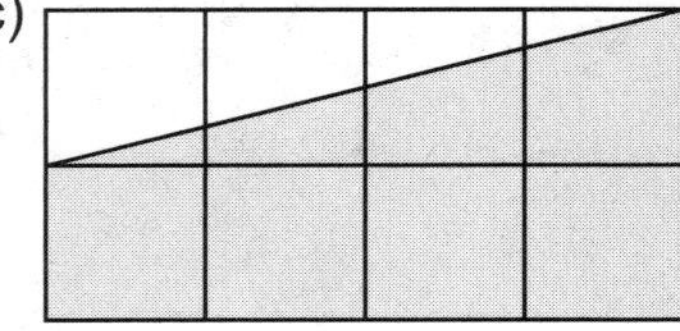 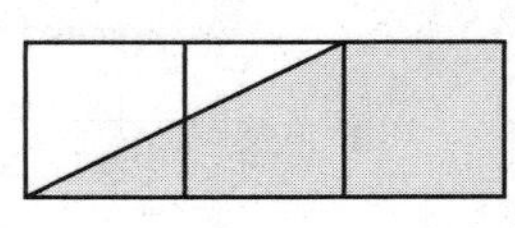

___________ ___________ ___________ ___________

7. Trace une ligne pour diviser chaque forme en 2 formes dont tu peux calculer l'aire facilement.

a) b) c) d)

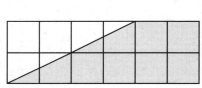

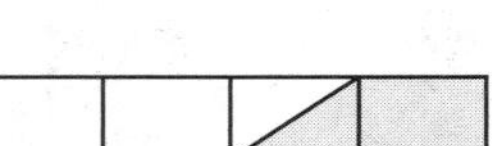 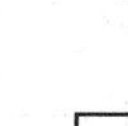 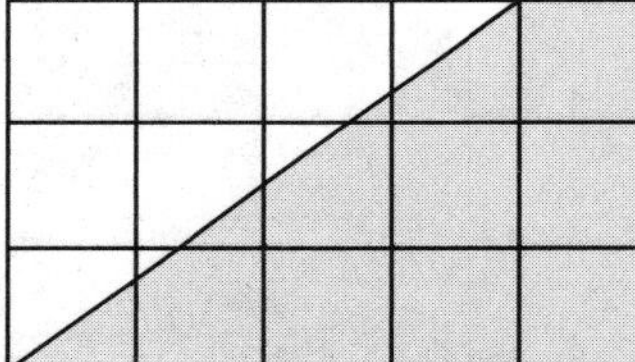

___________ ___________ ___________ ___________

8. Calcule l'aire de chaque forme.

a) b) c)

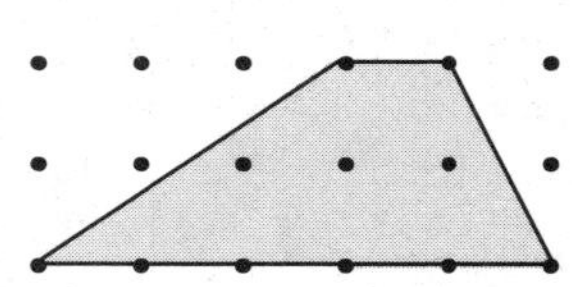 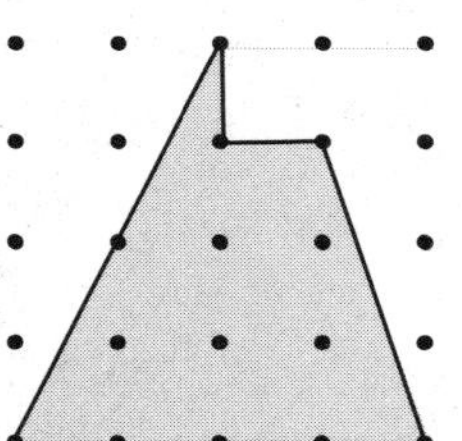 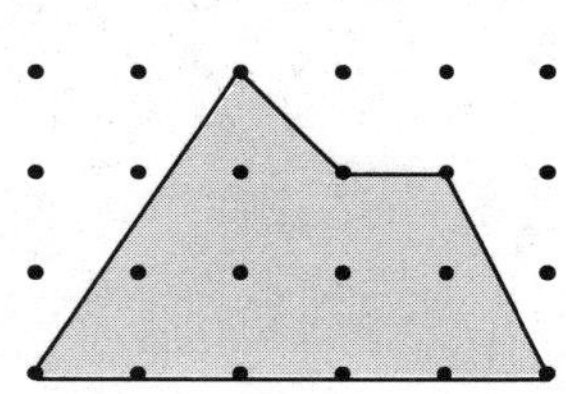

9. Trouve l'aire de la surface coloriée. Dis ensuite quelle fraction de la grille est coloriée.
INDICE : Comment peux-tu utiliser la surface non coloriée et l'aire de la grille?

a) 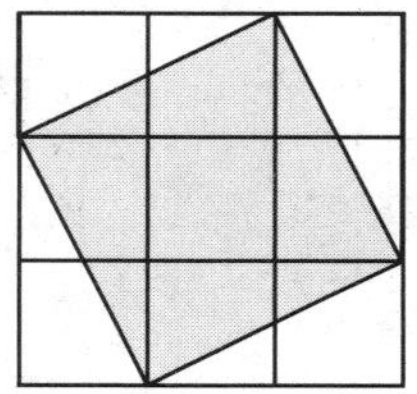 Aire : ___________ Fraction : ___________

b) 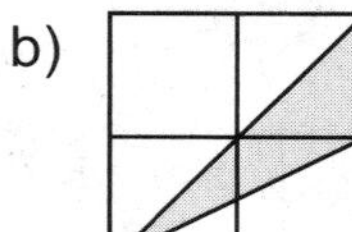 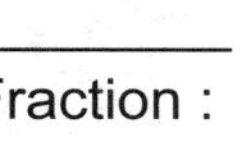 Aire : ___________ Fraction : ___________

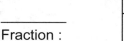

c) 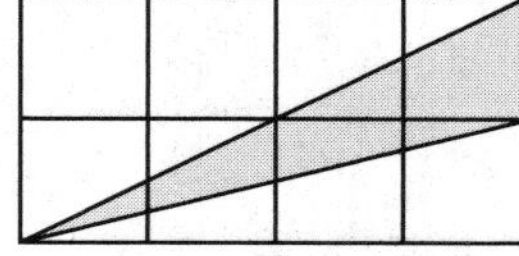 Aire : ___________ Fraction : ___________

ME5-27 : L'aire des formes irrégulières et des polygones

1. Chacune des formes coloriées ci-dessous représente ½ carré (qu'elle soit divisée verticalement, horizontalement ou en diagonale). Combien de carrés y a-t-il en tout?

SOUVIENS-TOI : Deux ½ carrés = 1 carré entier

a) 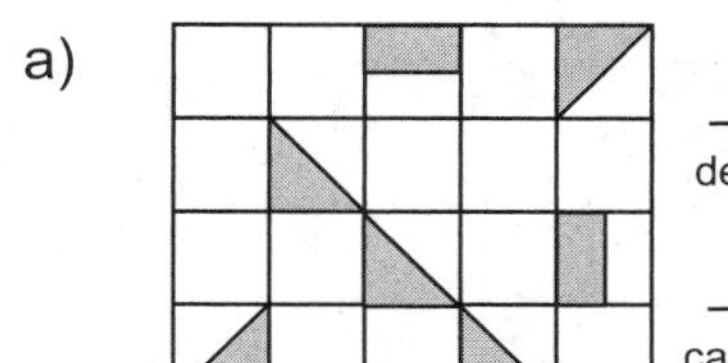

_______ demi-carrés

_______ carrés en tout

b) 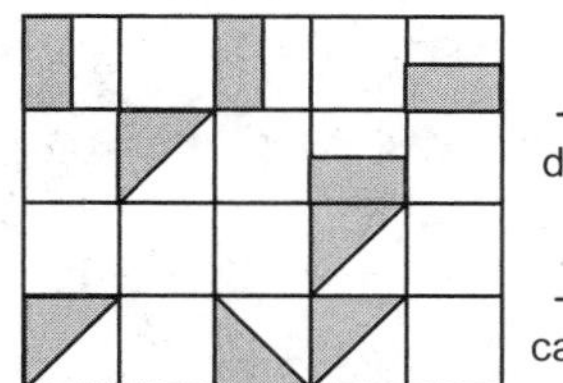

_______ demi-carrés

_______ carrés en tout

c) 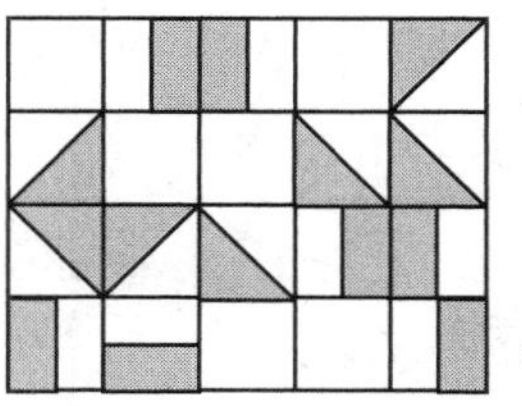

_______ demi-carrés

_______ carrés en tout

2. Remplis les espaces vides pour trouver l'aire totale. Le premier est déjà fait pour toi.

a) 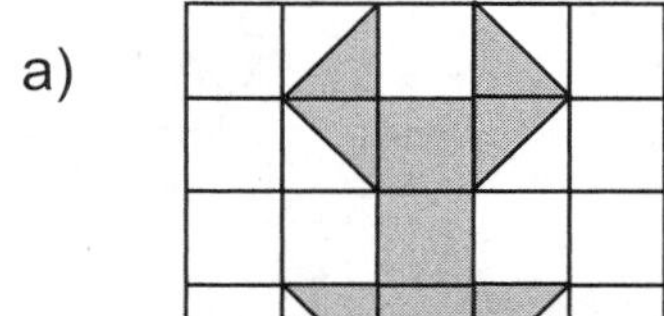

3 carrés entiers

6 ½ carrés

= 3 carrés entiers

Aire = 3 + 3 = 6

b) 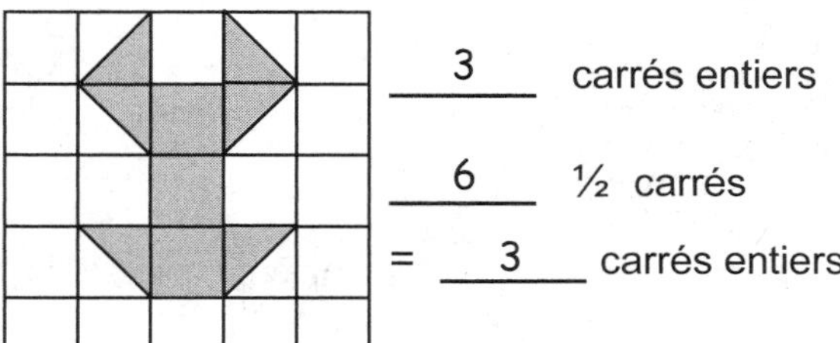

_______ carrés entiers

_______ ½ carrés

= _______ carrés entiers

Aire =

c) 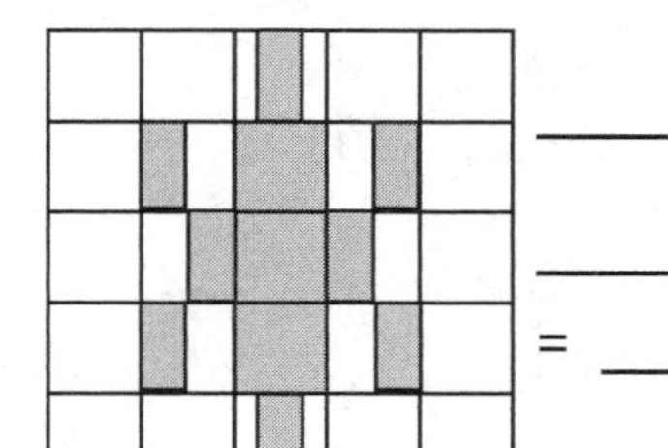

_______ carrés entiers

_______ ½ carrés

= _______ carrés entiers

Aire =

d) 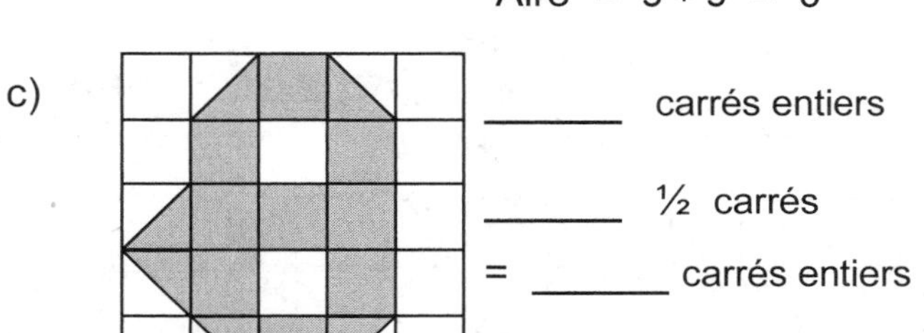

_______ carrés entiers

_______ ½ carrés

= _______ carrés entiers

Aire =

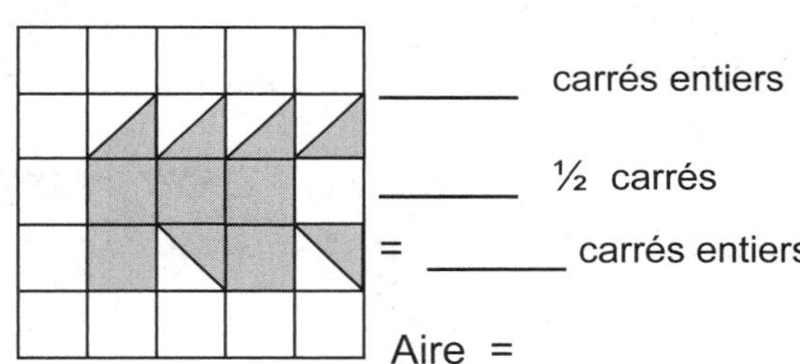

3. Estime les aires des figures coloriées ci-dessous comme suit :

- Mets un crochet dans chaque demi-carré : ✓ , ✓ , ✓ etc.
- Mets un 'X' dans les carrés entiers **et** les carrés dont plus de la moitié est coloriée : ×, ×, × etc.
- Compte les carrés marqués d'un 'X' comme '1' et 2 demi-carrés (marqués d'un crochet) comme '1'.
- Ne compte pas les carrés dont moins de la moitié est coloriée : , , etc.

a) 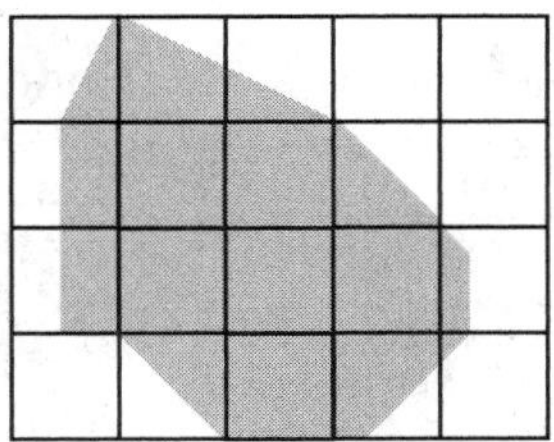

_____ demi-carrés (= _____ carrés entiers)

\+ _____ carrés entiers

= _____ nombre total de carrés

b) 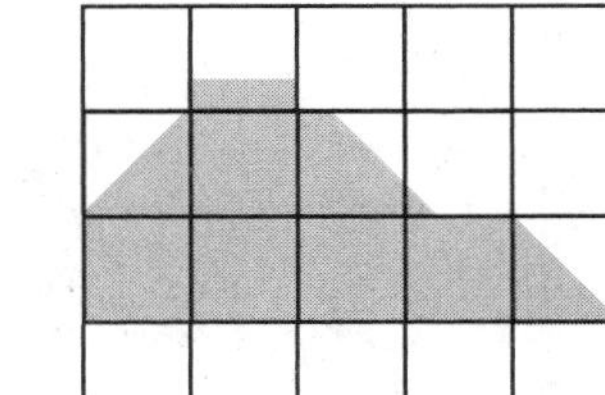

_____ demi-carrés (= _____ carrés entiers)

\+ _____ carrés entiers

= _____ nombre total de carrés

ME5-28 : Encore plus d'aire et de périmètre

1. Estime l'aire (en unités carrées) et le périmètre des formes ci-dessous.

INDICE (pour estimer le périmètre) :

- **Compte les segments de lignes qui sont presque horizontaux et verticaux comme 1 unité de long.**
- **Compte les segments de lignes qui sont presque diagonaux comme $1\frac{1}{2}$ (ou 1,5).**
- **Compte les segments de lignes qui sont presque des demis comme $\frac{1}{2}$.**

Aire approximative : ______	Aire approximative : ______	Aire approximative : ______
Périmètre approximatif : ______	Périmètre approximatif : ______	Périmètre approximatif :

2.

A B C D

a) Trace une copie de la forme, mais dessine la base et la hauteur 2 fois plus longues que l'original.

b) Trouve le périmètre et l'aire de chaque figure originale. (Compte chaque diagonale comme si elle mesurait 1,4 unités de long.) Trouve ensuite le périmètre et l'aire des nouvelles figures.

	A	B	C	D
Forme originale	Aire : ______ Périmètre : ______	Aire : ______ Périmètre: ______	Aire : ______ Périmètre : ______	Aire : ______ Périmètre : ______
Nouvelle forme	Aire : ______ Périmètre : ______	Aire : ______ Périmètre : ______	Aire : ______ Périmètre : ______	Aire : ______ Périmètre : ______

c) Quand tu doubles la base et la hauteur d'une forme, quel effet cela a-t-il sur l'aire de la forme?

____

d) Quand tu doubles la base et la hauteur d'une forme, quel effet cela a-t-il sur le périmètre?

____

ME5-29 : Comparer l'aire et le périmètre

1. Calcule le périmètre et l'aire de chaque forme et écris tes réponses dans le tableau. Le premier est déjà fait pour toi. **NOTE : Chaque carré représente un centimètre.**

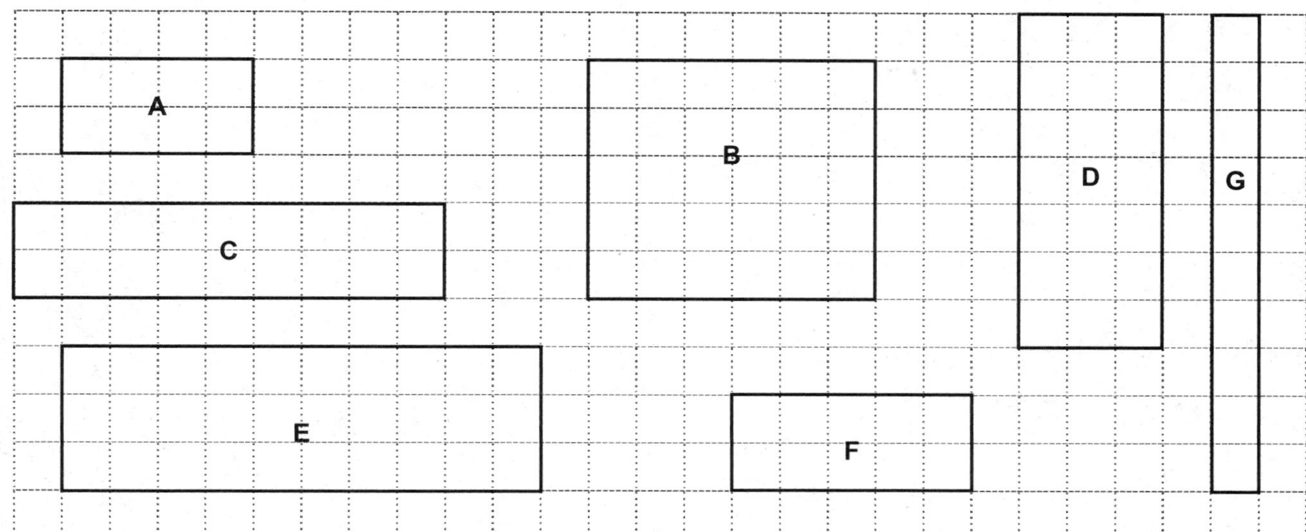

Forme	Périmètre	Aire
A	2 + 4 + 4 + 2 = 12 cm	2 x 4 = 8 cm^2
B		
C		
D		
E		
F		
G		

2. Le périmètre de la forme C est plus grand que celui de la forme D. Son aire est-elle plus grande aussi? _______________

3. Nomme deux autres formes dont l'une a un plus grand périmètre et l'autre a une plus grande aire.

____

4. Place les formes en ordre de grandeur, du plus grand au plus petit périmètre : ____________________

5. Place les formes en ordre de grandeur, de la plus grande à la plus petite aire : ____________________

6. L'ordre dans les questions 4 et 5 est-il le même? ________________________

7. Quelle est la différence entre le PÉRIMÈTRE et l'AIRE? __________________________________

____

____

ME5-30 : L'aire et le périmètre

1. Mesure la longueur et la largeur de chaque rectangle, et écris ensuite tes réponses dans le tableau.

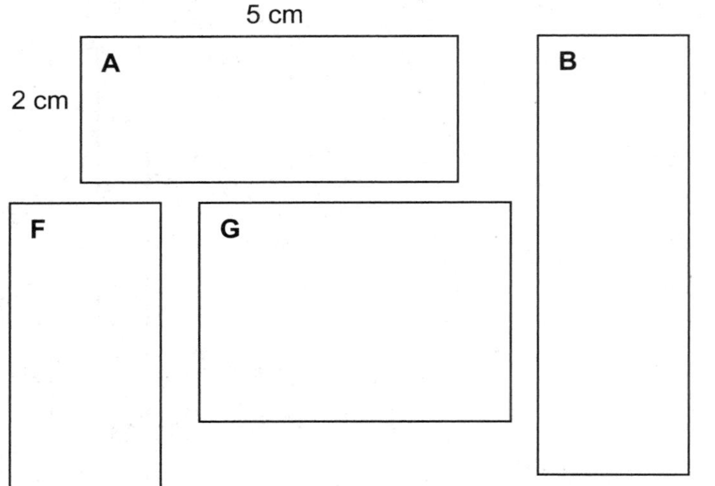

C

D

E

Rectangle	Périmètre estimé	Aire estimée	Longueur	Largeur	Périmètre actuel	Aire actuelle
A	cm	cm^2	cm	cm	cm	cm^2
B						
C						
D						
E						
F						
G						

2. Trouve l'aire des rectangles en utilisant les indices.

   a) Largeur = 2 cm Périmètre = 10 cm
   Aire = ?

   b) Largeur = 4 cm Périmètre = 18 cm
   Aire = ?

3. Dessine, sur du papier quadrillé, un carré qui a le périmètre donné. Trouve ensuite l'aire du carré.

   a) Périmètre = 12 cm Aire = ?

   b) Périmètre = 20 cm Aire = ?

4. Sur du papier quadrillé ou un géoplan, crée un rectangle qui a ...

   a) ... une aire de 10 unités carrées et un périmètre de 14 unités.

   b) ... une aire de 8 unités carrées et un périmètre de 12 unités.

5. La longueur d'un rectangle augmente de 1 unité et sa largeur diminue de 1 unité. Quel effet cela a-t-il sur le périmètre?

ME5-31 : Problèmes et énigmes

1. George veut construire un lit de fleurs rectangulaire dans son jardin. La largeur du lit de fleur est de 3 m, et le périmètre est de 14 m.

   a) Quelle est la longueur du lit? ____________________

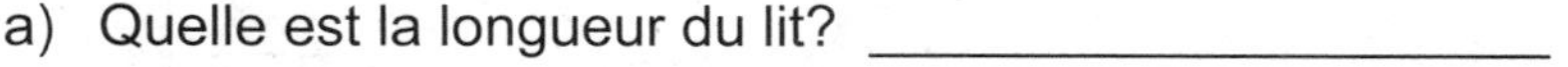

   b) Fais un dessin sur la grille pour montrer la forme du lit de fleurs.

   c) Si une clôture coûte 12 $ le mètre, combien coûtera-t-elle en tout? ____________________

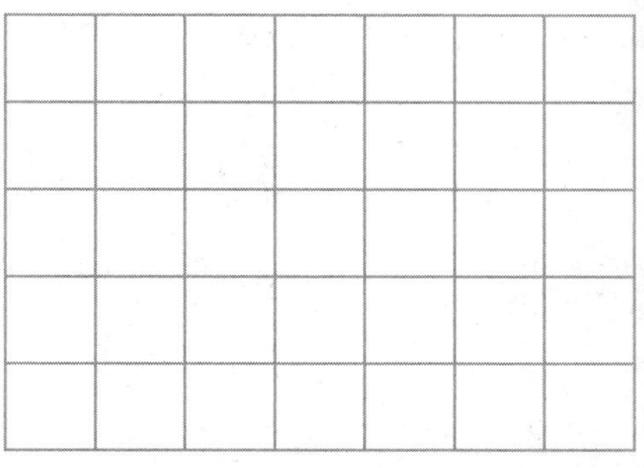

Chaque côté de la grille représente 1 mètre.

   d) George va planter 16 fleurs dans chaque mètre carré de son terrain. Chaque fleur coûte 5 ¢. Combien les fleurs vont-elles coûter en tout?

   ____

   e) Si George paie pour les fleurs avec un billet de vingt dollars, combien de monnaie recevra-t-il en retour? ____________________

2. Les longueurs des côtés d'un rectangle sont des nombres entiers. Trouve toutes les longueurs et largeurs possibles pour l'aire donnée.

Aire = 8 cm^2	
Largeur	Longueur

Aire = 14 cm^2	
Largeur	Longueur

Aire = 18 cm^2	
Largeur	Longueur

3. Nomme un article que tu mesurerais en …

   a) mètres carrés ____________________ b) kilomètres carrés ____________________

4. Crystal veut construire un jardin rectangulaire avec 12 m de clôture. Quelle largeur et quelle longueur lui donneront la plus grande aire?

5. Paul veut construire un patio rectangulaire en utilisant 20 dalles carrées (d'une aire de 1 m^2 chacune). Quelle longueur et quelle largeur lui donneront le plus petit périmètre?

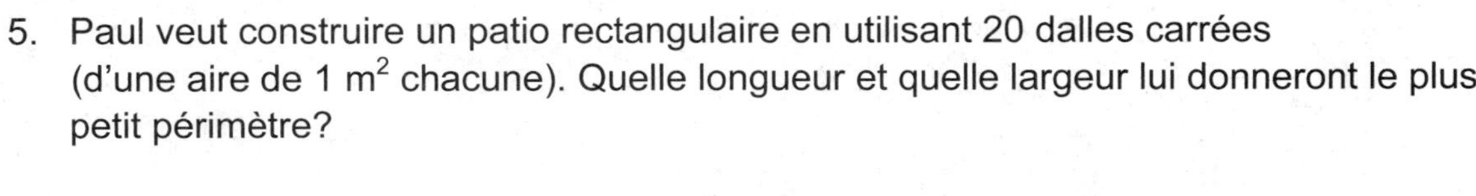

6. La longueur d'un terrier de lapin est égale à deux fois sa largeur. Comment pourrais-tu en calculer le périmètre sans additionner les longueurs des côtés?

ME5-32 : Encore plus d'aire et de périmètre

Réponds aux questions suivantes dans ton cahier.

1. Quel est le périmètre des panneaux suivants?

a) 

Arrêt

b) 

Passage pour écoliers

c) 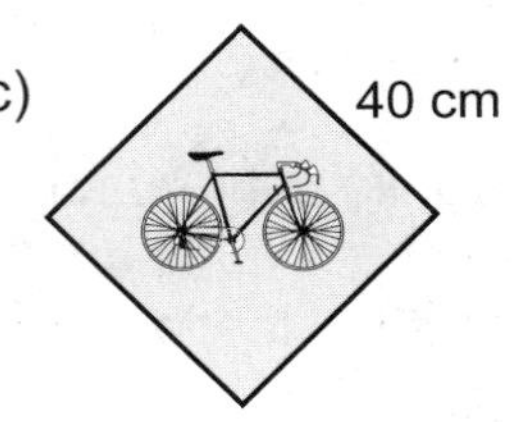

Passage cyclable

d) 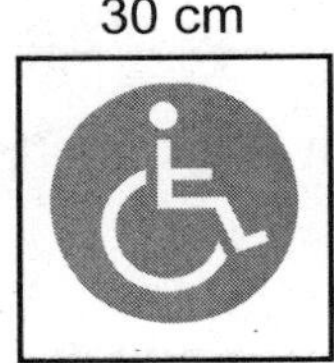

Accessible en fauteuil roulant

2. Les figures suivantes sont toutes régulières (les côtés sont tous de la même longueur). Trouve le périmètre de chaque figure sans additionner les côtés.

a) 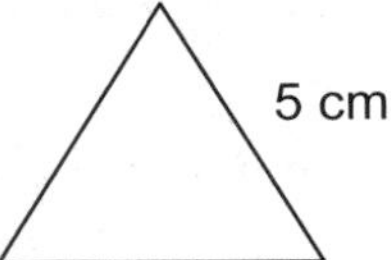

b) 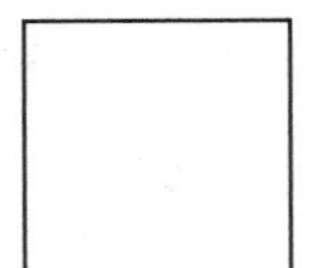

c) 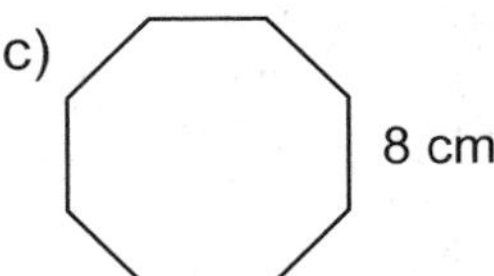

3. 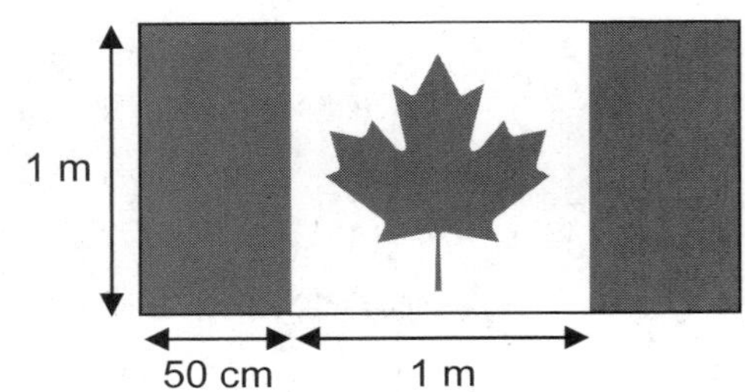

a) Quelle est l'aire de chaque rectangle rouge sur le drapeau?
INDICE : Convertis les mesures en une même unité.

b) Quelle est l'aire du drapeau?

c) Quel est le périmètre du drapeau?

d) Environ combien de drapeaux faudrait-il pour recouvrir le tableau noir dans ta classe?

4. *Exemple :*

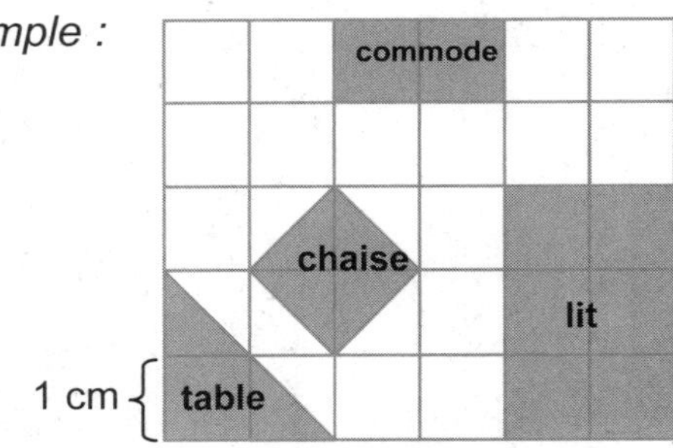

1 cm représente 1 m

Le diagramme montre un plan d'étage pour une chambre à coucher. Trouve :

a) Le périmètre et l'aire de la chambre.

b) L'aire des sections de la chambre qui sont recouvertes par des meubles.

c) Dessine un plan d'étage et réponds à a) et b).

5. Les côtés d'un jardin carré mesurent 6 m de long.
Des piquets de clôture sont placés à tous les 2 mètres le long des côtés du jardin.
Combien de piquets y a-t-il en tout dans le jardin?

6. L'aire de l'ongle de ton pouce mesure environ 1 cm^2.
Trouve un objet dans ta salle de classe ou dans ta maison qui a une aire d'environ 1 cm^2.
Justifie ta réponse.

7. L'étendue de tes bras est d'environ 1 m.
Trouve un objet dans ta salle de classe qui a une aire d'environ 1 m^2.

ME5-33 : Le volume

Le **volume** est la quantité d'espace que prend un objet en trois dimensions.

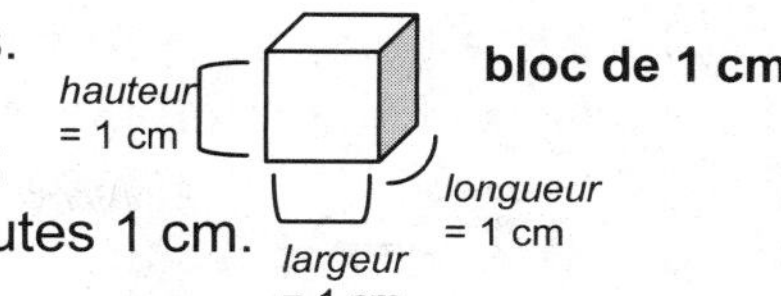

Pour mesurer le volume, on peut utiliser des blocs de 1 cm. Ces blocs sont des carrés uniformes dont la longueur, la largeur et la hauteur mesurent toutes 1 cm.

Le volume d'un contenant est basé sur la quantité de blocs de 1 cm qu'il peut contenir.

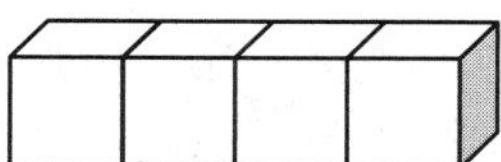

Cet objet, fait de centimètres cubes, a un volume de 4 cubes ou 4 centimètres cubes (s'écrit « 4 cm^3 »).

---

1. En utilisant des « centicubes » (centimètres cubes) comme unité de mesure, écris le <u>volume</u> de chaque objet.

a) 

Volume = _____ cubes

b) 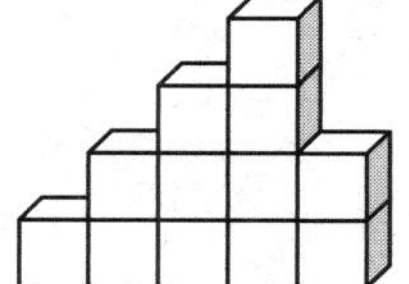

Volume = _____ cubes

c) 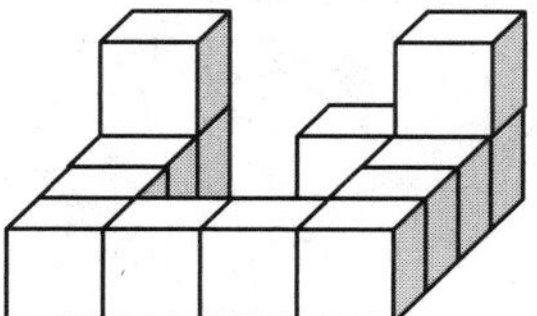

Volume = _____ cubes

2. Avec une structure faite de cubes, tu peux dessiner un « plan plat » comme ceci :

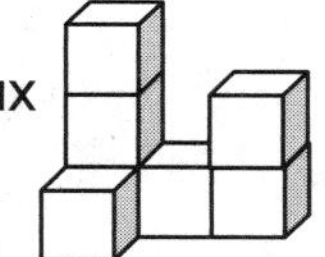

3	1	2
1		

Les nombres t'indiquent combien de cubes sont empilés à chaque position.

Pour chaque figure suivante, ajoute les nombres qui manquent dans le plan plat.

a) 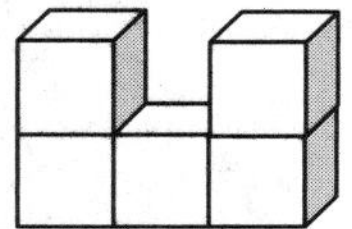

b) 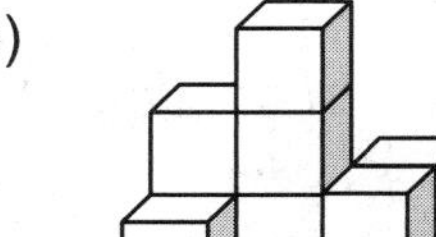 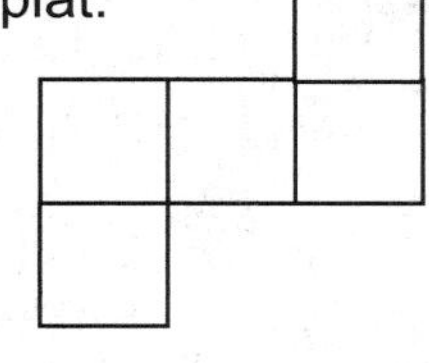

c) 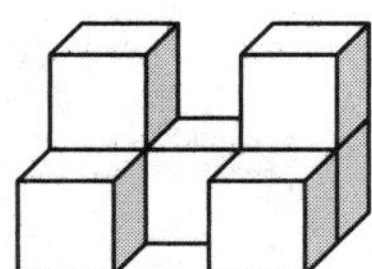 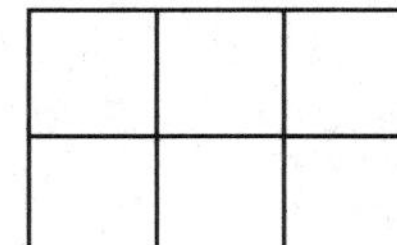

d) 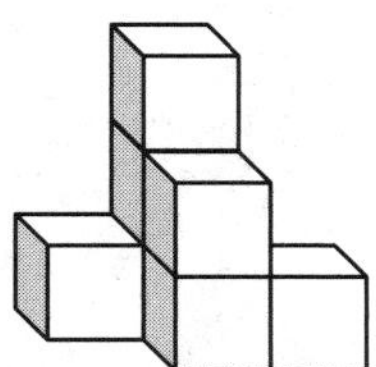 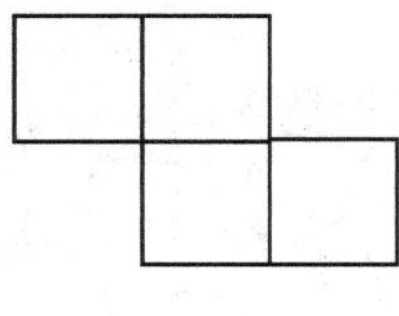

3. Sur du papier quadrillé, dessine un plan plat pour chacune des structures (utilise des cubes pour t'aider).

a) 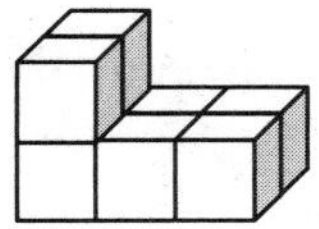

b) 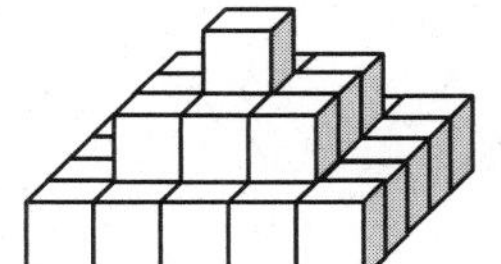

c) 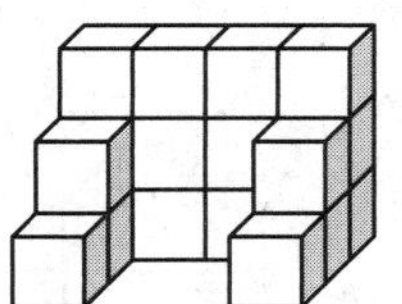

ME5-34 : Le volume de prismes rectangulaires

1. Utilise le nombre de blocs dans la colonne coloriée pour écrire des énoncés d'addition et de multiplication pour représenter chaque aire.

a) 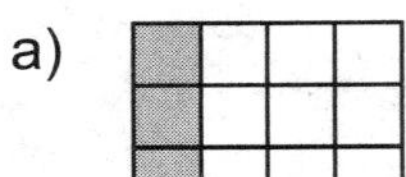

$3 + 3 + 3 + 3 = 12$
$3 \times 4 = 12$

b) 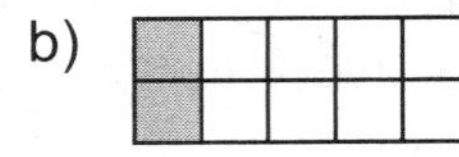

__ + __ + __ + __ + __ = ____
___ × ___ = ______

c) 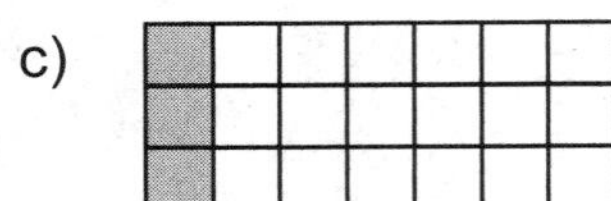

__ + __ + __ + __ + __ + __ + __ = ____
___ × ___ = ______

2. Combien de blocs de 1 cm^3 y a-t-il dans chaque rangée coloriée? (Les blocs ne sont pas à l'échelle.)

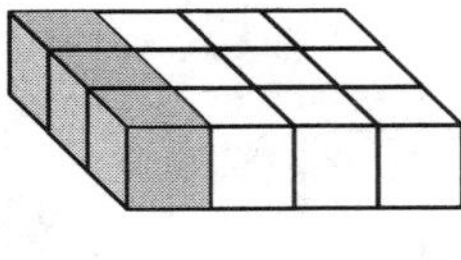

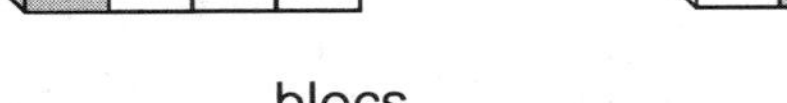

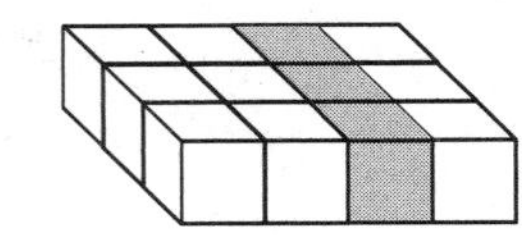

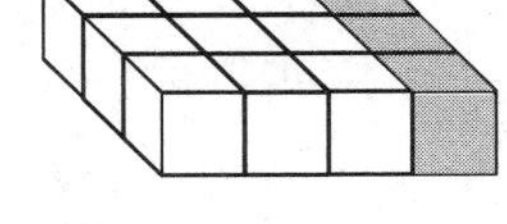

__________blocs __________blocs __________blocs __________blocs

3. a) Écris un énoncé d'addition pour le volume de la forme.

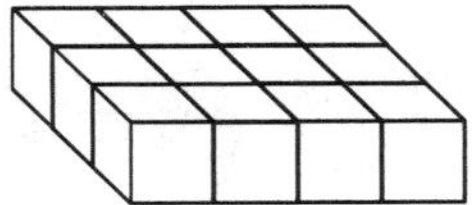

___ + ___ + ___ + ___ = _____ cm^3

b) Écris un énoncé de multiplication pour le même volume.

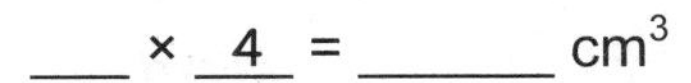

___ × _4_ = ______ cm^3

4. 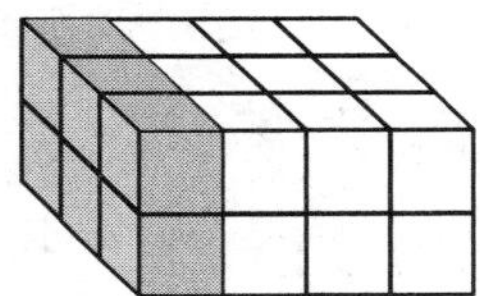

a) Combien y a-t-il de blocs coloriés? ______

b) Écris un énoncé d'addition pour le volume de la forme.

____ + ____ + ____ + ____ = ______ cm^3

c) Écris un énoncé de multiplication pour le même volume.

____ × 4 = _____ cm^3

5. Écris un énoncé d'addition et de multiplication pour chaque volume.

a) 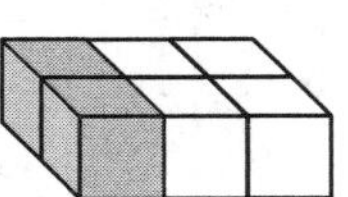

____ + ____ + ____ = ______ cm^3

____ × _3_ = ______ cm^3

b) 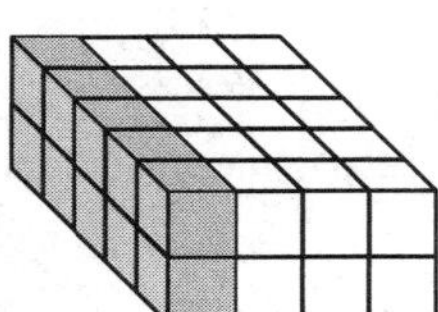

____ + ____ + ____ + ____ = ______ cm^3

____ × ____ = ______ cm^3

c) 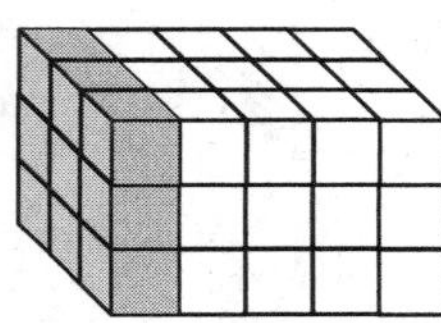

____ + ____ + ____ + ____ + ____ = ______ cm^3

____ × ____ = ______ cm^3

ME5-34 : Le volume de prismes rectangulaires *(suite)*

6. Claire empile des blocs pour faire une tour.

   Elle trouve le nombre de cubes de chaque tour en multipliant le nombre de cubes dans la base par le nombre de couches de blocs.

a) 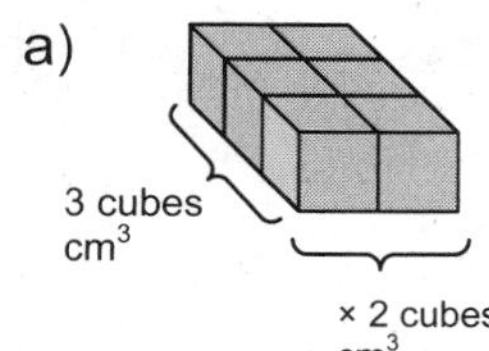

$2\ cm^3 \times$ 3

= 6 cm^3

b) 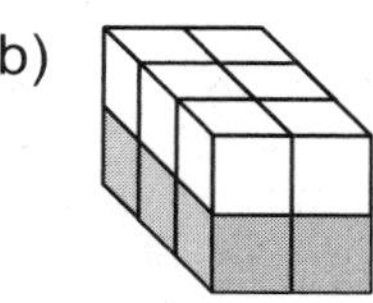

blocs par couche *nombre de couches*

$2\ cm^3 \times 3 \times$ 2

= _____ cm^3

c) 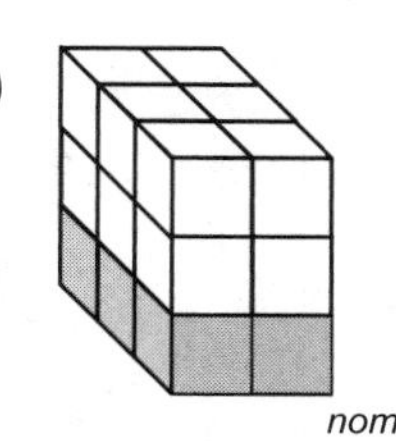

nombre de couches

$2\ cm^3 \times 3 \times$ ____

= _____ cm^3

d) 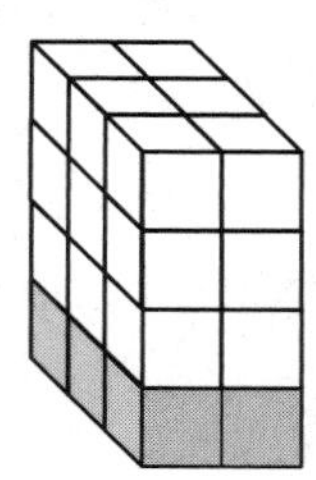

$2\ cm^3 \times 3 \times$ ____

= _____ cm^3

7. Trouve le volume de chaque structure.

a) 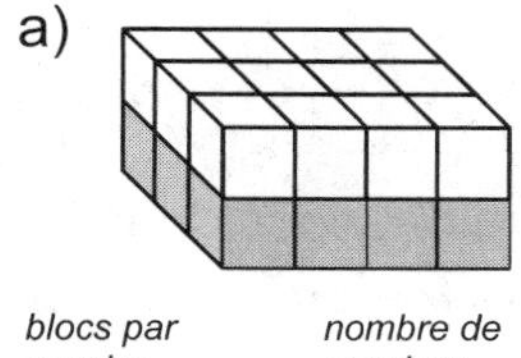

blocs par couche *nombre de couches*

______ × ______

= _____ cm^3

b) 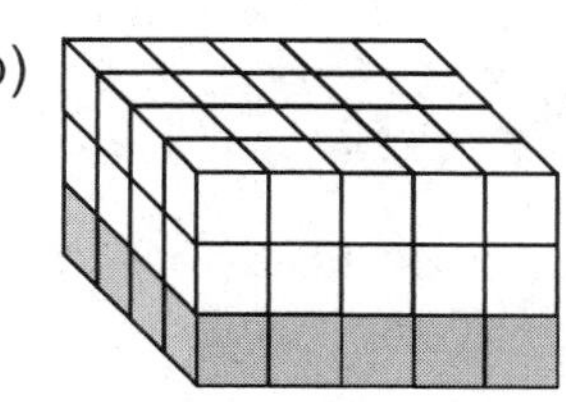

______ × ______

= _____ cm^3

c) 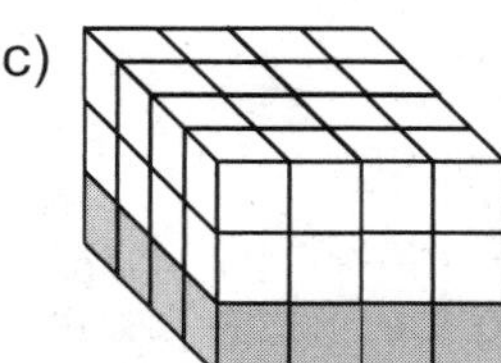

______ × ______

= _____ cm^3

d) 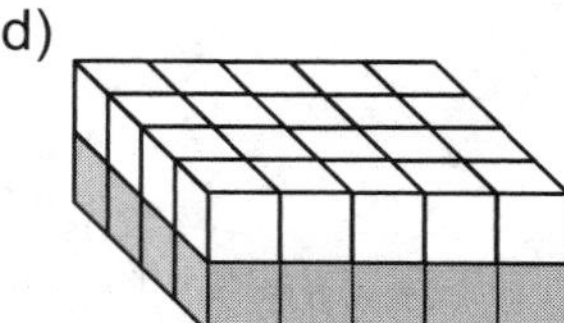

______ × ______

= _____ cm^3

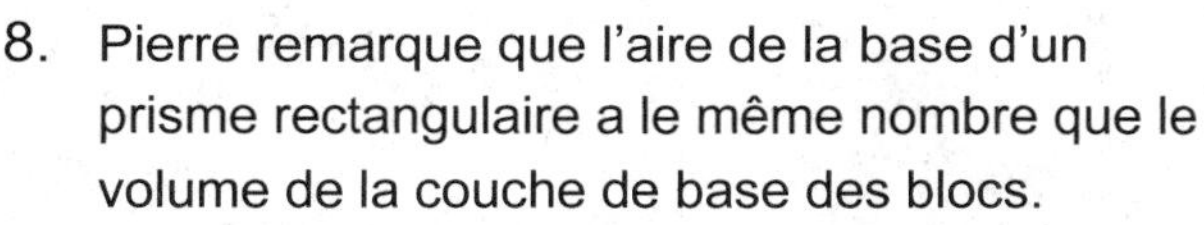

8. Pierre remarque que l'aire de la base d'un prisme rectangulaire a le même nombre que le volume de la couche de base des blocs.

   Il calcule le volume du prisme en multipliant l'aire de la couche de base par le nombre de couches. Cette méthode fonctionnera-t-elle pour tous les prismes rectangulaires?

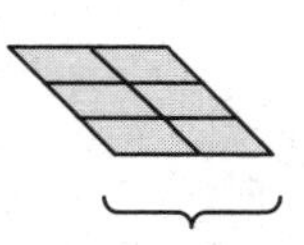

Aire de la base
$6\ cm^2$

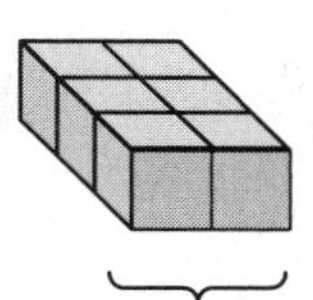

Volume de la base $6\ cm^3$

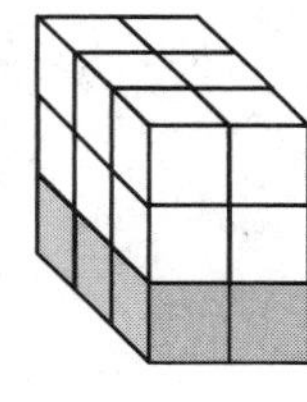

9.

A 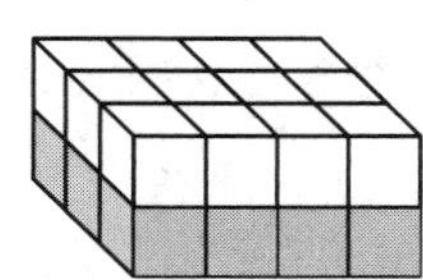

B 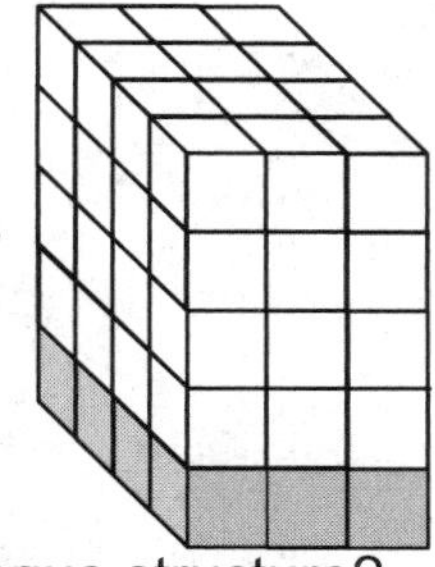

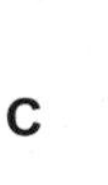

C 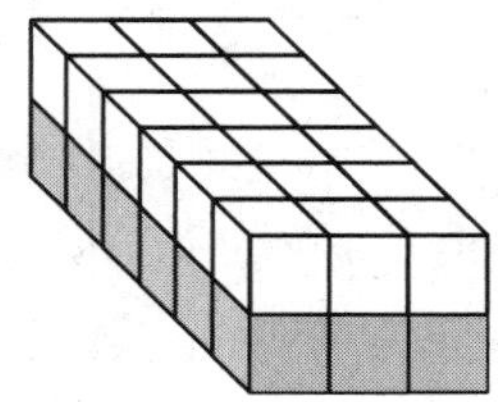

a) Quelle est l'aire de la base de chaque structure?

b) Quel est le volume de la couche de base?

c) Quel est le volume de la structure?

ME5-34 : Le volume de prismes rectangulaires *(suite)*

10. Combien de blocs y a-t-il sur le bord de chaque prisme?

a)

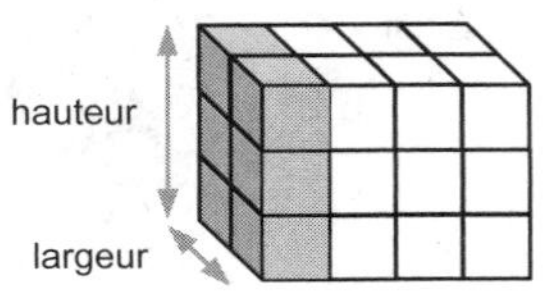

Nombre de blocs sur le bord
= hauteur × largeur
= 3 × 2 = 6

b)

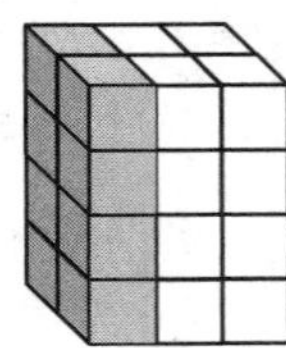

Nombre de blocs sur le bord
= hauteur × largeur
= _____ × _____ = 8

c)

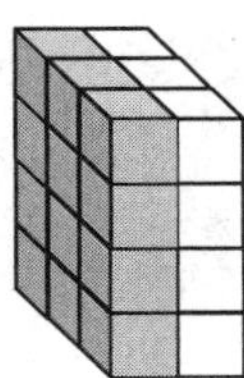
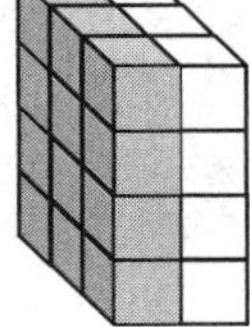

Nombre de blocs sur le bord
= hauteur × largeur
= _____ × _____ = 12

11. Combien de blocs y a-t-il dans chaque prisme?

a)

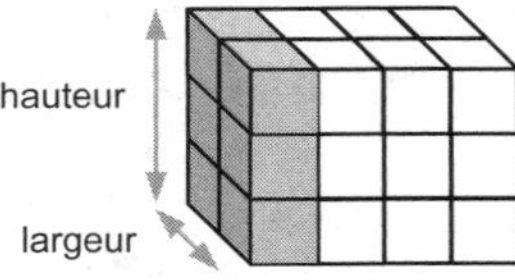

Nombre de blocs dans le prisme
= hauteur × largeur × longueur
= ___ × ___ × ___ = ___

b)

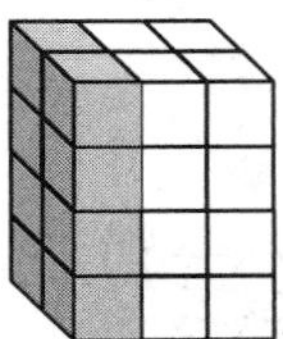

Nombre de blocs dans le prisme
= hauteur × largeur × longueur
= ___ × ___ × ___ = ___

c)

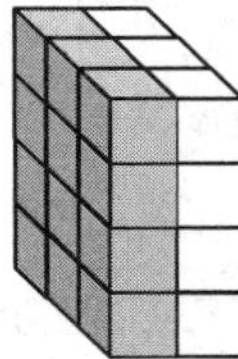

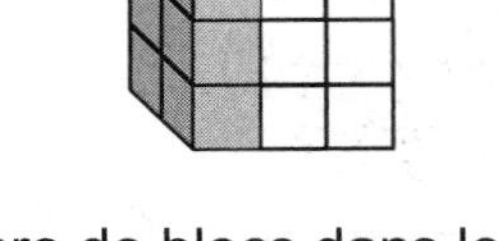

Nombre de blocs dans le prisme
= hauteur × largeur × longueur
= ___ × ___ × ___ = ___

12. Trouve le volume de chaque boîte avec l'aide des dimensions données (les unités sont en mètres).
INDICE : Volume = Hauteur × Longueur × Largeur

a)

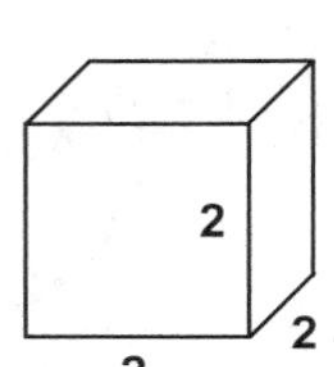

Largeur : ________
Longueur : ________
Hauteur : ________
Volume = ________

b)

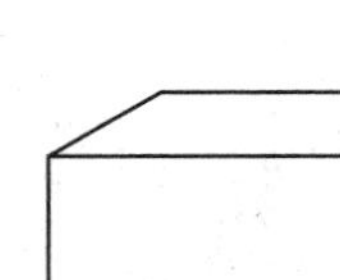

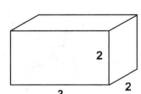

Largeur : ________
Longueur : ________
Hauteur : ________
Volume = ________

c)

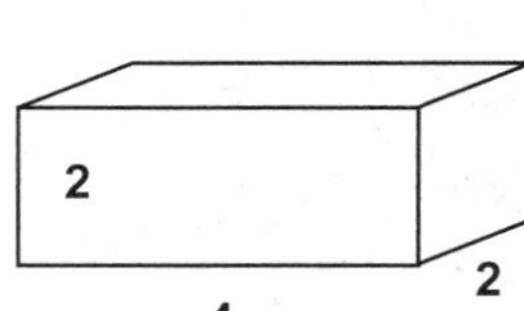

Largeur : ________
Longueur : ________
Hauteur : ________
Volume = ________

d)

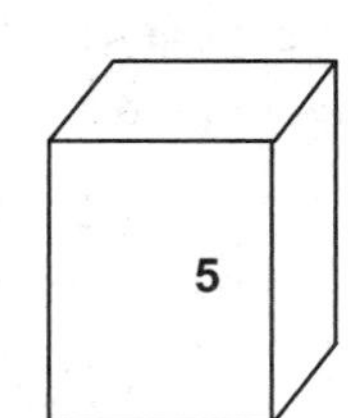

Largeur : ________
Longueur : ________
Hauteur : ________
Volume = ________

13. Trouve le volume des prismes rectangulaires à partir des plans plats ci-dessous.

a)

5	5	5
5	5	5

Largeur : ___
Longueur : ___
Hauteur : ___
Volume = _____

b)

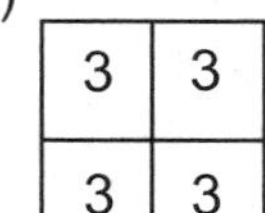

Largeur : ___
Longueur : ___
Hauteur : ___
Volume = _____

c)

10	10	10	10	10
10	10	10	10	10

Largeur : ___
Longueur : ___
Hauteur : ___
Volume = _____

ME5-35 : La masse

La **masse** mesure la quantité de substance contenue dans un objet. Les grammes (g) et les kilogrammes (kg) sont des unités de mesure du poids ou de la masse.

Un kilogramme est égal à 1 000 grammes.

Objets qui pèsent environ un gramme :
- ✓ Un trombone
- ✓ Un dix cents
- ✓ Une pépite de chocolat

Objets qui pèsent environ un kilogramme :
- ✓ Une bouteille d'eau d'un litre
- ✓ Un sac de 200 cinq cents
- ✓ Un écureuil

---

1. Estime le poids des objets suivants, en grammes.
SOUVIENS-TOI : Une bouteille d'eau d'un litre pèse 1 kg ou 1 000 g.

   a) un crayon ______________ b) une orange ___________ c) ce cahier ________

2. Peux-tu nommer un objet qui pèse environ un gramme? ___________________________________

3.

1 cent	**2,5 grammes**
5 cents	**4 grammes**
10 cents	**2 grammes**
25 cents	**4,5 grammes**
1 $	**7 grammes**

   a) Combien pèsent 35 ¢ en cinq cents? ______________

   b) Combien pèsent 12 dix cents? ______________

   c) Combien pèse 1,00 $ en vingt-cinq cents? ______________

   d) Combien pèsent 50 pièces de 1 dollar? ______________

   e) Combien de 25 cents pèsent autant que 12 cinq cents? ___________

   f) Combien de pièces de 1 cent pèsent autant que 2 cinq cents? ______

4. Estime le poids des objets suivants, en kilogrammes :

   a) ton cahier de math _______ b) ton pupitre ____________ c) une bicyclette ___________

Quelle est l'unité la plus appropriée pour mesurer ces articles? Encercle l'unité appropriée.

5.

grammes ou kilogrammes?

grammes ou kilogrammes?

grammes ou kilogrammes?

6.

grammes ou kilogrammes?

grammes ou kilogrammes?

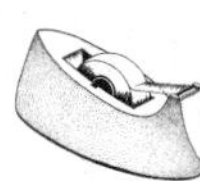
grammes ou kilogrammes?

ME5-35 : La masse *(suite)*

7. Mets les objets suivants en ordre (par lettre), de la plus grande à la plus petite masse.

   A. un chien **B.** une souris **C.** une girafe ______ , ______ , ______

8. Coche la boîte appropriée. Utiliserais-tu des grammes ou des kilogrammes pour peser ...

   a) un ordinateur? ☐ **g** ☐ **kg** b) un lit? ☐ **g** ☐ **kg**

   c) une tranche de pain? ☐ **g** ☐ **kg** d) une grenouille? ☐ **g** ☐ **kg**

   e) un stylo? ☐ **g** ☐ **kg** f) une pomme? ☐ **g** ☐ **kg**

9. Écris les masses qui manquent pour équilibrer les balances.

   a) b)

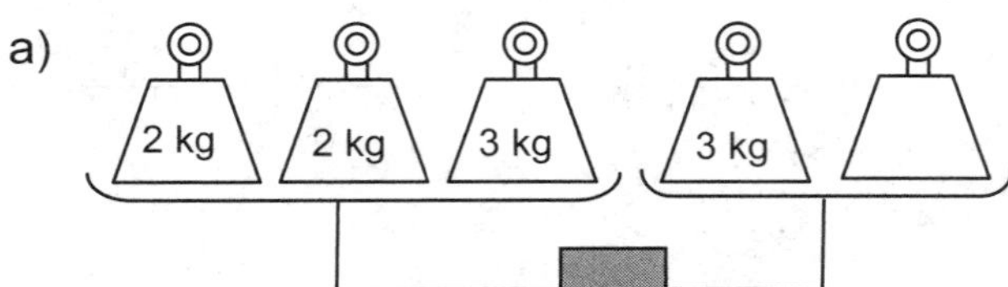

3 g 3 g

10. 1 kilogramme = 1 000 grammes
    1 kilomètre = 1 000 mètres

    Regarde les équations ci-dessus. D'après toi, que veut dire le mot grec « kilo »?

11. a) Il coûte 3,00 $ par kilogramme pour envoyer un colis.

    Combien cela coûterait-il pour envoyer un colis de 14 kilogrammes?

    b) La masse d'un rat est d'environ 60 grammes. Quelle serait la masse de 5 rats?

    c) Il y a 260 truites dans un étang. Chaque truite pèse environ deux kilogrammes.

    Combien pèsent en tout les truites dans l'étang?

12. Par quel nombre dois-tu multiplier une mesure en kilogrammes pour la changer en grammes?

13. Écris une estimation de ton poids ...

    a) en kilogrammes
    b) en grammes

14. La masse d'un bébé est de 4 500 grammes, ce qui est égal à 4,5 kg.

    Un autre bébé a une masse de 3 500 grammes.

    Quelle est sa masse en kg?

15. Une boîte d'allumettes a une masse de 20 g. La masse de la boîte elle-même est de 8 g. S'il y a 6 allumettes dans la boîte, quelle est la masse de chaque allumette?

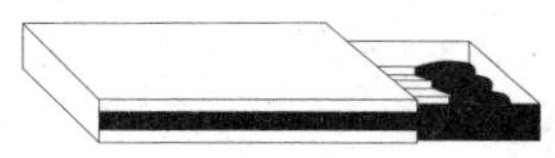

ME5-36 : La capacité

La **capacité** d'un contenant est la quantité de liquide qu'il peut contenir.
La capacité d'un contenant de lait ordinaire est 1 L.

Les litres (L) et les millilitres (mL) sont les unités de mesures de base pour la capacité → 1 litre (L) = 1000 millilitres (mL).

Quelques exemples de capacités :

1 cuillère à thé = 5 mL	1 cannette de boisson gazeuse = 350 mL	1 contenant de jus ordinaire = 1 L
1 tube de dentifrice = 75 mL	1 grande bouteille de shampooing = 750 mL	1 grand contenant de peinture = 3 à 5 L

1. Fais un crochet dans la boîte appropriée. Utilises-tu des millilitres (mL) ou des litres (L) pour mesurer la capacité d' …

a) un verre d'eau? ☐ **mL** ☐ **L** b) une goutte de pluie? ☐ **mL** ☐ **L**

c) une baignoire? ☐ **mL** ☐ **L** d) un carton de crème glacée? ☐ **mL** ☐ **L**

e) une piscine? ☐ **mL** ☐ **L** f) une bouteille de médicaments? ☐ **mL** ☐ **L**

2. Encercle l'unité de mesure appropriée pour mesurer la capacité de chaque contenant (L ou mL)?

a)  L ou mL? b)  L ou mL?

c)  L ou mL? d)  L ou mL?

3.

a) Combien de contenants C pourraient contenir 20L?

b) Combien de contenants A pourraient contenir autant d'eau que 4 contenants B?

c) Qu'est-ce qui contiendra le plus : 4 contenants B ou 3 contenants C?

4. Combien de contenants de la capacité indiquée te faut-il pour faire un litre? Explique.

a) 100 mL b) 200 mL c) 500 mL d) 250 mL

5. Jenna achète :

- *2 L de jus* • *une bouteille d'huile de canola de 500 mL* • *une bouteille de soda de 1.5 L*

Quelle est la capacité totale des articles, en mL?

ME5-37 : Le volume et la capacité

Un **centimètre cube** a une hauteur, une longueur et une largeur de 1 cm. Son volume correspond à 1 cm^3.

Un centimètre cube déplace 1 mL de liquide.

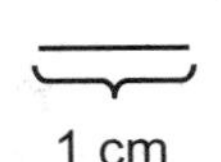

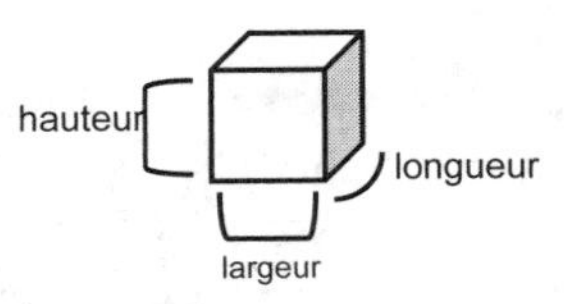

---

1. a) De combien monte le niveau d'eau chaque fois qu'un centimètre cube est ajouté au contenant? ________

   b) Combien de mL d'eau un centimètre cube déplace-t-il? ___________ mL

   c) Complète l'équation 1 cm^3 = ______ mL

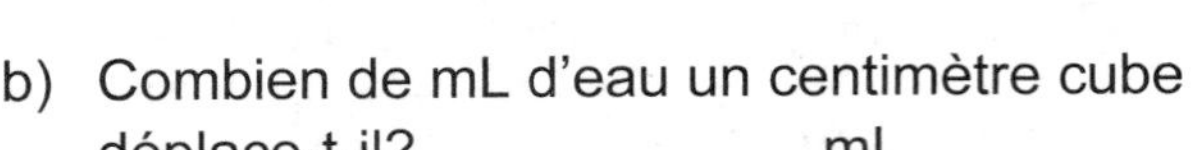

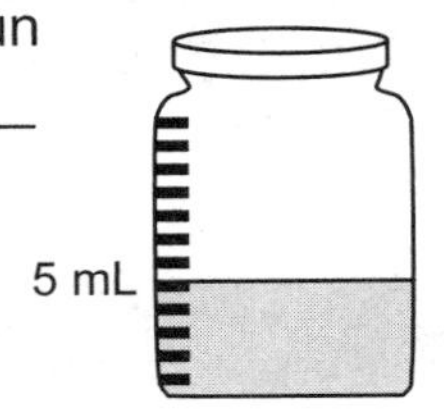

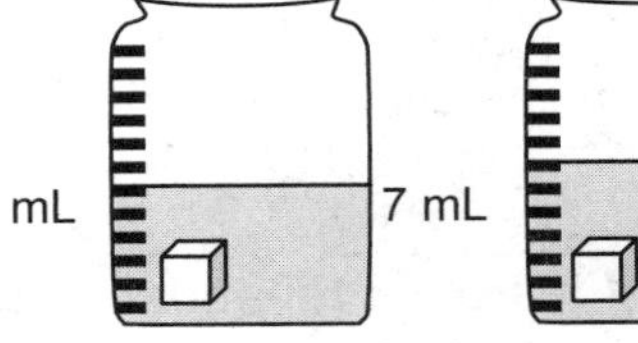

2. Audrey place une couche de centimètres cubes dans une petite boîte en verre.

   a) Combien de centimètres cubes dans la boîte? ______

   b) Combien de centimètres cubes faut-il pour remplir entièrement la boîte? __________

   c) Quel est le volume de la boîte? __________

   d) Quelle est la capacité de la boîte? __________

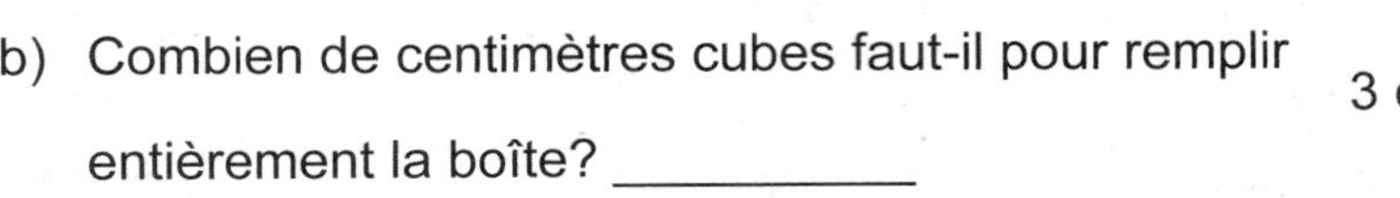

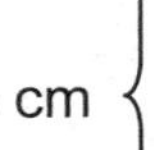

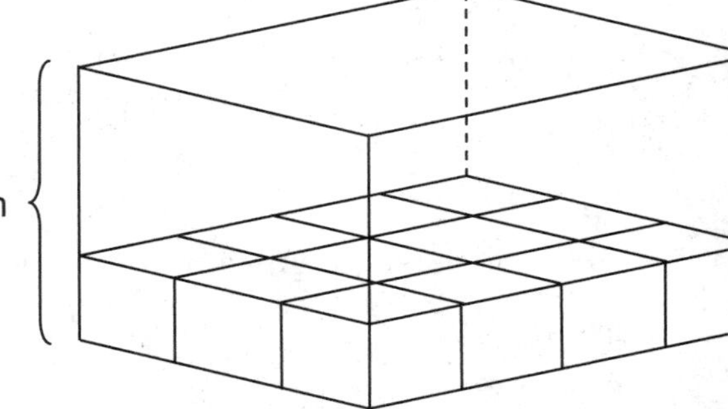

3. Les contenants suivants contiennent tous 300 mL d'eau. Trouve le volume de chaque jouet.

a)

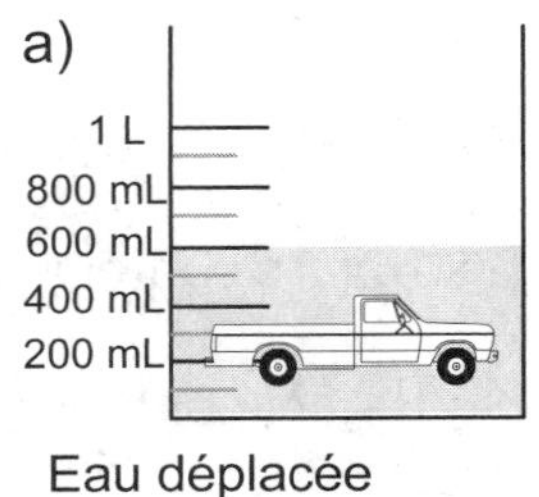

Eau déplacée

300 mL

Volume du jouet =

300 cm^3

b)

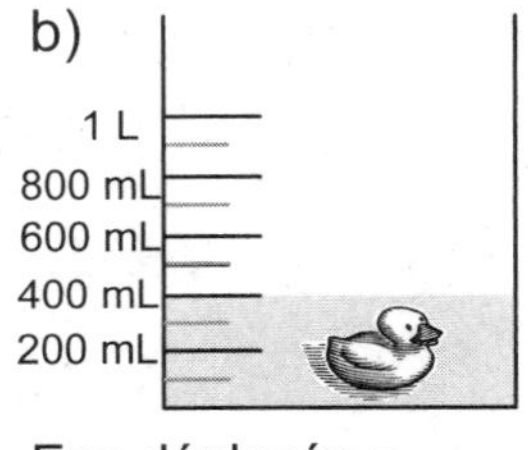

Eau déplacée = __________

Volume du jouet = __________

c)

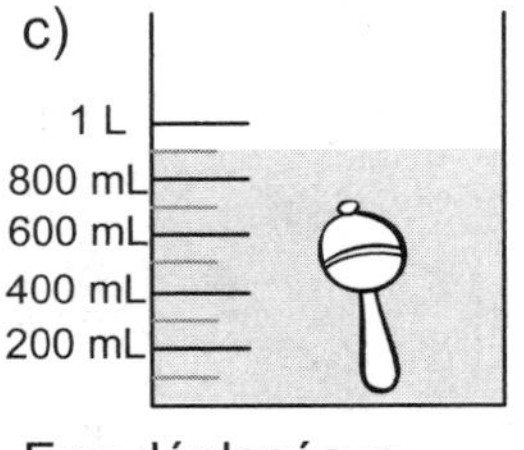

Eau déplacée = __________

Volume du jouet = __________

d)

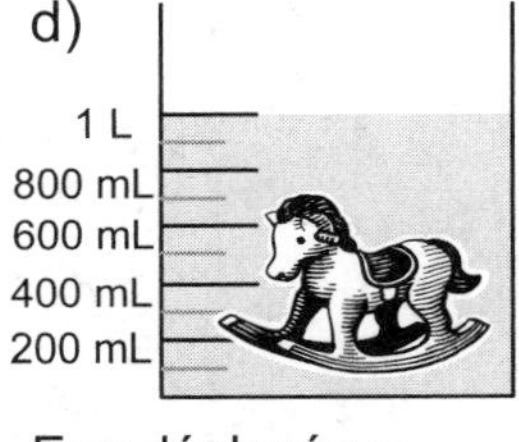

Eau déplacée = __________

Volume du jouet = __________

4. Pourquoi serait-il difficile de mesurer le volume du contenant ci-contre en utilisant la méthode d'Audrey (question 2)?

5. Le niveau d'eau dans un bocal monte de 200 mL à 500 mL quand on y ajoute des fraises. Quel est le volume des fraises?

ME5-38 : Convertir les unités de mesure

1. Convertis le montant donné en dollars et en cents à des cents.

a) 3 dollars 27 cents = 327 cents b) 8 dollars 16 cents = ________

c) 9 dollars 2 cents = ________ d) 3 dollars 7 cents = ________

2. Convertis la mesure donnée en mètres et en centimètres à des centimètres.

a) 5 m 1 cm = 501 cm b) 3 m 8 cm = ________ c) 7 m 14 cm = ________

d) 9 m 48 cm = ________ e) 16 m 10 cm = ________ f) 1 m 2 cm = ________

3. Convertis la mesure donnée en kilomètres et en mètres à des mètres.

a) 8 km 5 m = 8005 m b) 3 km 62 m = ________ c) 9 km 6 m = ________

d) 5 km 7 m = ________ e) 12 km 327 m = ________ f) 19 km 1 m = ________

4. Convertis les heures et les minutes en minutes. Souviens-toi, il y a 60 minutes en une heure.

a) 2 h 2 min = 122 min b) 1 h 5 min = ________ c) 2 h 10 min = ________

d) 3 h 15 min = ________ e) 3 h 48 min = ________ f) 4 h 25 min = ________

BONUS

5. Convertis chaque montant à une décimale dans l'unité de mesure la plus grande.

a) 9 $ et 2 ¢ = 9,02 $ b) 18 $ et 3 ¢ = ________ c) 57 $ et 2 ¢ = ________

d) 9 m 7 cm = ________ e) 5 m 27 cm = ________ f) 5 cm 2 mm = ________

g) 6 dm 1 cm = ________ h) 7 L 2 mL = ________ i) 8 kg 27 g = ________

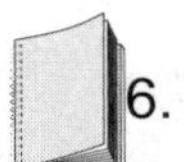

6. Un tournesol peut pousser d'environ 3 cm par jour.
En combien de mois atteindra-t-il 3 mètres ?

PDM5-13 : La moyenne

1. Déplace assez de blocs pour que toutes les piles aient le même nombre de blocs.
La **moyenne** est le nombre de blocs dans chaque pile.

a)

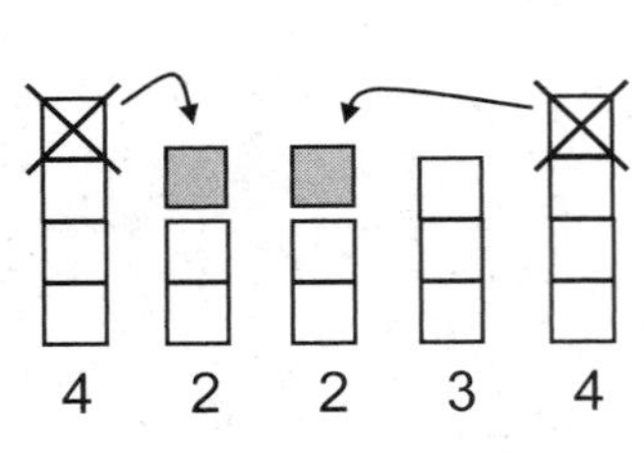

4 2 2 3 4

Moyenne : ___________

b)

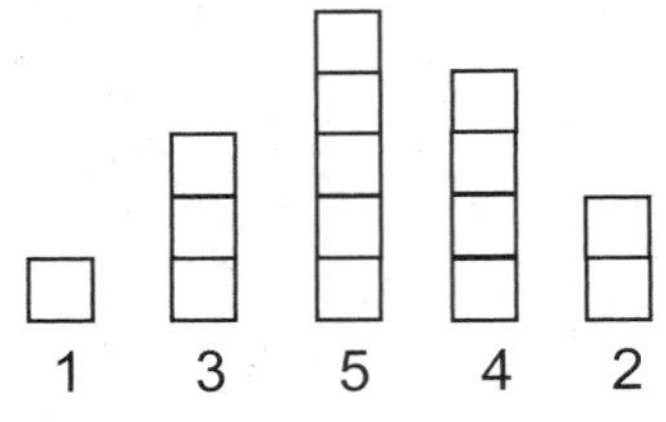

1 3 5 4 2

Moyenne : ___________

c)

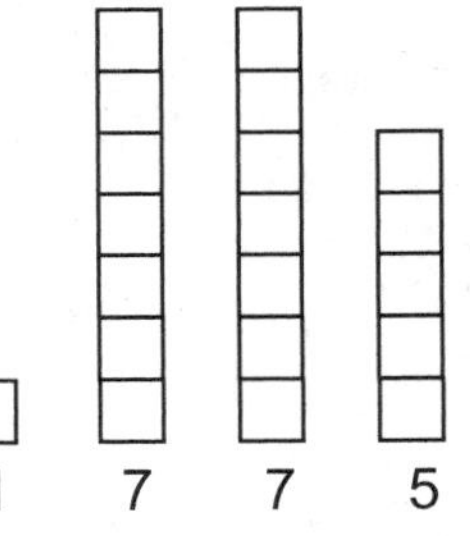

1 7 7 5

Moyenne : ___________

2. Colorie le nombre de blocs donné.
Déplace des blocs pour trouver la moyenne. (Colorie d'une autre couleur les blocs que tu déplaces.)

a)

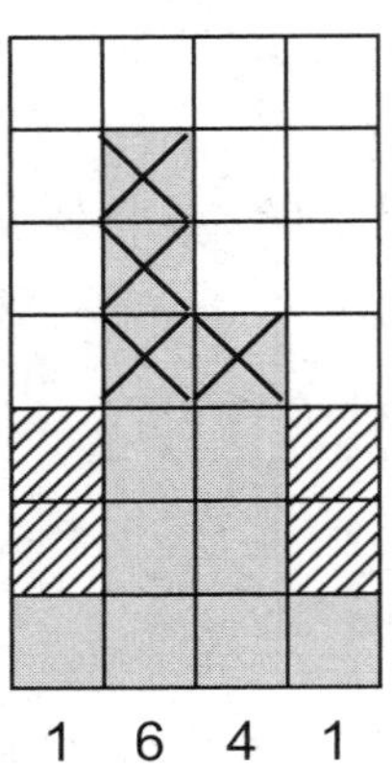

1 6 4 1

Moyenne: 3

b)

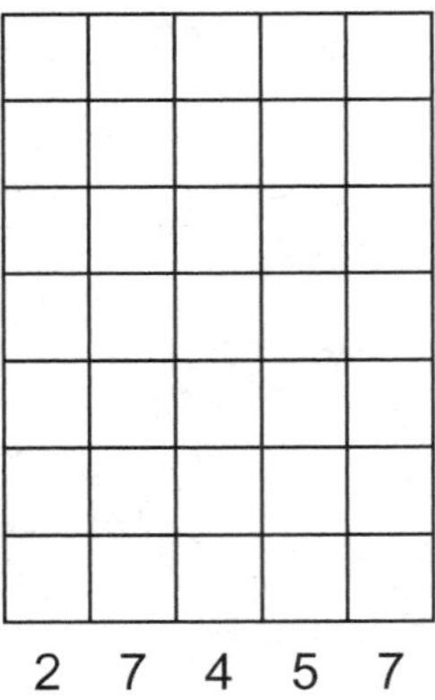

2 7 4 5 7

Moyenne : ___________

c)

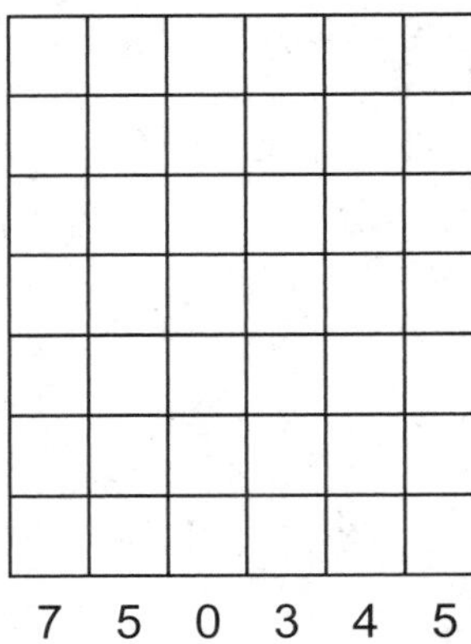

7 5 0 3 4 5

Moyenne : ___________

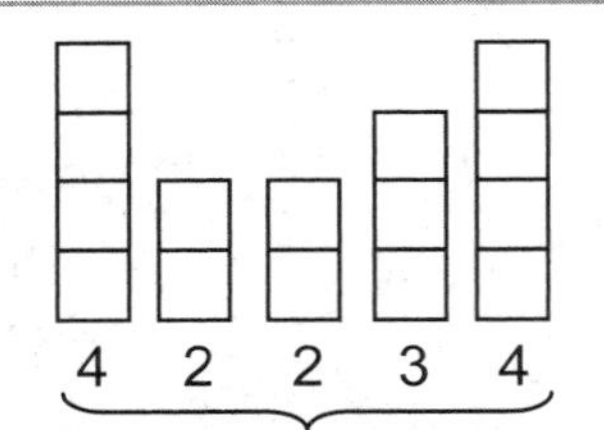

4 2 2 3 4

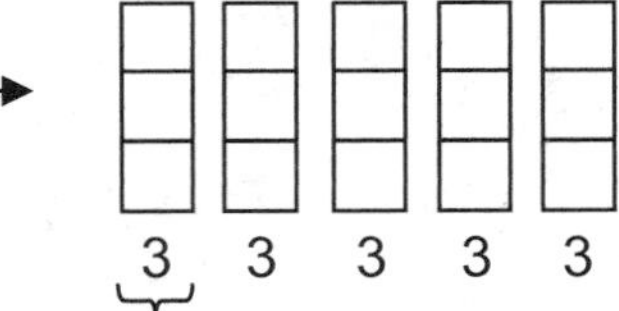

3 3 3 3 3

Nombre de blocs = 4 + 2 + 2 + 3 + 4 = 15

Moyenne = Nombre de blocs dans chaque pile
= Nombre total de blocs ÷ Nombre de piles

Alors la **moyenne** = **somme des valeurs de données ÷ nombre de données**.

3. Trouve la moyenne sans utiliser de blocs.

a) (i) 0 2 5 6 7 (ii) 1 3 6 7 8 (iii) 2 4 7 8 9 (iv) 3 5 8 9 10

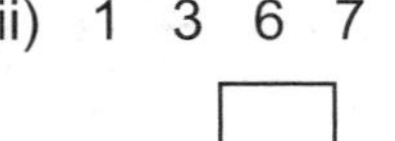

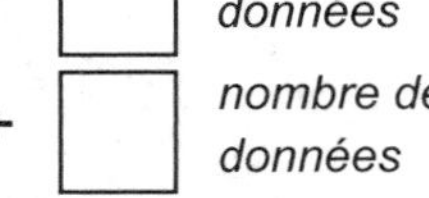

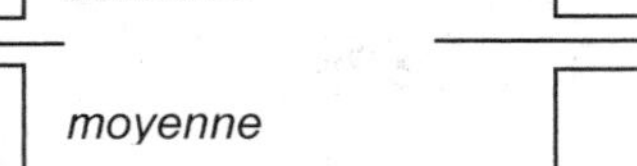

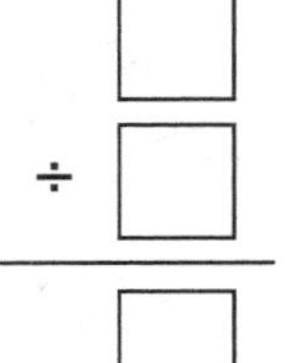

	(i)	(ii)	(iii)	(iv)
somme des données	☐	☐	☐	☐
÷ *nombre de données*	÷ ☐	÷ ☐	÷ ☐	÷ ☐
moyenne	☐	☐	☐	☐

b) Explique comment la moyenne change quand tu additionnes 1 à chaque valeur de donnée.

PDM5-14 : Trouver la moyenne

1. Trouve la moyenne et trace une ligne horizontale pour l'indiquer.

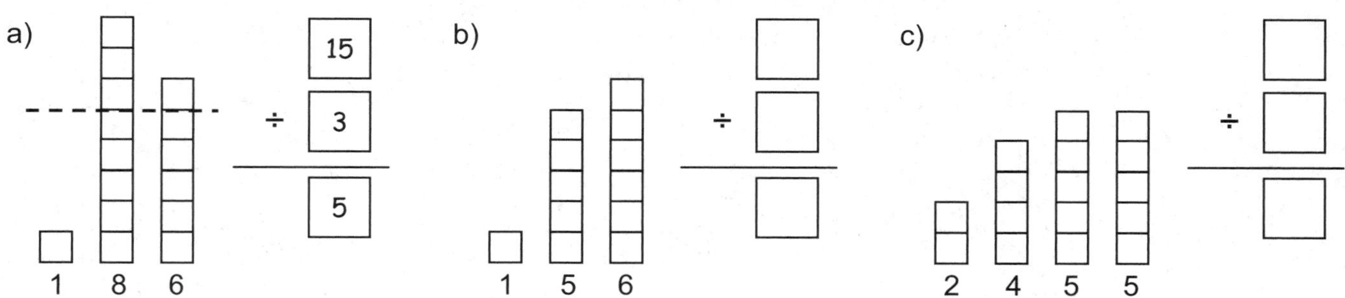

2. Compte le nombre de blocs au-dessus de la moyenne et les espaces en-dessous de la moyenne.

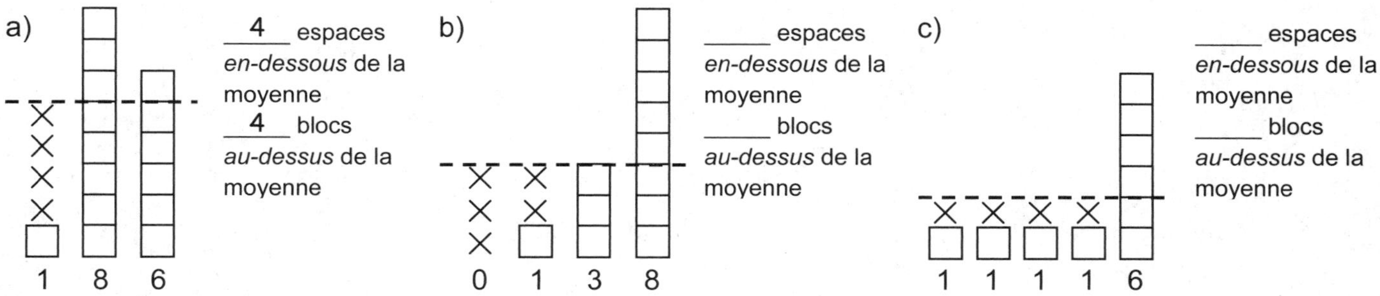

3. Regarde tes réponses à la question 2. Que remarques-tu? Explique.

____

4. Naima trace une ligne pour estimer la moyenne. Son estimation est-elle trop basse ou trop élevée?

a) (i)

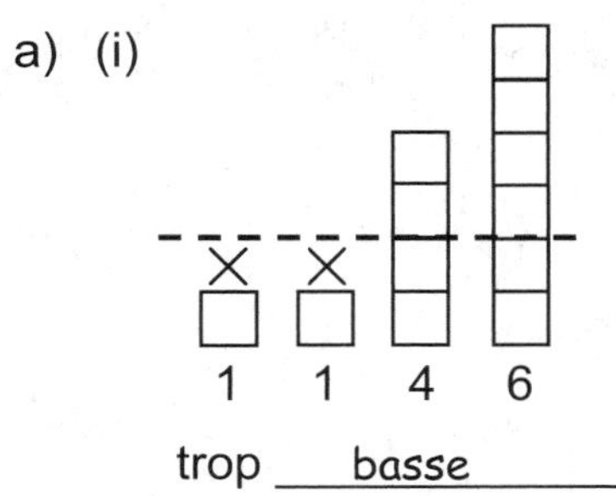

trop basse

(ii)

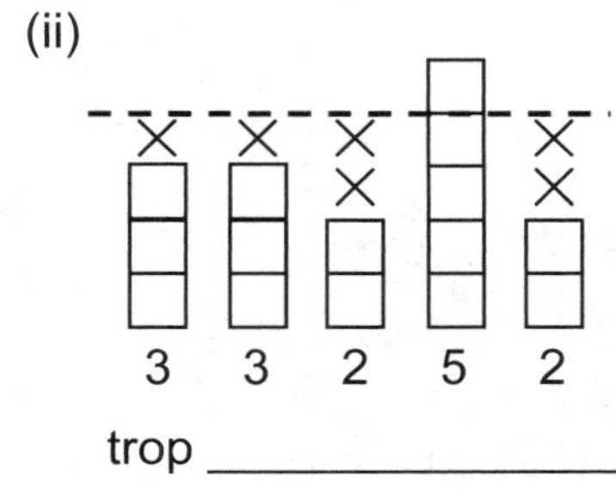

trop ______________

(iii)

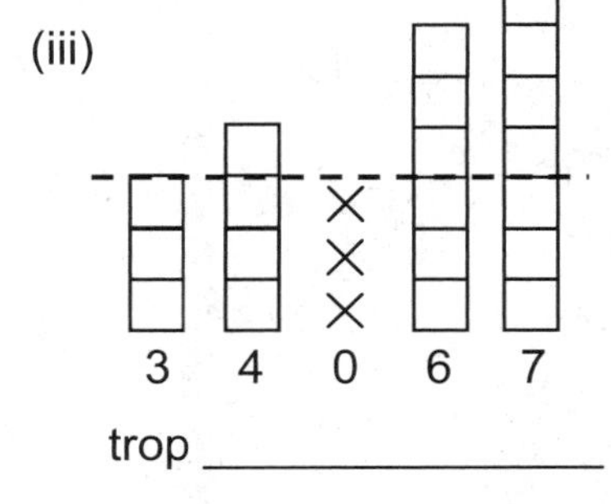

trop ______________

b) • Si l'estimation de Naima est *trop basse*, déplace la ligne d'un bloc vers le haut.
- Si son estimation est *trop élevée*, déplace la ligne d'un bloc vers le bas.
- Vérifie ensuite si tu as trouvé la moyenne.

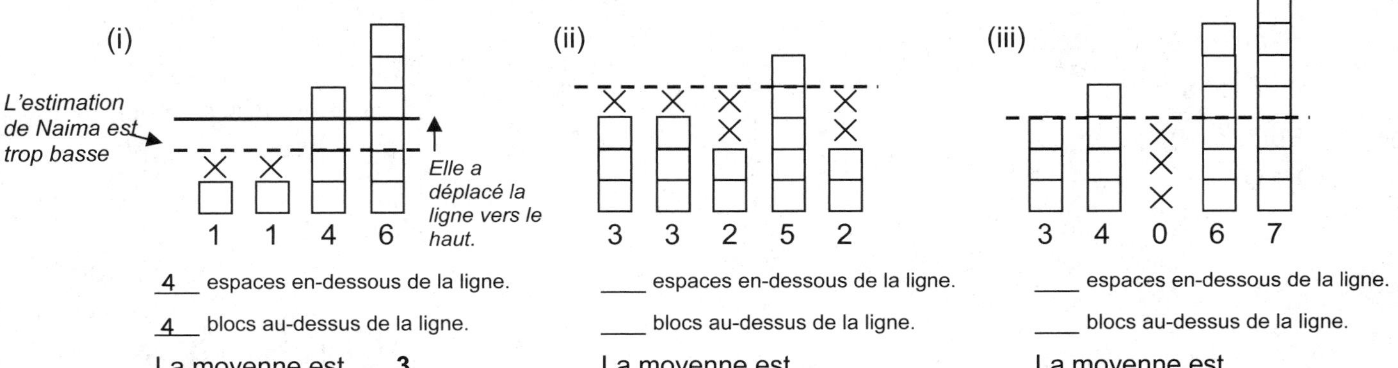

(i) 4 espaces en-dessous de la ligne.
4 blocs au-dessus de la ligne.
La moyenne est 3.

(ii) ____ espaces en-dessous de la ligne.
____ blocs au-dessus de la ligne.
La moyenne est ______.

(iii) ____ espaces en-dessous de la ligne.
____ blocs au-dessus de la ligne.
La moyenne est ______.

PDM5-15 : La moyenne (avancé)

1. Le nombre d'espaces au-dessus de la moyenne est le même que le nombre de blocs en-dessous de la moyenne. Écris une expression mathématique pour le montrer.

a)
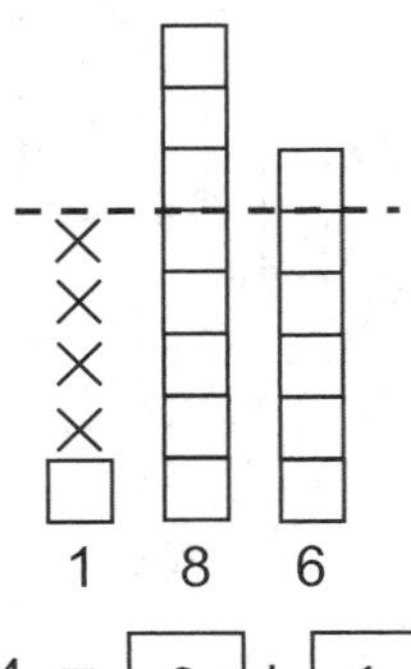

4 = [3] + [1]

b)
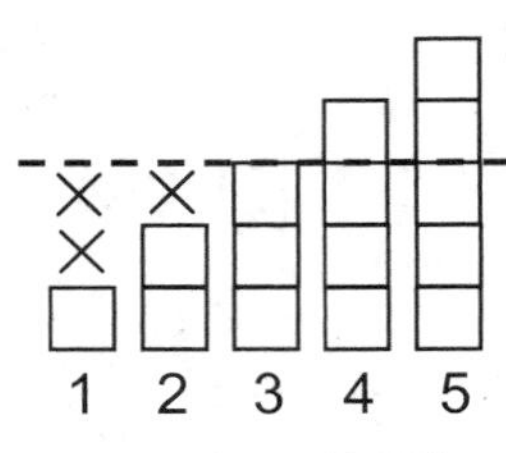

2 + 1 + 0 = [ ] + [ ]

c)
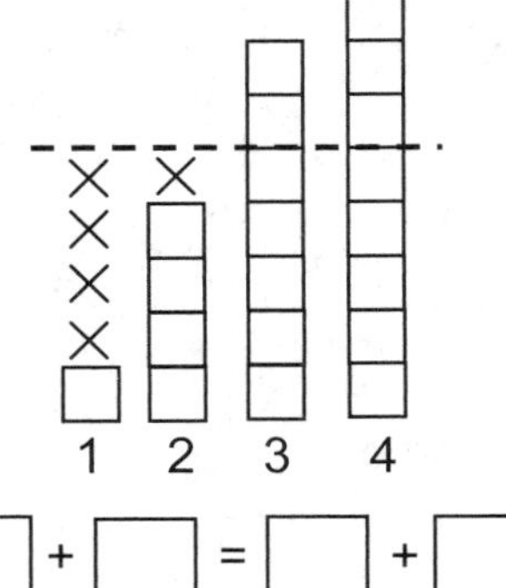

[ ] + [ ] = [ ] + [ ]

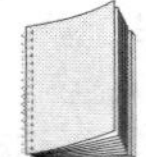

Réponds aux questions suivantes dans ton cahier. Dessine les blocs et trouve la moyenne en premier.

d) 3 7 8

e) 3 4 7 7 9

f) 3 5 6 6

2. Trouve des ensembles de données dont la moyenne est 5 en utilisant les expressions mathématiques. Dessine des blocs pour t'aider.

a)
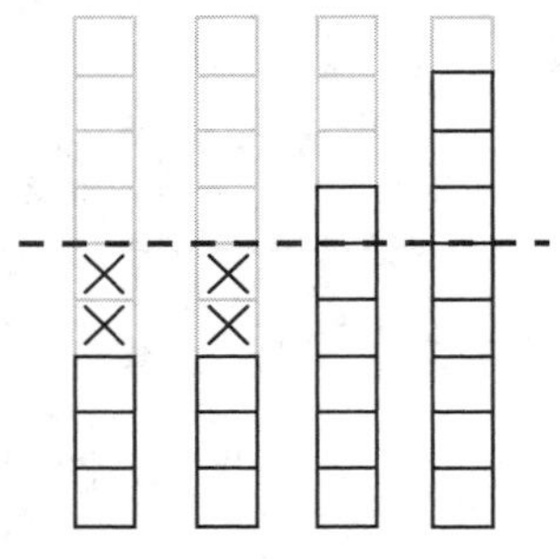

2 + 2 = 1 + 3

Données : 3 3 6 8

b)
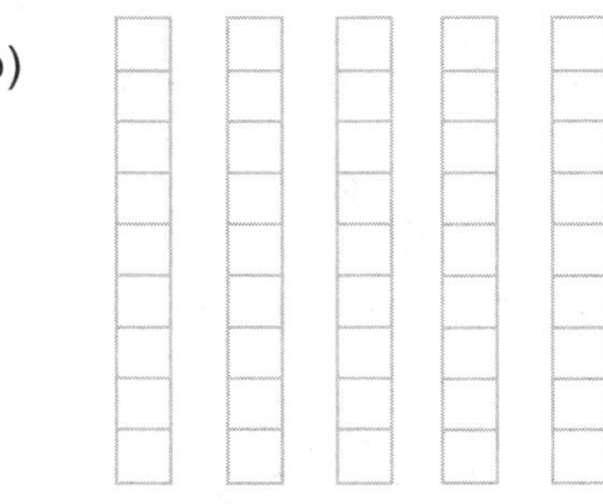

2 + 2 + 1 = 2 + 3

Données : ___ ___ ___ ___ ___

c)
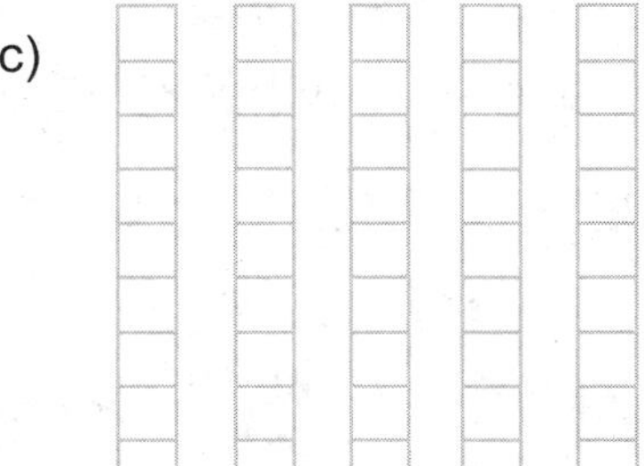

1 + 1 + 1 + 1 = 4

Données : ___ ___ ___ ___ ___

3. Lily a recueilli des données au sujet des œufs d'oiseaux canadiens.

Oiseau	**Nichée (nombre d'œufs dans le nid)**	**Longueur de l'œuf (cm)**
Huard du Pacifique	2	8
Plongeon huard	3	9
Butor d'Amérique	4	5
Grand héron	6	6
Urubu à tête rouge	2	7
Grand morillon	8	6
Oie des neiges	3	8

a) Quelle est la longueur moyenne des œufs?

b) Quelle est la taille moyenne des nichées?

c) Fais une liste des oiseaux dont la longueur des œufs est plus grande que la moyenne.

d) La nichée des oiseaux dont les œufs sont plus grands que la moyenne est-elle plus grande ou plus petite qu'une nichée moyenne?

PDM5-16 : Les diagrammes à tiges et à feuilles

La **feuille** d'un nombre est le chiffre complètement à droite.

La **tige** inclut tous les chiffres sauf celui complètement à droite.
NOTE : La tige d'un nombre à un chiffre est 0 puisqu'il n'y a pas de chiffres sauf celui à la toute droite.

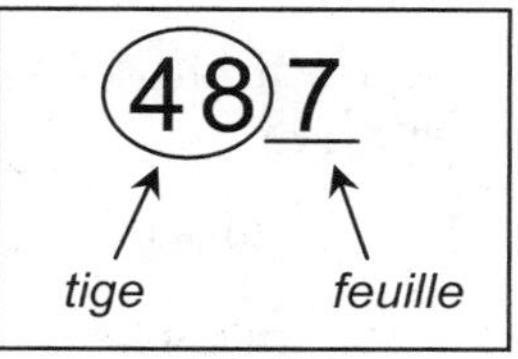

1. Encercle la tige et souligne la feuille.

a) 5 *aucune tige* b) 37 c) 123 d) 31 e) 9 000

f) 872 g) 83 h) 831 i) 8 310 j) 4 071

2. Pour chaque groupe de nombres, raye les nombres qui ont la même tige.

a) 78 74 94 b) 89 90 91 c) 291 287 28 29

3. Pour chaque groupe de nombres, encercle les tiges et écris-les de la plus petite à la plus grande.

a) 13 9 8 24 64 18 25 b) 26 29 48 53 27 9 44 c) 102 98 86 76 103 95

a) 0 1 2 6 ____ b) ____ ____ ____ ____ c) ____ ____ ____ ____

4. Voici comment tu peux faire un diagramme à tiges et à feuilles pour l'ensemble de données 38 29 26 42 43 34 :

Étape 1 : *Écris les tiges en ordre, de la plus petite à la plus grande.*

tige	feuille
2	
3	
4	

Étape 2 : *Écris ensuite les feuilles sur la même rangée que leurs tiges.*

tige	feuille
2	96
3	84
4	23

Étape 3 : *Finalement, mets les feuilles en ordre par rangée, de la plus petite à la plus grande.*

tige	feuille
2	69
3	48
4	23

Pour chaque diagramme, mets les feuilles dans le bon ordre. Écris les données de la plus petite à la plus grande.

a)

tige	feuille
2	41
3	856
5	32

→

tige	feuille
2	14
3	
5	

21 24 ____ ____ ____ ____ ____

b)

tige	feuille
0	4
1	95
2	380

→

tige	feuille

____ ____ ____ ____ ____ ____

5. Utilise les données suivantes pour créer un diagramme à tiges et à feuilles.

a) 9 7 12 19 10 b) 99 98 102 99 101 c) 88 91 104 98 110 111 96 87

6. Les nombres qui ont la même tige doivent avoir le même nombre de chiffres. Vrai ou faux? Explique.

PDM5-17 : Le mode, la médiane et l'étendue

1. Pour trouver la **médiane** d'un ensemble de données, mets premièrement les données en ordre. Compte ensuite à partir de la gauche ou de la droite jusqu'à ce que tu arrives au nombre du milieu.

2 3 (6) 7 11

La médiane est 6.

2 3 (7 9) 11 15

La médiane correspond au nombre qui est à mi-chemin entre 7 et 9. La médiane est 8.

Encercle le ou les nombres au milieu. Trouve ensuite la médiane.

a) 2 4 6 7 8 b) 2 3 3 8 c) 7 9 13 14 26 d) 3 4 6 10 11 17

2. Il est facile de trouver les plus petites et les plus grandes valeurs de données avec des diagrammes à tiges et à feuilles.

(i) Cherche la <u>plus petite</u> feuille dans la <u>première</u> rangée pour trouver la **plus petite** donnée.

(ii) Cherche la <u>plus grande</u> feuille dans la <u>dernière</u> rangée pour trouver la **plus grande** donnée.

(iii) Cherche ensuite l'**étendue** (la différence entre la plus petite et la plus grande valeur).

a)

tige	feuille
8	244
9	89
10	014

plus petite : 82
plus grande : 104
étendue : 22

b)

tige	feuille
0	569
1	247
2	13

plus petite : _____
plus grande : _____
étendue : _____

c)

tige	feuille
9	569
10	188
12	2

plus petite : _____
plus grande : _____
étendue : _____

3. L'étendue des données est-elle plus grande au-dessus ou en-dessous de la médiane?

a) 3 4 4 (4) 5 9 11

Étendue *en-dessous* de la médiane [4] – [3] = [1]

Étendue *au-dessus* de la médiane [11] – [4] = [7]

L'étendue des données est plus grande au-dessus (au-dessus/en-dessous) de la médiane.

b) 13 17 20 25 26 27 30

Étendue *en-dessous* de la médiane [ ] – [ ] = [ ]

Étendue *au-dessus* de la médiane [ ] – [ ] = [ ]

L'étendue des données est plus grande _______ (au-dessus/en-dessous) de la médiane.

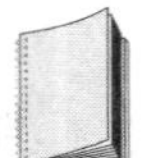

4. Les notes d'Anna pour 10 tests sont : 4 6 6 6 6 6 9 12 11 14

a) Crée un diagramme à tiges et à feuilles pour représenter les données.

b) Quelle valeur est la plus difficile à lire sur le diagramme à tiges et à feuilles? ?

• l'étendue • la moyenne • la médiane • le mode (la valeur qui survient le plus souvent)

Explique.

c) Trouve la moyenne et la médiane. Décris les données. Leur étendue est-elle plus grande ...

(i) au-dessus ou en-dessous de la moyenne? (ii) au-dessus ou en-dessous de la médiane?

PDM5-18 : Choix dans la représentation des données

1. Dans la première semaine d'avril, Mandy a compté tous les rouges-gorges qu'elle a vus en marchant à l'école.

	Lundi	Mardi	Mercredi	Jeudi	Vendredi
Nombre de rouges-gorges	2	3	5	9	11

a) Remarques-tu une tendance d'un jour à l'autre dans la semaine? Si oui, laquelle? ____________

____

b) Trace un diagramme à ligne pour montrer les constatations de Mandy. N'oublie pas d'inclure un titre et des étiquettes claires!

2. Trace un diagramme à bandes pour représenter les données suivantes. Fais bien attention à l'échelle que tu choisis.

Ville	Edmonton (E)	Ottawa (O)	Montréal (M)	Washington (W)	Beijing (B)
Moyenne annuelle de neige (cm)	130	222	214	42	30

3. Sonia a obtenu les notes suivantes (sur 100) dans ses tests de maths au cours de l'année …

Test #	1	2	3	4	5	6	7	8	9	10
Note	68	75	82	78	75	78	78	86	93	91

a) Fais un diagramme à tiges et à feuilles et un diagramme à ligne brisée pour les notes de Sonia.

b) Réponds aux questions suivantes et dis quel diagramme tu as utilisé pour trouver la réponse.

(i) Sur combien de tests a-t-elle obtenu une note entre 70 et 80?

(ii) Quelle note a-t-elle obtenue le plus souvent?

(iii) La tendance des notes de Sonia était-elle croissante ou décroissante pendant l'année?

(iv) Quelle est la plus haute note qu'elle a obtenue?

(v) Avec quel type de diagramme est-il plus facile de …

A. trouver le nombre de valeurs de données entre 70 et 80?

B. voir une tendance dans les notes?

C. voir la valeur la plus fréquente?

PDM5-19 : Les résultats

Les différentes façons dont un événement peut se produire sont les **résultats** de l'événement.

Quand Alice joue aux cartes avec un ami, il y a 3 résultats possibles : Alice (1) gagne, (2) elle perd, ou (3) la partie se termine sans gagnant ni perdant (parfois appelée une partie nulle ou égale).

SOUVIENS-TOI : **Une pièce a 2 côtés, pile et face.**

Un dé a six côtés, numérotés de 1 à 6.

1. Complète le tableau.

	Résultats possibles	Nombre de résultats
a) 1 2 3 4	Tu obtiens un 1, 2, 3 ou 4	4
b) 1¢		
c) *Le dernier match de la Coupe Stanley.*		
d)		
e) 6 9		
f) 6		

2. Pige une bille dans une boîte. Combien de résultats différents peut-il y avoir dans chaque cas?

a)

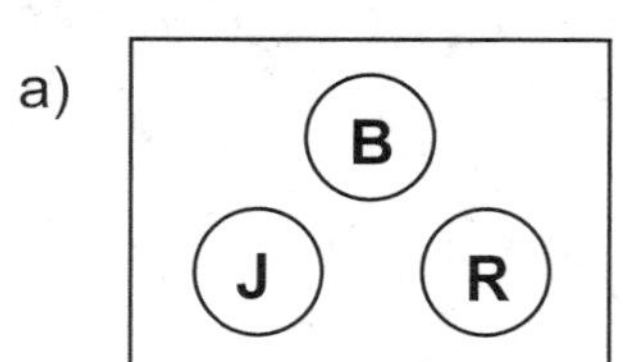

______ résultats

b)

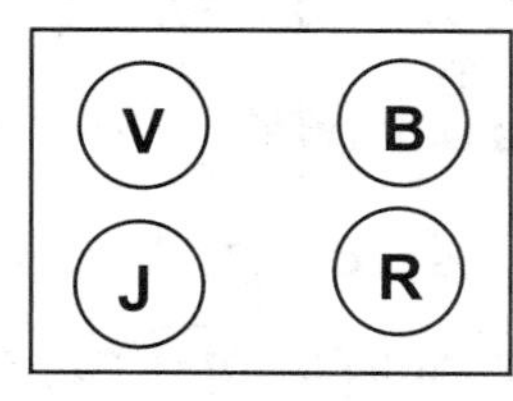

______ résultats

3. Fais une liste de tous les résultats qui sont :

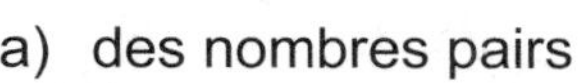

a) des nombres pairs

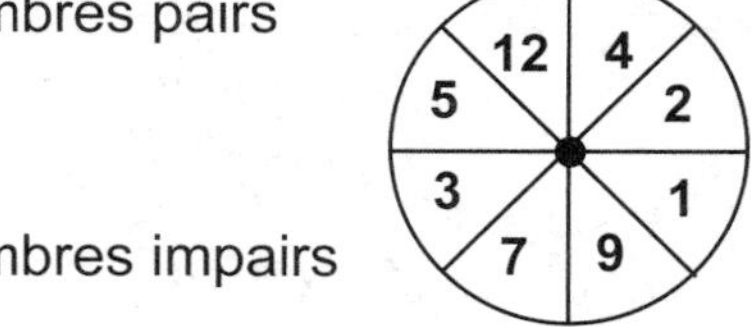

b) des nombres impairs

c) plus grands que 5

PDM5-20 : Décrire la probabilité

- Si un événement ne peut pas se produire, on dit qu'il est **impossible**. *Par exemple*, obtenir le nombre 8 avec un dé est impossible (parce qu'un dé n'a que les nombres 1, 2, 3, 4, 5, et 6 sur ses côtés).
- Si un événement doit se produire, on dit qu'il est **certain**. *Par exemple, quand tu lances un dé, il est* certain que tu obtiendras un nombre moins de 7.

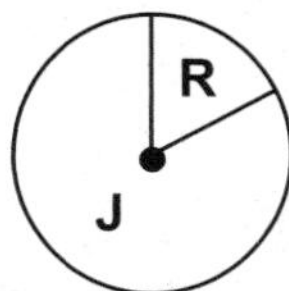

- Il est **probable** que tu tombes sur le jaune sur la roulette à gauche (parce que la section jaune couvre plus de la moitié de la roulette).
- Il est **improbable** que tu tombes sur le rouge sur la roulette à gauche (parce que la section rouge ne couvre qu'une petite partie de la roulette).

- Quand on s'attend à ce qu'un événement se produise exactement la moitié du temps, on dit qu'il y a une chance **égale** que cet événement se produise. *Par exemple,* quand tu lances une pièce de monnaie, il y a une chance égale qu'elle tombe sur le côté face et sur le côté pile.

---

1. Complète chaque énoncé en écrivant « **plus de la moitié** », « **la moitié** », ou « **moins de la moitié** ». **INDICE : Commence en trouvant la moitié du nombre.**

a) 2 est ______________ de 6 b) 5 est ______________ de 9

c) 7 est ______________ de 10 d) 4 est ______________ de 8

e) 5 est ______________ de 11 f) 6 est ______________ de 15

g) 5 est ______________ de 12 h) 9 est ______________ de 16

2. À chaque tour de roulette, quelles sont tes chances de tomber sur le rouge : « égales », « plus de la moitié » ou « moins de la moitié »?

a)

b) 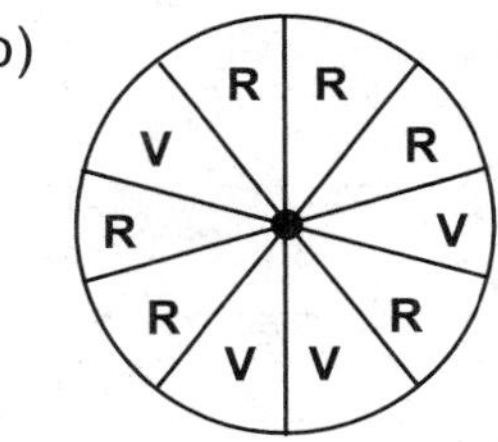

c) 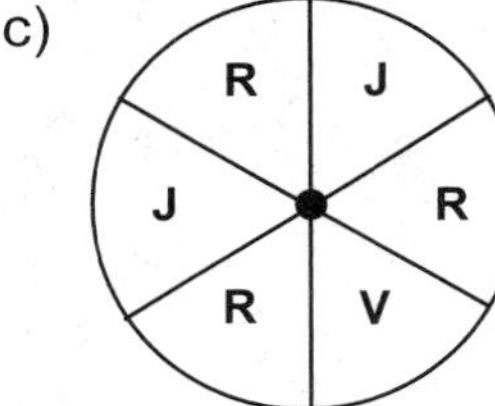

d) 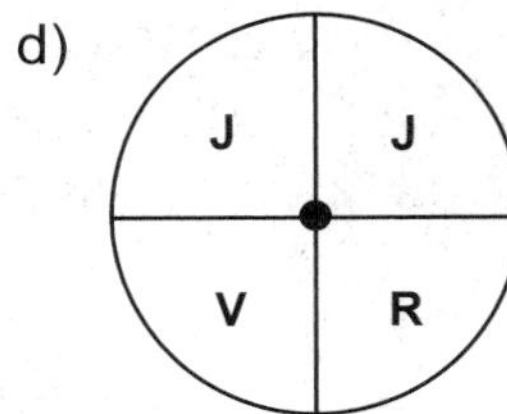

______________ ______________ ______________ ______________

3. Décris chaque événement comme étant « égal », « probable » ou « improbable ».

a)

tomber sur le rouge : ______________

b) 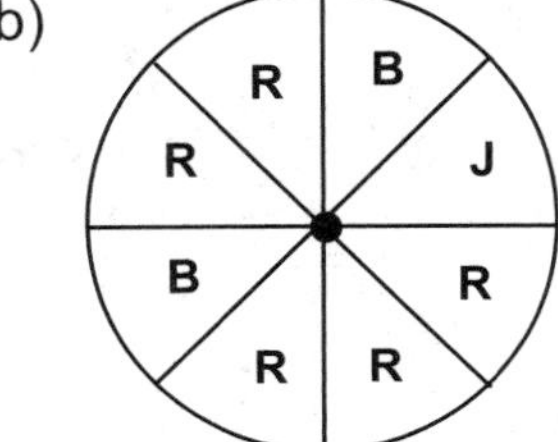

tomber sur le rouge : ______________

c) 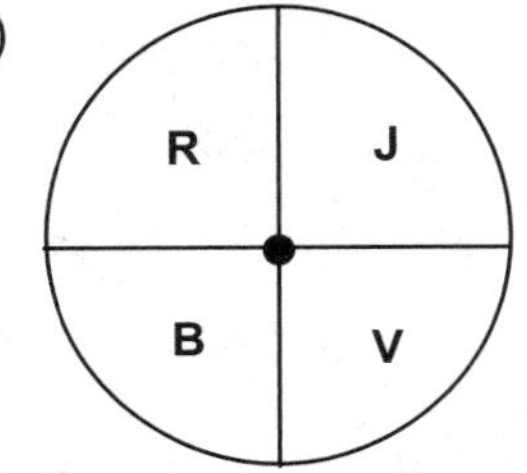

tomber sur le vert : ______________

d) 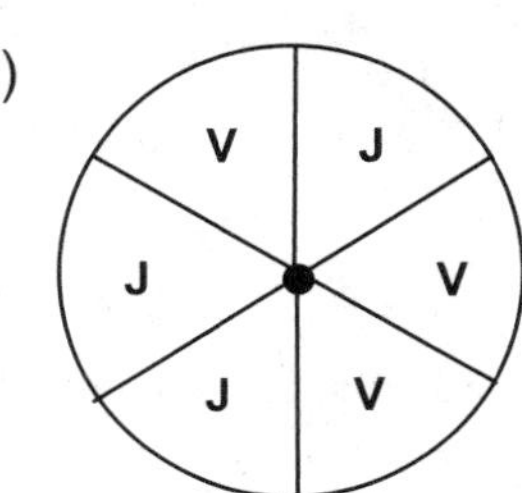

tomber sur le vert : ______________

PDM5-20 : Décrire la probabilité *(suite)*

4. Utilise les mots « certain », « probable », « improbable » ou « impossible » pour décrire la probabilité ...

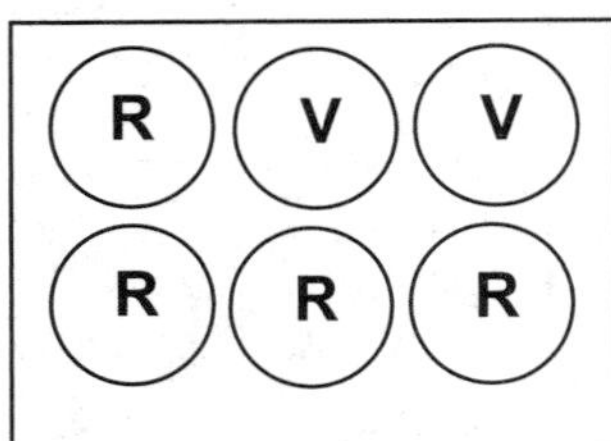

de piger le rouge

____

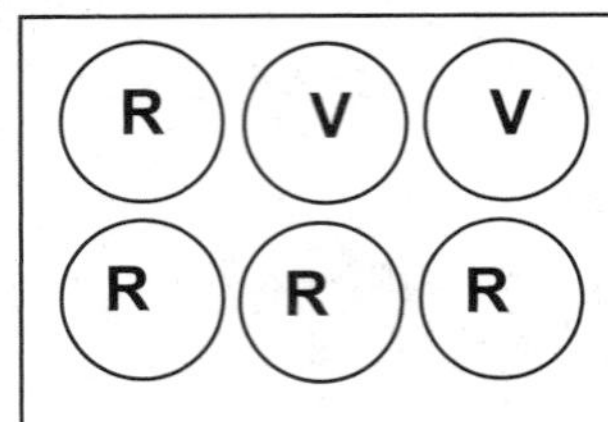

de piger le vert

____

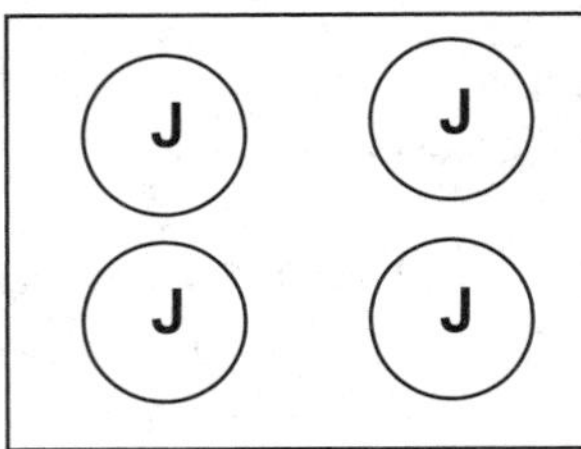

de piger le jaune

____

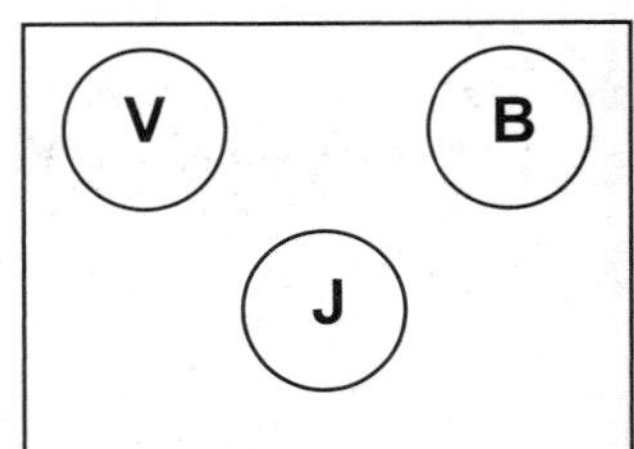

de piger le rouge

____

5. Utilise les mots « impossible », « improbable », « probable » ou « certain » pour décrire le résultat :

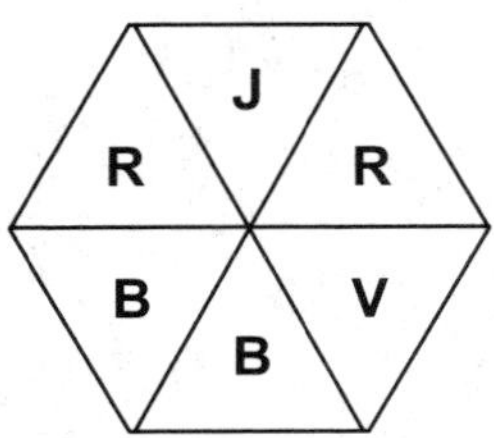

tomber sur le bleu

____

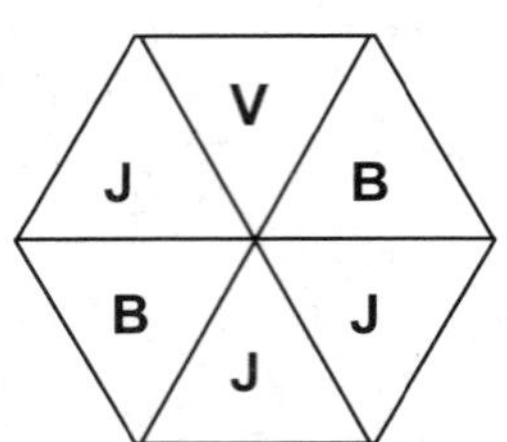

tomber sur le rouge

____

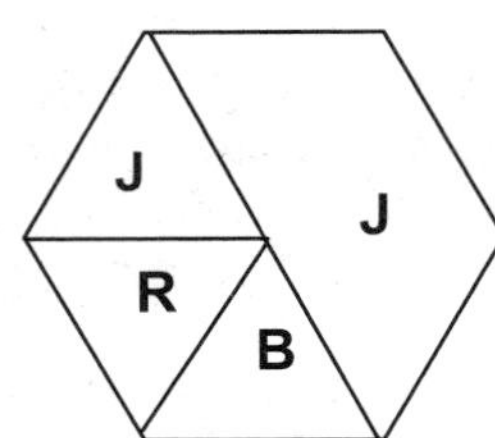

tomber sur le jaune

____

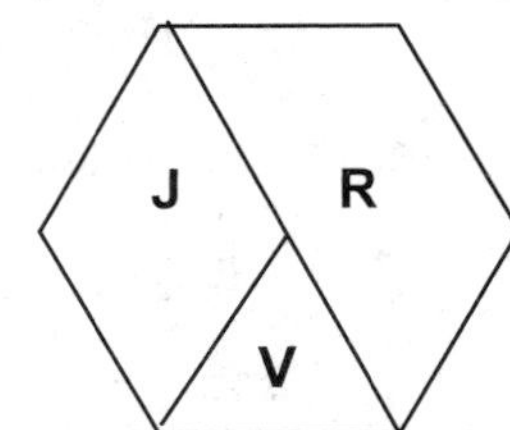

tomber sur le jaune

____

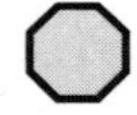

6. Compte le nombre de billes de chaque couleur. Utilise les expressions « moins probable que », « plus probable que » et « aussi probable que » pour compléter les phrases.

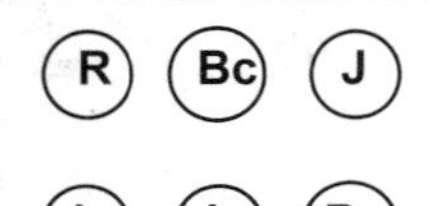

a) Piger une bille rouge est _______________ de piger une bille verte.

b) Piger une bille jaune est _______________ de piger une bille rouge.

c) Piger une bille bleue est _______________ de piger une bille verte.

d) Piger une bille blanche (Bc) est _______________ de piger une bille bleue.

e) Piger une bille rouge est _______________ de piger une bille blanche.

7. Utilise les mots « impossible », « probable », « improbable » ou « certain » pour décrire les événements suivants.

a) Si tu lances une pièce de monnaie une fois, elle tombera sur le côté pile ou face. _______________

b) Si tu lances un dé une fois, tu obtiendras un nombre plus petit que six. _______________

c) Il tombera huit mètres de neige aujourd'hui. _______________

PDM5-20 : Décrire la probabilité *(suite)*

NOTE : Tu peux montrer la probabilité d'un événement en utilisant une **ligne de probabilité**.

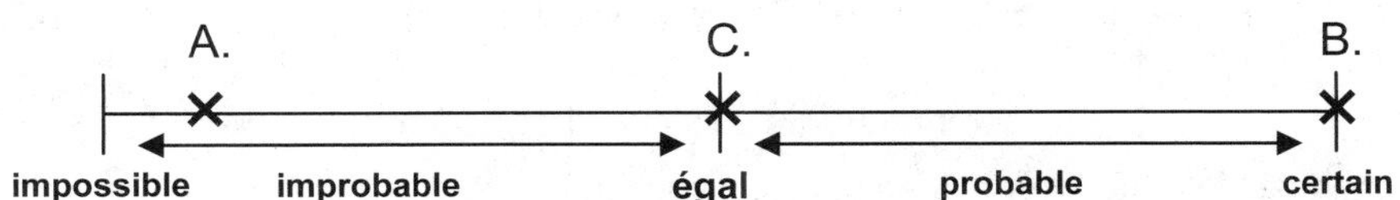

A. Il pourrait neiger à Toronto en août, mais c'est très improbable. Tu situerais ainsi cet événement sur la ligne de probabilité près d'« impossible».

B. Si tu lances un dé, tu obtiendras certainement un nombre plus petit que 19. Ainsi, tu situerais ce événement sur la ligne de probabilité sur « certain ».

C. Une probabilité égale signifie que l'événement a autant de chances de se produire que de ne pas se produire, tout comme obtenir « face » quand tu lances une pièce.

8.

impossible — improbable — égal — probable — certain

Fait un point sur la ligne de probabilité ci-dessus pour montrer …

A. Les chances d'obtenir un nombre plus petit que 20 quand tu lances un dé.

B. Les chances de voir un tigre dans la rue.

C. Les chances d'obtenir « pile » quand tu lances une pièce.

D. Les chances d'obtenir un nombre plus grand que 2 quand tu lances un dé.

9. Fais un X sur la droite numérique pour montrer la probabilité d'obtenir : rouge (R), vert (V), jaune (J), et bleu (B). (Ajoute la lettre qui correspond à la couleur après le X.)

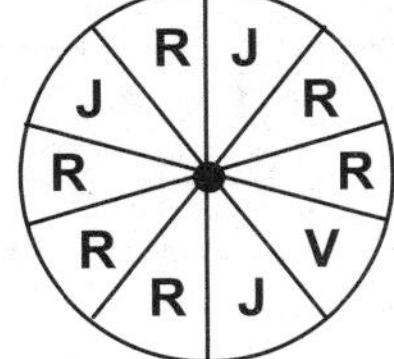

0 — 1

impossible — certain

10.

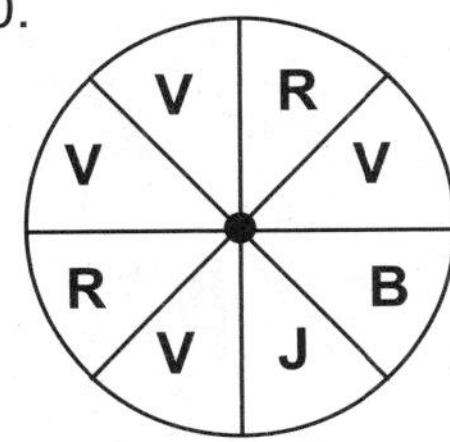

a) Quelle couleur est la plus probable d'être obtenue avec la roulette? _________

b) Quelles deux couleurs sont les moins probables? _____________

c) Quel mot décrit le mieux tes chances de tomber sur le rouge?

Improbable   Égal   Probable

d) Quel mot décrit le mieux tes chances de tomber sur le vert?

Improbable   Égal   Probable

PDM5-21 : La probabilité

Tu peux utiliser des fractions pour décrire la **probabilité**.

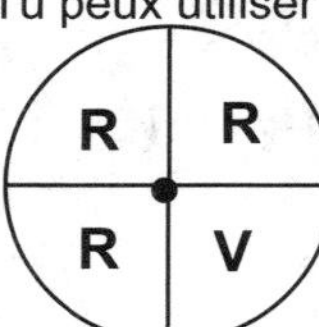

$\frac{3}{4}$ de la roulette est rouge, alors la probabilité d'obtenir le rouge est de $\mathbf{\frac{3}{4}}$.

Tu as donc 3 façons de tomber sur le rouge, et 4 façons de tomber sur n'importe quelle couleur (rouge ou vert).

La fraction $\frac{3}{4}$ est égale au nombre de chances que tu as de tomber sur le rouge (3 – le numérateur) par rapport à tes chances de tomber sur n'importe quelle couleur (4 – le dénominateur).

---

1. Dans chacun des cas suivants, combien de façons as-tu de ...

a) 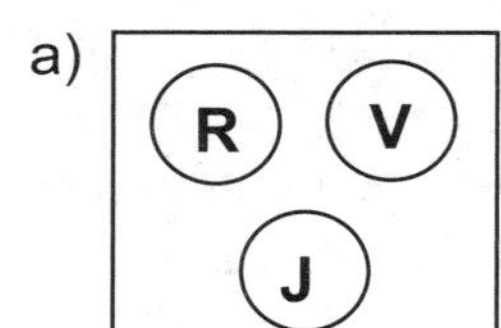

piger une bille verte? ______

piger une bille de n'importe quelle couleur? ______

b) 

piger une bille rouge? ______

piger une bille de n'importe quelle couleur? ______

c) 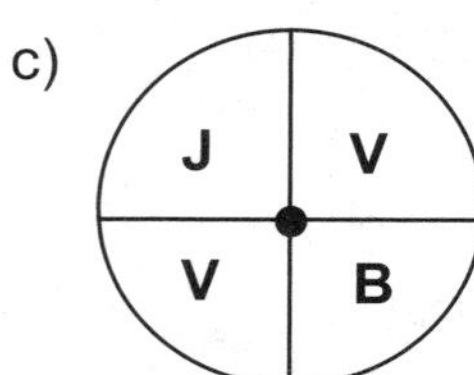

tomber sur le vert? ______

tomber sur n'importe quelle couleur ? ______

d) 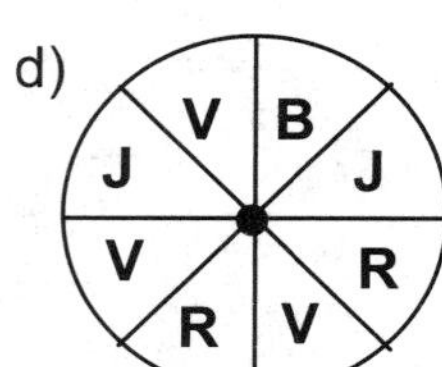

tomber sur le vert? ______

tomber sur n'importe quelle couleur? ______

2. Pour chaque roulette, quelle est la probabilité (P) de tomber sur le rouge? $\text{P(Rouge)} = \frac{\text{\# de façons de tomber sur le rouge}}{\text{\# de façons de tomber sur n'importe quelle couleur}}$

a) 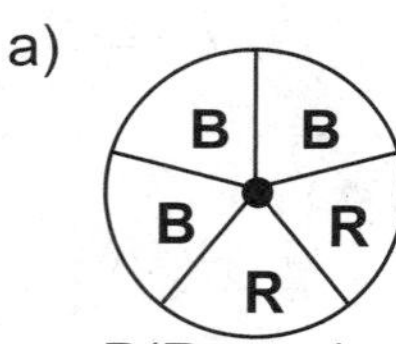

P(Rouge) =

b) 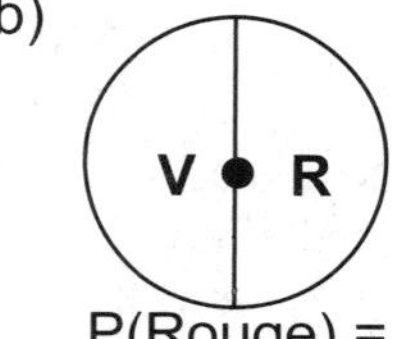

P(Rouge) =

c) 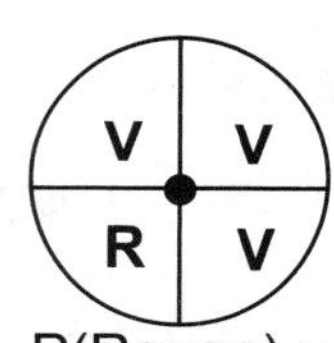

P(Rouge) =

d) 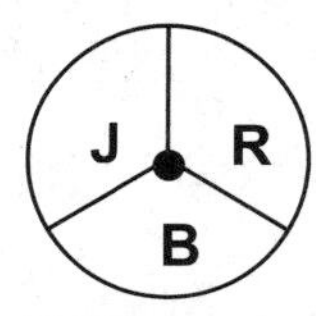

P(Rouge) =

3. Quelle est la probabilité de lancer une fléchette et de frapper le bleu (en présumant que tu ne manques p[as] la cible)? Réduis ta réponse en une fraction plus petite si possible. (Fais attention, la question d) est trompeuse.)

a) 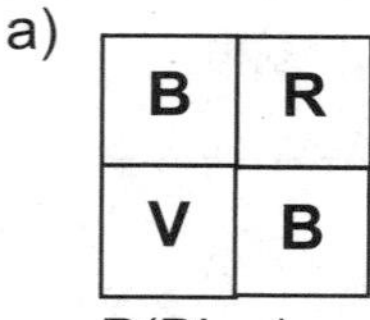

P(Bleu) =

b) 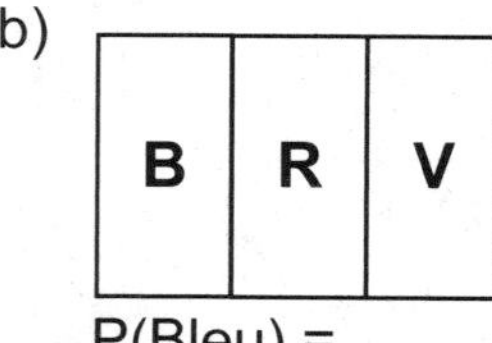

P(Bleu) =

c) 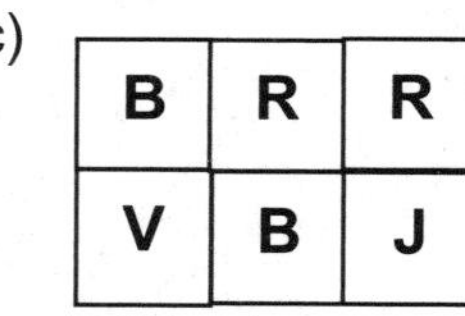

P(Bleu) =

d)

R	B	V
J		B

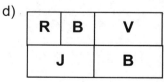

P(Bleu) =

4. Pour chaque roulette, écris la probabilité. **INDICE : Coupe les roulettes en parties égales.**

a) 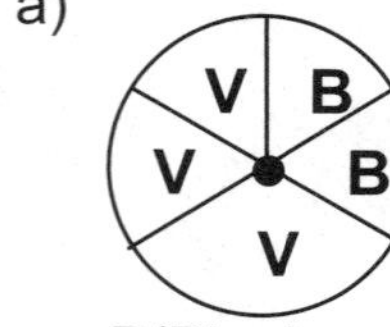

P(Bleu) =

b) 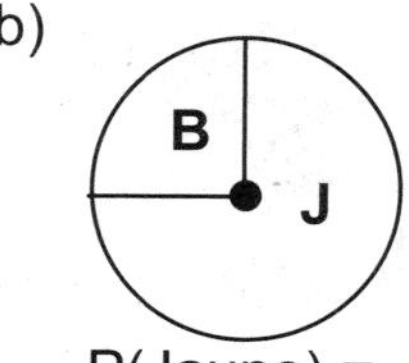

P(Jaune) =

c) 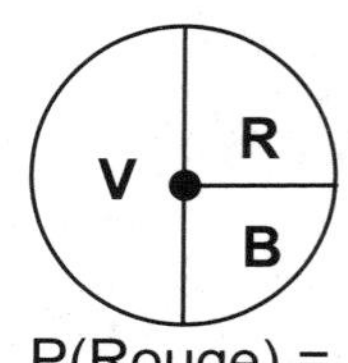

P(Rouge) =

d) 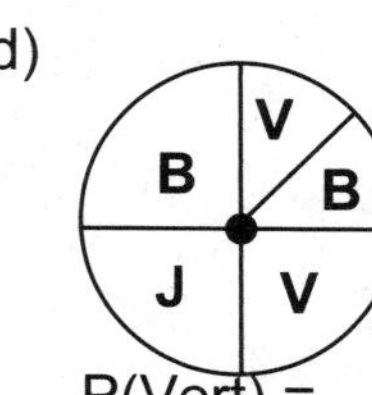

P(Vert) =

PDM5-21 : La probabilité *(suite)*

SOUVIENS-TOI : Un dé a 6 faces numérotées de 1 à 6.

5. a) Écris les nombres qui sont sur un dé.

   ____

   b) Combien de résultats possibles y a-t-il quand tu lances un dé?

   ____

6. a) Écris les nombres pairs qui sont sur un dé.

   ____

   b) Combien de façons peux-tu obtenir un nombre pair quand tu lances un dé?

   ____

   c) Quelle est la probabilité d'obtenir un nombre pair quand tu lances un dé?

   ____

7. a) Écris les nombres sur un dé qui sont plus grands que 4.

   ____

   b) Combien de façons peux-tu obtenir un nombre plus grand que 4 quand tu lances un dé?

   ____

   c) Quelle est la probabilité d'obtenir un nombre plus grand que 4 quand tu lances un dé?

   ____

8. a) Écris les nombres sur un dé qui sont plus petits que 3.

   ____

   Quelle est la probabilité d'obtenir un nombre plus petit qu'un 3 quand tu lances un dé?

   ____

   b) Écris les nombres impairs qui sont sur un dé.

   ____

   Quelle est la probabilité d'obtenir un nombre impair quand tu lances un dé?

   ____

   c) Écris les nombres sur un dé qui sont des multiples de 3.

   ____

   Quelle est la probabilité d'obtenir un multiple de 3 quand tu lances un dé?

   ____

9.

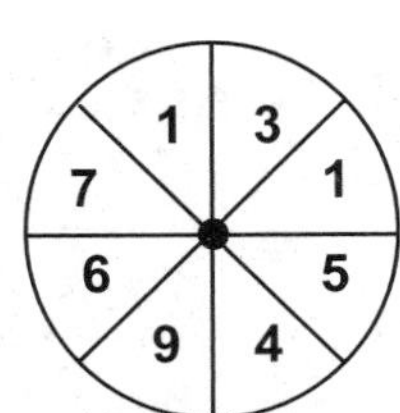

Écris une fraction qui représente la probabilité d'obtenir …

a) le nombre 1.
b) le nombre 3.
c) un nombre pair.
d) un nombre impair.
e) un nombre plus petit que 5.
f) un nombre plus grand que 5.

10.

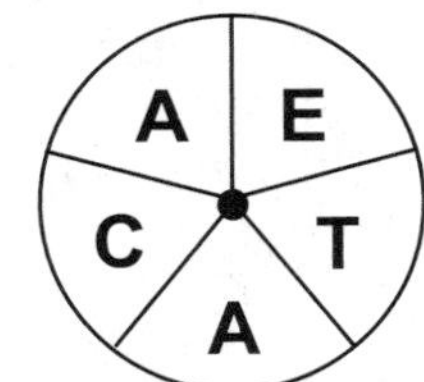

Écris une fraction qui représente la probabilité d'obtenir …

a) la lettre A.
b) la lettre C.
c) la lettre E.
d) une voyelle.
e) une consonne.
f) une lettre qui est dans le nom « Canada ».

11. Dessine une roulette ou la probabilité de tomber sur le rouge est de $\frac{3}{8}$.

PDM5-22 : La probabilité (avancé)

1. Un jeu de chance est <u>équitable</u> si les deux joueurs ont la même chance de gagner. Les jeux suivants sont-ils équitables? Pour les jeux qui ne sont pas équitables, quel joueur a la meilleure chance de gagner?

a) B J V R B R J B

Le joueur 1 doit obtenir le rouge pour gagner.

Le joueur 2 doit obtenir le bleu pour gagner.

Le jeu est-il équitable? O N

b) 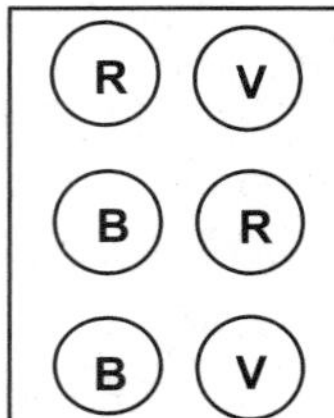

Le joueur 1 doit piger une bille rouge pour gagner.

Le joueur 2 doit piger une bille bleue pour gagner.

Le jeu est-il équitable? O N

2. Imogène lance une fléchette vers la cible. Écris la probabilité qu'elle a d'atteindre chaque couleur.

P(R) = ______
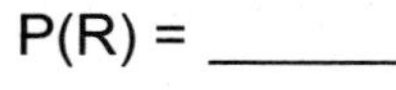

P(V) = ______

P(J) = ______

P(B) = ______

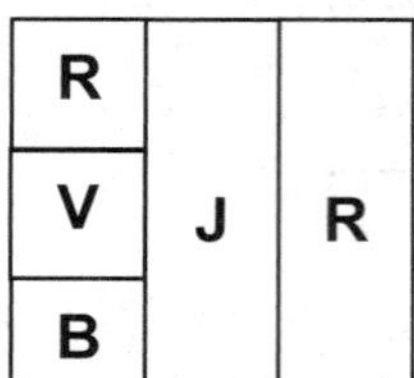

3. Écris les lettres A, B, et C sur la roulette pour que la probabilité d'obtenir ...

A est de ,3.

B est de ,5.

C est de ,2.

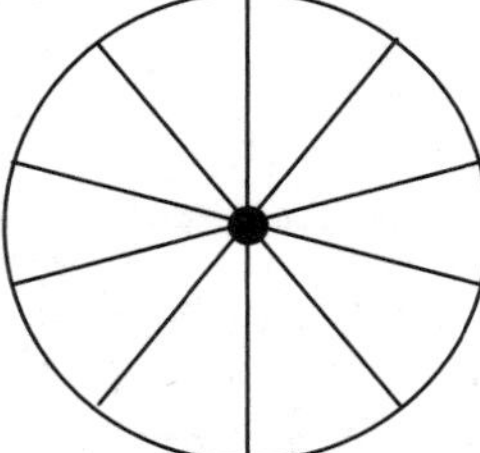

4. Quand deux ou plusieurs événements ont la même chance de se produire, ont dit qu'ils sont <u>également</u> probables.

Tes chances d'obtenir le rouge et le jaune sont-elles également probables? Explique.

a) 

b) 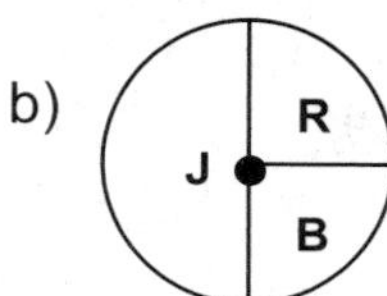

5. a) Combien d'enfants y a-t-il dans la classe?

b) Un enfant est choisi pour faire l'annonce du matin.

(i) Quelle est la probabilité que l'enfant choisi soit une fille?

(ii) Quelle est la probabilité que l'enfant choisi soit un garçon de 9 ans?

c) Crée ton propre problème avec les nombres dans le tableau.

Âge	Nombre de garçons dans la classe	Nombre de filles dans la classe
9	2	1
10	5	3
11	4	7

PDM5-23 : Les attentes

Kate prévoit faire tourner la roulette 15 fois pour voir combien de fois elle obtiendra le jaune.

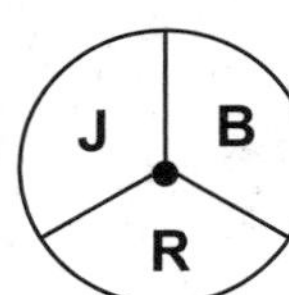

$\frac{1}{3}$ de la roulette est jaune. Kate **s'attend** à obtenir le jaune $\frac{1}{3}$ du temps.

Kate trouve $\frac{1}{3}$ de 15 en divisant par 3 : $15 \div 3 = 5$. Elle s'attend à ce que la roulette s'arrête sur le jaune 5 fois. (Il se peut que la roulette ne s'arrête pas sur le jaune 5 fois, mais 5 est le nombre de fois le plus probable d'obtenir le jaune.)

---

1. Colorie la moitié de la tarte. Combien de morceaux la tarte a-t-elle en tout? Combien de morceaux y a-t-il dans la moitié de la tarte?

a) 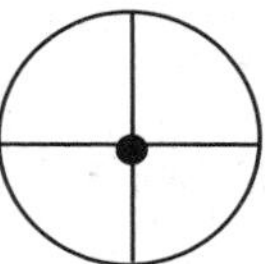

____ morceaux dans la moitié de la tarte

____ morceaux en tout

b) 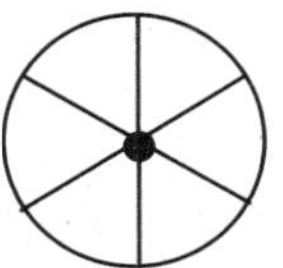

____ morceaux dans la moitié de la tarte

____ morceaux en tout

c) 

____ morceaux dans la moitié de la tarte

____ morceaux en tout

2.

	Nombre de morceaux dans la tarte	Combien de morceaux dans la moitié?
a)	4	
b)	8	
c)	12	

3. Écris le nombre de morceaux qu'il y a dans la tarte et le nombre de morceaux coloriés. Encercle ensuite les tartes dont la moitié des morceaux sont coloriés.

a) 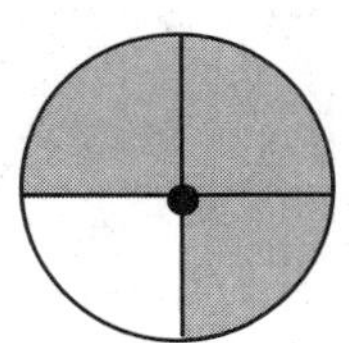

____ morceaux coloriés

____ morceaux

b) 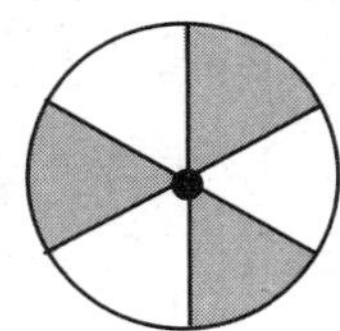

____ morceaux coloriés

____ morceaux

c) 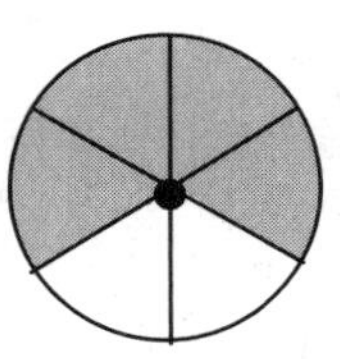

____ morceaux coloriés

____ morceaux

d) 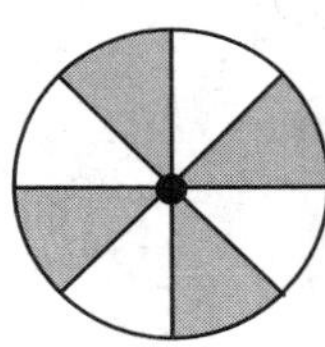

____ morceaux coloriés

____ morceaux

e) 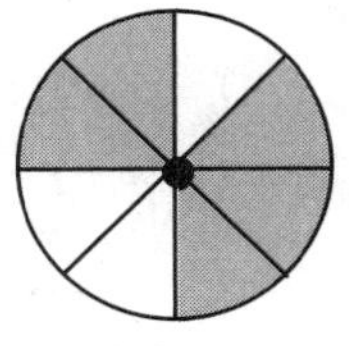

____ morceaux coloriés

____ morceaux

4. Encercle les tartes dont la moitié des morceaux sont coloriés. Fais un grand 'X' sur les tartes dont moins de la moitié des morceaux sont coloriés.

INDICE : Compte les morceaux coloriés et non coloriés en premier.

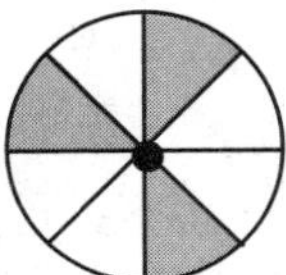 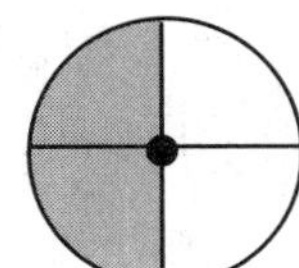 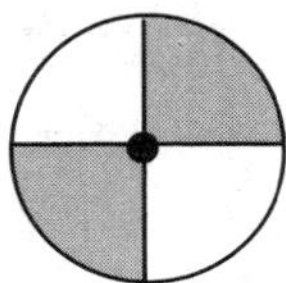 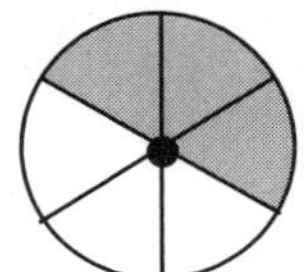 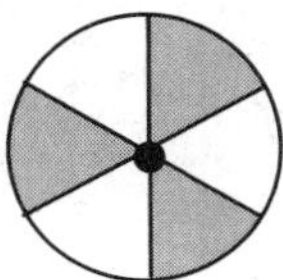 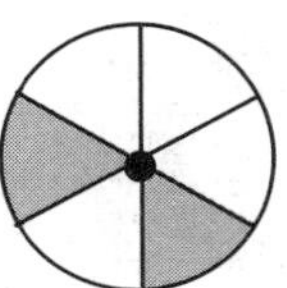

5. Utilise la longue division pour trouver …

a) $\frac{1}{2}$ de 10 b) $\frac{1}{2}$ de 24 c) $\frac{1}{2}$ de 48 d) $\frac{1}{2}$ de 52

PDM5-23 : Les attentes *(suite)*

6. 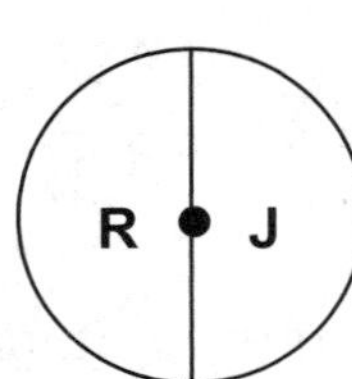

Écris la fraction représentant le nombre de fois que tu t'attends à obtenir le rouge.

a) Je m'attends à obtenir le rouge _______ fois.

b) Combien de fois t'attends-tu à obtenir le rouge si tu fais tourner la roulette 20 fois? _______

7. Si tu lances une pièce de monnaie 40 fois, combien de fois t'attends-tu à obtenir le côté face? Explique.

8. Utilise la longue division pour trouver …

a) $\frac{1}{3}$ de 60 _____ b) $\frac{1}{3}$ de 42 _____ c) $\frac{1}{4}$ de 52 _____ d) $\frac{1}{4}$ 84 _____

9. Quelle fraction de tes tours de roulette t'attends-tu à s'arrêter sur le rouge?

a) R B R

Je m'attends à ce que _______ des tours de roulette s'arrêtent sur le rouge.

b) 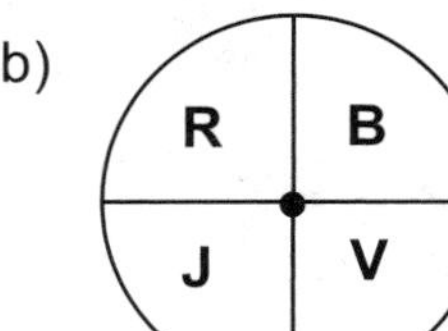

____

____

____

10. Combien de fois t'attends-tu à obtenir le jaune, si tu fais tourner la roulette ...

a) 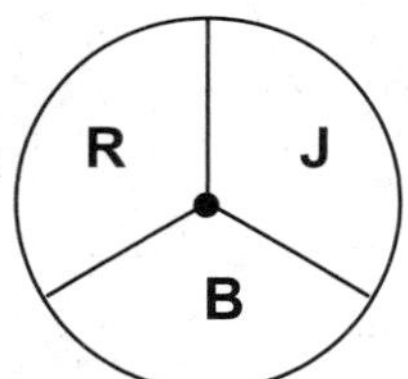

66 fois?

____

b) 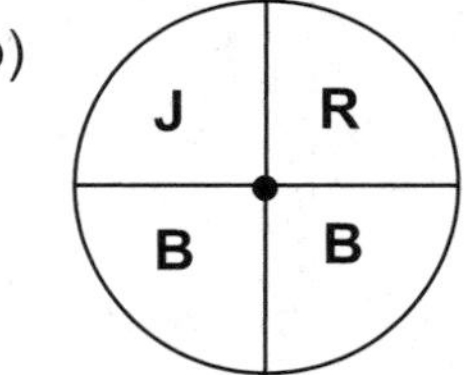

96 fois?

____

11. Dessine une roulette avec laquelle tu t'attendrais à obtenir le rouge $\frac{3}{4}$ du temps.

12. Combien de fois t'attends-tu de tomber sur le jaune si tu fais tourner la roulette 100 fois?

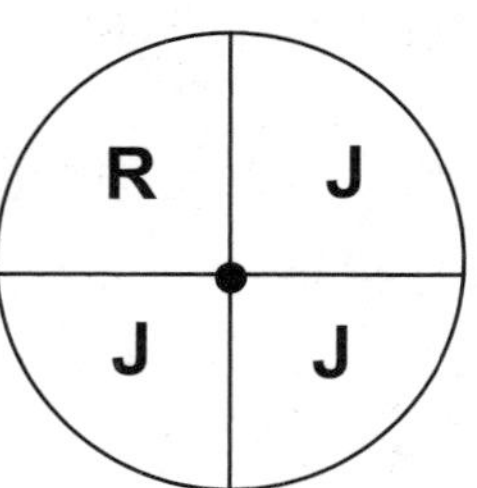

Explique ton raisonnement.

PDM5-24 : Les jeux et les attentes

Réponds aux questions suivantes dans ton cahier.

1. R V / V J

Tanya et Daniel jouent un jeu de chance en utilisant la roulette ci-contre.
Si elle tombe sur le jaune, Tanya gagne.
Si elle tombe sur le rouge, Daniel gagne.

Vert	Rouge	Jaune
卌 |	||||	卌 卌

a) Tanya et Daniel jouent le jeu 20 fois. Combien de fois <u>t'attends-tu</u> que la roulette tombe sur le rouge?

b) Quand Tanya et Daniel jouent le jeu, ils obtiennent les résultats dans le tableau. Daniel dit que le jeu n'est pas équitable. A-t-il raison? Explique.

2. Place la pointe de ton crayon à l'intérieur d'un trombone au milieu du cercle.

Tiens ton crayon pour qu'il ne bouge pas, et fais tourner le trombone autour du crayon.

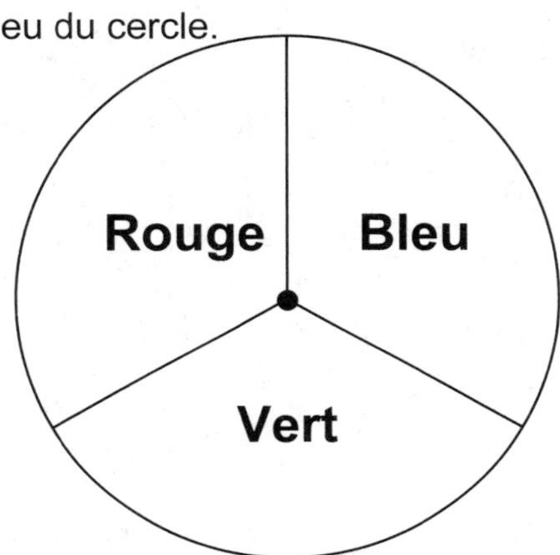

a) Si tu fais tourner la roulette 30 fois, combien de fois penses-tu qu'elle s'arrêtera sur le rouge?
Montre ton travail.
INDICE : Divise 30 tours de la roulette en 3 parties égales.

b) Fais tourner la roulette 30 fois.
Note tes résultats.
Est-ce que les résultats correspondent à tes attentes?

3. Écris des nombres sur les roulettes afin qu'ils correspondent aux probabilités.

a)

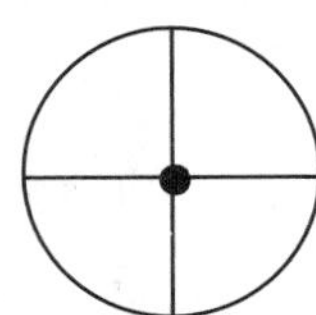

La probabilité d'obtenir un 3 est $\frac{1}{4}$.

b)

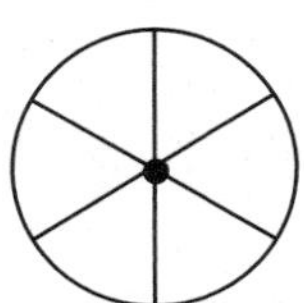

La probabilité d'obtenir un nombre pair est $\frac{5}{6}$.

c)

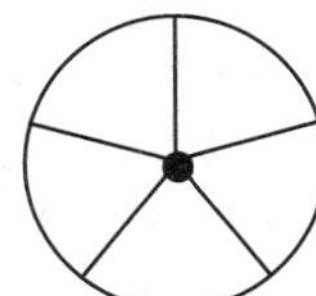

La probabilité d'obtenir un multiple de 3 est $\frac{2}{5}$.

d)

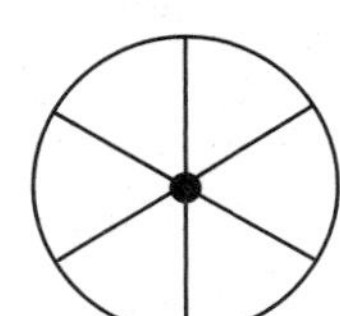

La probabilité d'obtenir un 2 est $\frac{1}{2}$.

G5-18 : Introduction aux systèmes de coordonnées

1. Relie les points dans la colonne OU la rangée.

SOUVIENS-TOI :
Commence toujours en comptant du coin gauche au bas du système de coordonnées.

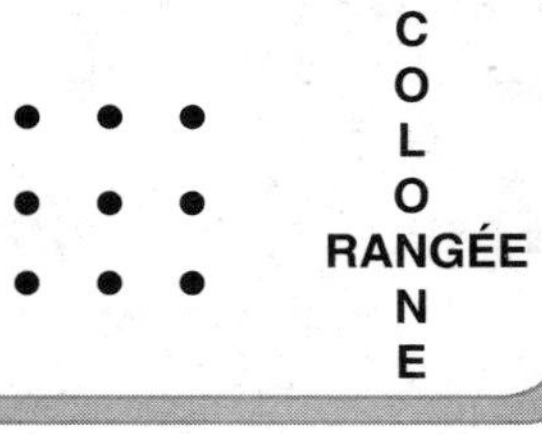

COLONNE
RANGÉE

Exemple 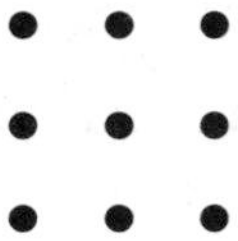 : Rangée 3 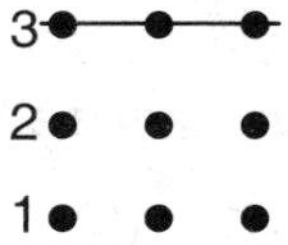 — Rangée 3

a) 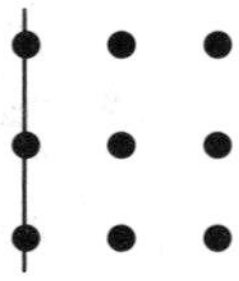 Colonne 1
b) 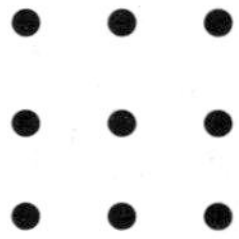 Colonne 3
c) 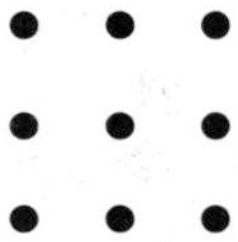 Rangée 2
d) 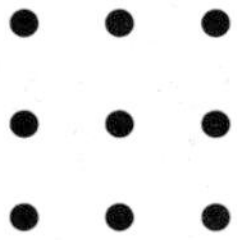 Colonne 2
e) 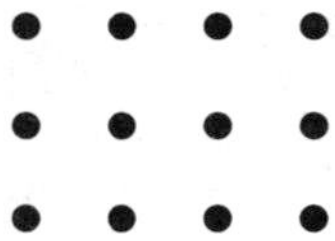 Rangée 3
f) 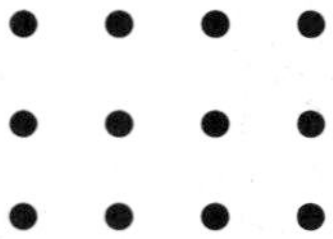 Rangée 1
g) 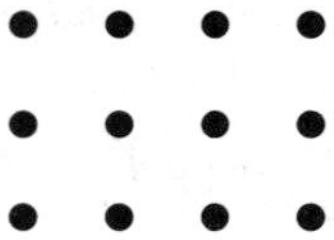 Colonne 1
h) 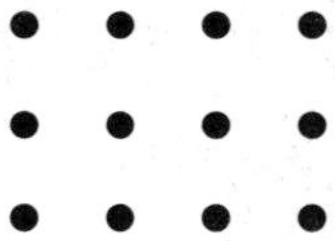 Colonne 4
i) Rangée 4
j) 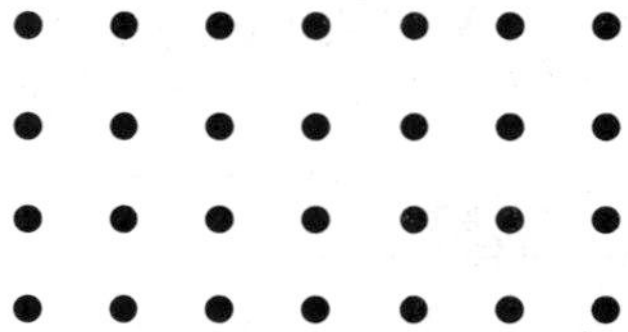 Colonne 5
k) 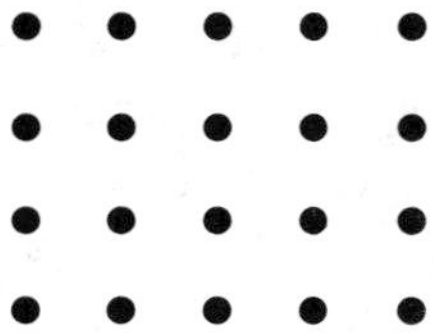 Colonne 4

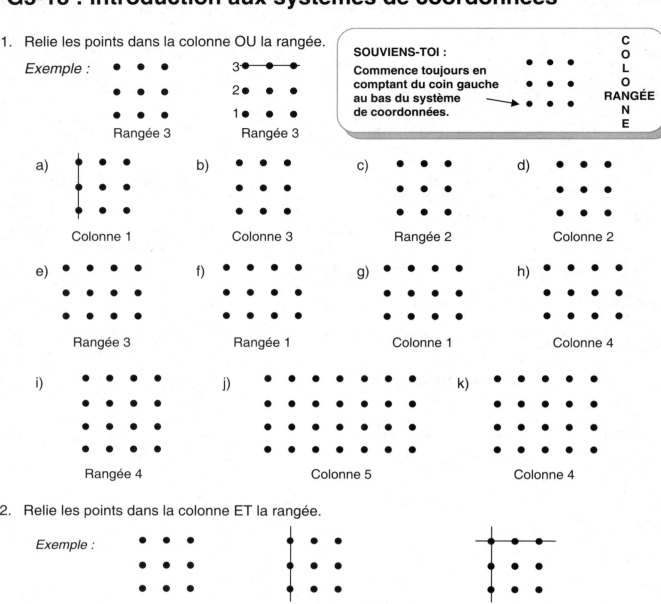

2. Relie les points dans la colonne ET la rangée.

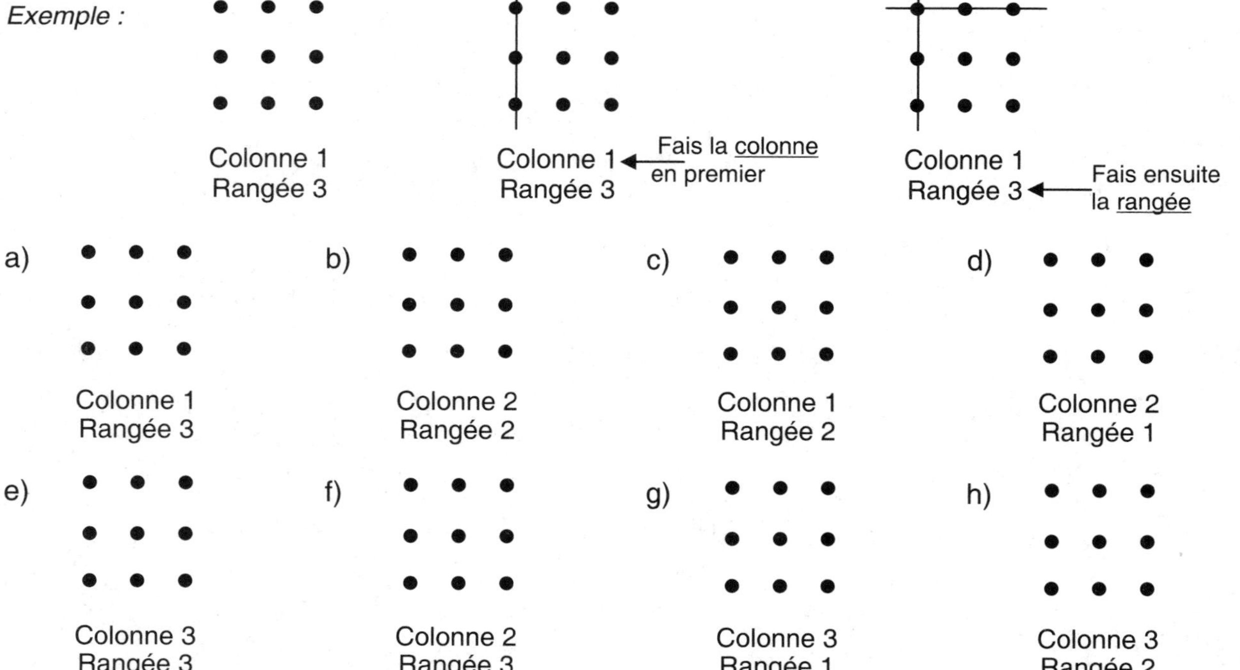

G5-18 : Introduction aux systèmes de coordonnées *(suite)*

3. Relie les points pour trouver une lettre cachée. Écris chaque lettre à côté de chaque ensemble.

a) 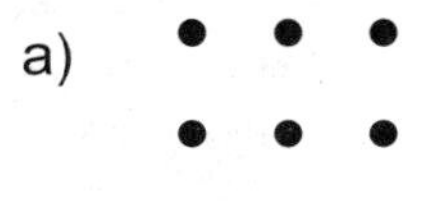
Colonne 2
Rangée 3

b)
Colonne 1
Rangée 1

c)
Colonne 1
Rangée 3
Rangée 2

d)
Colonne 1
Colonne 3
Rangée 2

e)
Colonne 1
Colonne 3
Rangée 1

4. En premier, encercle le point où les deux lignes se rencontrent. Identifie ensuite la colonne et la rangée.

a) 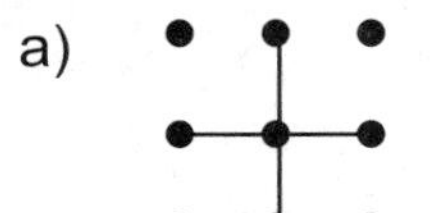
Colonne _____
Rangée _____

b)
Colonne _____
Rangée _____

c)
Colonne _____
Rangée _____

d)
Colonne _____
Rangée _____

e) 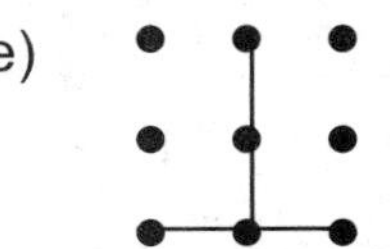
Colonne _____
Rangée _____

5. Encercle le point où les deux lignes se rencontrent.

a) 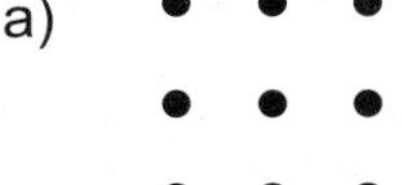
Colonne 1
Rangée 2

b)
Colonne 2
Rangée 3

c)
Colonne 3
Rangée 1

d) 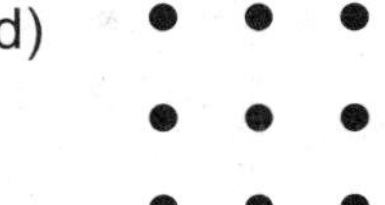
Colonne 2
Rangée 2

e)
Colonne 3
Rangée 3

f)
Colonne 2
Rangée 1

g)
Colonne 1
Rangée 3

h)
Colonne 1
Rangée 1

6. Identifie la colonne et la rangée du point encerclé.

a) 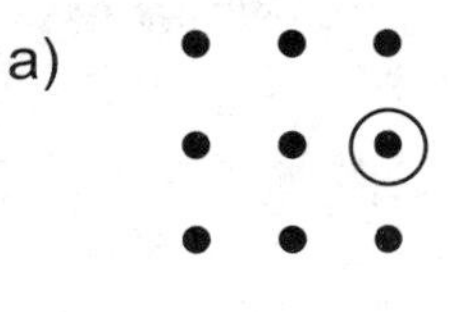
Colonne _____
Rangée _____

b)
Colonne _____
Rangée _____

c)
Colonne _____
Rangée _____

d)
Colonne _____
Rangée _____

7. Dessine un ensemble de points 4 par 4 sur du papier quadrillé et encercle un point dans l'ensemble. Demande à un ami d'identifier la colonne et la rangée du point.

8. Dessine un ensemble de points et écris une lettre à l'envers ou à l'endroit (F ou ꟻ). Écris ensuite les numéros des colonnes et des rangées qui forment la lettre.

G5-19 : Les systèmes de coordonnées

Tu peux identifier les colonnes et les rangées par une paire de nombres entre parenthèses. Le premier nombre indique la colonne, et le deuxième indique la rangée.

NOTE : Tu peux utiliser des lettres plutôt que des nombres, comme à la question 2.

(5,3)

colonne → 5, rangée → 3

1. Encercle les points qui sont aux positions indiquées (tu peux relier les points en premier).

a) Colonne 1 Rangée 2

b) Colonne 2 Rangée 3

c) Colonne 3 Rangée 1

d) Colonne 2 Rangée 2

e) (1,1)

f) (3,3)

g) (1,3)

h) (3,2)

2. Encercle les points qui sont aux positions indiquées.

a) (A,2)

b) (Y,C)

c) (0,2)

d) (2,0)

3. Place des points aux positions indiquées, et écris la lettre correspondante à côté. Le premier est déjà fait pour toi.

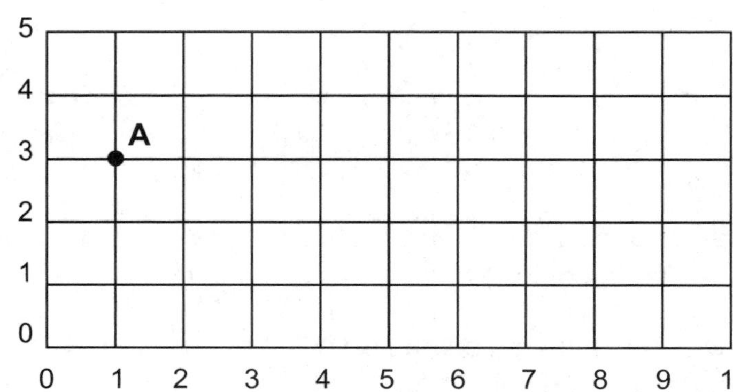

A (1,3) **B** (9,5) **C** (4,4)

D (5,1) **E** (0,0) **F** (10,3)

G (8,4) **H** (2,3) **I** (6,2)

4. Encercle les points qui sont aux positions indiquées.

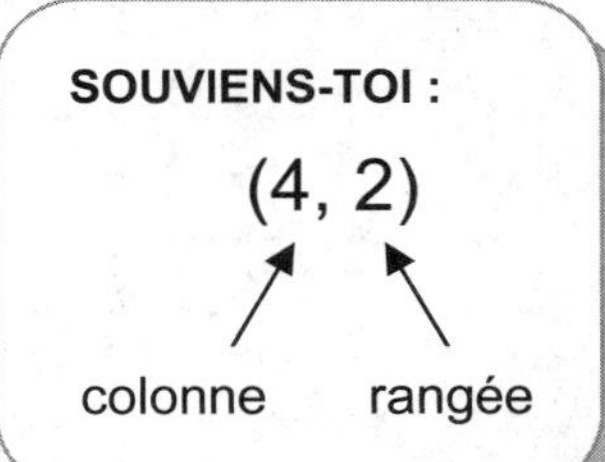

a) Grille de points 4 × 4 (colonnes 1, 2, 3, 4 ; rangées 1, 2, 3, 4)

Colonne 3
Rangée 4

b) Grille de points 4 × 4 (colonnes 1, 2, 3, 4 ; rangées W, X, Y, Z)

(3,Z)

c) Grille de points 4 × 4 (colonnes 1, 2, 3, 4 ; rangées 1, 2, 3, 4)

(4,1)

d) Grille de points 7 × 4 (colonnes 1 à 7 ; rangées 1 à 4)

(2,4)

e) Grille de points 7 × 4 (colonnes 1 à 7 ; rangées 1 à 4)

Colonne 7
Rangée 2

f) Grille de points 4 × 4 (colonnes A, B, C, D ; rangées A, B, C, D)

(C,B)

5. Place des points aux positions indiquées, et écris la lettre qui correspond aux paires ordonnées.

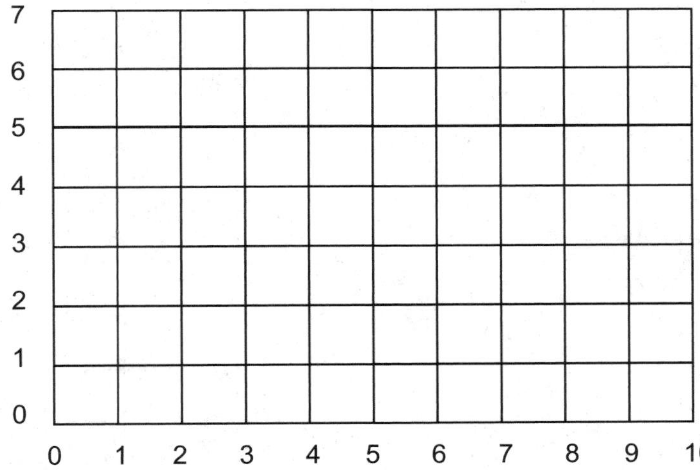

A (3,7) **B** (10,4) **C** (4,1) **D** (2,3)

E (0,5) **F** (7,7) **G** (5,6) **H** (9,0)

G5-19 : Les systèmes de coordonnées *(suite)*

6. Écris les coordonnées des points suivants.

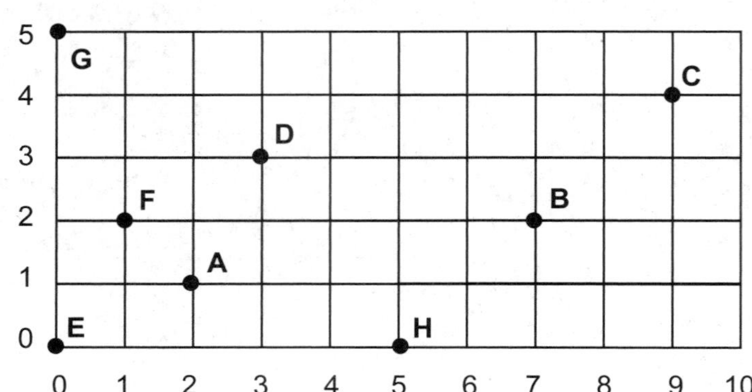

A (,) B (,)

C (,) D (,)

E (,) F (,)

G (,) H (,)

ENSEIGNANT : Révisez les définitions des polygones avant de donner les questions suivantes à vos élèves.

7. Place chaque paire ordonnée sur le graphique et relie les points pour former un polygone. Identifie le polygone.

a) 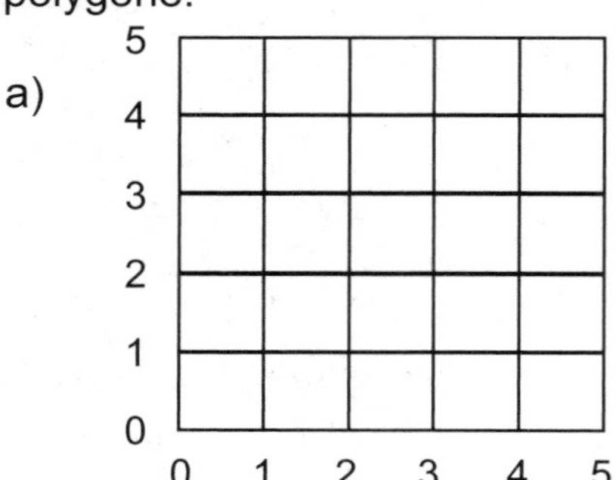

A (1,2) B (1,4) C (4,3)

Ce polygone est un ____________________.

b)

A (1,1) B (1,3) C (3,1) D (3,3)

Ce polygone est un ____________________.

c) 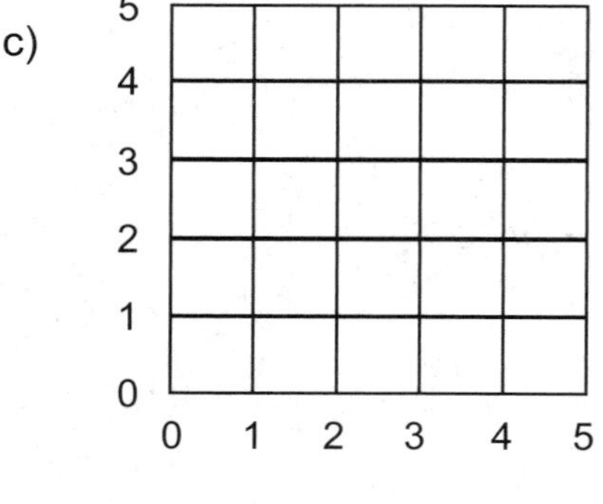

A (0,2) B (0,4) C (4,4) D (4,2)

Ce polygone est un ____________________.

d) 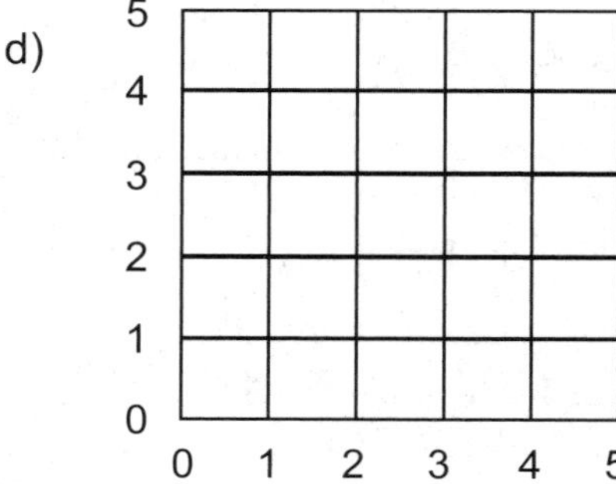

A (0,0) B (2,2) C (5,2) D (3,0)

Ce polygone est un ____________________.

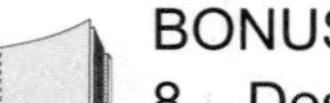

BONUS

8. Dessine un polygone sur du papier quadrillé. Donne à un ami les coordonnées des sommets de ton polygone et vois s'il peut l'identifier.

G5-20 : Introduction aux glissements

Josh **fait glisser** un point d'une position à une autre. On peut décrire les glissements en utilisant les mots « droite », « gauche », « vers le haut » et « vers le bas ».

Exemple :

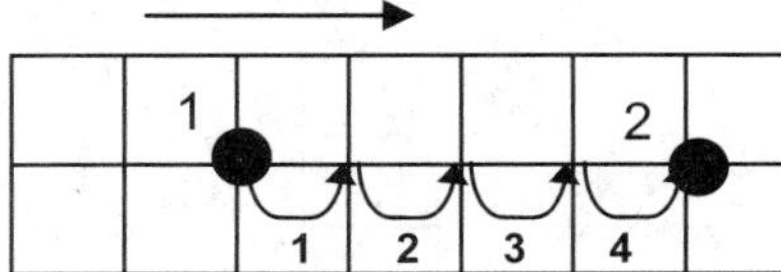

Pour déplacer le point de la position 1 à la position 2, Josh **fait glisser** le point de **4 unités vers la droite**.

1. De combien d'unités vers la **droite** le point a-t-il glissé de la position 1 à la position 2?

a) 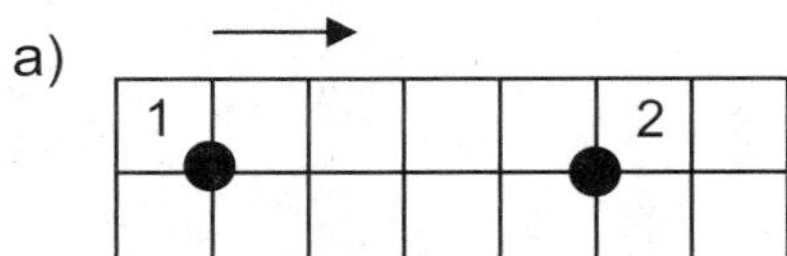

b) 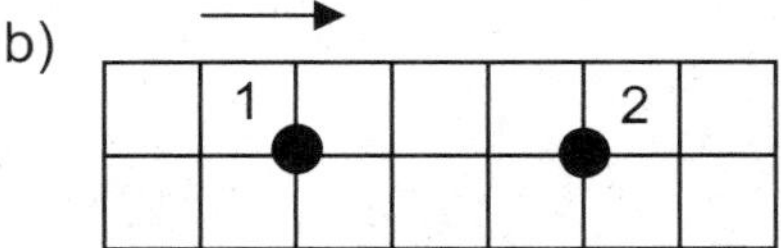

c) 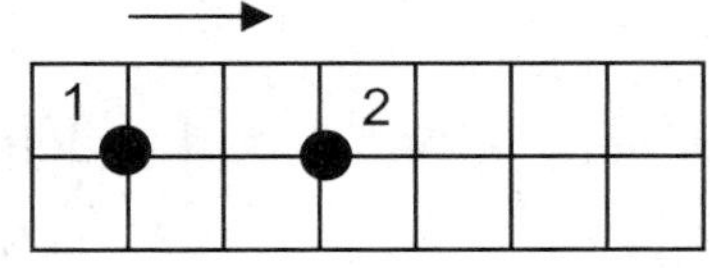

_________ unités vers la droite ______________________ ______________________

2. De combien d'unités vers la **gauche** le point a-t-il glissé de la position 1 à la position 2?

a) 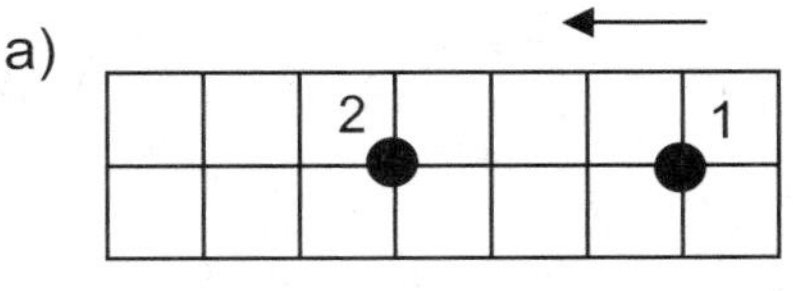

b) 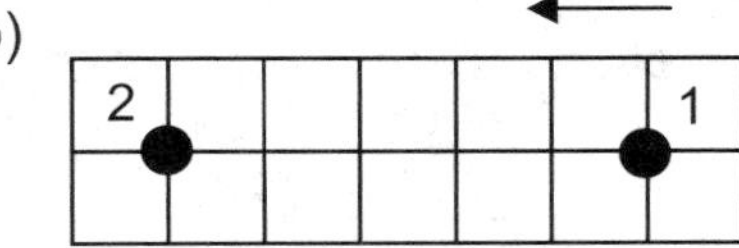

c) 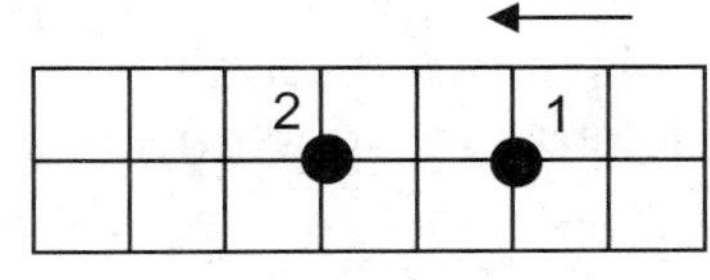

______ unités vers la gauche ______________________ ______________________

3. Fais glisser le point de …

a) 3 unités vers la droite

b) 6 unités vers la gauche

c) 5 unités vers la droite

G 
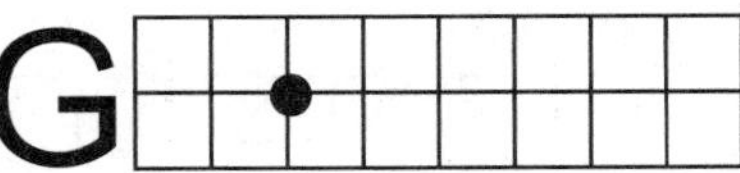

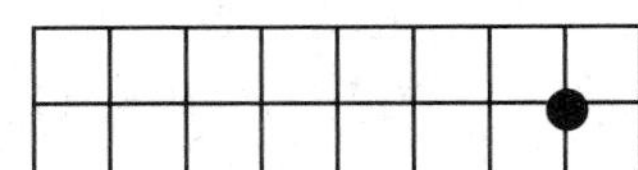
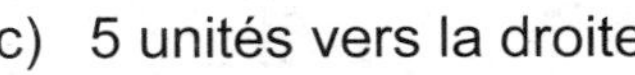
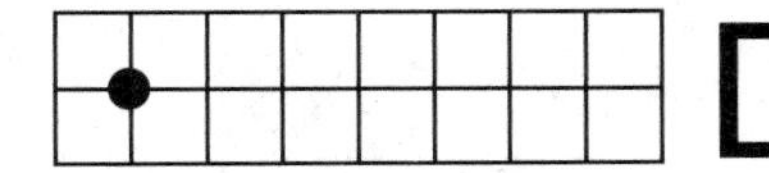 D

4. De combien d'unités vers la **droite** et vers le **bas** le point a-t-il glissé de la position 1 à la position 2?

a) 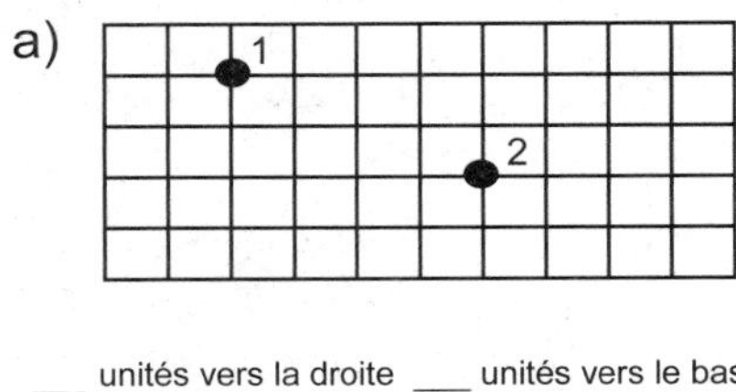

b) 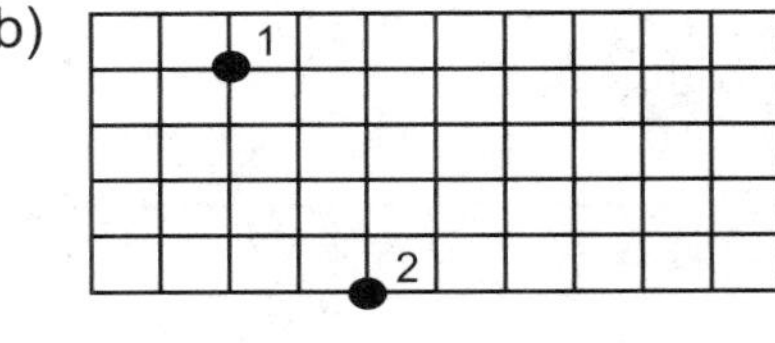

c) 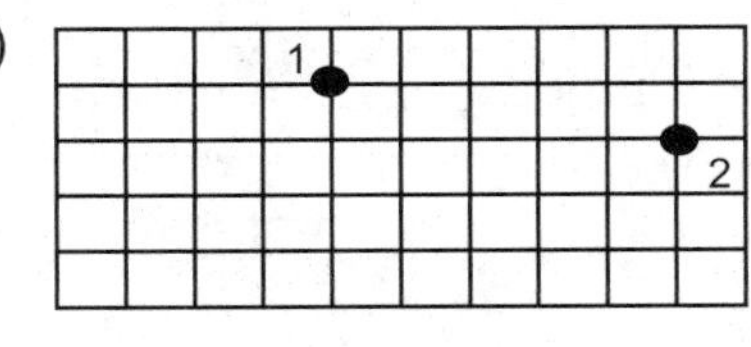

__ unités vers la droite __ unités vers le bas __ unités vers la droite __ unités vers le bas __ unités vers la droite __ unités vers le bas

5. Fais glisser le point de …

a) 5 unités vers la droite; 2 unités vers le bas

b) 6 unités vers la gauche; 3 unités vers le haut

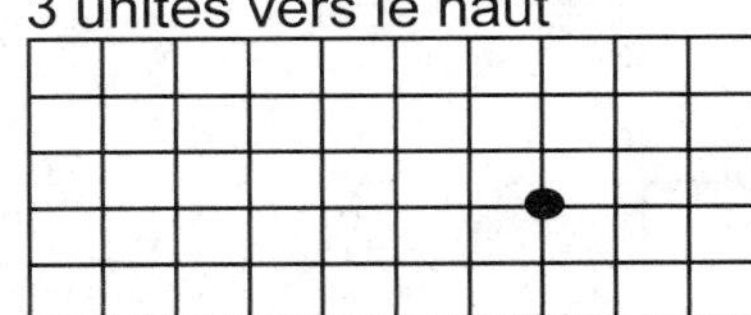

c) 3 unités vers la gauche; 4 unités vers le bas

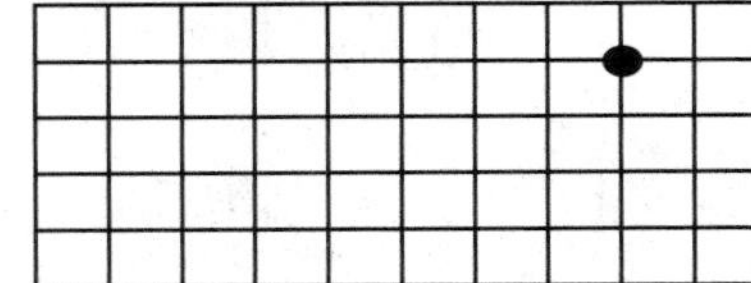

G5-21: Les glissements

1. Copie la forme dans la deuxième grille. (Assure-toi que ta forme soit dans la même position relativement au point.)

a)

b) 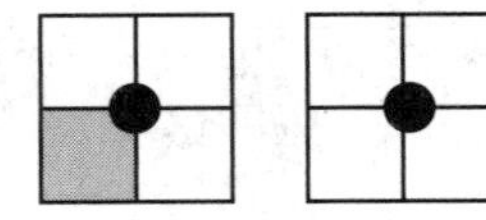

c) 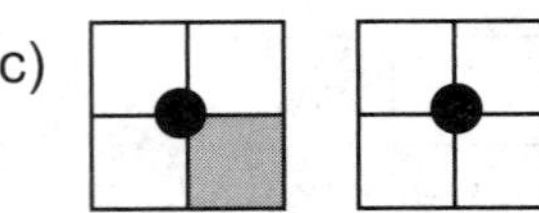

d) 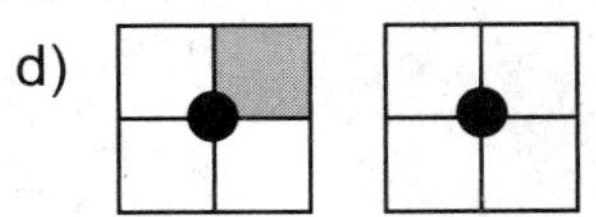

e) 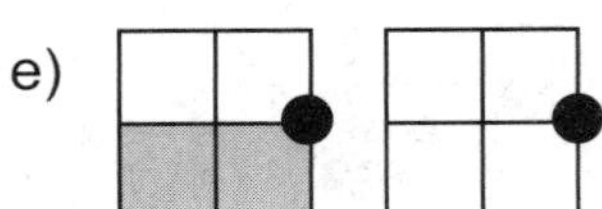

f) 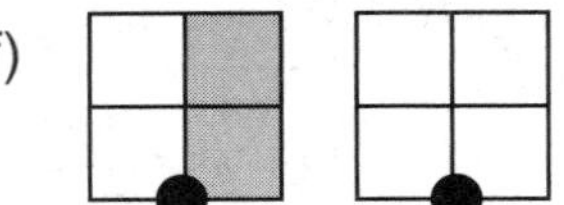

g) 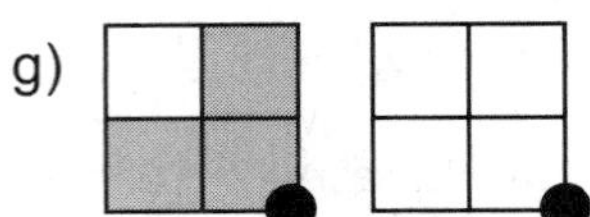

h) 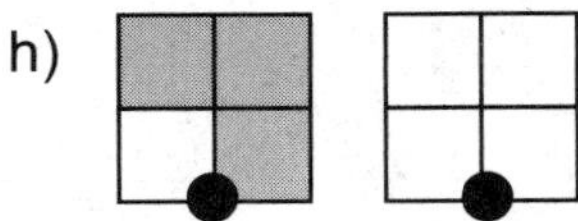

2. Copie la forme dans la deuxième grille.

a) 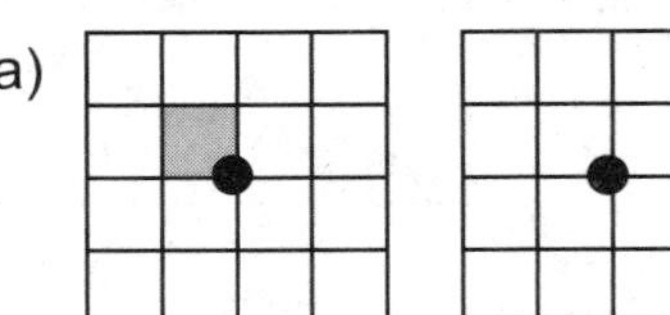

b) 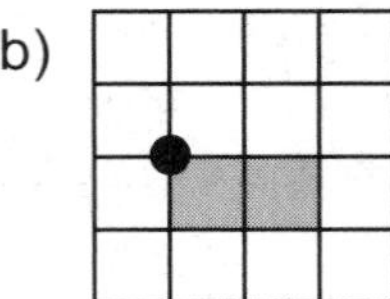 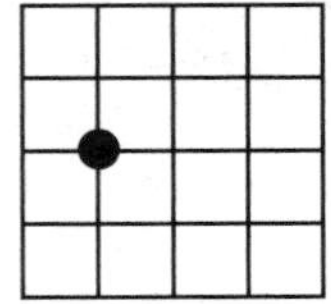

c) 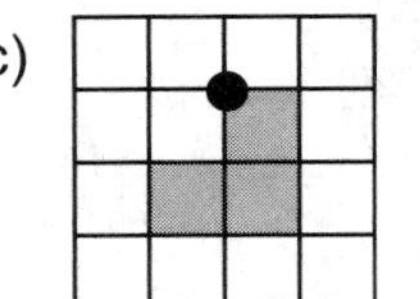 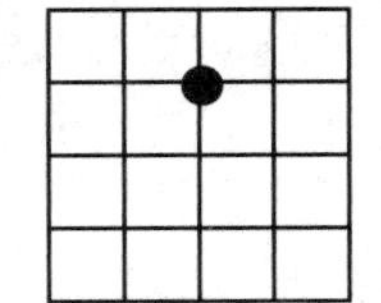

3. Fais glisser la forme d'un côté de la boîte à l'autre. Assure-toi que le point est sur le coin droit au bas de chaque forme que tu colories.

a) 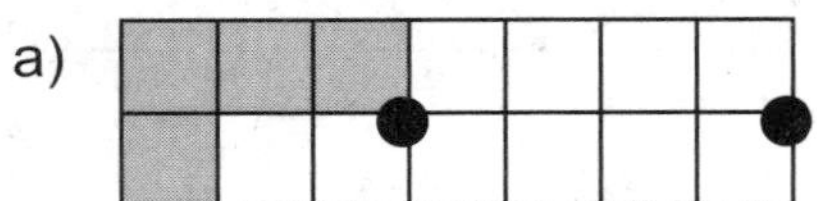

b) 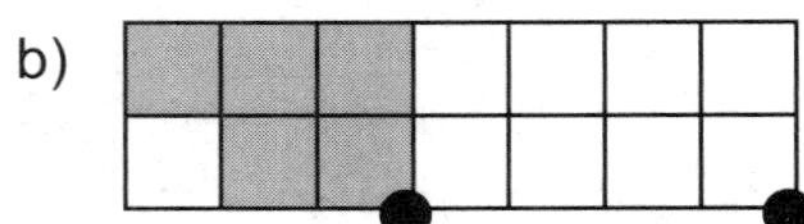

c) 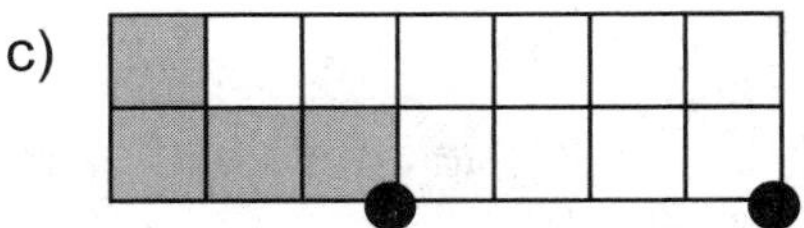

4. Fais glisser la forme de 4 unités vers la gauche. Fais glisser le point, et copie ensuite la forme. Assure-toi que le point est sur le coin gauche au bas de la nouvelle forme.

a) 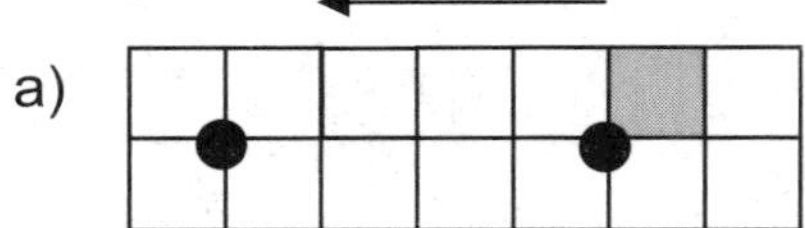

b) 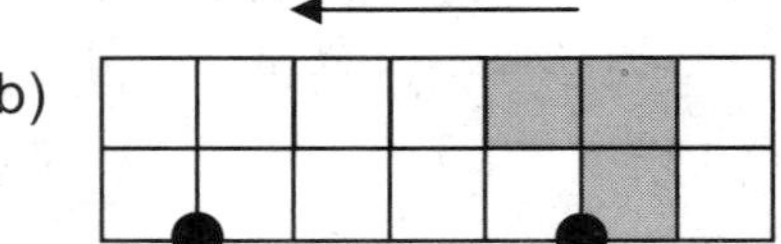

c) 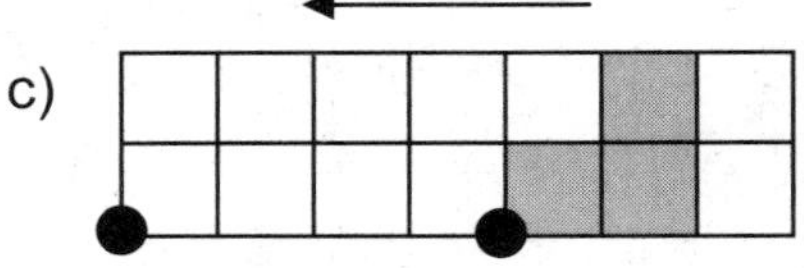

5. Fais glisser la forme de 3 unités dans la direction indiquée. Glisse d'abord le point et puis copie la forme.

a) 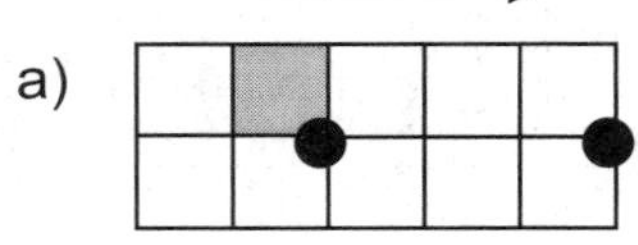

b) 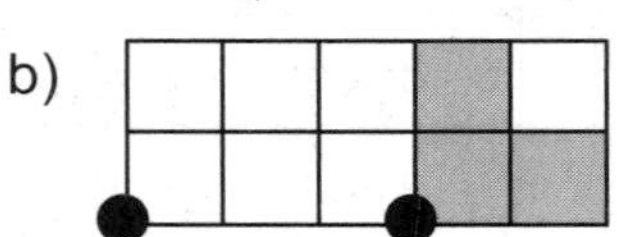

c) 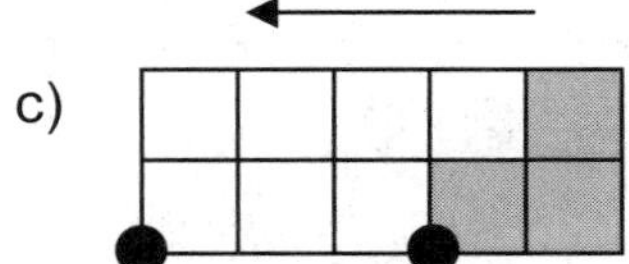

6. Fais glisser le point de trois unités vers le bas, et copie ensuite la forme.

a) 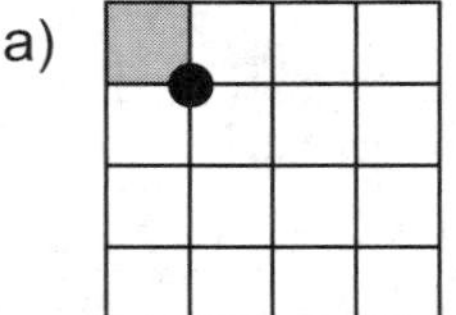

b) 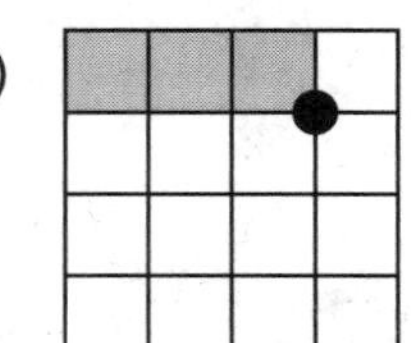

c) 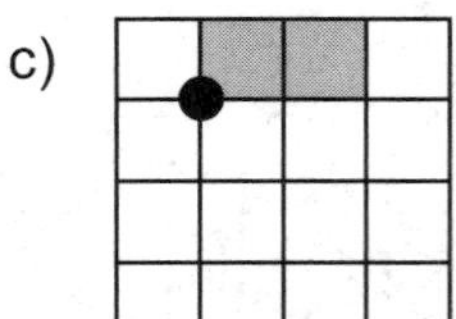

d) 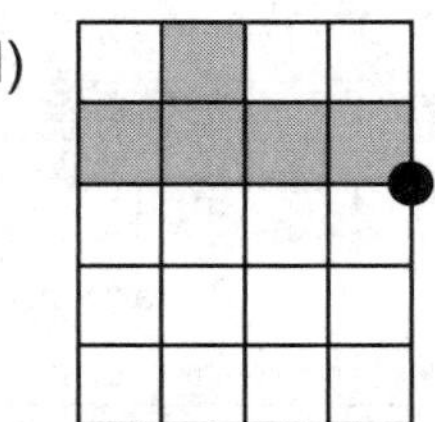

G5-22 : Les glissements (avancé)

Dans un **glissement** (ou une **translation**), la figure se déplace en ligne droite sans tourner. L'image du glissement est congruente à la figure originale.

Hélène fait glisser une forme vers une nouvelle position en suivant les étapes suivantes :

1. Dessine un point dans le coin de la figure.
2. Fait glisser le point (ici, 4 à droite et 1 vers le bas).
3. Dessine l'*image* de la figure.

Relie les deux points avec une flèche de translation pour indiquer la direction du glissement.

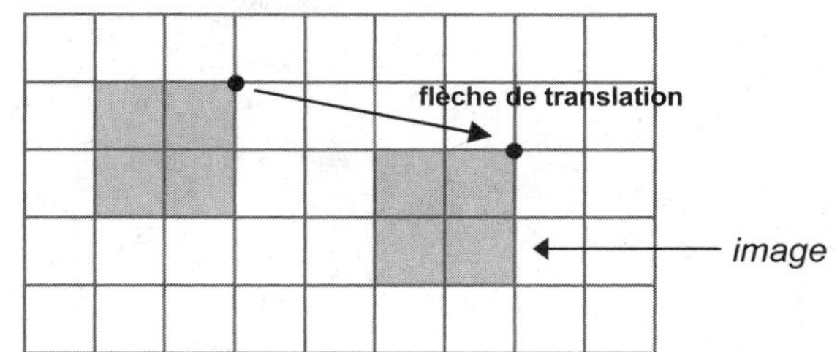

Fais glisser la boîte de 4 unités vers la droite et de 1 unité vers le bas.

---

1. Fais glisser chaque forme de 4 boîtes vers la droite. (Commence par dessiner un point sur un des coins de la figure. Fais glisser le point de 4 unités vers la droite, et dessine la nouvelle figure.)

a) 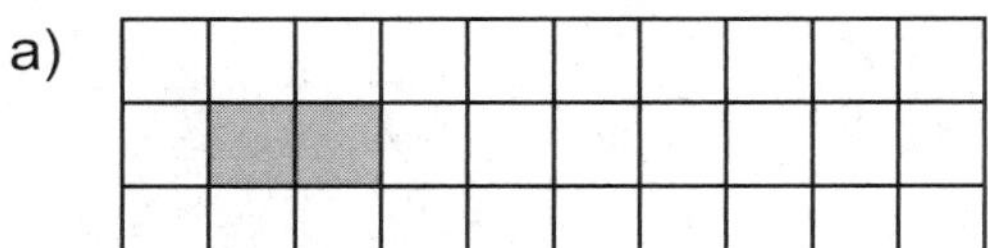

b) 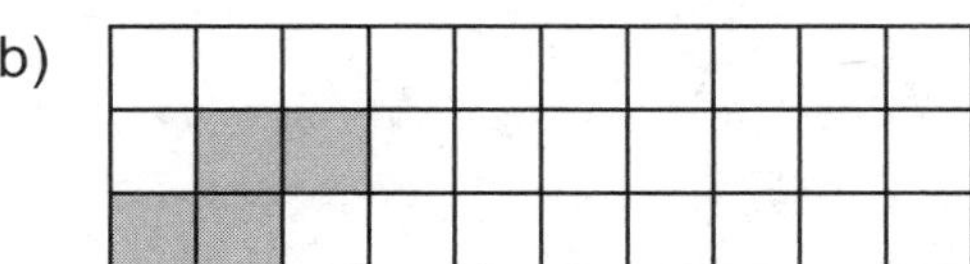

c) 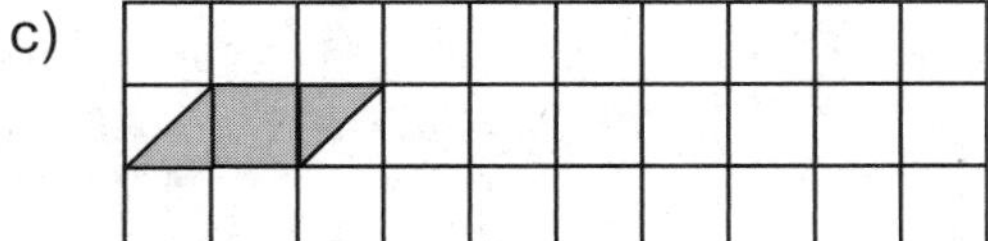

d) 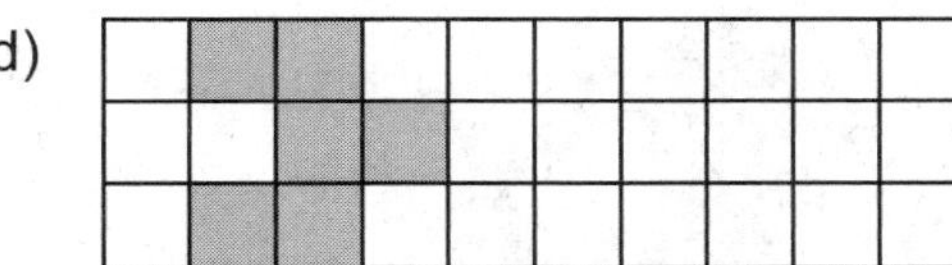

2. Fais glisser chaque figure de 5 boîtes vers la droite et de 2 boîtes vers le bas.

a) 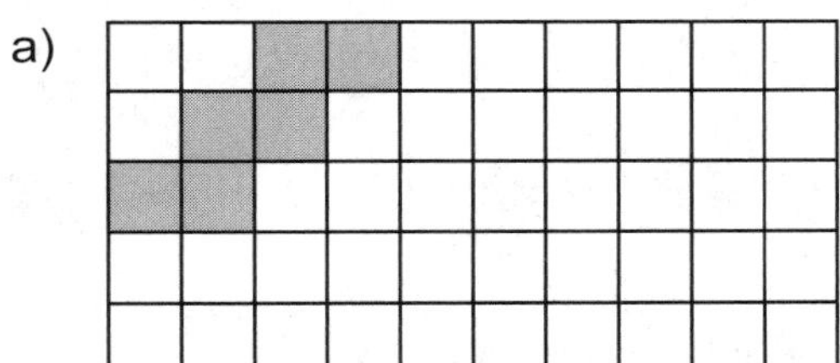

b) 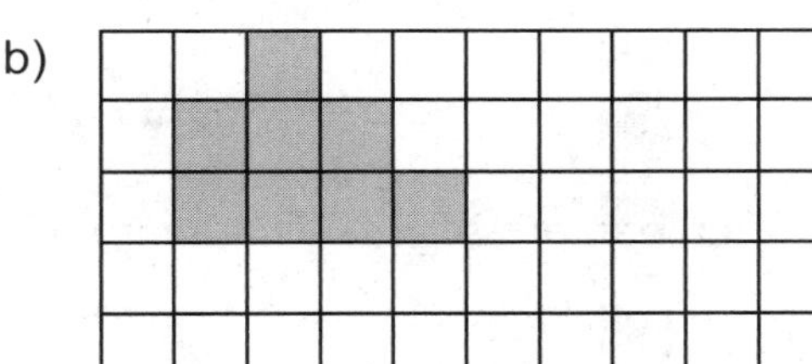

3. Décris comment la figure A a été déplacée à la position B. Utilise le mot « translation » dans ta réponse.

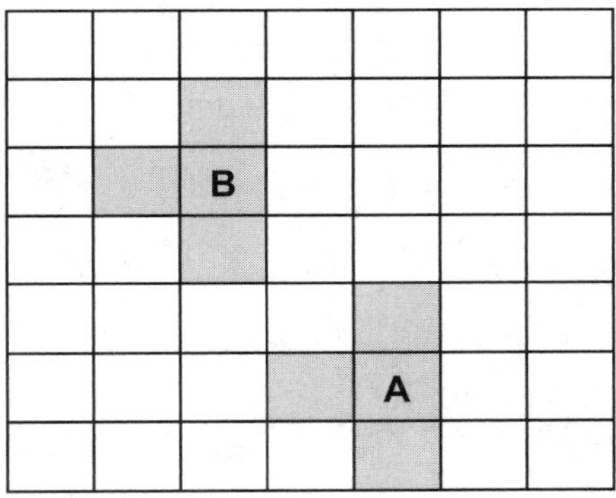

4. Amy dit qu'elle a fait un glissement pour déplacer la figure A à la position B. A-t-elle raison? Explique.

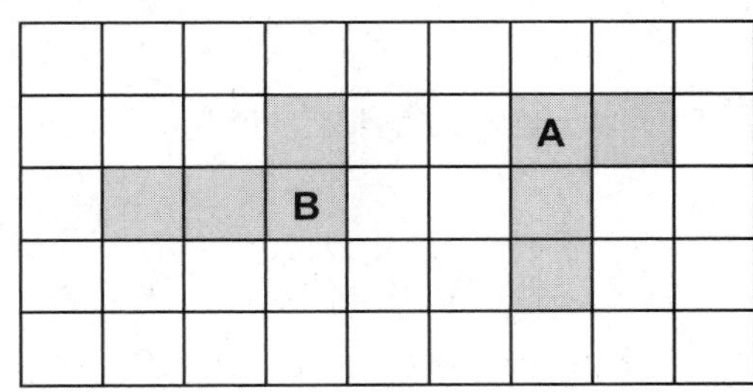

G5-23 : Coordonner les grilles et les cartes

1. Voici une carte des étoiles dans une constellation. Les noms sont donnés en arabe.

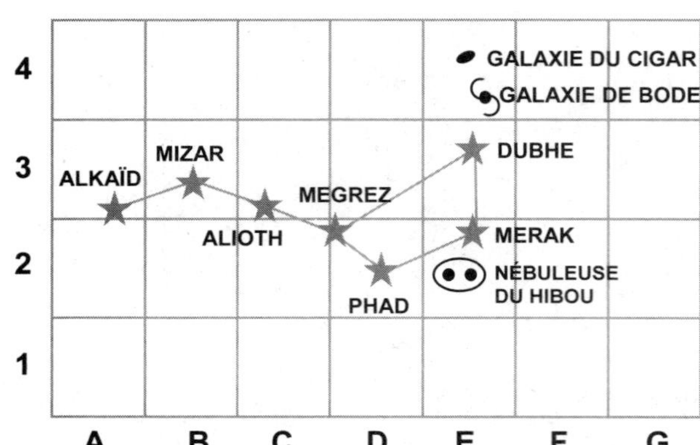

a) L'étoile nommée « Ourse » se trouve dans le carré 3

Quel est son nom en arabe? ____________.

b) La « Chèvre » se trouve dans le carré C3.

Quel est son nom en arabe? ______________.

c) L'étoile « Alkaid » est dans le carré ___________.

d) La Nébuleuse du Hibou est dans le carré ______.

e) De combien de carrés vers le haut la Galaxie de Bode est-elle de la Nébuleuse du Hibou? ____

f) Quelle étoile est à 2 carrés à gauche et 1 carré vers le haut de l'étoile Phad? ________________

2. La carte montre une partie de l'Île aux Trésors, où des pirates ont caché de l'or et de l'argent.

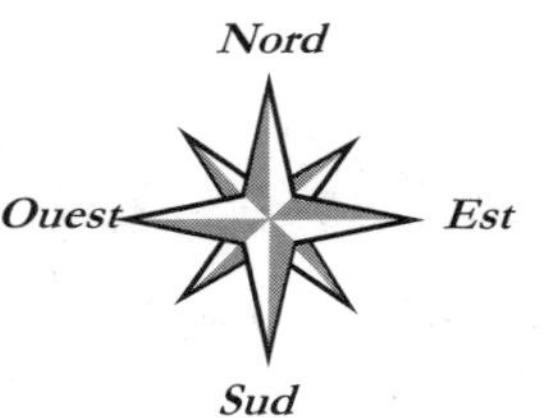

Chaque carré égale 5 pas.

Grand Bouleau
Rocher Rouge
Haut Sapin
Rosier
5 pas

a) Le Rocher Rouge est à 10 pas à l'ouest du Haut Sapin.

b) Le Grand Bouleau est à ___ pas au nord du Rocher Rouge.

c) Le Rosier est à ___ pas ________ et à ___ pas à l'est du Rocher Rouge.

d) Le Haut Sapin est à ___ pas ___________ et à ____ pas ____________ du Rosier.

e) Le Grand Bouleau est ______________________ et _____________________ du Haut Sapin.

3. Sur la carte, fais des points pour indiquer où sont cachés les trésors suivants :

a) Or (O) : 5 pas à l'est et 10 pas au nord du Haut sapin.

Armes (A): 10 pas à l'ouest et 5 pas au sud du Rosier.

Barres d'argent (B) : 10 pas au sud et 5 pas à l'est du Grand bouleau.

b) Entre quels deux points de repère sont cachées les barres d'argent? ________________________

G5-23: Coordonner les grilles et les cartes *(suite)*

Cette carte montre l'Île aux Trésors au complet.

Chaque arête représente 1 kilomètre.

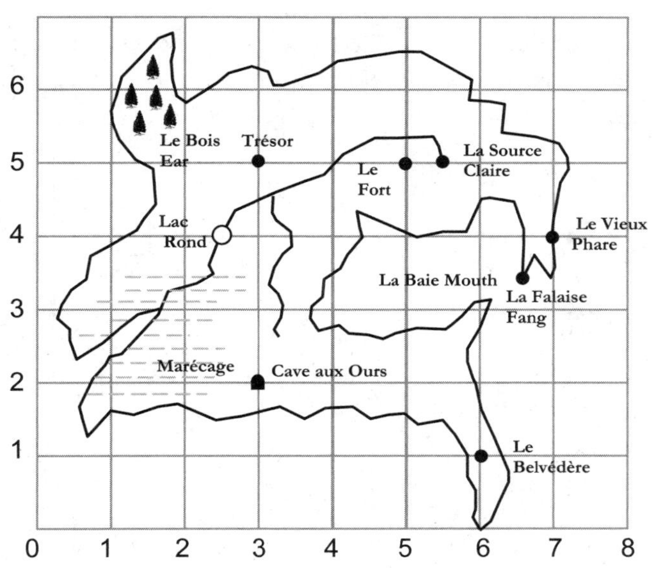

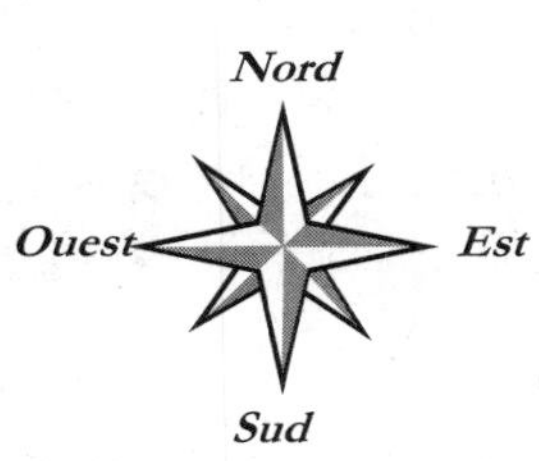

Le Lac Rond se trouve au point « 2,5, 4 ».

4. Quel point de repère se trouve au point …

a) (3, 2)? ______________________

b) (5, 5)? ______________________

c) (3, 5)? ______________________

d) (6,5, 3,5)? ______________________

5. Quelles sont les coordonnées pour …

a) le Vieux Phare? __________

b) le Belvédère? __________

c) la Source Claire? __________

6. Qu'est ce qui se trouve à …

a) 1 km à l'ouest de la Cave aux Ours? ________

b) 1,5 km au sud du Fort? ______________

c) 1 km au nord et 1,5 km à l'ouest du Trésor?

____

7. Remplis les espaces vides.

a) Le Vieux Phare est à __4,5__ km __à l'est__ du Lac Rond.

b) Le Trésor est à _____ km ________________ du Fort.

c) La Cave aux Ours est à _____ km ________________ du Trésor.

d) Le Belvédère est à _____ km ________________ et à ____ km au sud de la Cave aux Ours.

e) La Source Claire est à ____ km ___________ et à ____ km ___________ du Vieux Phare.

f) La Cave aux Ours est à ______________________________________ du Fort.

g) Le Trésor est à ______________________________________ du Belvédère.

8. Écris ta propre question en utilisant la carte et demande à ton partenaire d'y répondre.

G5-24 : Les réflexions

O'Shane **fait réfléchir** la forme en la renversant de l'autre côté de l'axe de réflexion. Chaque point de la figure se réfléchit par rapport à la ligne de réflexion, mais reste à la même distance de la ligne. O'Shane vérifie que sa réflexion est bien dessinée en utlisant un miroir.

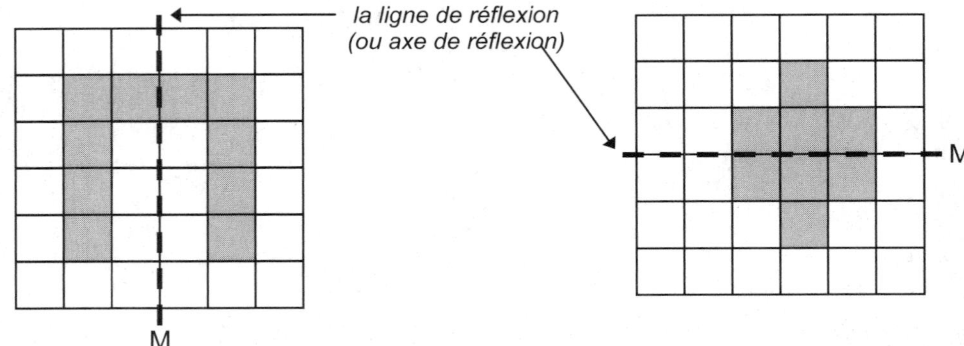

1. Dessine la réflexion des formes ci-dessous.

a)
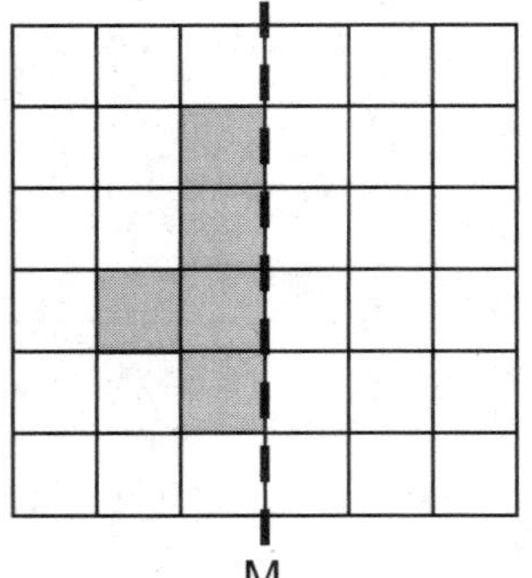

b)
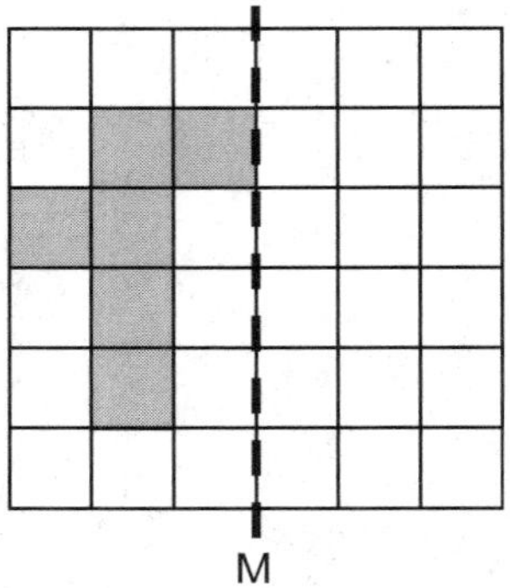

c)
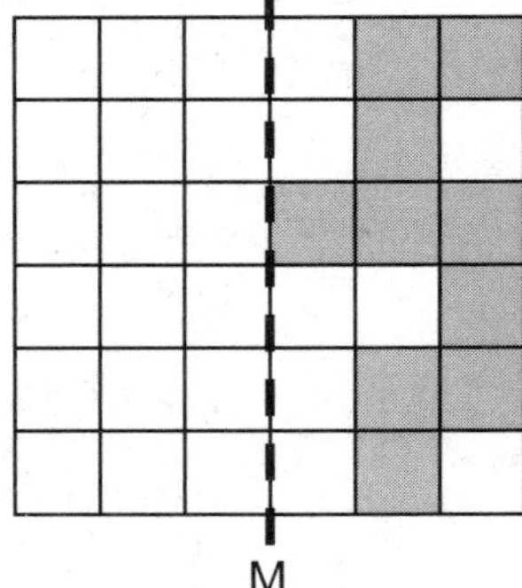

2. Dessine la réflexion, ou renverse, les formes suivantes.

a)
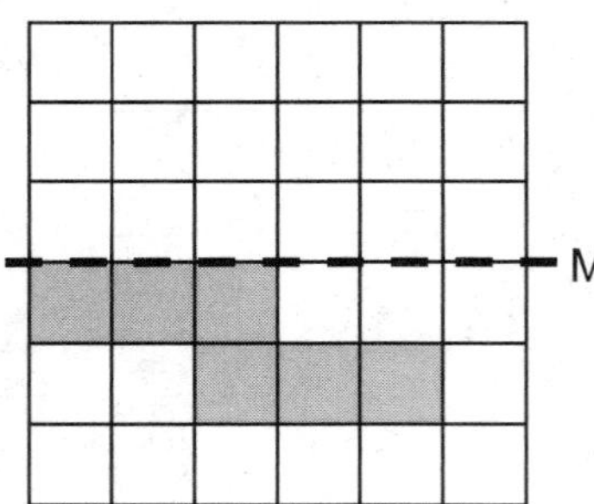

b)
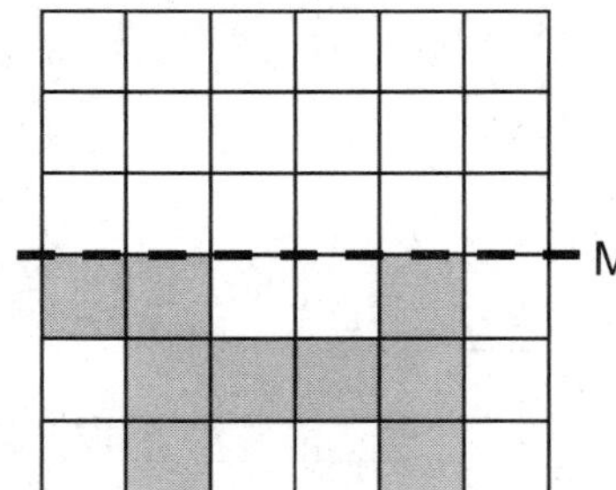

c)
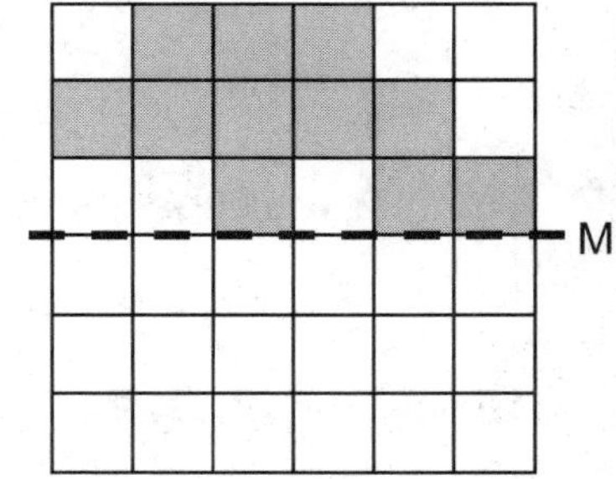

3. Dessine ta propre forme dans la boîte ci-dessous. Dessine ensuite la réflexion de la forme de l'autre côté de l'axe de réflexion.

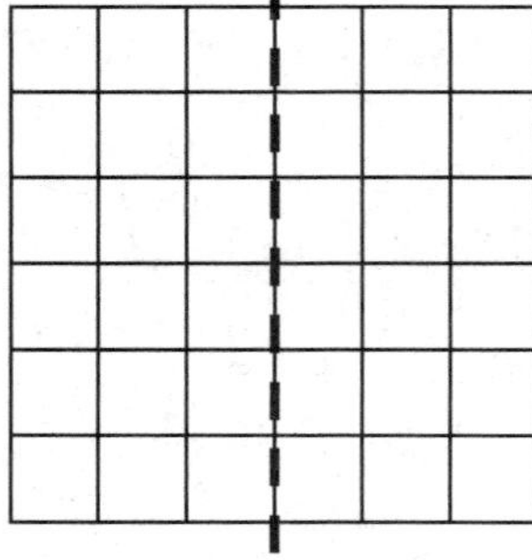

BONUS : Les formes des deux côtés de l'axe de réflexion sont-elles congruentes? Explique ta réponse.

____

____

____

G5-24 : Les réflexions *(suite)*

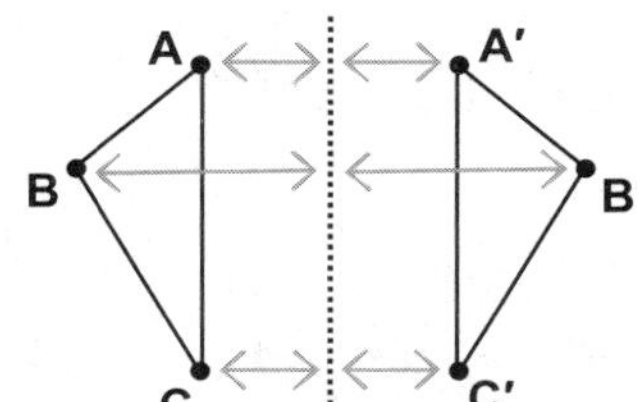

Quand un point est réfléchi sur l'axe de réflexion, le point et l'image sont à la même distance de l'axe de réflexion.

Une figure et son image sont congruentes mais font face à des directions opposées.

4. Fais réfléchir le P sur l'axe de réflexion M. Nomme l'image du point « P′ ».

a) 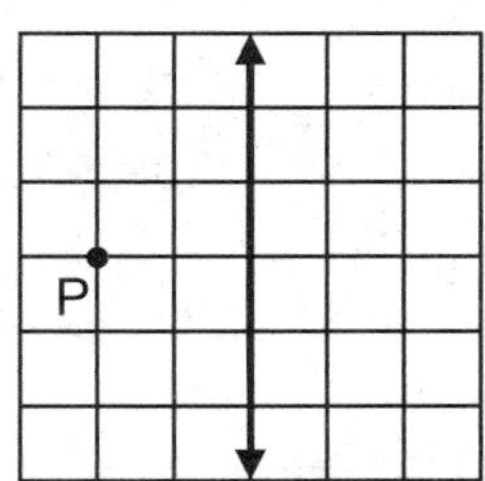

b) 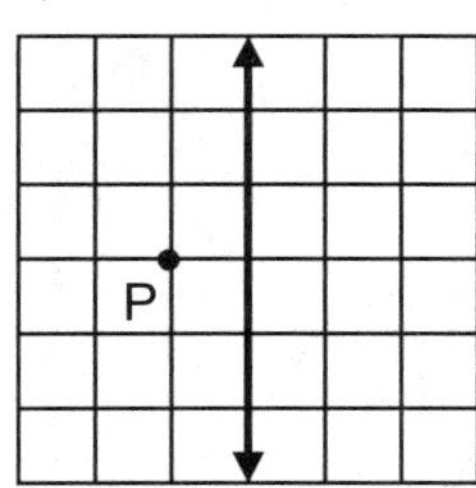

c) 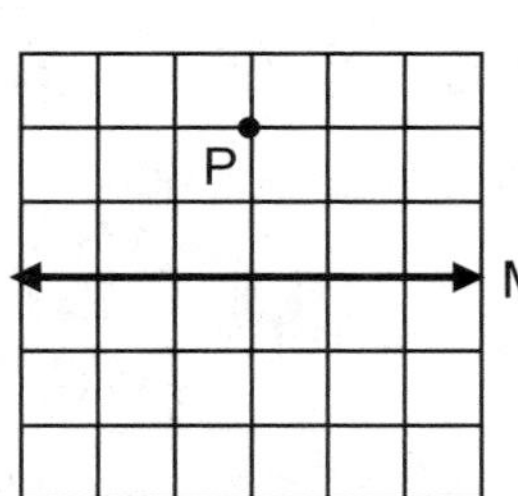

d) 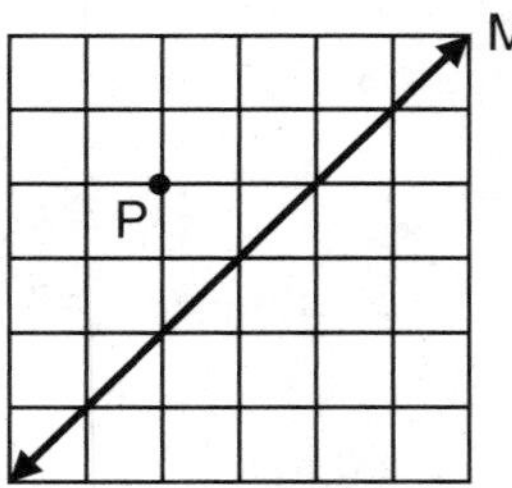

5. Fais réfléchir l'ensemble de points P, Q et R sur l'axe de réflexion. Nommes les images des points P′, Q′ et R′.

a) 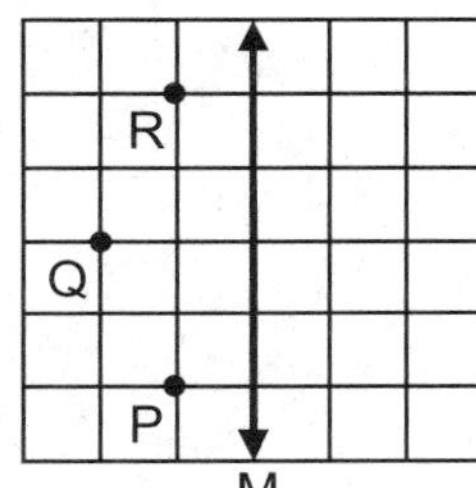

b) 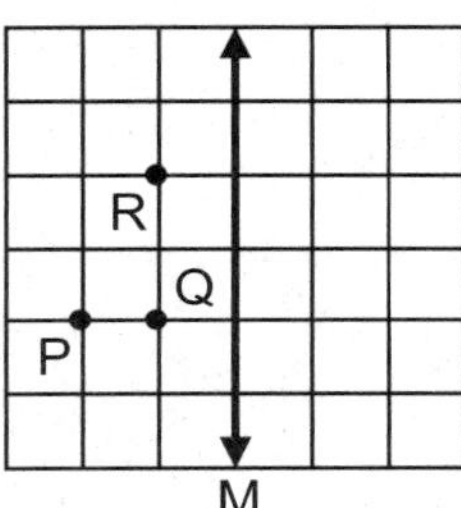

c) 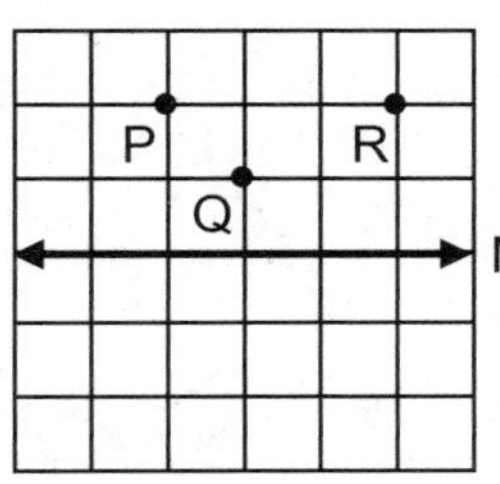

d) 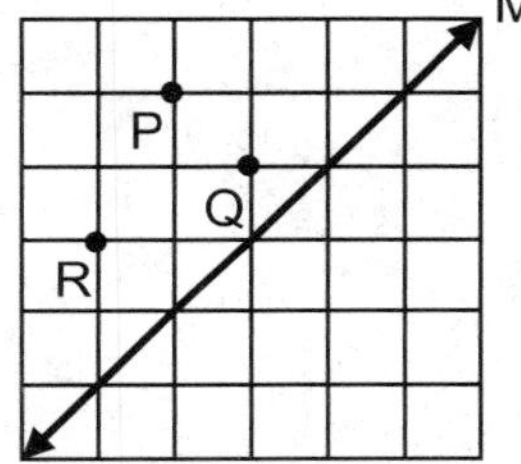

6. Fais réfléchir la figure en faisant réfléchir les sommets de la figure en premier.

a) 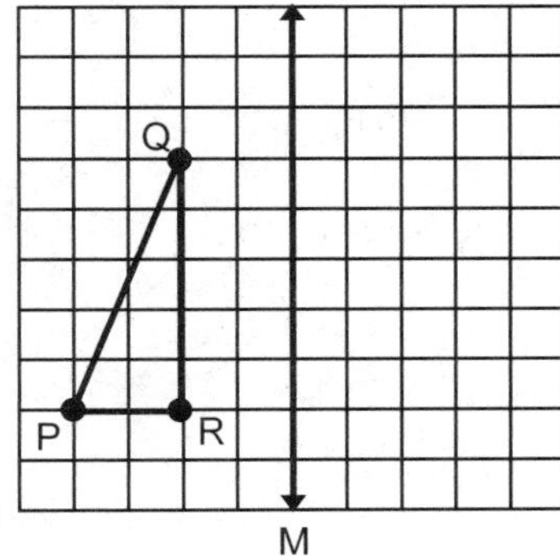

b) 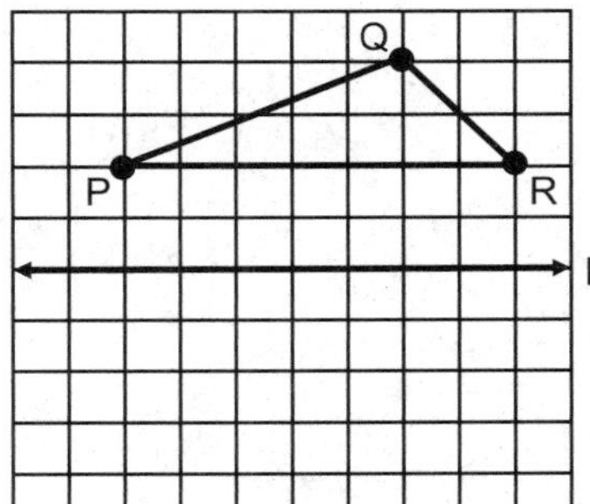

c) 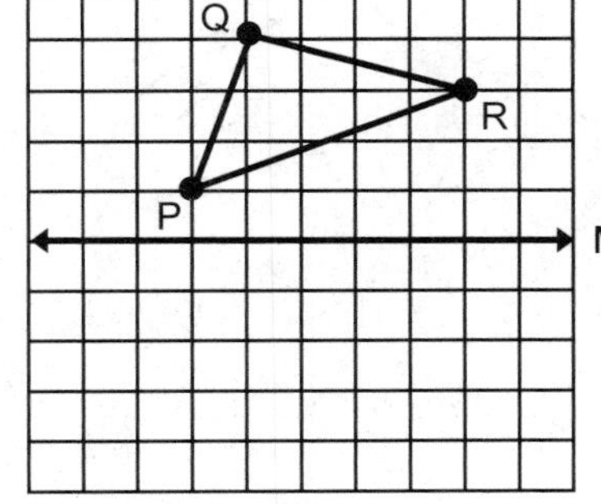

7. Encercle les illustrations qui <u>ne montrent pas</u> des réflexions. Explique comment tu sais que les figures que tu as encerclées ne sont pas des réflexions. **SOUVIENS-TOI : Les figures doivent être congruentes mais la réflexion de la figure doit faire face à la direction opposée.**

a) 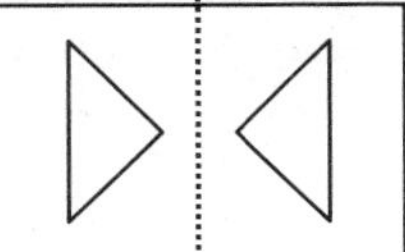

b) 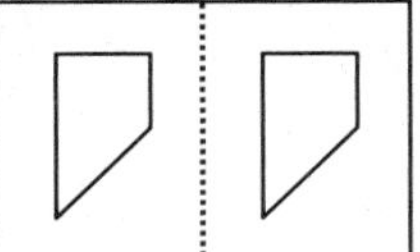

c) 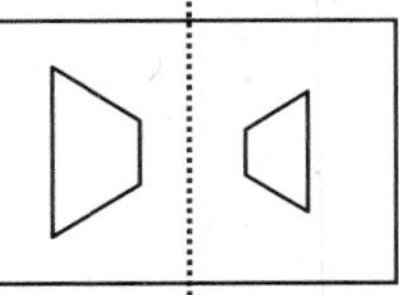

8. Dessine un axe de réflexion sur du papier quadrillé. Dessine un polygone de 3 ou 4 côtés et fais un point sur chaque sommet. Fais réfléchir le polygone sur l'axe de réflexion en faisant réfléchir les sommets en premier.

G5-25 : Les rotations

ENSEIGNANT :
Révisez avec vos élèves la définition de « dans le sens des aiguilles » et « dans le sens inverse des aiguilles ».

1. Dis quelle fraction est représentée dans les illustrations suivantes.

a) 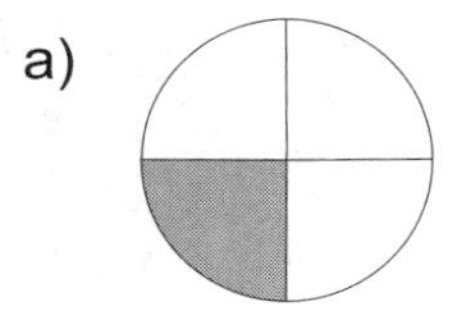

b) 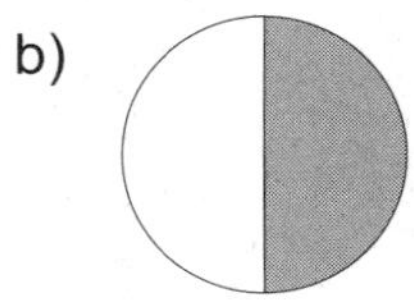

c) 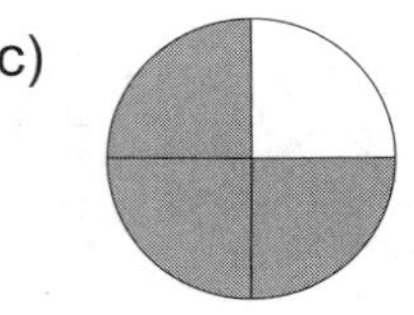

d) 

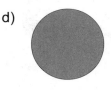

e) 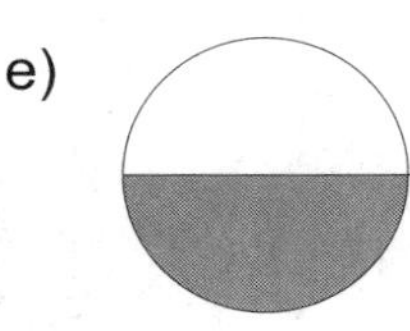

f) 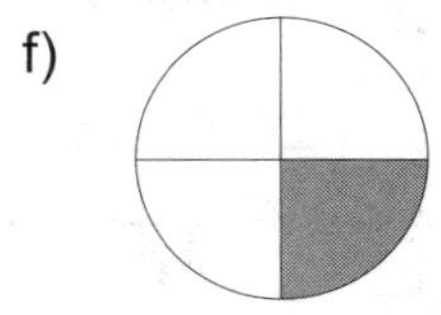

g) 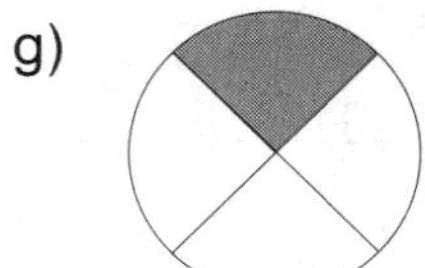

h) 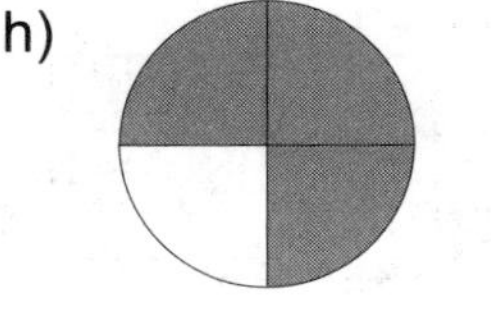

2. L'illustration montre jusqu'où l'aiguille de la montre a tourné. <u>Colorie la partie du cercle pour montrer le changement de position de l'aiguille.</u> Écris ensuite dans la boîte la fraction que représente le tour de l'aiguille. **INDICE : Quelle fraction du cercle as-tu coloriée?**

a) 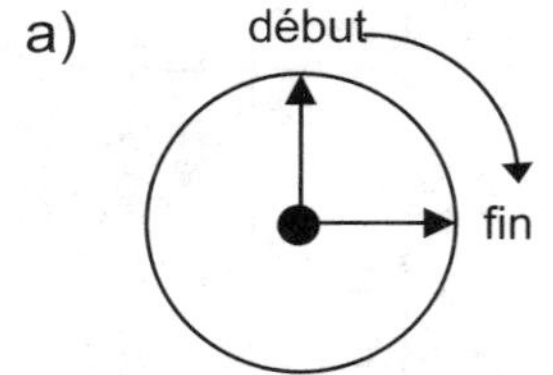

b) 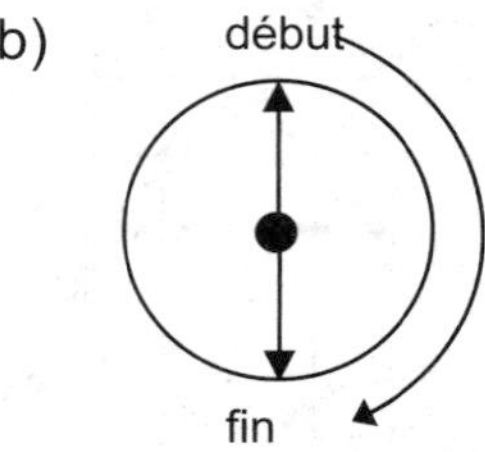

c) 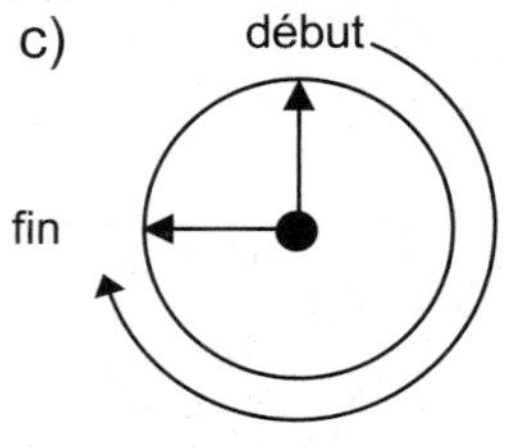

d) 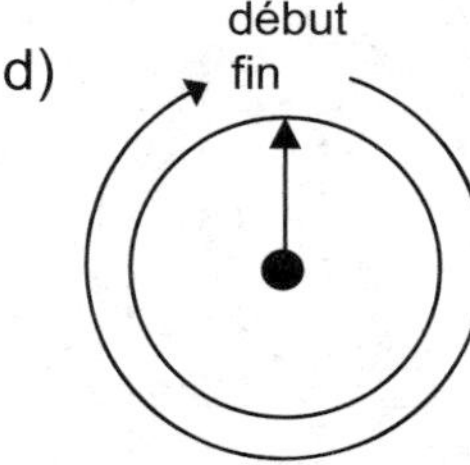

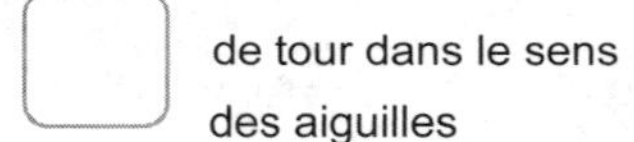
de tour dans le sens des aiguilles

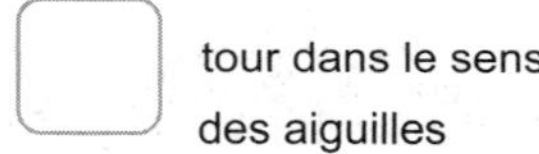
tour dans le sens des aiguilles

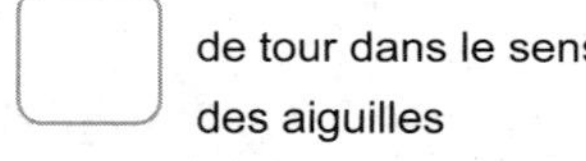
de tour dans le sens des aiguilles

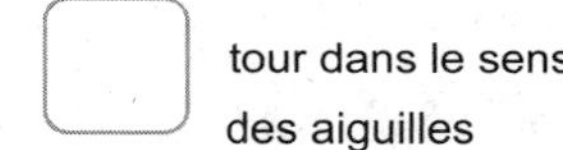
tour dans le sens des aiguilles

e) 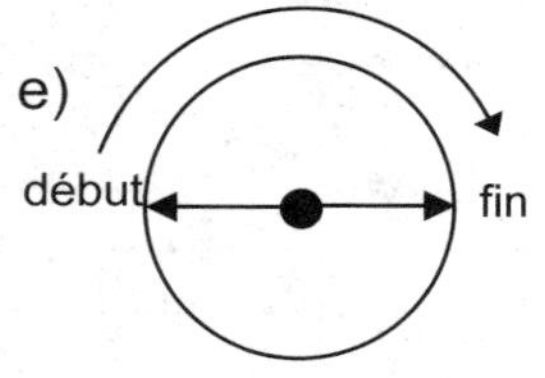

f) 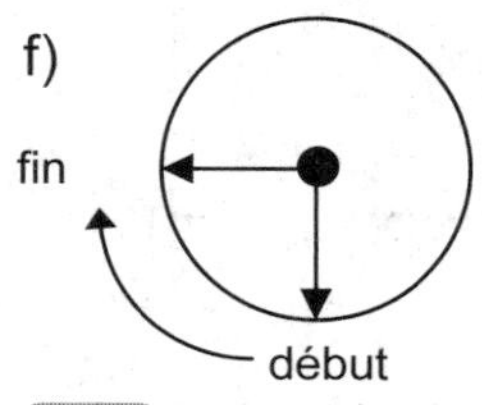

g) 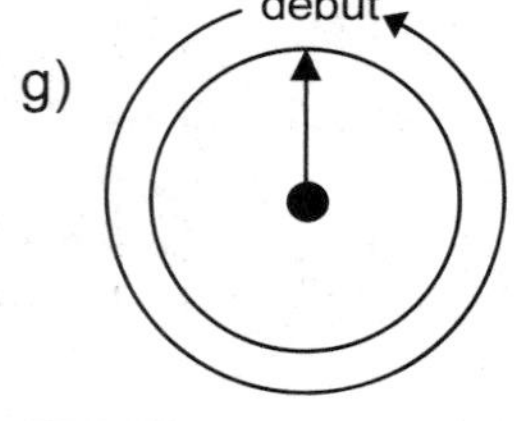

h) 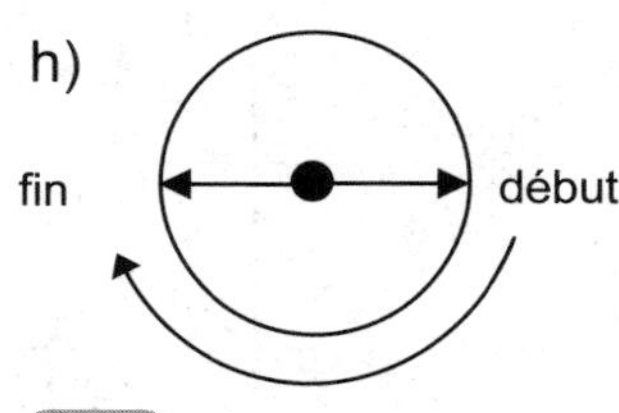

tour dans le sens des aiguilles

de tour dans le sens des aiguilles

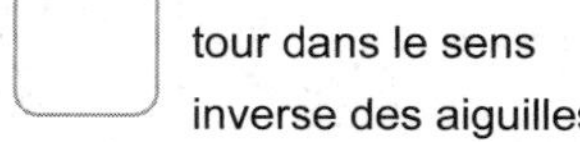
tour dans le sens inverse des aiguilles

tour dans le sens des aiguilles

i) 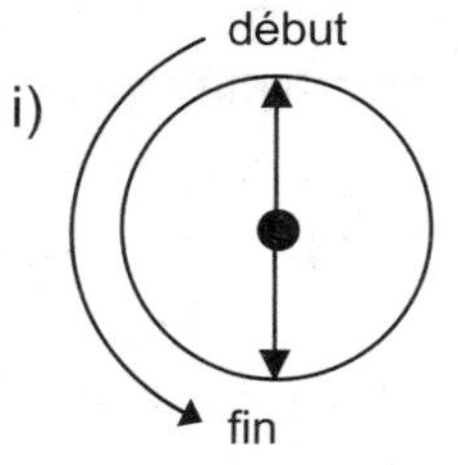

j) 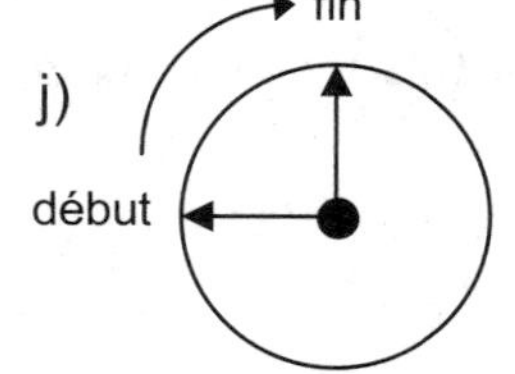

k) 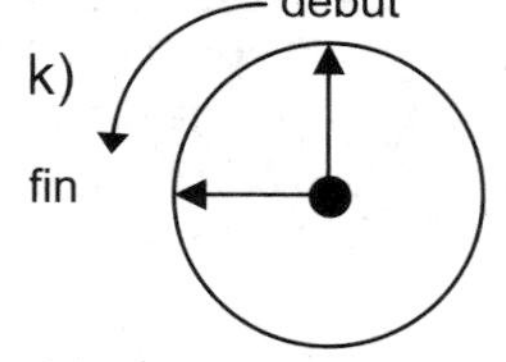

l)
début fin

G5-25 : Les rotations *(suite)*

Alice veut faire pivoter cette flèche $\frac{1}{4}$ de tour dans le sens des aiguilles.

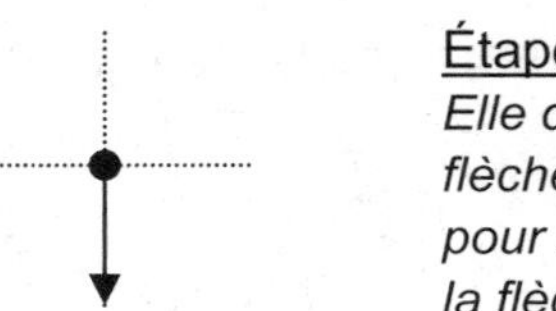

Étape 1 : *Elle dessine une flèche circulaire pour montrer jusqu'où la flèche devrait bouger.*

Étape 2 : *Elle dessine la position finale de la flèche.*

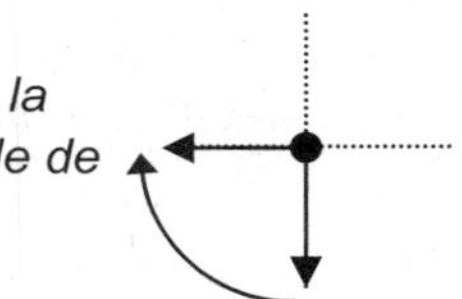

3. Écris de combien la flèche a bougé, du début jusqu'à la fin.

a) 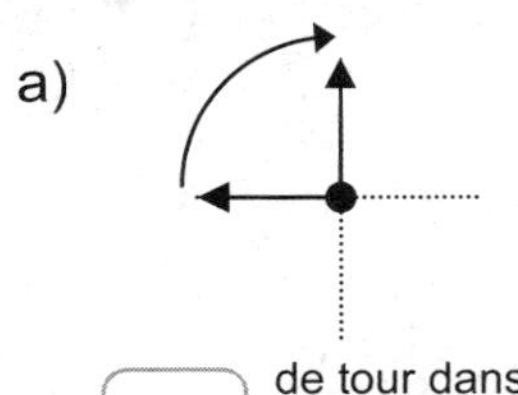

☐ de tour dans le sens des aiguilles

b) 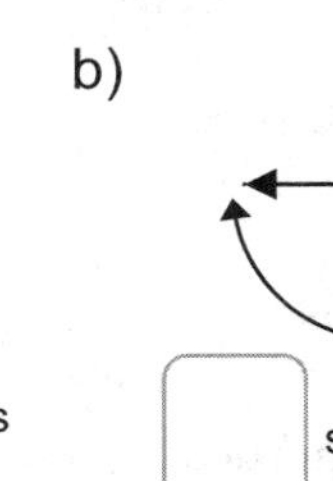

☐ de tour dans le sens des aiguilles

c) 

☐ tour dans le sens des aiguilles

d) 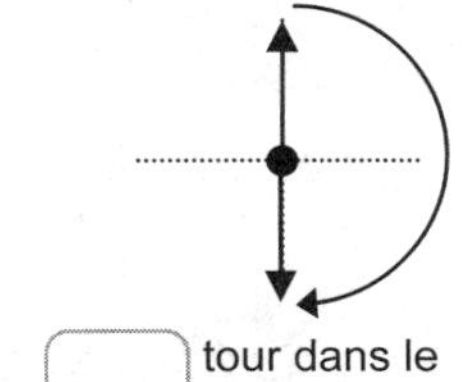 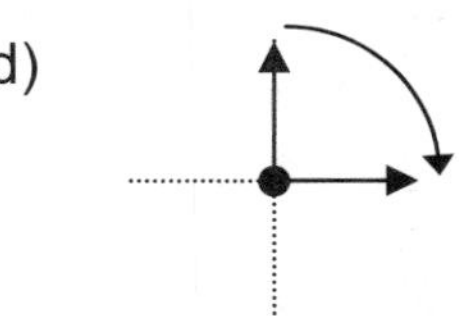

☐ de tour dans le sens des aiguilles

4. Écris de combien la flèche a bougé dans le sens inverse des aiguilles, du début jusqu'à la fin.

a) 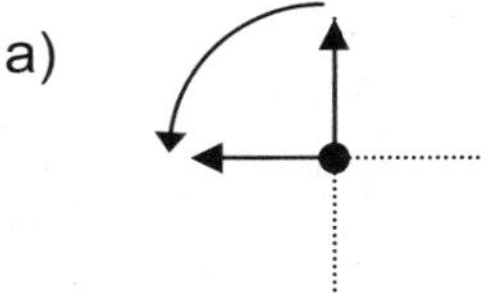

☐ de tour dans le sens inverse des aiguilles

b) 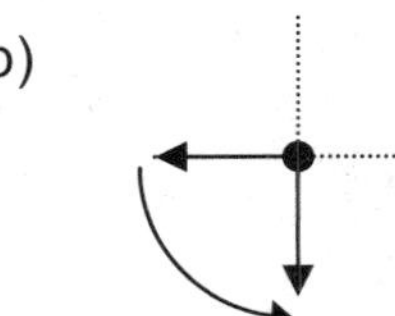 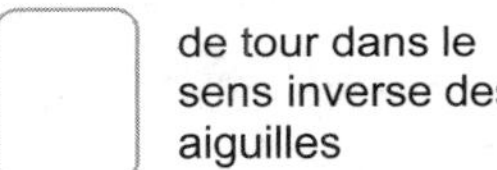

☐ de tour dans le sens inverse des aiguilles

c) 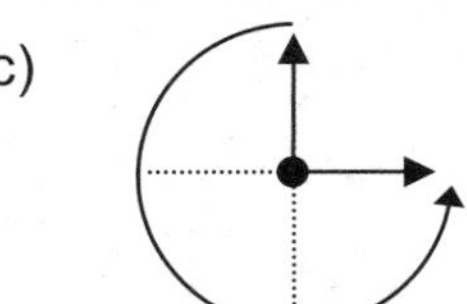 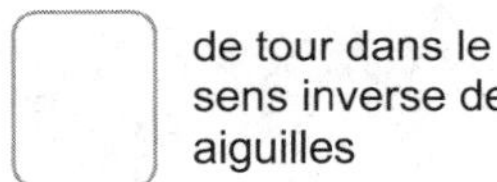

☐ de tour dans le sens inverse des aiguilles

d) 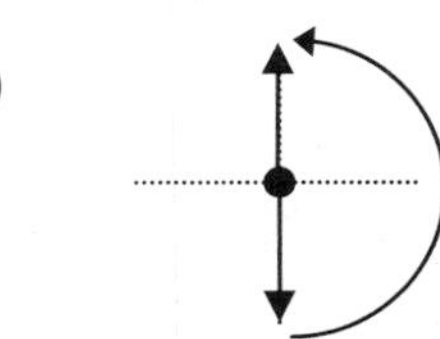

☐ tour dans le sens inverse des aiguilles

5. Montre où sera la flèche après chaque tour. **INDICE : Utilise la méthode d'Alice.**

a) 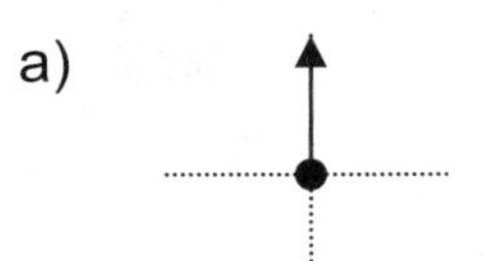

$\frac{1}{4}$ de tour dans le sens des aiguilles

b) 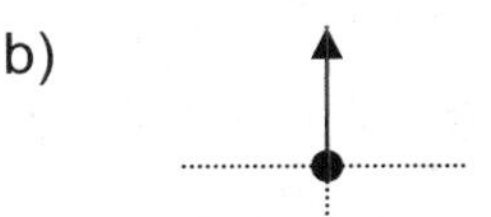

$\frac{1}{2}$ tour dans le sens des aiguilles

c) 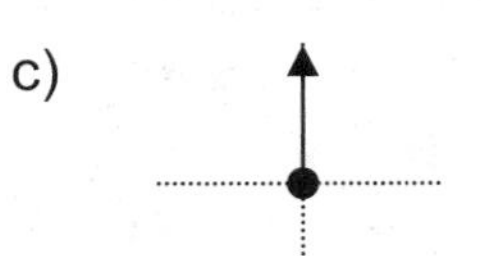

$\frac{3}{4}$ de tour dans le sens des aiguilles

d) 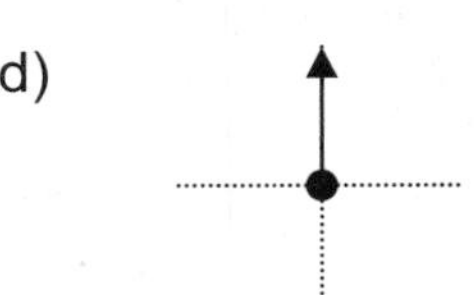 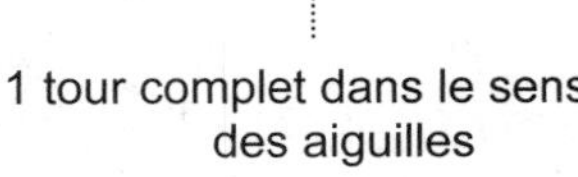

1 tour complet dans le sens des aiguilles

e) 

$\frac{1}{2}$ tour dans le sens inverse des aiguilles

f) 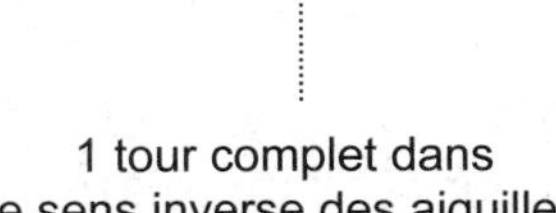

1 tour complet dans le sens inverse des aiguilles

g) 

$\frac{1}{4}$ de tour dans le sens inverse des aiguilles

h) 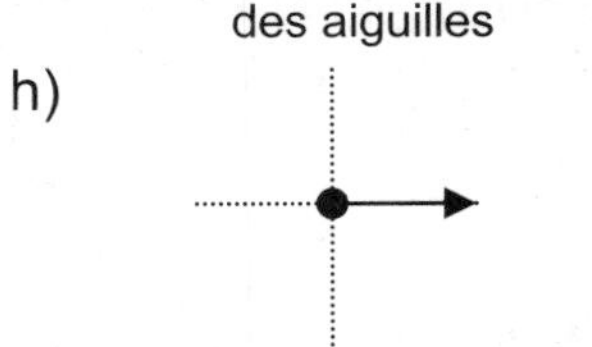

$\frac{3}{4}$ de tour dans le sens inverse des aiguilles

BONUS

i) 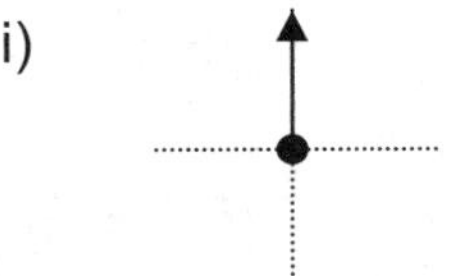

trois $\frac{1}{4}$ de tours dans le sens inverse des aiguilles

j) 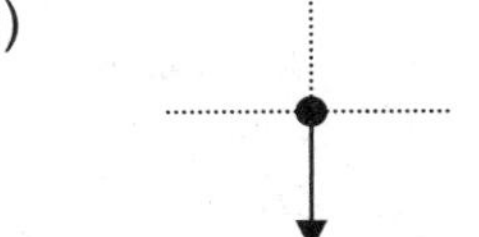

trois $\frac{1}{2}$ tours dans le sens des aiguilles

k) 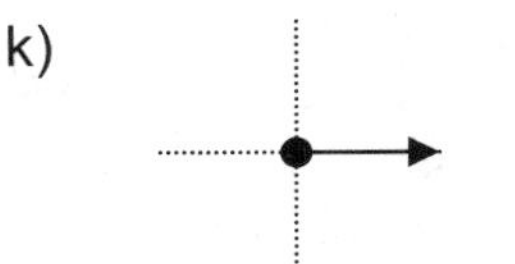

trois $\frac{1}{4}$ de tours dans le sens inverse des aiguilles

l) 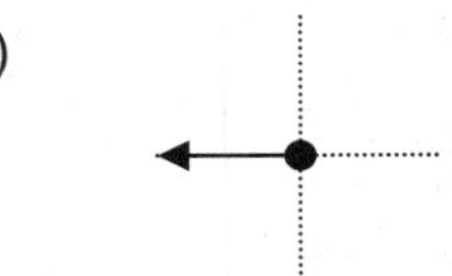

deux $\frac{3}{4}$ de tours dans le sens inverse des aiguilles

G5-26 : Les rotations (avancé)

1. Montre à quoi ressemblerait la figure après la rotation. Fais pivoter la ligne foncée en premier et dessine ensuite le reste de la figure.

a)

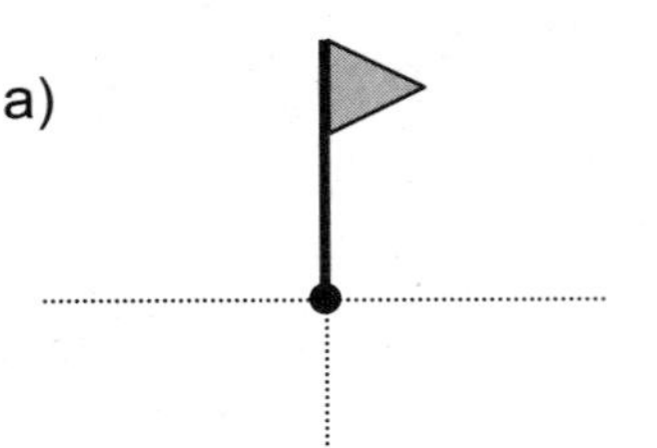

$\frac{1}{4}$ de tour dans le sens des aiguilles

b)

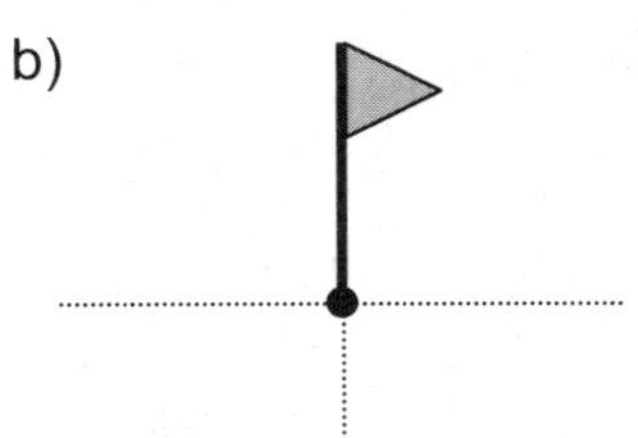

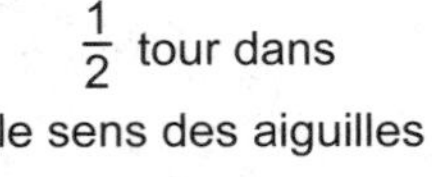

$\frac{1}{2}$ tour dans le sens des aiguilles

c)

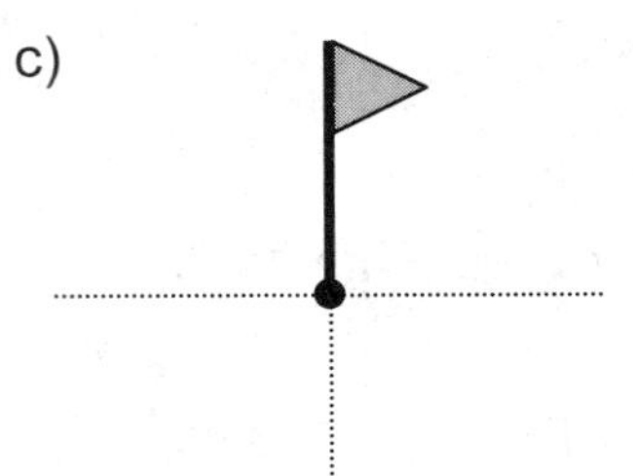

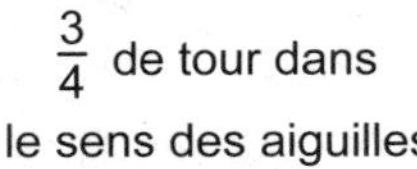

$\frac{3}{4}$ de tour dans le sens des aiguilles

d)

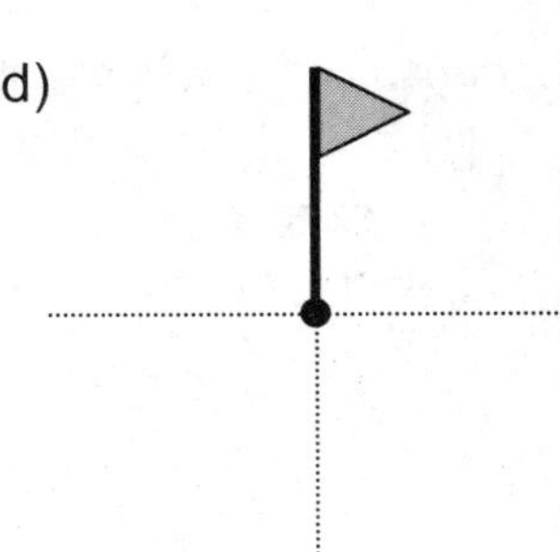

1 tour complet dans le sens des aiguilles

e)

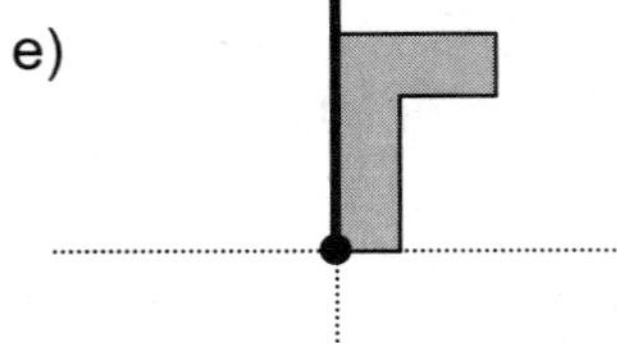

$\frac{1}{4}$ de tour dans le sens des aiguilles

f)

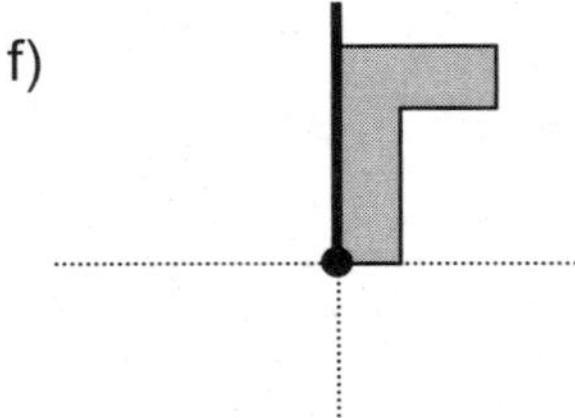

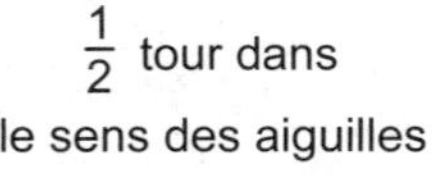

$\frac{1}{2}$ tour dans le sens des aiguilles

g)

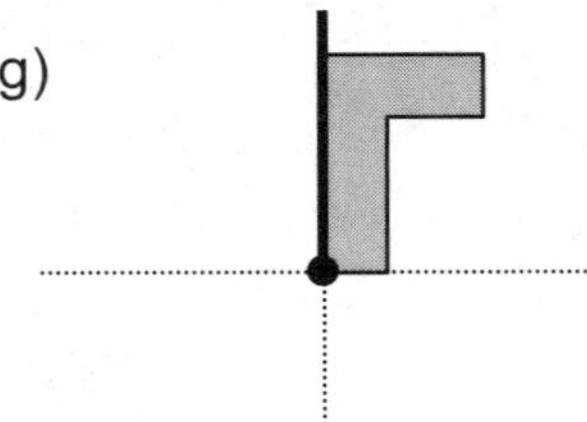

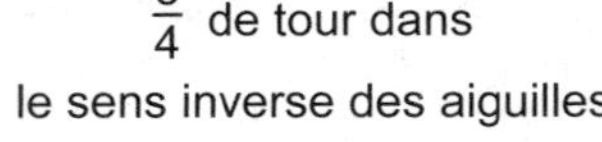

$\frac{3}{4}$ de tour dans le sens inverse des aiguilles

h)

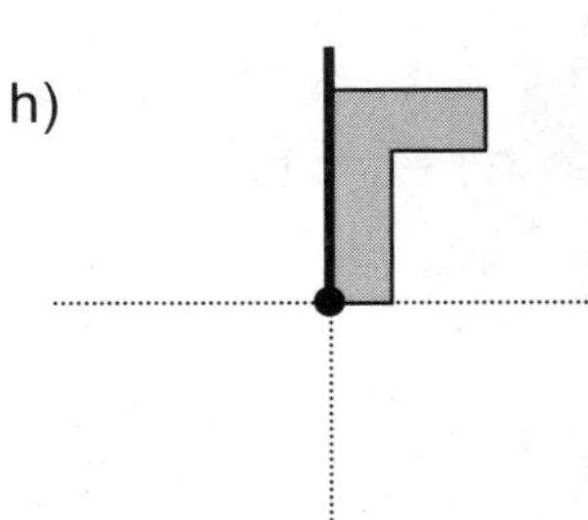

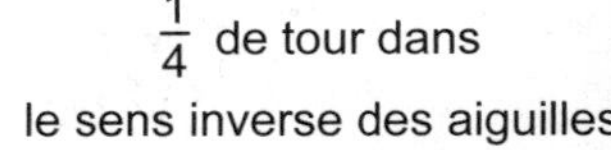

$\frac{1}{4}$ de tour dans le sens inverse des aiguilles

i)

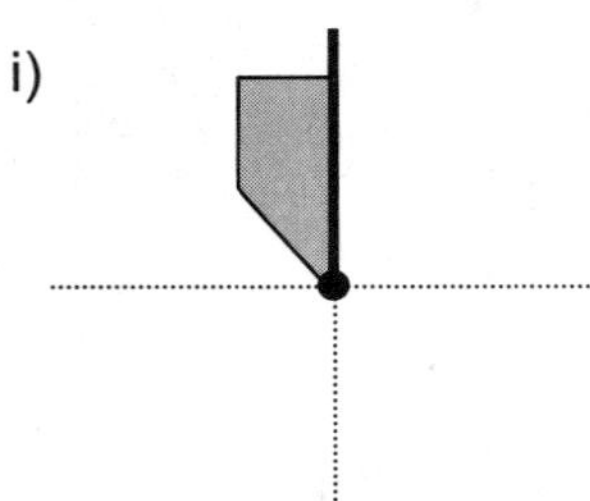

$\frac{1}{4}$ de tour dans le sens des aiguilles

j)

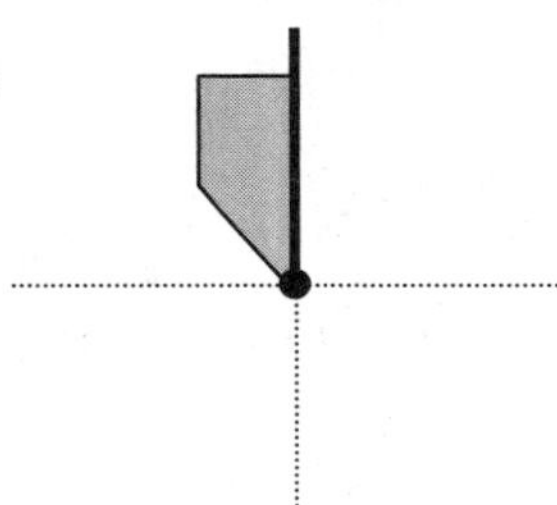

$\frac{3}{4}$ de tour dans le sens des aiguilles

k)

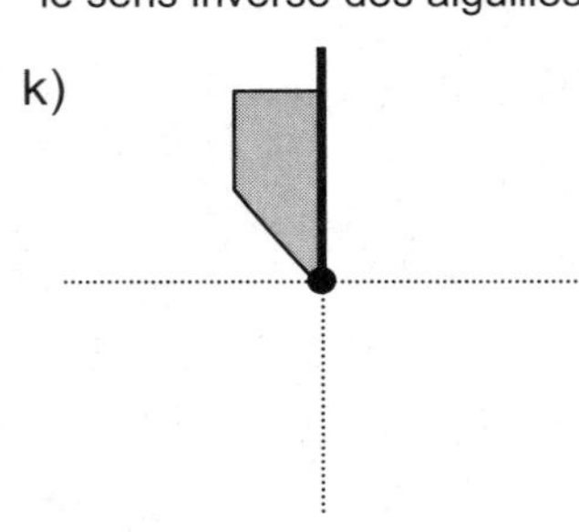

$\frac{1}{4}$ de tour dans le sens inverse des aiguilles

l)

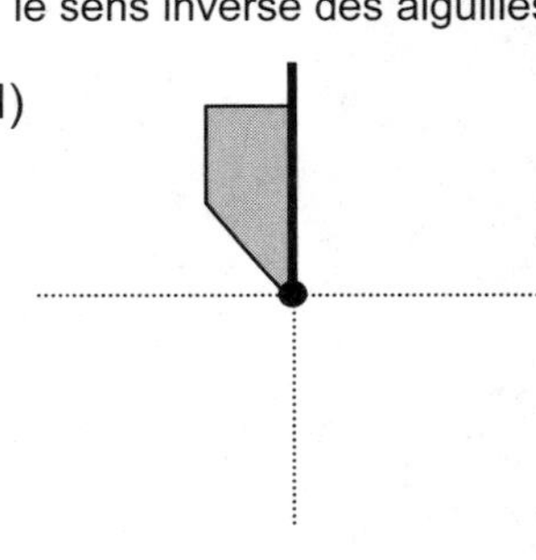

$\frac{1}{2}$ tour dans le sens des aiguilles

2. Dessine une figure sur du papier quadrillé. Fais un point sur un des coins. Montre à quoi ressemblerait la figure après une rotation d'un quart de tour dans le sens des aiguilles autour du point.

BONUS

3. <u>Étape 1</u> : *Dessine un trapèze sur du papier quadrillé et noircis un de ses côtés.*

   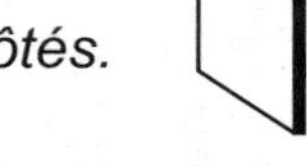

   <u>Étape 2</u> : *Utilise un rapporteur pour faire pivoter la ligne de* 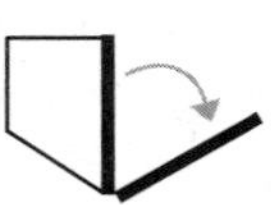 *60° dans le sens des aiguilles.*

   <u>Étape 3</u> : *Dessine le trapèze dans la nouvelle position.*

   INDICE : Tu devras mesurer les côtés et les angles du trapèze pour le reconstruire.

G5-27 : Les rotations et les réflexions

1. Fais pivoter chaque forme de 180° autour du centre P en montrant la position finale de la figure.

   Utilise la ligne pour t'aider.

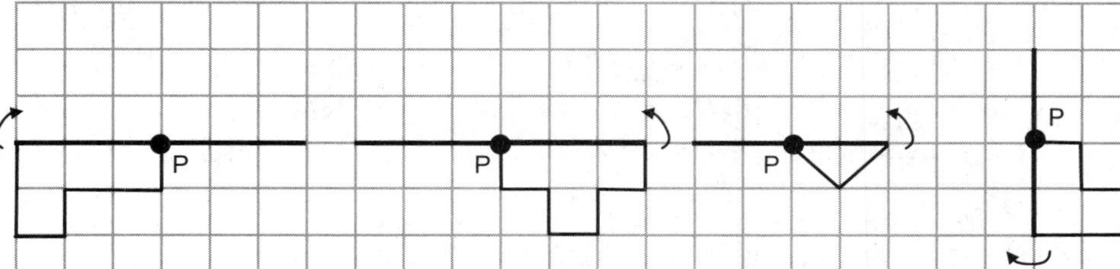

2. Fais pivoter chaque forme de 180° autour du centre P.
   INDICE : Noircis en premier une des arêtes de la figure et fais pivoter l'arête (voir question 1).

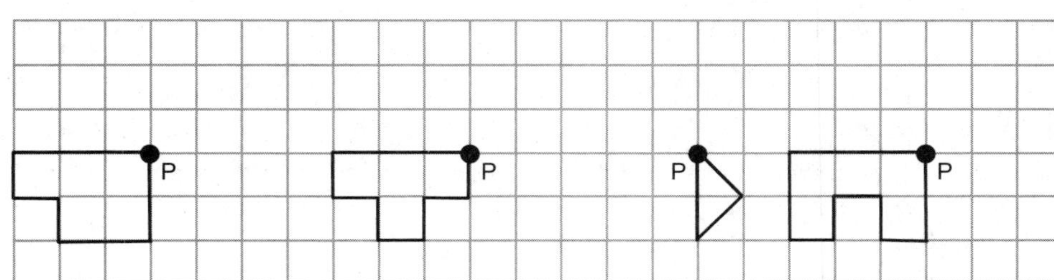

3. Fais pivoter chaque forme de 90° autour du point P dans la direction indiquée.

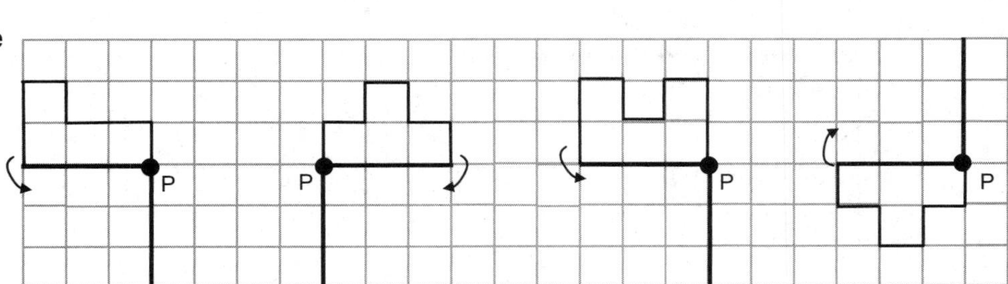

4. Fais pivoter chaque forme de 90° autour du point dans la direction indiquée.
   INDICE : Noircis en premier une des lignes sur la figure et fais pivoter la ligne de 90°.

a)

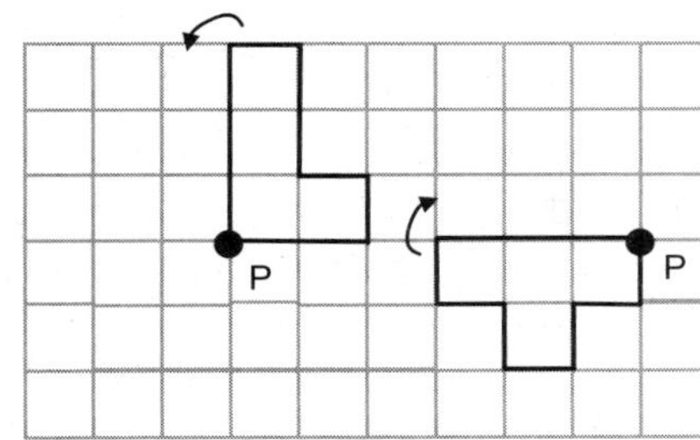

b) P

5. Fais réfléchir chaque forme sur l'axe de réflexion.

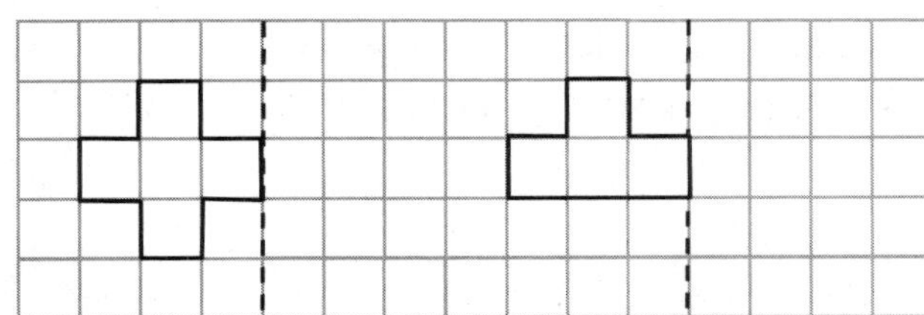

6.

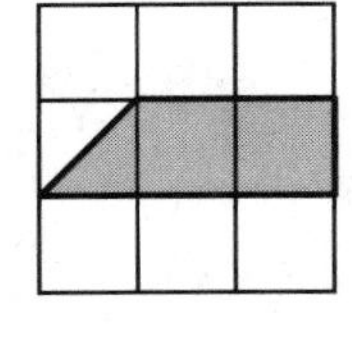

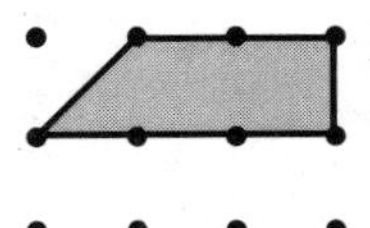

a) Copie la figure sur du papier quadrillé ou du papier à points.

b) Choisis n'importe quel point sur la figure comme centre de rotation.
   Fais pivoter la figure de $\frac{1}{4}$ de tour ou d'un $\frac{1}{2}$ tour autour du point.
   Fais ensuite glisser la figure dans n'importe quelle direction.
   Décris les transformations que tu as utilisées.

c) Fais pivoter la figure autour de n'importe quel point, et ensuite fais-là réfléchir sur un axe de réflexion de ton choix. Décris la transformation utilisée.

G5-28 : Les glissements, les rotations et les réflexions

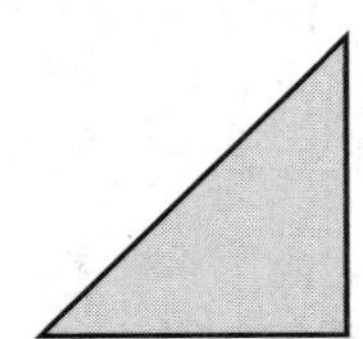

Trace et découpe le triangle. Place le triangle dans la Position 1 et déplace-le à la Position 2 en faisant <u>une</u> des transformations suivantes :

- Glissement *(1 unité vers la droite ou vers la gauche)*
- Rotation de ¼ de tour *(dans le sens des aiguilles / dans le sens inverse des aiguilles autour de P)*
- Réflexion *(sur la ligne 'M')*

1. Décris la transformation utilisée.

a) 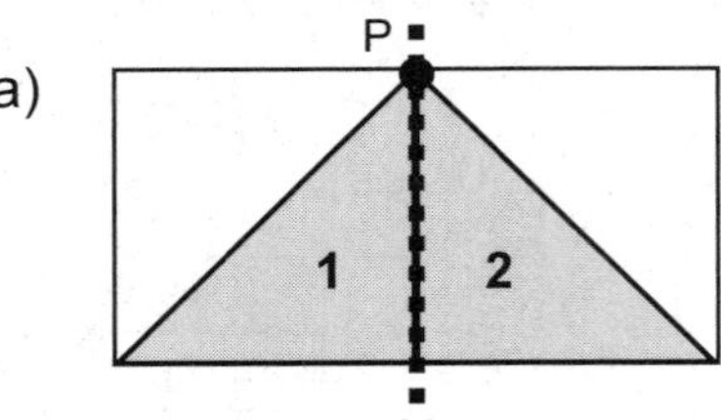

b) 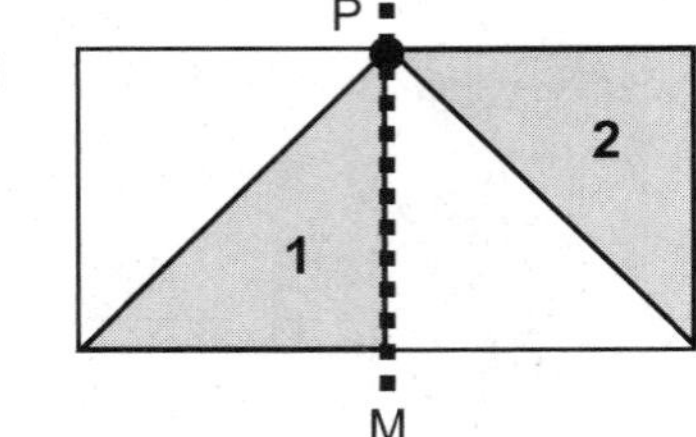

c) 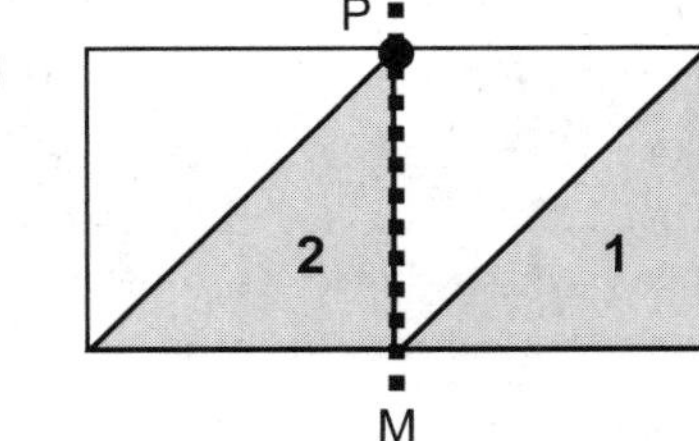

d) 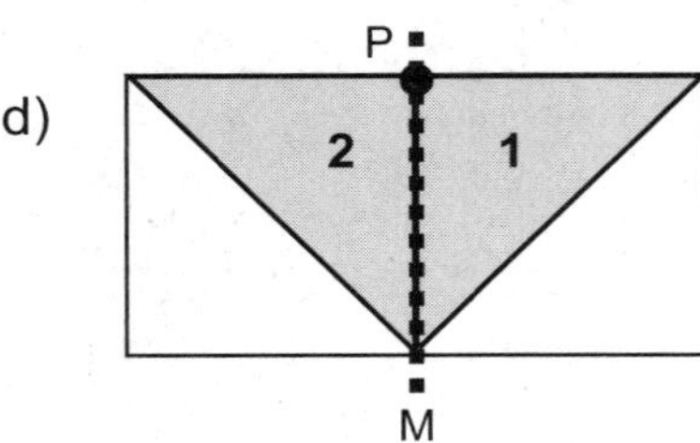

e) 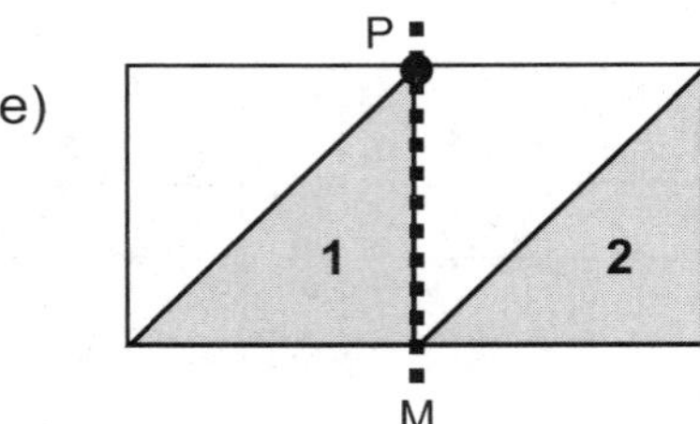

f) 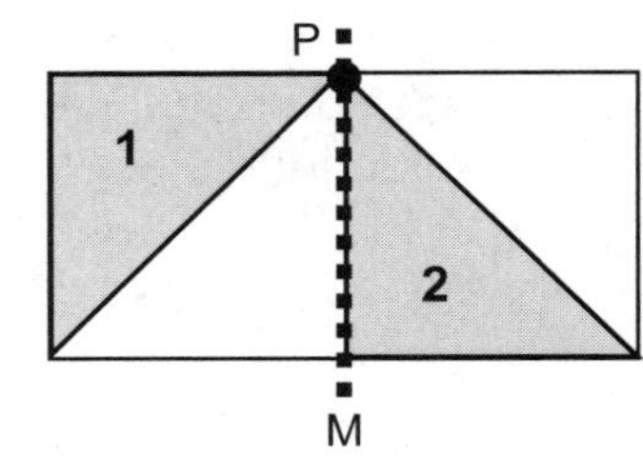

2. 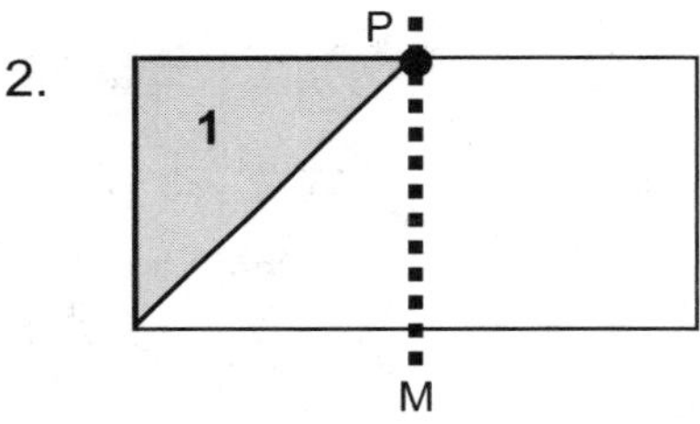

En faisant un glissement, une réflexion ou une rotation, déplace le triangle de la Position 1 à une Position 2 de ton choix. Ajoute un deuxième triangle au diagramme et identifie la transformation utilisée.

3. Place le triangle (ci-dessus) à la Position 1 sur la grille. Décris comment tu peux déplacer la figure de la Position 1 à la Position 2 en utilisant <u>une</u> transformation.

a) 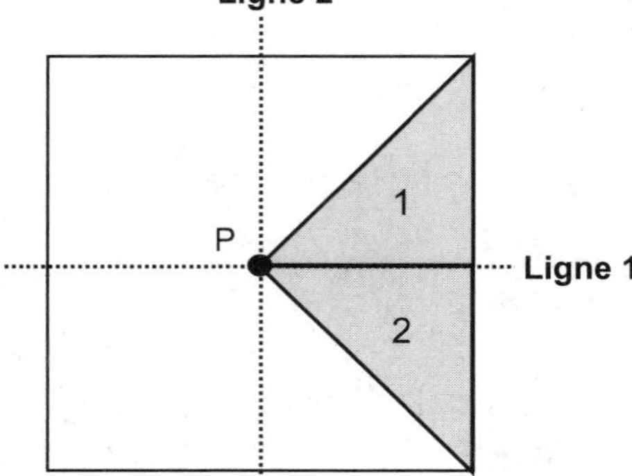

b) 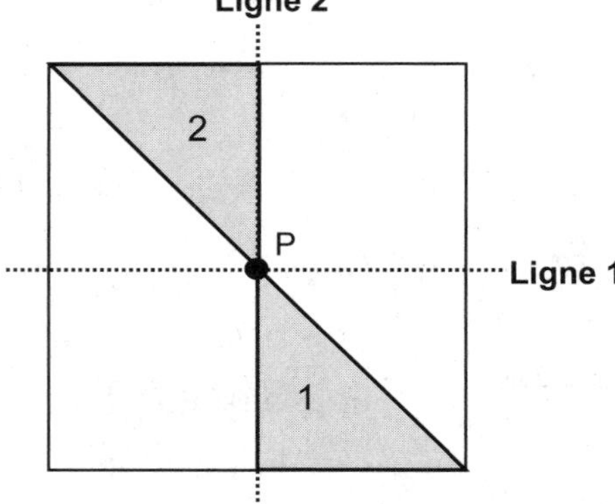

c)

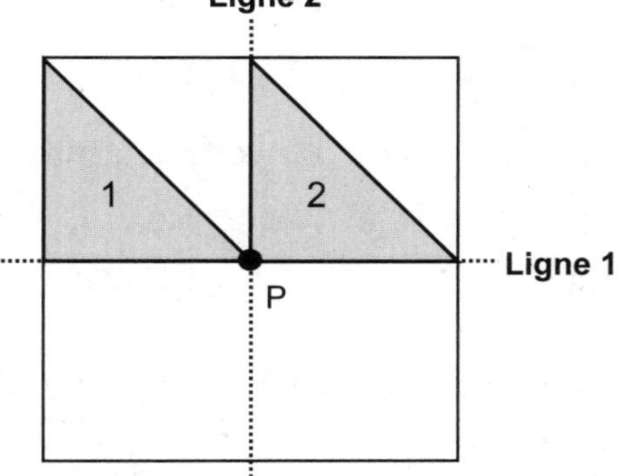

____

d)

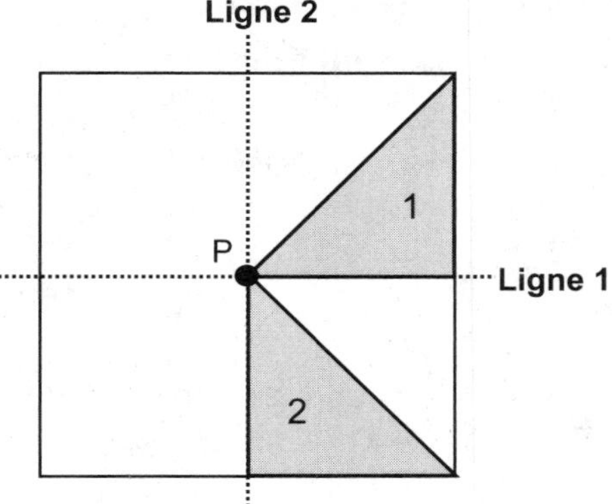

____

4. Décris comment la figure s'est déplacée de la Position 1 à la Position 2 en utilisant <u>deux</u> transformations. (Il peut y avoir plus qu'une réponse – essaie de les trouver.)

a)

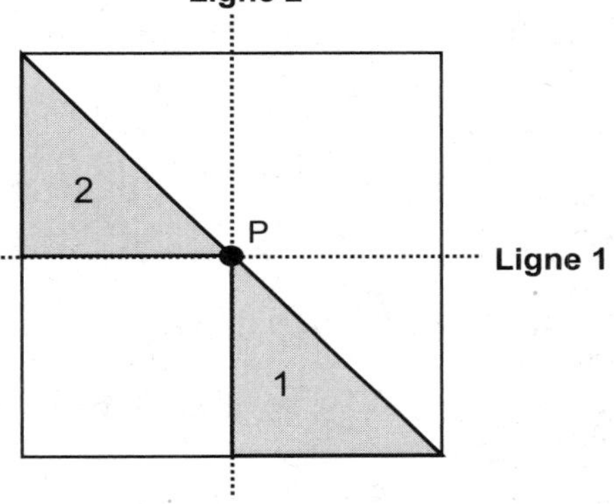

____

____

b)

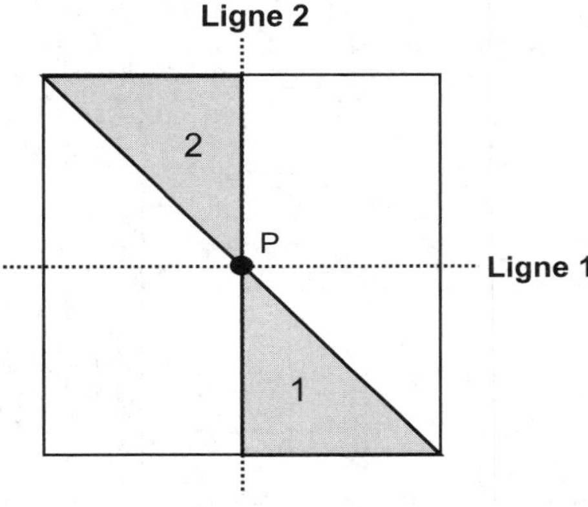

____

____

c)

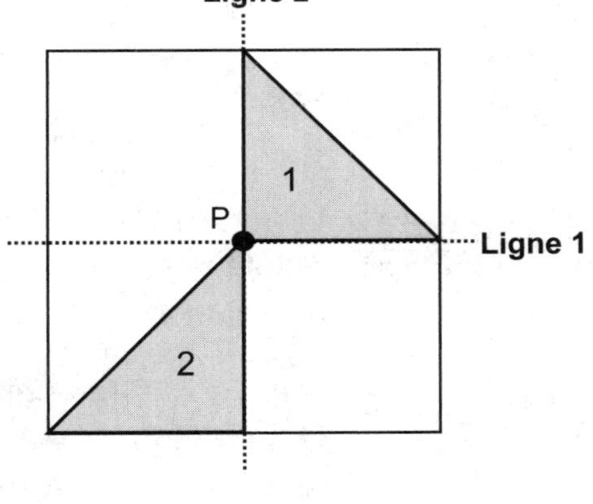

____

____

d)

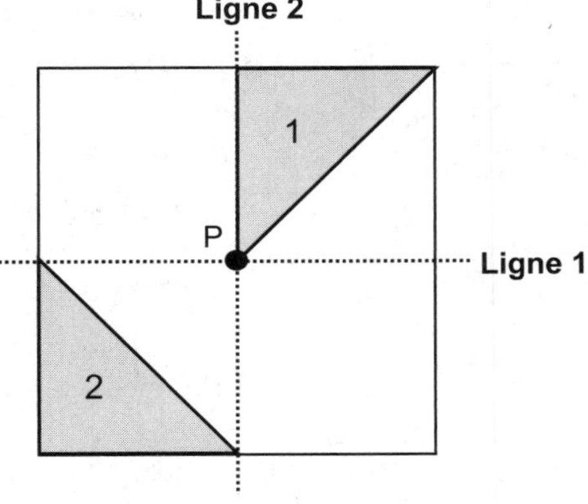

____

____

G5-29 : Les glissements, les rotations et les réflexions (avancé)

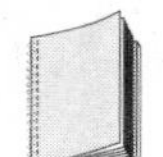

Pour les questions suivantes, montre ton travail dans ton cahier.

1.

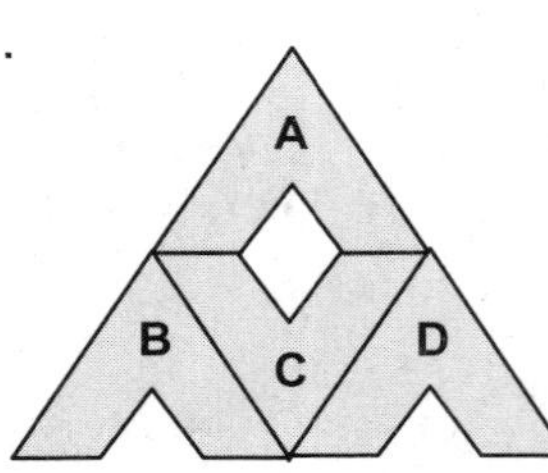

a) Quelle transformation (glissement, réflexion ou rotation) pourrais-tu utiliser pour déplacer la forme A et la placer sur la …

i) forme B? ii) forme C? iii) forme D?

b) Philippe dit : « Je peux déplacer la forme C et la placer sur la forme B en faisant un ½ tour et ensuite un glissement. » A-t-il raison?

c) Explique comment tu peux déplacer la forme C et la placer sur la forme D en utilisant une réflexion et un glissement.

BONUS

d) Peux-tu déplacer la forme C et la placer sur la forme D en faisant un tour seulement? Fais un point sur le centre de la rotation.

2. L'illustration montre la translation d'un carré.

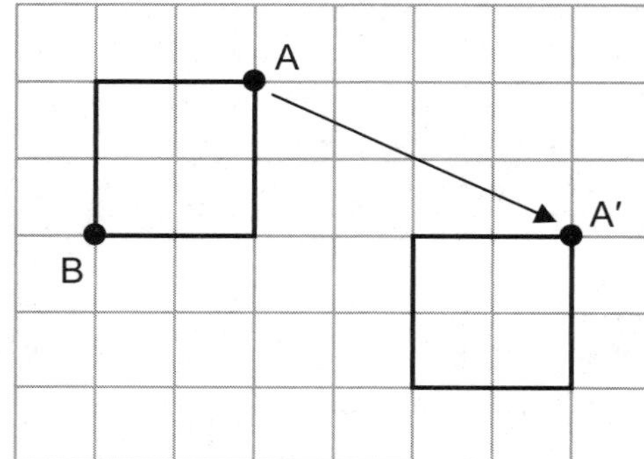

a) Décris comment le point A s'est déplacé au point A′.

b) Fais une flèche pour montrer où le point B s'est déplacé dans la translation.

c) Décris comment le point B s'est déplacé.

d) Tous les points sur le carré ont-ils été déplacés du même montant?

3. L_1 L_2

Prédis dans quelle direction la lettre fera face après 2 réflexions (sur les axes de réflexion L_1 et L_2). Fais ensuite la réflexion pour vérifier ta prédiction.

4. Copie chaque figure 3 fois sur du papier quadrillé.

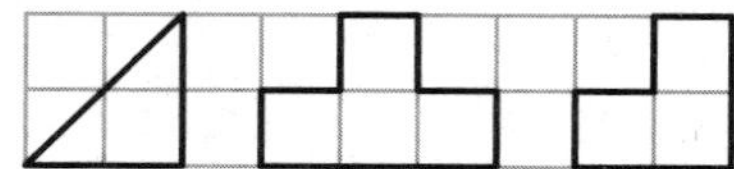

Montre l'image de chaque figure après avoir fait …

a) un glissement.

b) une réflexion.

c) une rotation.

5.

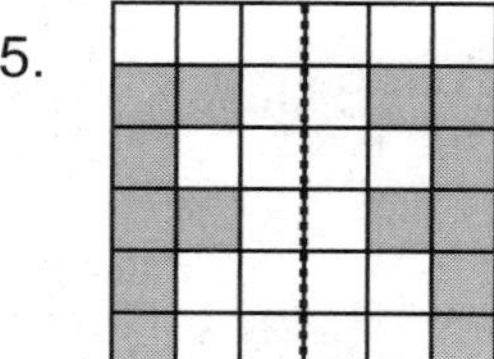

Lorsque la lettre F est réfléchie sur l'axe de réflexion, elle est à l'envers.

Trouve 2 lettres qui <u>ne changent pas</u> après une réflexion, et 2 lettres qui ont l'air <u>différentes</u>.

Montre ton travail sur du papier quadrillé.

G5-30 : Construire des pyramides

** Pour les exercices sur cette page, tu auras besoin de pâte à modeler (ou de plasticine) et de cure-dents (ou des pailles).

Pour construire la charpente d'une **pyramide**, commence en construisant la base. Ta base peut être un triangle ou un carré.

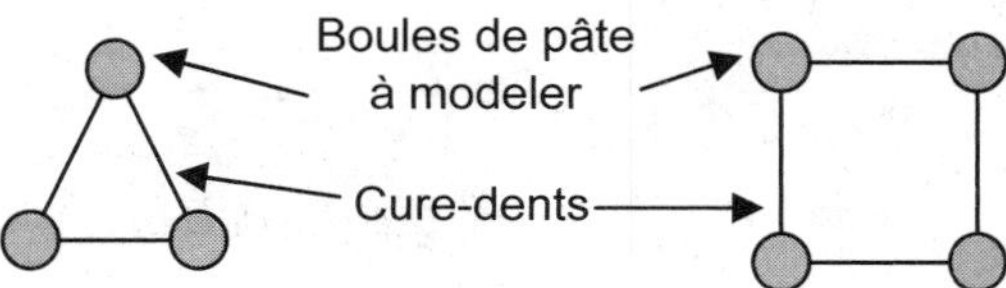

Ajoute maintenant une arête à chaque sommet de ta base et relie les arêtes à un point.

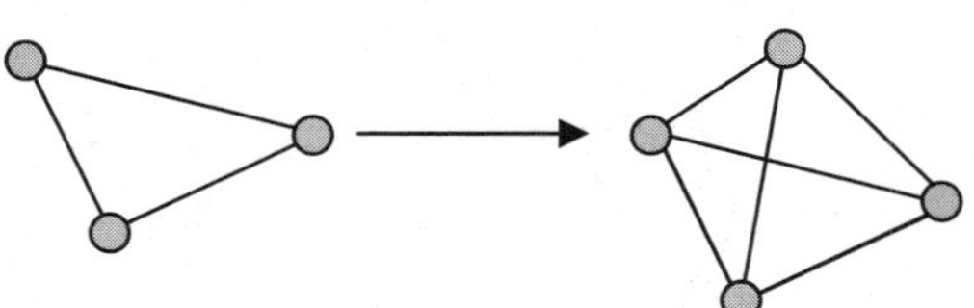

Pyramide triangulaire

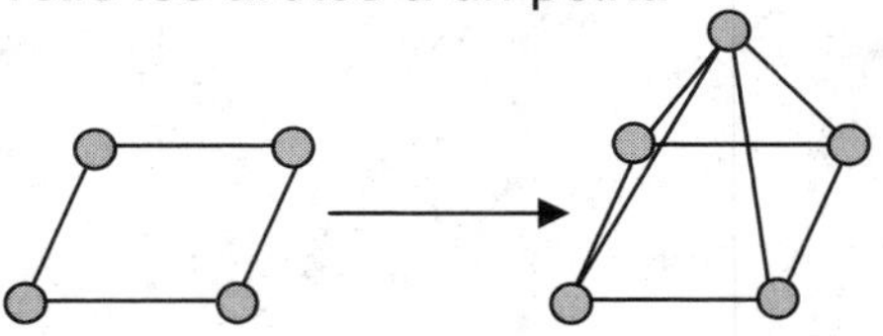

Pyramide carrée

Après avoir construit une pyramide triangulaire et une pyramide carrée, essaie de construire une pyramide dont la base a cinq côtés (pyramide pentagonale). Remplis ensuite les trois premières rangées du tableau.

1.

	Dessine la forme de la base	**Nombre de côtés de la base**	**Nombre d'arêtes de la pyramide**	**Nombre de sommets de la pyramide**
Pyramide triangulaire				
Pyramide carrée				
Pyramide pentagonale				
Pyramide hexagonale				

2. Décris la régularité de chacune des colonnes de ton tableau. Utilise la régularité pour remplir la rangée de la pyramide hexagonale.

3. Décris les relations que tu vois dans les colonnes du tableau.
EXEMPLE : Quelle est la relation entre le nombre de côtés de la base d'une pyramide et le nombre de sommets ou d'arêtes de la pyramide?

4. Combien d'arêtes et de sommets aurait une pyramide octogonale?

G5-31 : Construire des prismes

Pour construire la charpente d'un **prisme**, commence en construisant la base (comme avec la pyramide). Cependant, ton prisme a aussi besoin d'une forme en haut, alors tu dois faire une copie de la base.

Relie maintenant chaque sommet de la base avec un sommet du haut.

Après avoir construit un prisme triangulaire et un prisme carré, essaie de construire un prisme avec deux bases de cinq côtés (prisme pentagonal). Remplis ensuite les trois premières rangées du tableau.

1.

	Dessine la forme de la base	Nombre de côtés de la base	Nombre d'arêtes du prisme	Nombre de sommets du prisme
Prisme triangulaire				
Cube				
Prisme pentagonal				
Prisme hexagonal				

2. Décris la régularité de chacune des colonnes dans ton tableau. Utilise la régularité pour remplir la rangée du prisme hexagonal.

3. Décris les relations que tu vois dans les colonnes du tableau.

4. Combien d'arêtes et de sommets aurait un prisme octogonal?

G5-32 : Les arêtes, les faces et les sommets

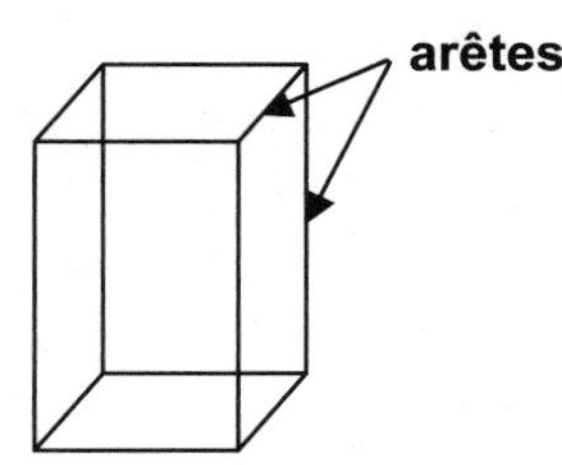
arêtes

Candice construit la charpente d'un prisme rectangulaire avec du fil de métal.

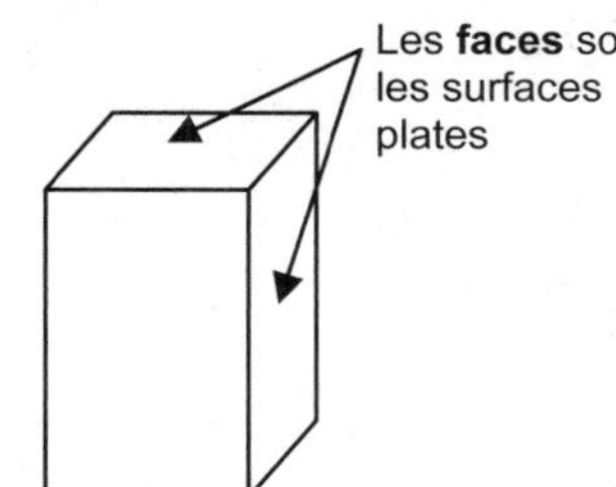
Les **faces** sont les surfaces plates

Elle recouvre la charpente avec du papier.

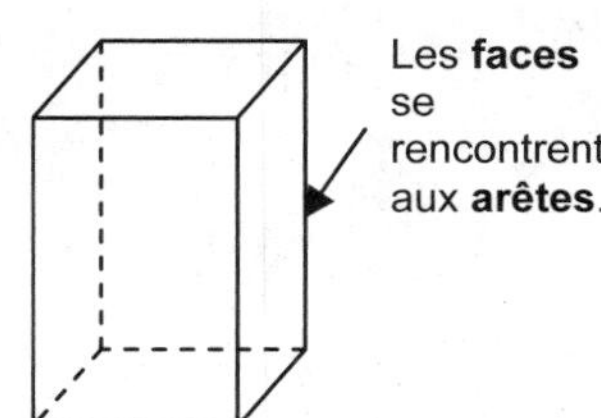
Les **faces** se rencontrent aux **arêtes**.

Les lignes pointillées représentent les arêtes cachées.

1. Dessine des lignes pointillées pour montrer les arêtes cachées.

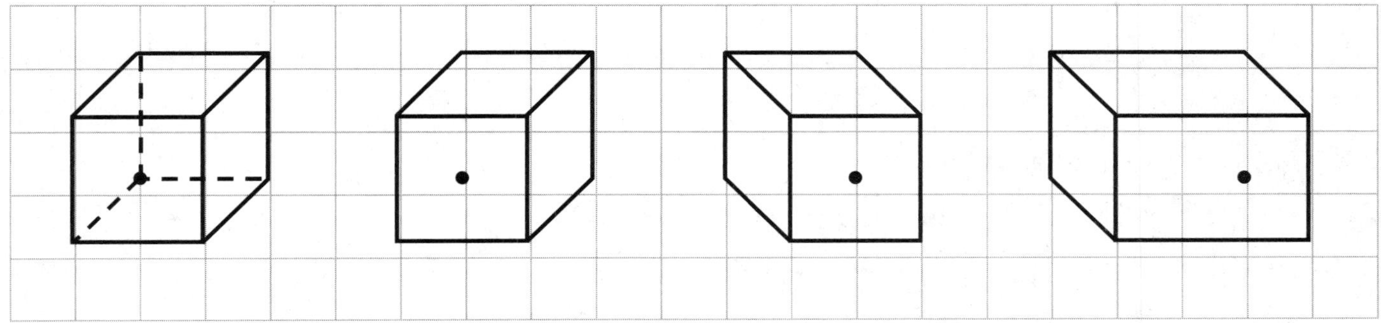

2. Noircis toutes les arêtes (nous avons commencé le premier pour toi). Compte les arêtes à mesure que tu les noircis.

a) 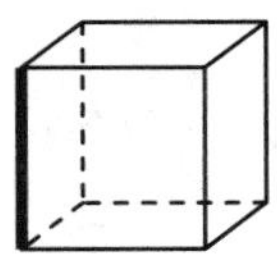

___ arêtes

b) 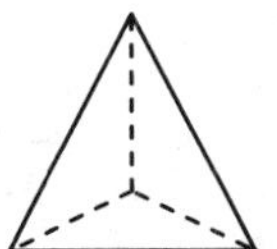

___ arêtes

c) 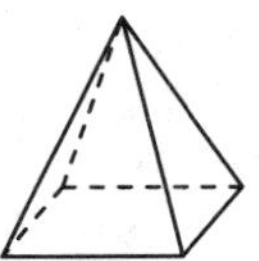

___ arêtes

d) 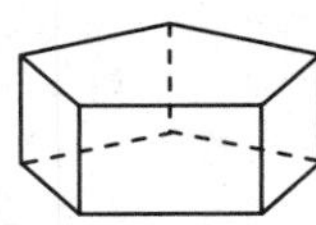

___ arêtes

e) 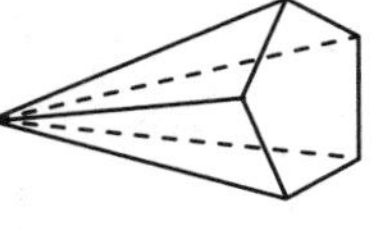

___ arêtes

f) 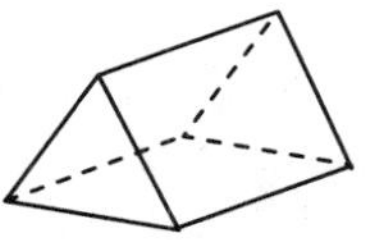

___ arêtes

g) 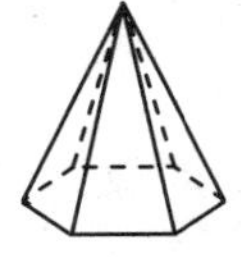

___ arêtes

h) 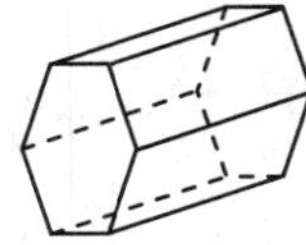

___ arêtes

3. Les sommets sont les points où se rencontrent les arêtes d'une forme. Fais un point sur chaque sommet. Compte les sommets.

a) 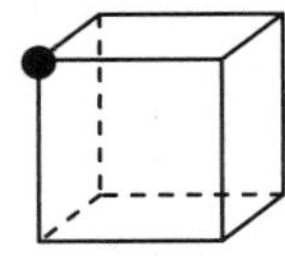

___ sommets

b) 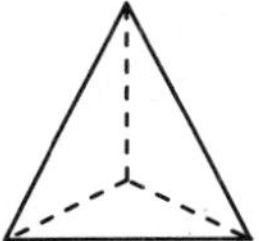

___ sommets

c) 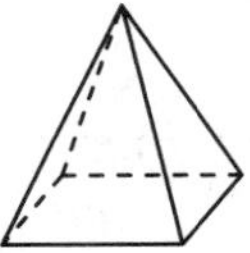

___ sommets

d) 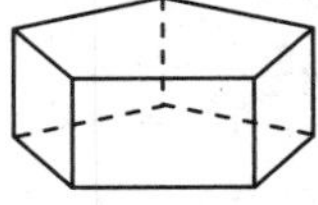

___ sommets

4. Colorie …

la face **avant** :

a) 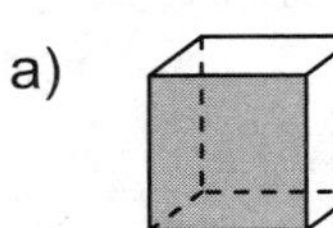 b) 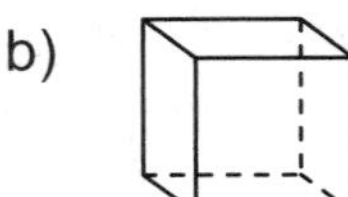 c) 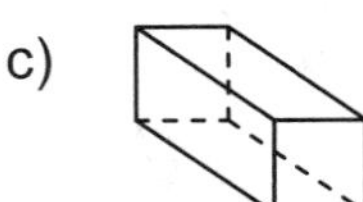 d) 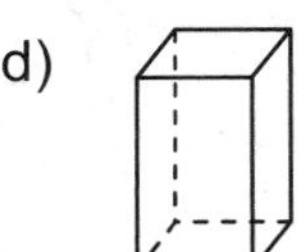

la face **arrière** :

e) 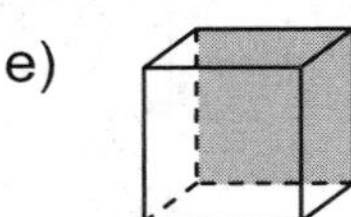 f) 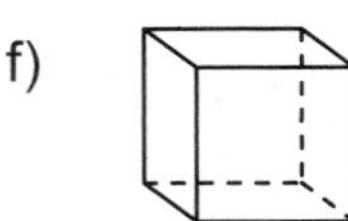 g) 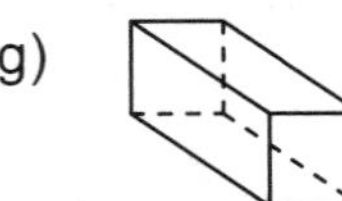 h) 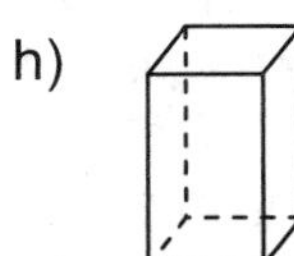

les faces **de côté** :

i) 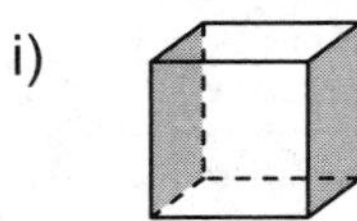 j) 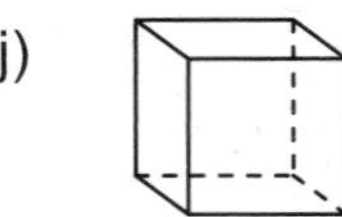 k) 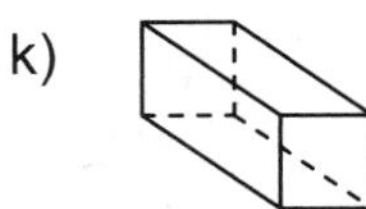 l) 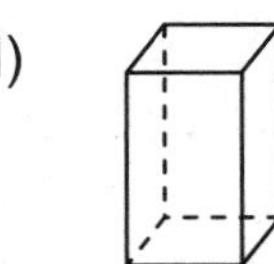

les faces du **haut** et du **bas** :

m) 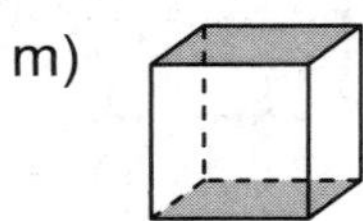 n) 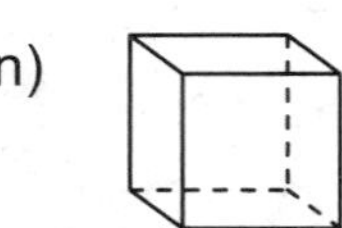 o) 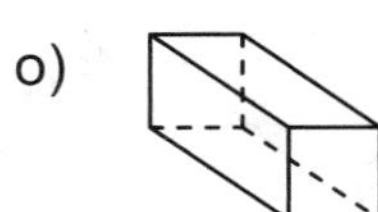 p) 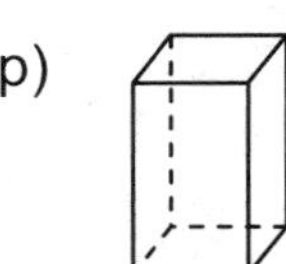

la face **arrière** :

q) 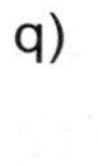 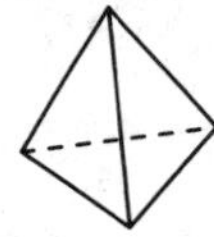 r) 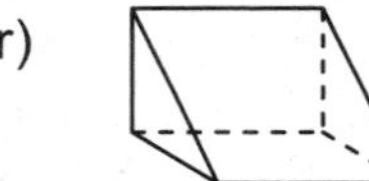 s)  t) 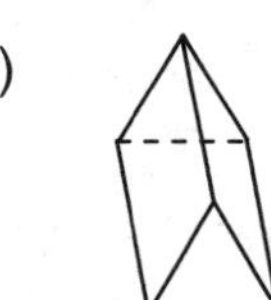

la face du **bas** :

u) 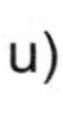 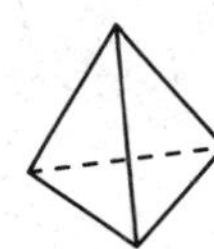 v) 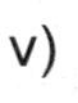 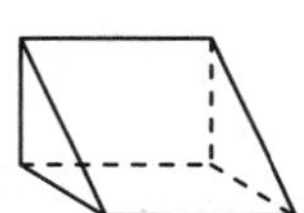 w) 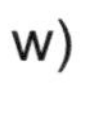 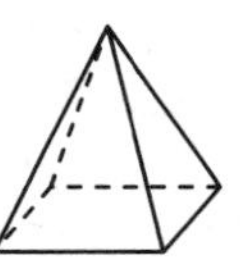 x)  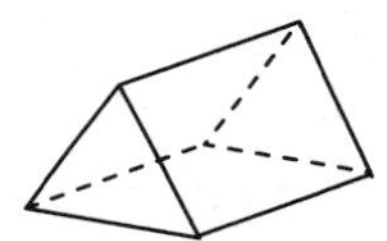

5. Noircis les arêtes qui seraient cachées si la charpente était recouverte de papier et placée sur une table

a) 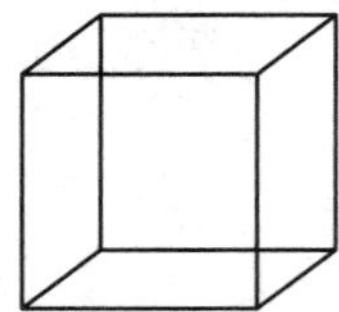 b) 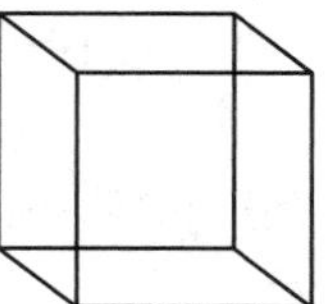 c) 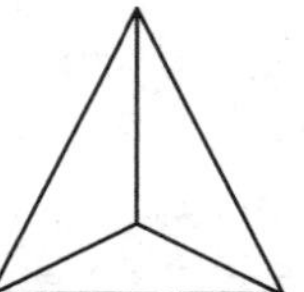 d) 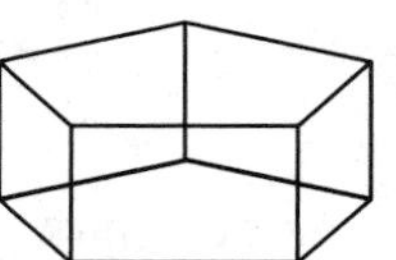

BONUS

6. Noircis les arêtes qui seraient cachées si la charpente était recouverte de papier et accrochée au-dessus de toi comme dans l'illustration.

G5-33 : Les prismes et les pyramides

Les formes solides dans la figure sont des **formes en 3-D**.

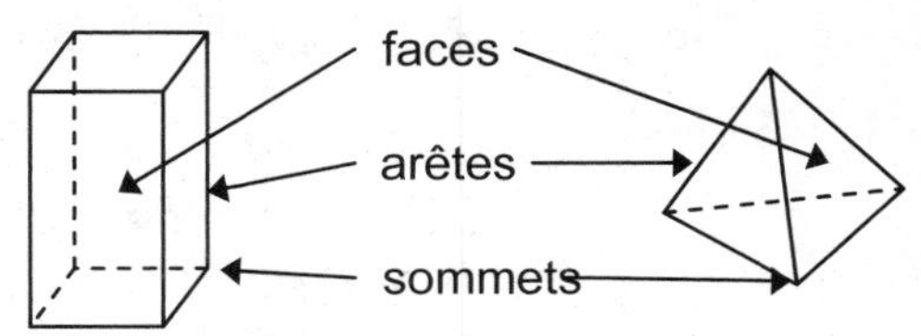

Les **faces** sont les surfaces plates de la forme, les **arêtes** sont les lignes où deux faces se rencontrent, et les **sommets** sont les points où 3 faces ou plus se rencontrent.

Les **pyramides** ont un **point** opposé à la base. La base de la forme est un polygone ... par exemple, un triangle, un quadrilatère ou un carré (comme les pyramides en Égypte), un pentagone, etc.

Les **prismes** n'ont pas de point. Leurs bases sont les mêmes aux deux bouts de la forme.

---

1. Compte les faces de chaque forme.

a) 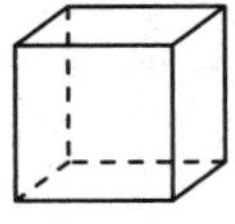 ___ faces

b) 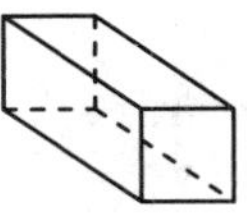 ___ faces

c) 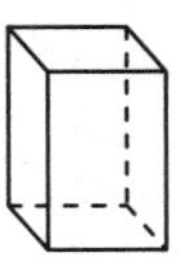 ___ faces

d) 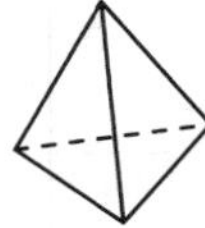 ___ faces

e) 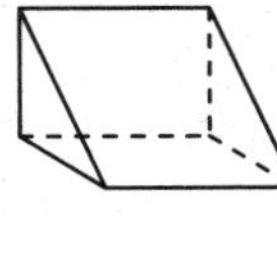 ___ faces

f) ___ faces

g) 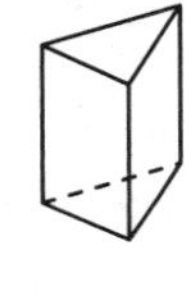 ___ faces

h) 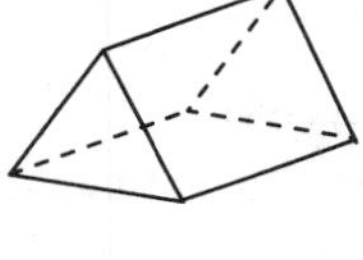 ___ faces

2. Utilise des formes en 3-D et le tableau ci-dessous comme références, et réponds aux questions suivantes.

A	B	C	D	E
Pyramide carrée	**Pyramide triangulaire**	**Prisme rectangulaire**	**Cube**	**Prisme triangulaire**
	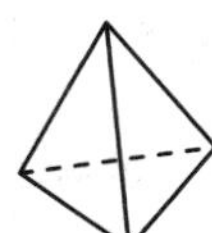	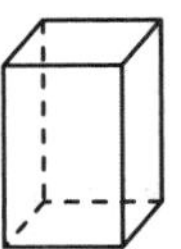	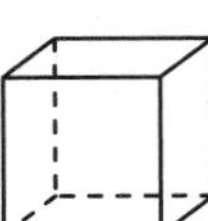	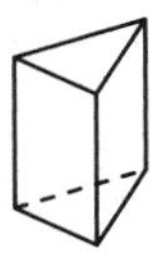

a) Décris chaque forme en indiquant le nombre de faces, de sommets et d'arêtes. Le premier est fait.

	A	B	C	D	E
Nombre de faces	5				
Nombre de sommets	5				
Nombre d'arêtes	8				

b) Y a-t-il des formes avec le même nombre de faces / sommets / arêtes? Si oui, quelles formes partagent ces propriétés?

G5-34 : Les bases des prismes et des pyramides

Melissa explore la différence entre les pyramides et les prismes. Elle découvre que …

- Une **pyramide** a **une base**.
  (Il y a une exception – dans une pyramide triangulaire, chaque face est une base.)

Exemple : 

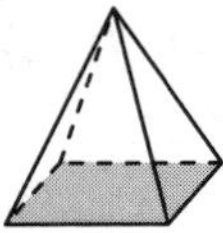

- Un **prisme** a **deux bases**.
  (Il y a une exception – dans un prisme rectangulaire, chaque paire de faces opposées est une base.)

Exemple : 

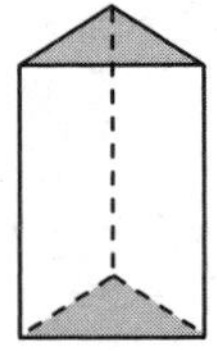

NOTE IMPORTANTE :
La base n'est pas toujours la surface au « haut » ou au « bas » d'une forme.

ENSEIGNANT :
L'activité qui accompagne cette feuille de travail aidera vos élèves à identifier la base des figures en 3-D.

1. Colorie la base <u>et</u> encercle le point des pyramides suivantes. Le premier est déjà fait pour toi.
   NOTE : La base ne sera pas nécessairement la surface au « bas » de la forme (mais elle est *toujours* au bout opposé du point).

a)  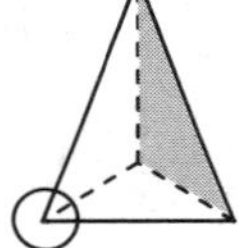

b) 

c) 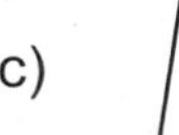

d)  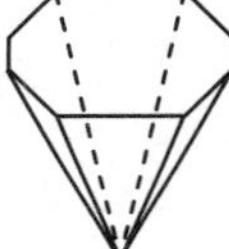

e) 

f) 

g) 

h) 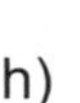 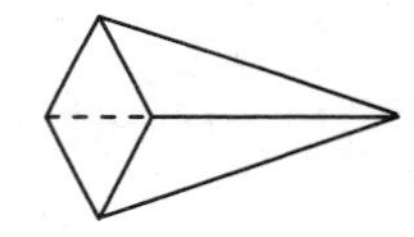

2. Colorie les deux bases de chaque prisme.
   SOUVIENS-TOI : À moins que toutes ses faces soient des rectangles, un <u>prisme</u> a <u>deux bases</u>.

a) 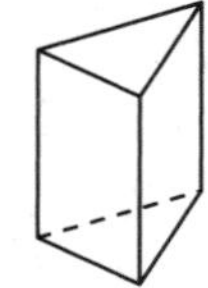

b) 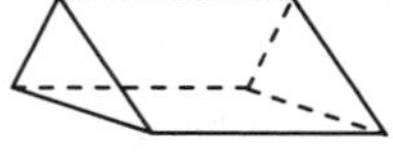

c) 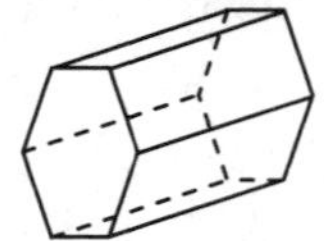

d) 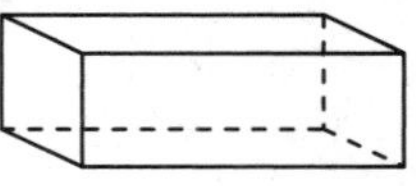

e) 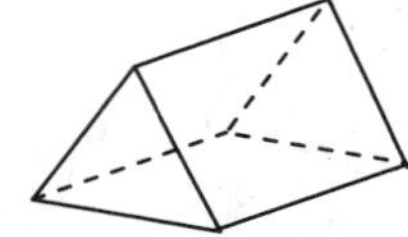

f) 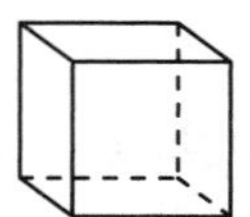

g) 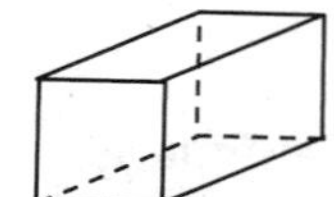

h) 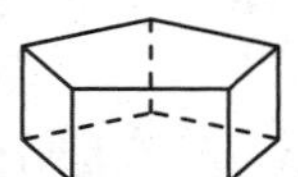

3. Kira a plusieurs prismes et pyramides. Encercle ceux dont les **faces sont toutes congruentes**.

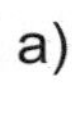
a) 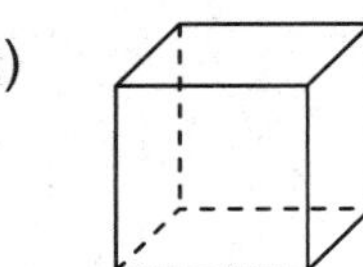

b) 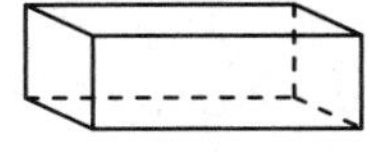
c) 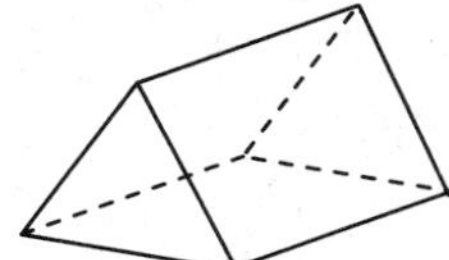
d) 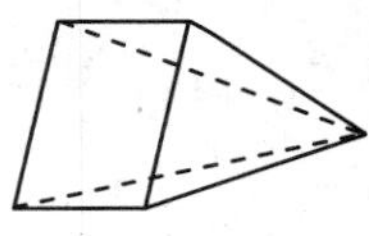

e) 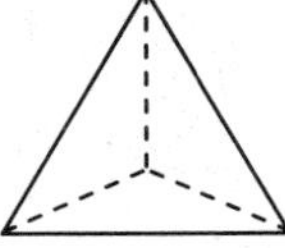
f) 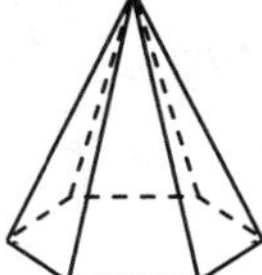
g) 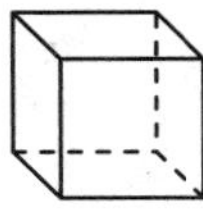
h) 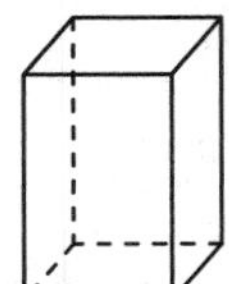

4. Colorie une paire de bases opposées sur chaque prisme. Colorie la base de chaque pyramide.

a) 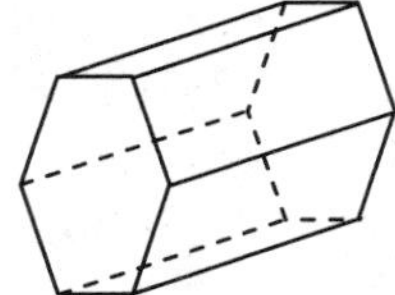
b) 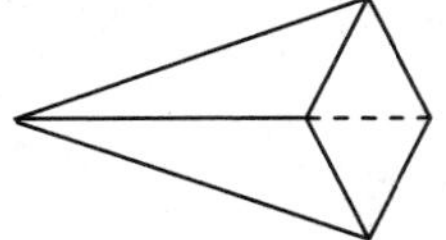
c) 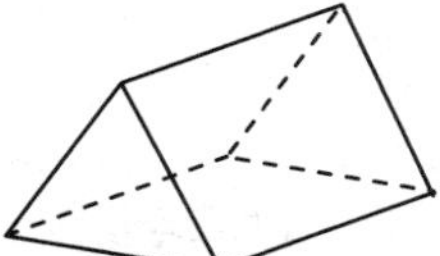
d) 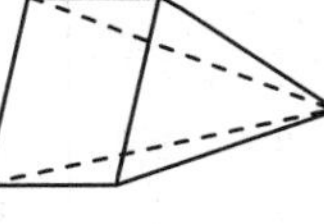

e) 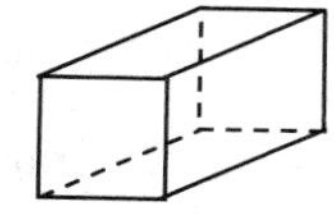
f) 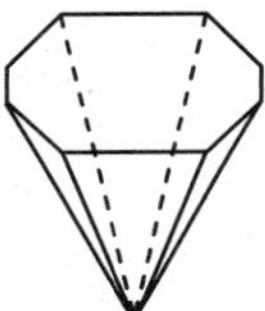
g) 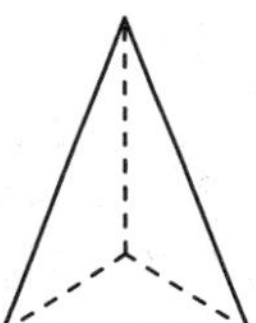
h) 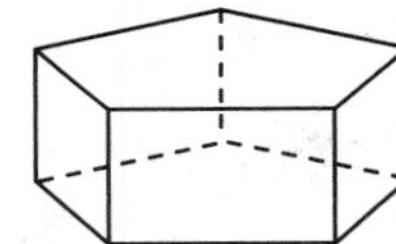

i) 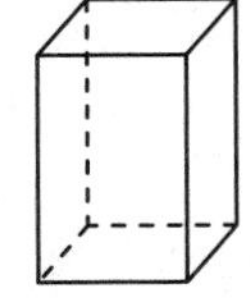
j) 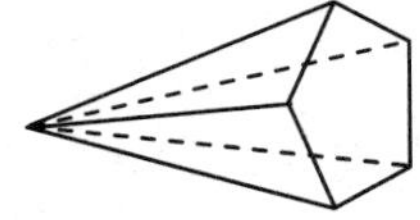
k) 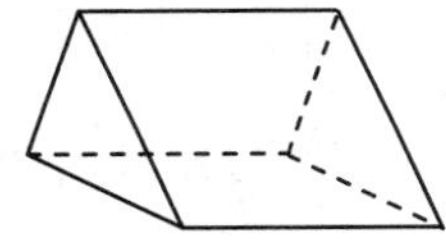
l) 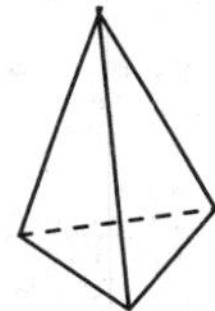

m) 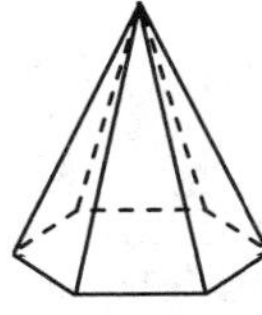
n) 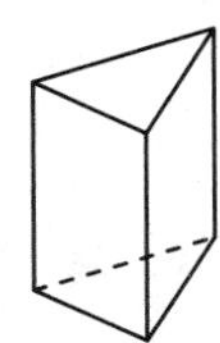
o) 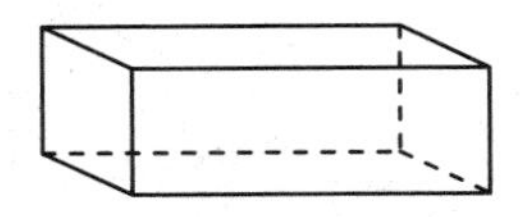
p) 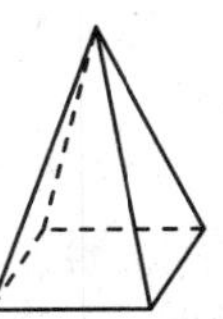

5. « J'ai une base hexagonale. » Nomme deux formes en 3-D que cette phrase pourrait décrire.

G5-35 : Les propriétés des pyramides et des prismes

1. Encercle toutes les **pyramides**.
   Fais un « X » sur tous les **prismes**.

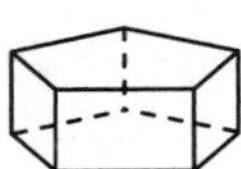 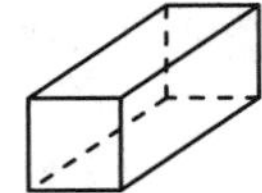 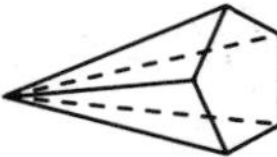 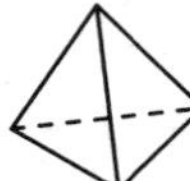 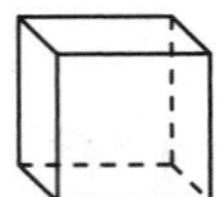  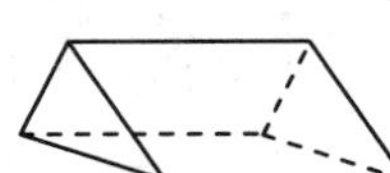 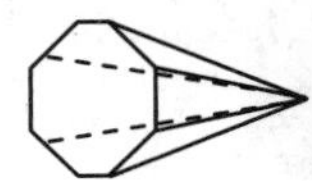

2. Associe chaque forme à son nom. Le premier est déjà fait pour toi.

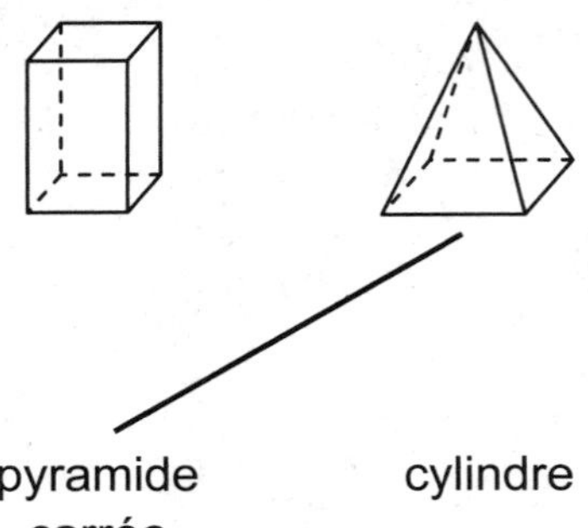   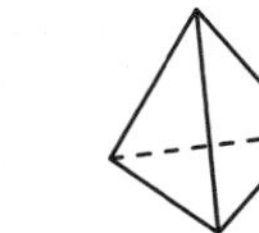 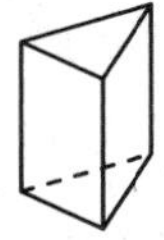

pyramide carrée	cylindre	prisme triangulaire	cône	prisme rectangulaire	pyramide triangulaire

3. a) Compare les formes ci-dessous. Utilise le tableau pour trouver les propriétés qui sont <u>pareilles</u> et <u>différentes</u>.

Propriété	**Prisme triangulaire**	**Pyramide carrée**	**Pareille?**	**Différente?**
Nombre de faces	5	5	✓	
Forme de la base				
Nombre de bases				
Nombre de faces qui ne sont <u>pas</u> des bases				
Forme des faces qui ne sont <u>pas</u> des bases				
Nombre d'arêtes				
Nombre de sommets				

b) Copie et complète les phrases suivantes :

« Un prisme triangulaire et une pyramide carrée sont <u>pareils</u> parce que … »

« Un prisme triangulaire et une pyramide carrée sont <u>différents</u> parce que ... »

G5-35: Les propriétés des pyramides et des prismes *(suite)*

4. a) Complète le tableau. Utilise des vraies formes en 3-D pour t'aider. Colorie le nombre de côtés de chaque base pour t'aider à identifier la forme.

Forme	Nom	Nombre ...			Images des faces
		d'arrêtes	de sommets	de faces	** Dans chaque cas, encercle la (les) base(s)*

b) Compte le nombre de côtés dans la base de chaque pyramide.
Compare ce nombre au nombre de sommets dans chaque pyramide.
Que remarques-tu?

c) Compte le nombre de côtés dans la base de chaque prisme.
Compare ce nombre avec le nombre de sommets dans chaque prisme.
Que remarques-tu?

5. Écris un paragraphe pour expliquer comment les formes sont pareilles et comment elles sont différentes.

a) 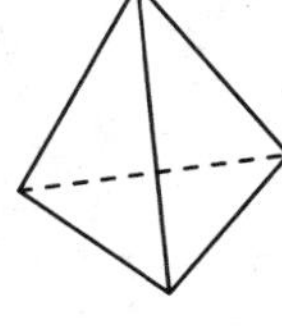 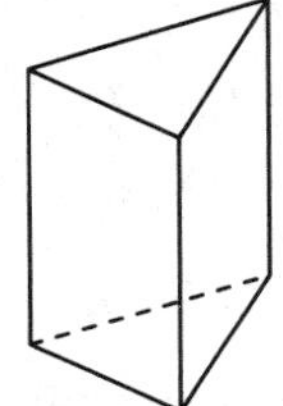

b) 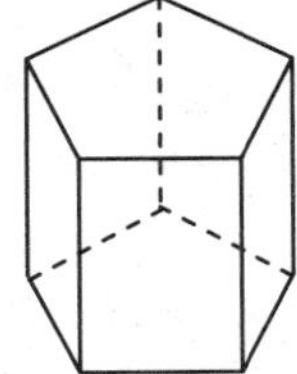 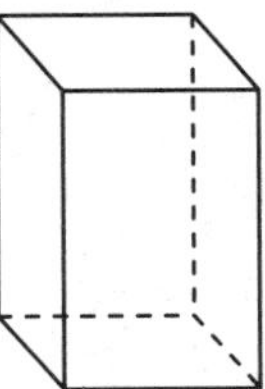

BONUS

6. Dans ton cahier, dessine autant d'objets de tous les jours que tu peux qui ont la forme d'une pyramide ou d'un prisme (ou qui ont une pièce qui a une de ces formes).

G5-36 : Les développements et les faces

ENSEIGNANT :
Donnez à vos élèves des copies des développements pour les formes en 3-D ci-dessous (du guide de l'enseignant) et demandez-leur de découper, de plier et de coller les développements pour produire les formes en 3-D.

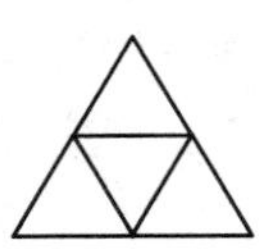	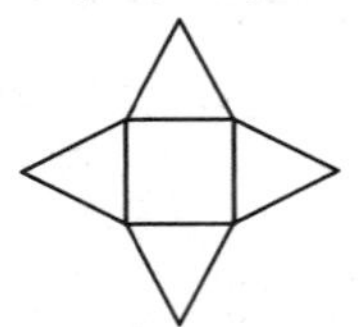	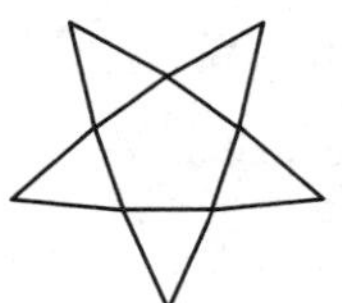	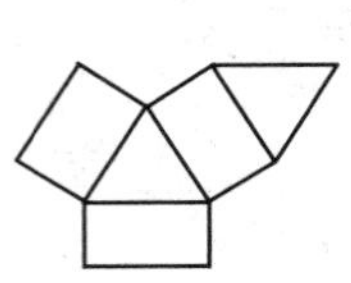	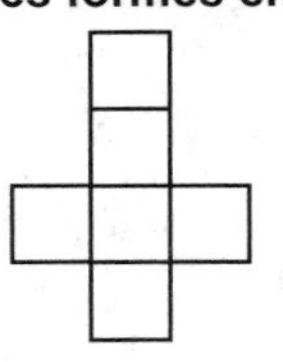	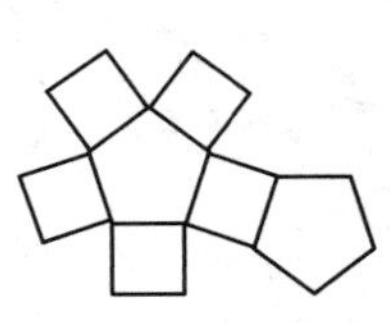
pyramide triangulaire	pyramide carrée	pyramide pentagonale	prisme triangulaire	cube	prisme pentagonal

1.

Nom de la figure	Forme de la base	Nombre de faces	Nombre d'arêtes

2. Dessine la face qui manque dans chaque développement.

(i) 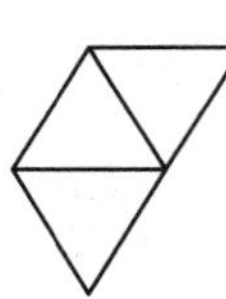

(ii) 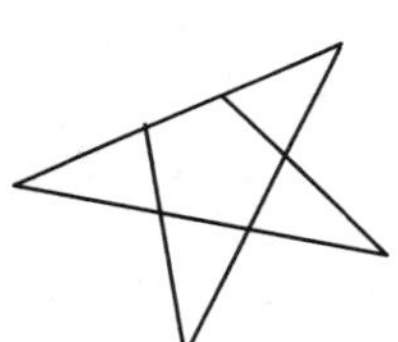

(iii) 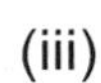 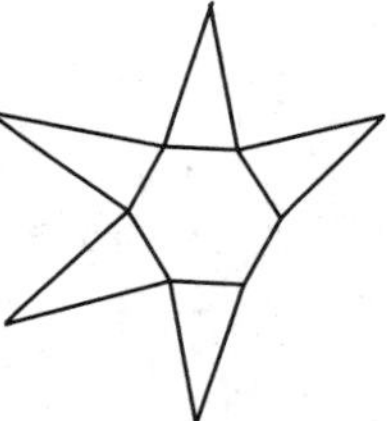

a) Quelle est la forme de la face qui manque?

____

b) Les développements sont-ils des pyramid ou des prismes?

____

3. Dessine la face qui manque dans chaque développement.

(i) 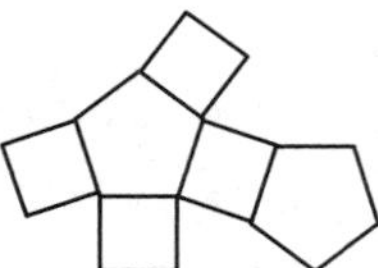

(ii) 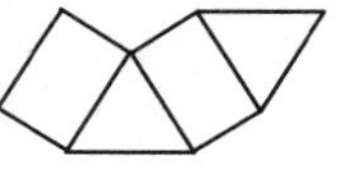

(iii) 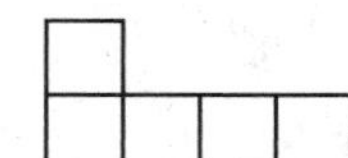

a) Quelle est la forme de la face qui manque?

____

b) Les développements sont-ils des pyramic ou des prismes?

____

G5-36 : Les développements et les faces *(suite)*

4. Colorie la base de chaque forme ci-dessous. Remplis ensuite le tableau.

a) **A:** 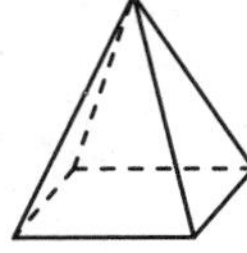 **B:** 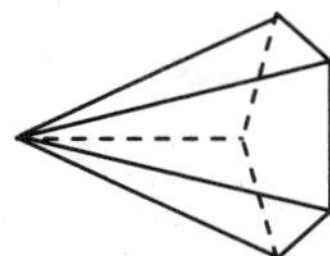 **C:** 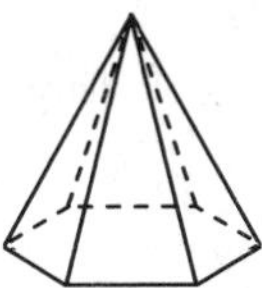

	A	B	C
Nombre de côtés dans la base			
Nombre de faces triangulaires			

Quelle relation vois-tu entre les nombres dans les deux rangées de ton tableau?

b) **D:** 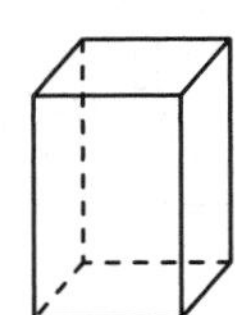 **E:** 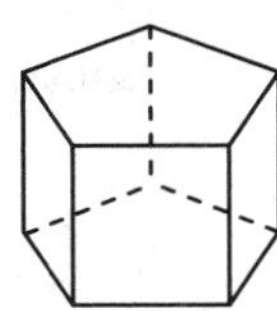 **F:** 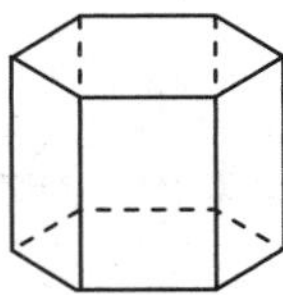

	D	E	F
Nombre de côtés dans la base			
Nombre de faces rectangulaires (ne compte pas la base)			

Quelle relation vois-tu entre les nombres dans les deux rangées de ton tableau?

5. Combien de chaque type de face te faudrait-il pour construire la forme en 3-D indiquée?

a) 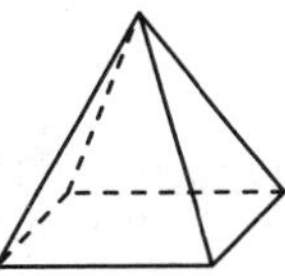

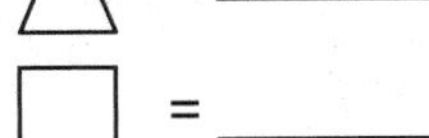

b) 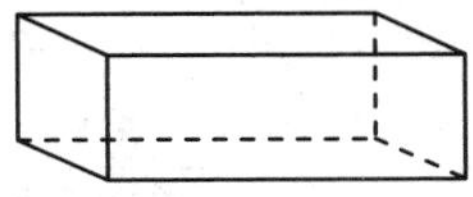

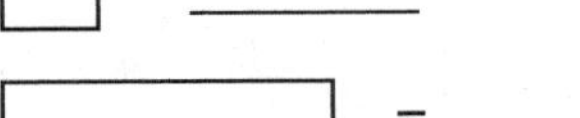

c) 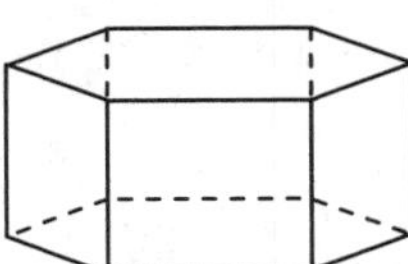

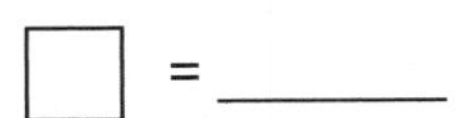

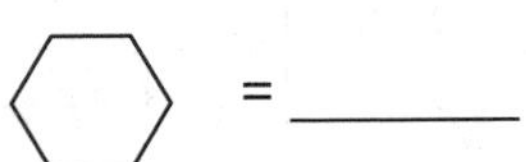

6. Nomme l'objet que tu pourrais créer en assemblant les formes suivantes.

a) 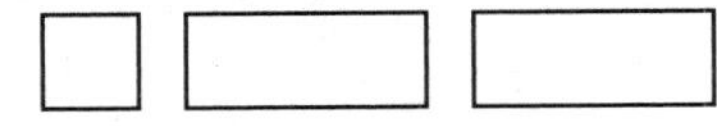

b) 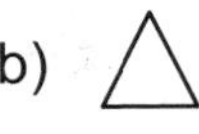 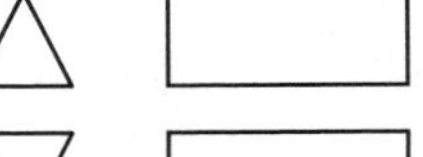 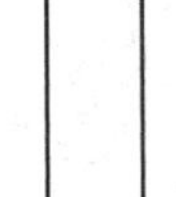

c) 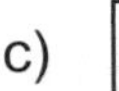 

7. En tenant les formes en 3-D suivantes dans ta main (ou l'illustration), dessine leur développement dans ton cahier.
INDICE : Commence par dessiner la base (les bases). Ajoute ensuite les côtés.

a) 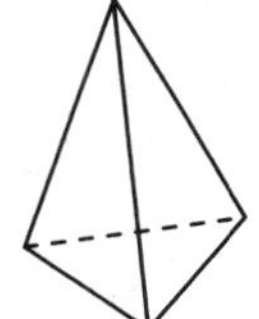 b) 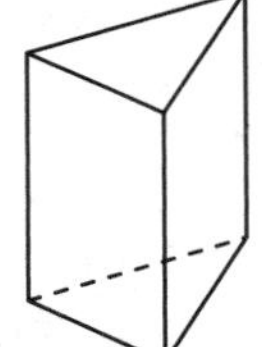 c) 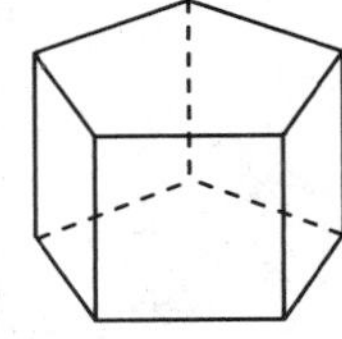

G5-37 : Classer les formes en 3-D

Ève classe les figures suivantes en utilisant un diagramme de Venn. En premier, elle identifie deux propriétés qu'une figure pourrait avoir. Elle fait ensuite un tableau.

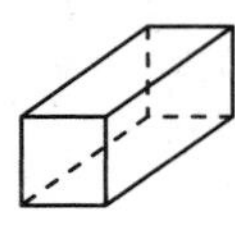
A

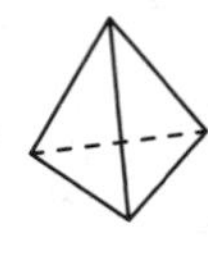
B

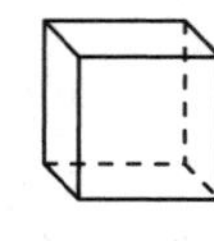
C

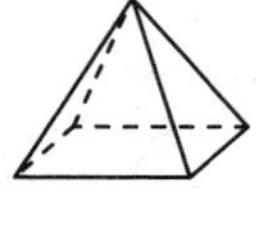
D

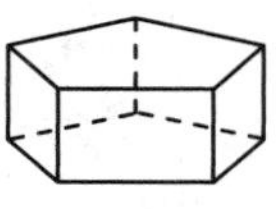
E

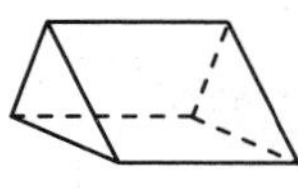
F

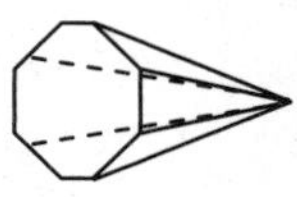
G

Propriété	Figures avec cette propriété
1. Une face rectangulaire ou plus	
2. Huit sommets ou plus	

1. a) Quelle(s) figure(s) partage(nt) ces deux propriétés? ____________________

   b) Complète le diagramme de Venn suivant.

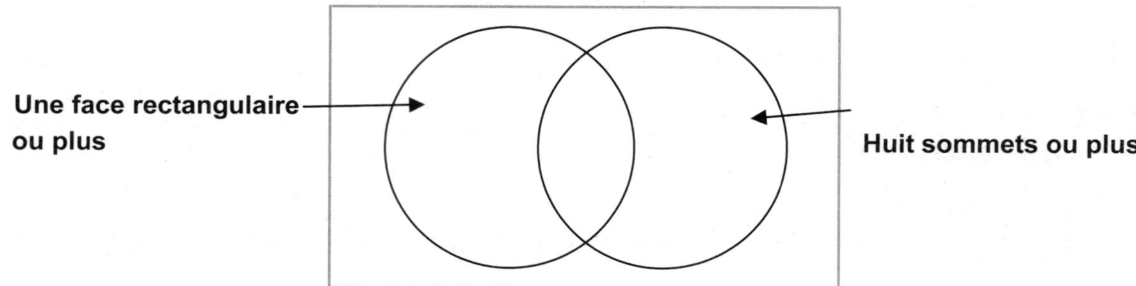

2. Complète le tableau et le diagramme de Venn ci-dessous en utilisant les formes A à G.

   a)

Propriété	Figures avec cette propriété
1. Base triangulaire	
2. Six sommets ou plus	

   b) Quelles figures partagent ces deux propriétés? __________

   c) Utilise l'information dans le tableau ci-dessus pour compléter le diagramme de Venn suivant.

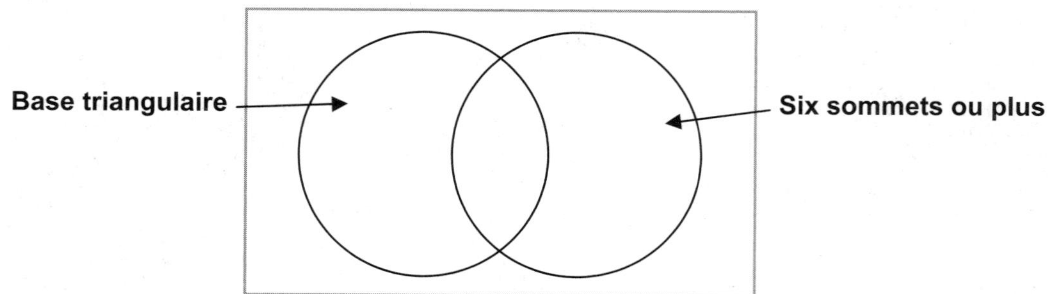

3. Choisis une paire de propriétés et, dans ton cahier, dessine un diagramme de Venn pour classer les formes.

G5-38 : Le dallage

Un **dallage** est une régularité construite à l'aide d'une ou de plusieurs formes qui permet de recouvrir entièrement une surface (sans laisser d'espace et sans chevauchement).

Certaines formes qui permettent de faire des dallages :

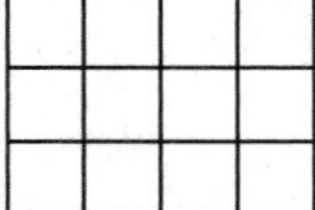

Un carré

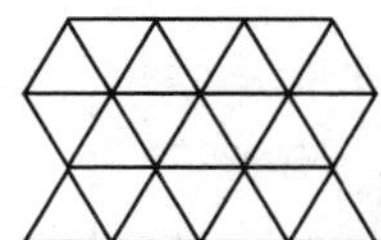

Un triangle équilatéral

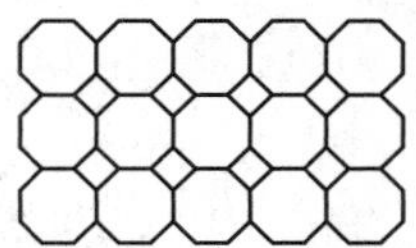

Un octogone et un carré

1. Montre comment tu peux recouvrir un espace en faisant un dallage avec ...

a) des hexagones

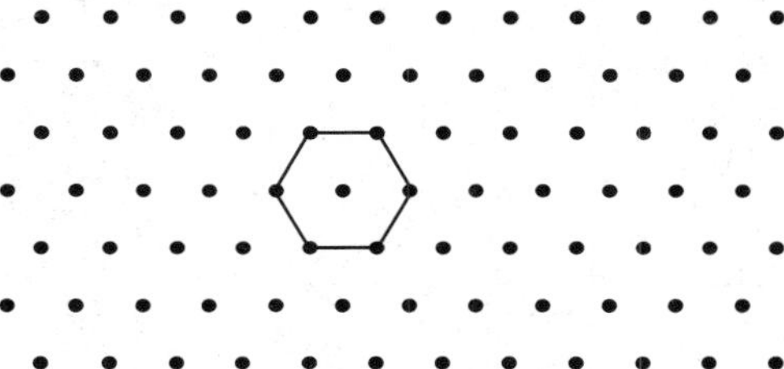

b) des triangles équilatéraux

c) des hexagones et des triangles

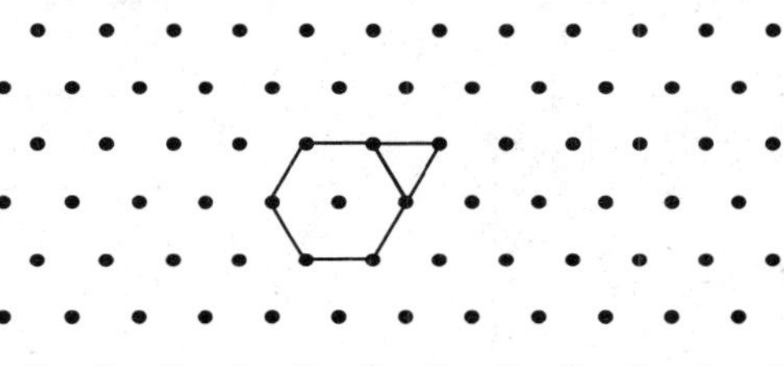

d) des trapèzes

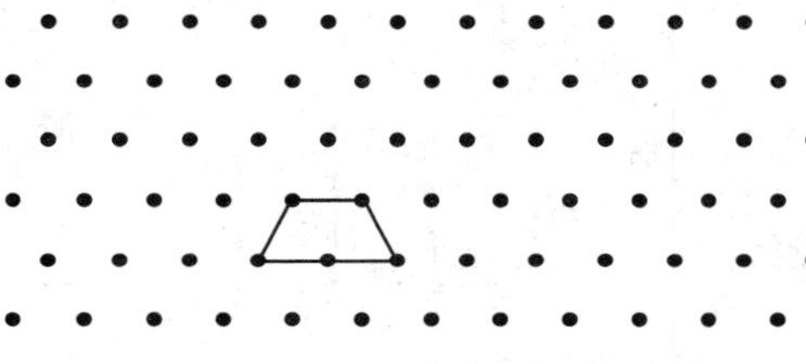

2. 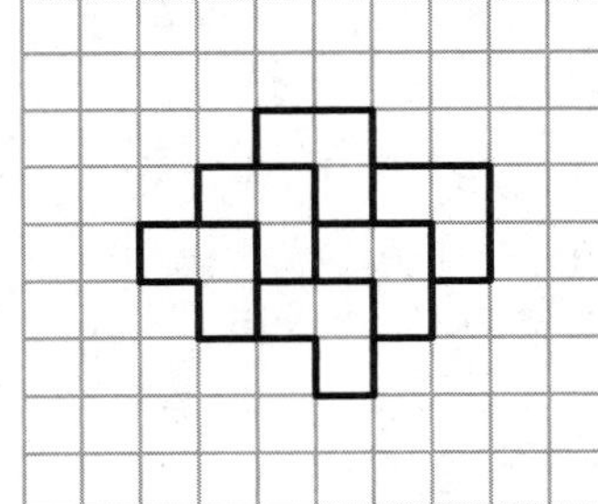

L'illustration montre comment tu peux recouvrir une grille en faisant un dallage à l'aide de la forme 'L'.

a) Ajoute au moins 6 'L' de plus au dallage.
b) Sur du papier quadrillé, montre comment tu peux utiliser les formes suivantes pour faire un dallage sur la grille.

(i) 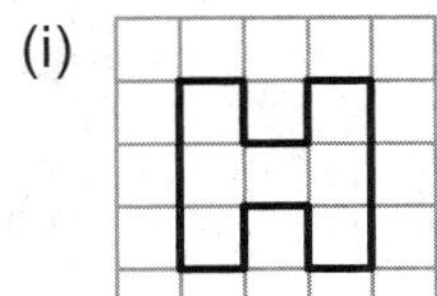

(ii) 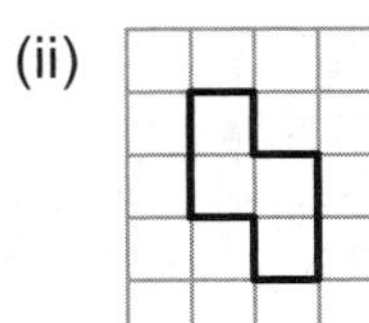

BONUS

3. Crée une forme que tu peux utiliser comme dallage.

Découpe un rectangle sur du papier quadrillé; découpe ensuite ce rectangle en 2 (selon la façon que tu veux).

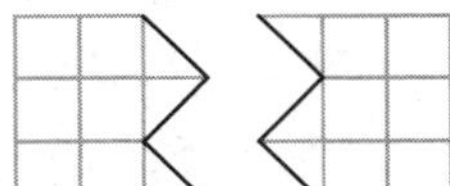

Avec du papier collant, rejoint les deux côtés opposés.

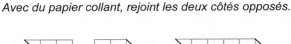

4. Trouve une lettre de l'alphabet que tu peux utiliser pour faire un dallage.

G5-39 : Créer des régularités avec des transformations

1. Copie chaque dessin sur du papier quadrillé et découpe-le.
Tourne le dessin dans le sens des aiguilles par le montant indiqué, et dessine-le sur la grille.

a) 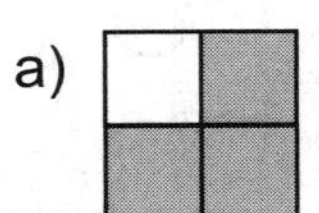

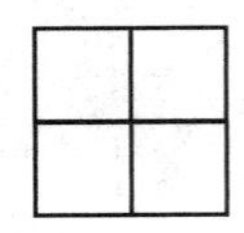
$\frac{1}{4}$ de tour

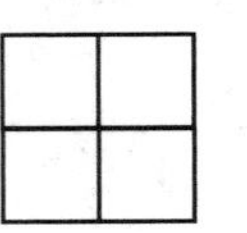
$\frac{1}{2}$ tour

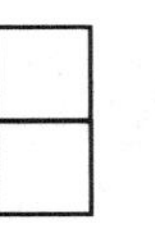
$\frac{3}{4}$ de tour

b) 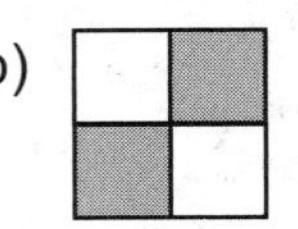

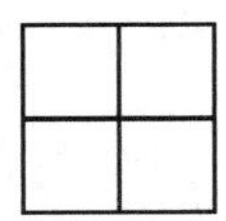
$\frac{1}{4}$ de tour

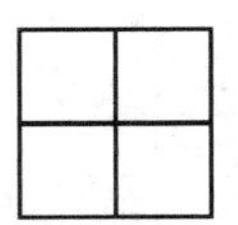
$\frac{1}{2}$ tour

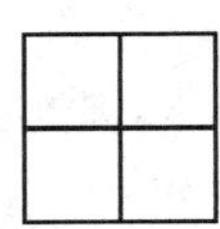
$\frac{3}{4}$ de tour

c) 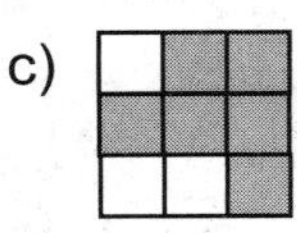

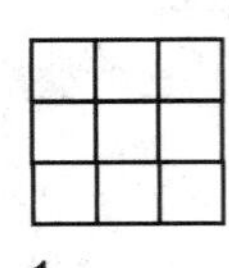
$\frac{1}{4}$ de tour

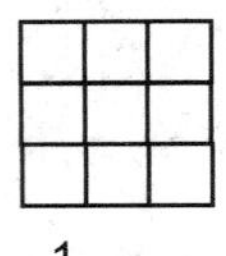
$\frac{1}{2}$ tour

$\frac{3}{4}$ de tour

d) 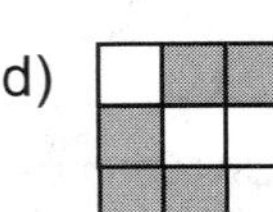

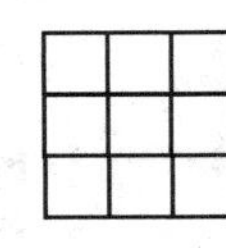
$\frac{1}{4}$ de tour

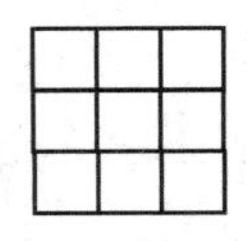
$\frac{1}{2}$ tour

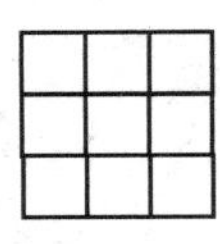
$\frac{3}{4}$ de tour

2. Montre la réflexion de chaque dessin sur l'axe de réflexion.

a) 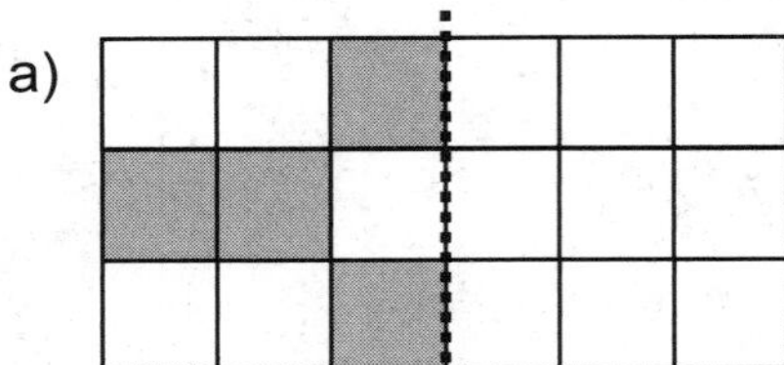
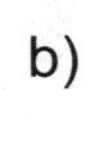

b) 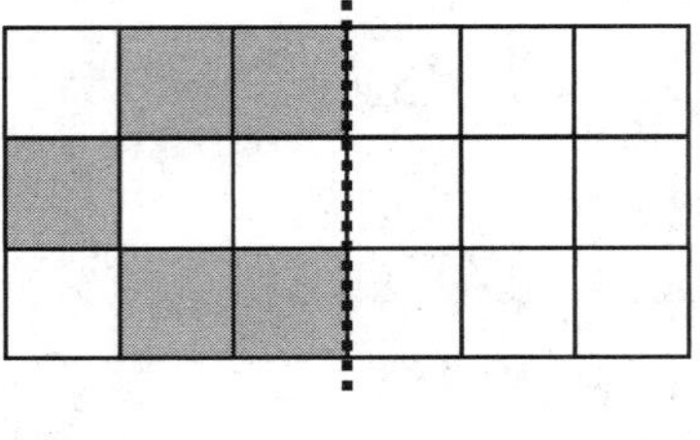

e) 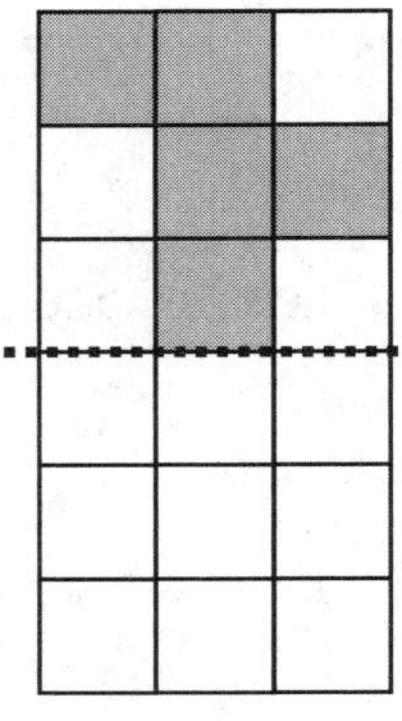

c) 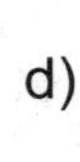

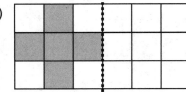

d) 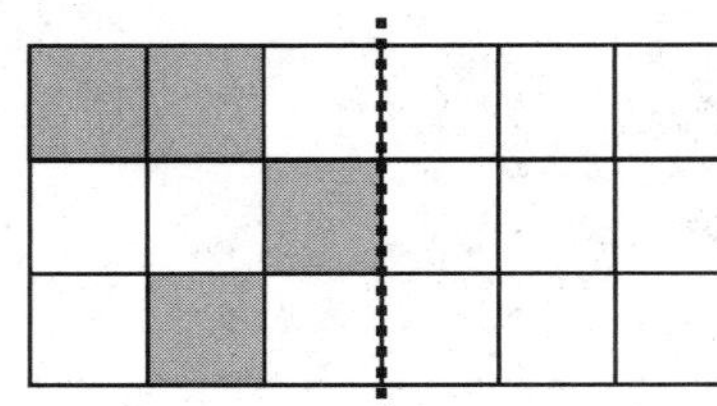

3. Crée une régularité avec une grille de 3 par 3 qui est la même après : a) un demi-tour b) un $\frac{1}{4}$ de tou

4. 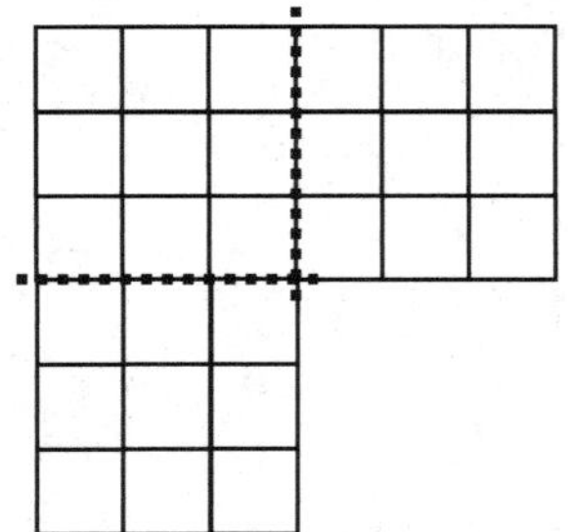

Fais un dessin qui est le même lorsqu'il est réfléchi sur l'un ou l'autre des axes de réflexion.
Combien de dessins peux-tu faire?

5. Montre à quoi ressemblerait le dessin après chaque tour dans le sens des aiguilles.

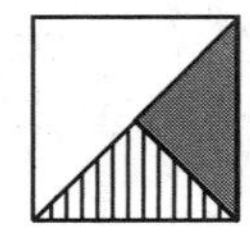

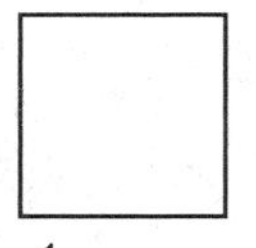
$\frac{1}{4}$ de tour

$\frac{1}{2}$ tour

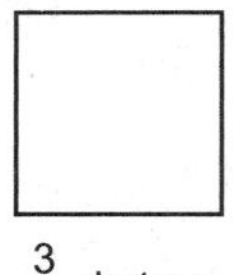
$\frac{3}{4}$ de tour

6. Crée ton propre dessin sur du papier quadrillé et montre à quoi il ressemblerait après une rotation, une réflexion et une combinaison de rotations et de réflexions.

G5-40 : Créer des régularités avec des transformations (avancé)

1. Montre à quoi chaque dessin ressemblerait …

▪ après une réflexion sur l'axe de réflexion :

a)

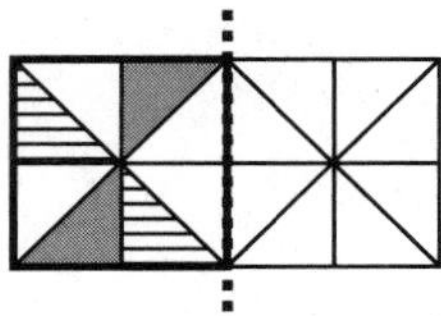

b)

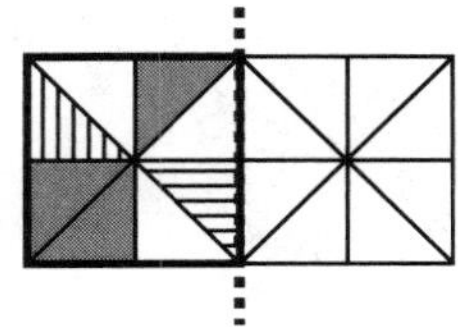

▪ après un ¼ de tour dans le sens des aiguilles autour du point P :

c)

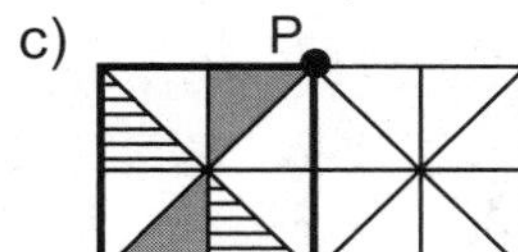

d) P

2. a) Colorie les sections du carré de gauche en utilisant au moins 3 couleurs.

Crée ensuite un motif de bordure en <u>tournant</u> le carré plusieurs fois de $\frac{1}{4}$ de tour.

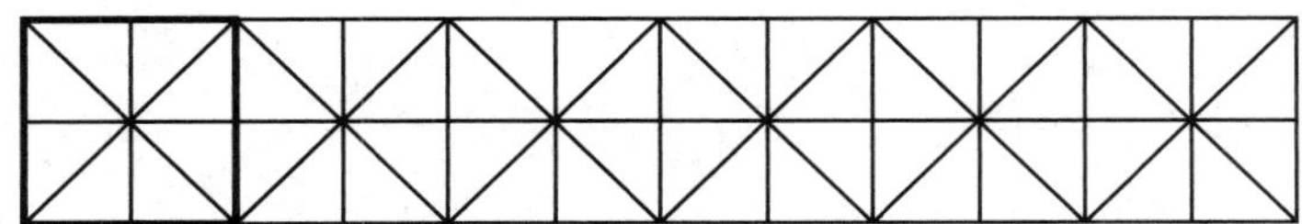

b) Choisis 3 couleurs différentes et colorie les sections du carré de gauche.

Crée ensuite un motif de bordure en faisant <u>réfléchir</u> le carré.

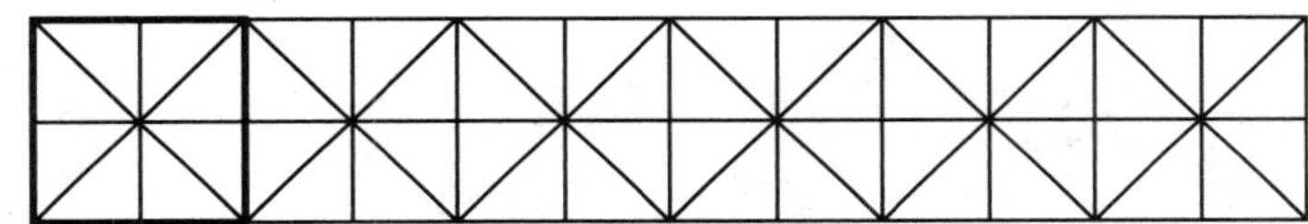

3. Montre à quoi ressemblerait chaque forme après ...

a)

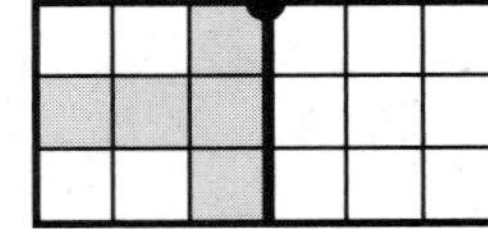

$\frac{1}{4}$ de tour dans le sens inverse des aiguilles

b)

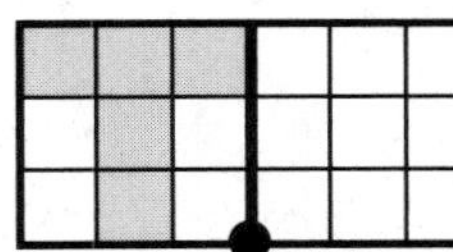

$\frac{1}{4}$ de tour dans le sens des aiguilles

c)

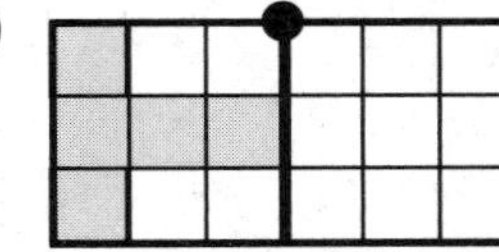

$\frac{1}{4}$ de tour dans le sens inverse des aiguilles

d)

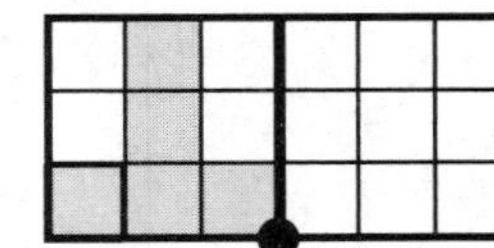

$\frac{1}{4}$ de tour dans le sens des aiguilles

4. Trace et découpe la forme ci-dessous. Crée une régularité en ...

a) Faisant glisser la forme d'une unité vers la droite (répète plusieurs fois) :

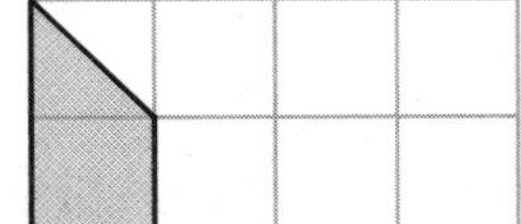

b) Faisant réfléchir la forme sur les axes de réflexion : (répète plusieurs fois) :

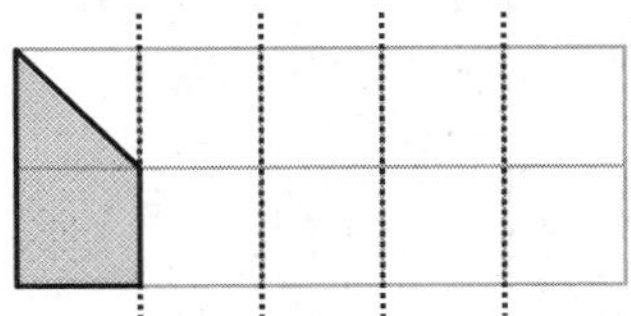

c) Faisant tourner la forme de 180° autour des points (répète plusieurs fois) :

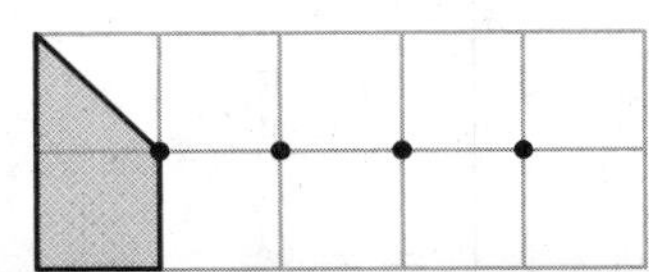

G5-41 : Les dessins isoparamétriques

Suis les étapes suivantes pour dessiner un **cube** sur des points isométriques.

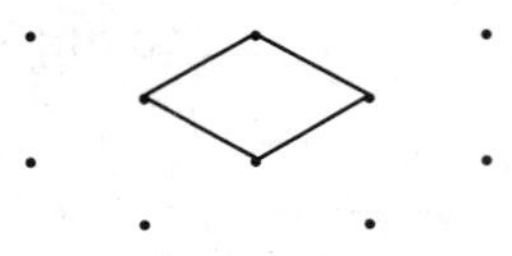

Étape 1 :
Dessine un carré de 4 sommets sur 4 points différents.

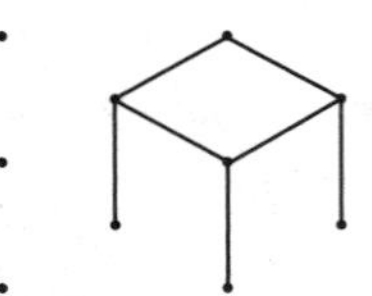

Étape 2 : *Trace des lignes verticales à partir de 3 sommets de façon à ce qu'elles touchent les points directement en-dessous.*

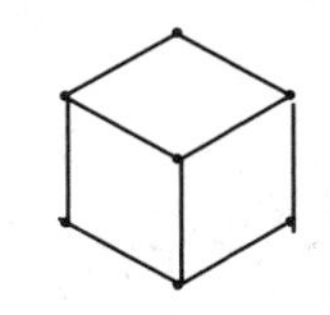

Étape 3 :
Relie les sommets.

1. Dessine les figures suivantes construites de cubes emboîtés sur du papier à points isométriques. Le premier est déjà commencé.

a)  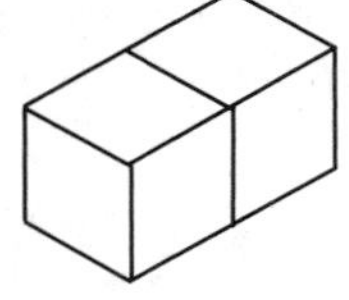 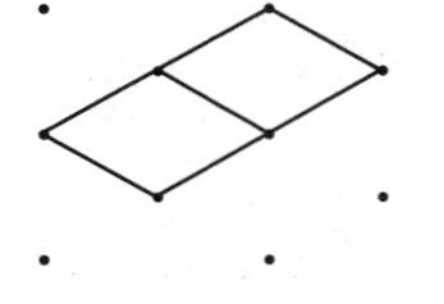

b) 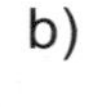 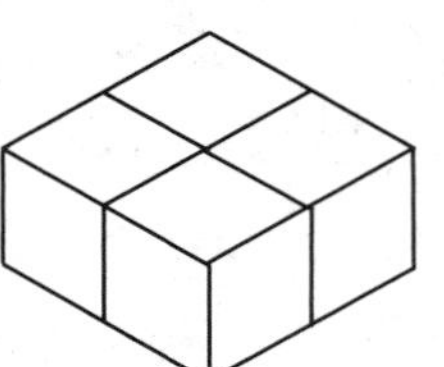 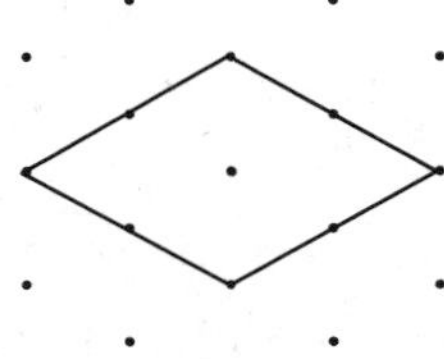

c) 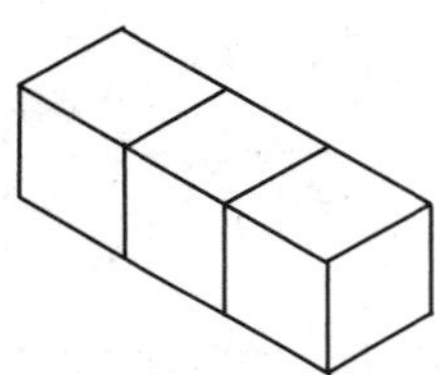 

d) 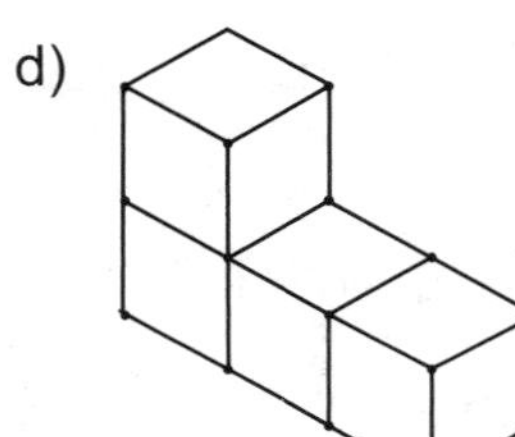 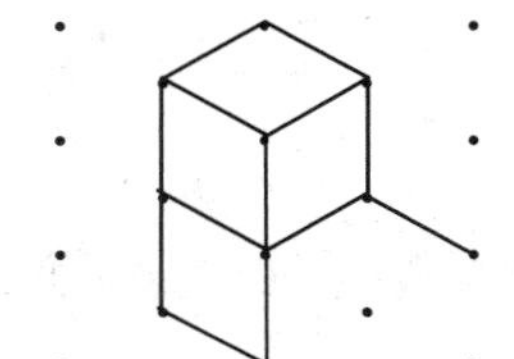

e) 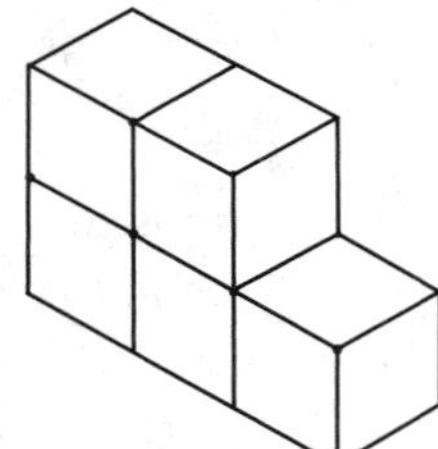 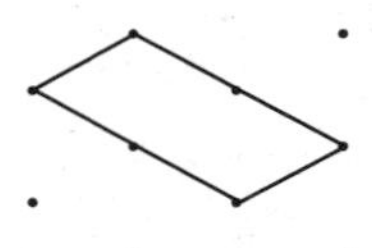

f) 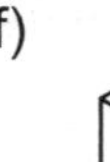 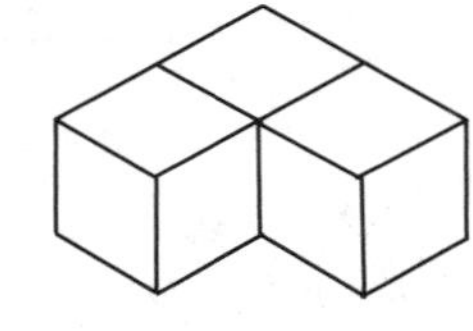 

BONUS

2. Dessine les figures suivantes construites de cubes emboîtés sur du papier à points isométriques.

a) 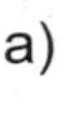 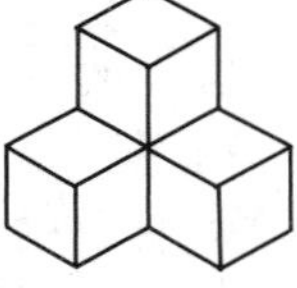

b)  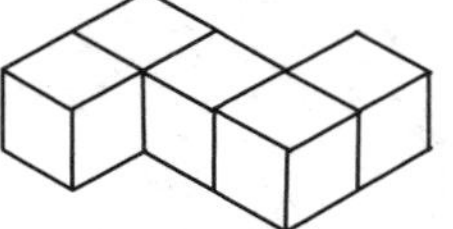

c)  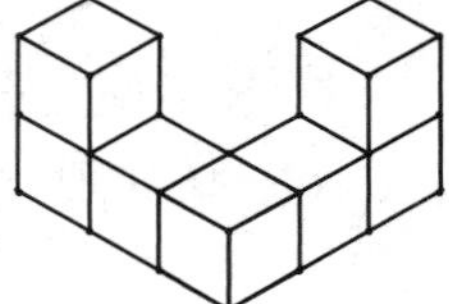

d)  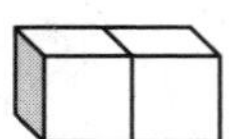

e)  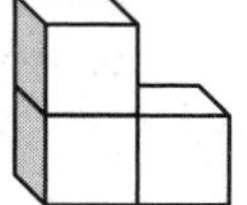

f)  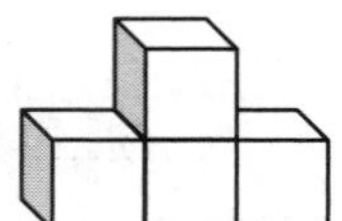

G5-42 : Construire et dessiner des figures

1. Construis les figures suivantes avec des blocs ou des cubes emboîtés.

a) 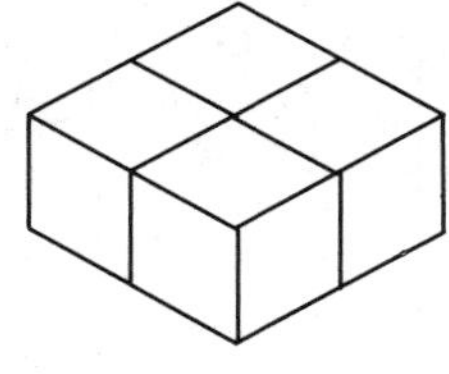

b) 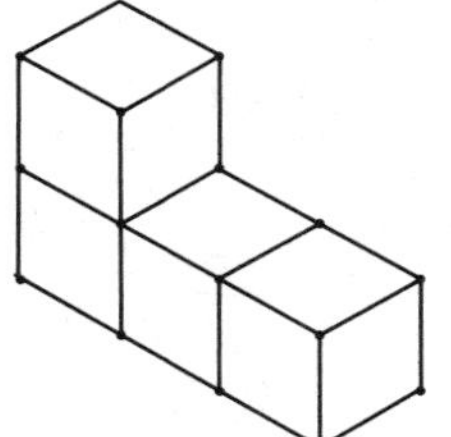

c) 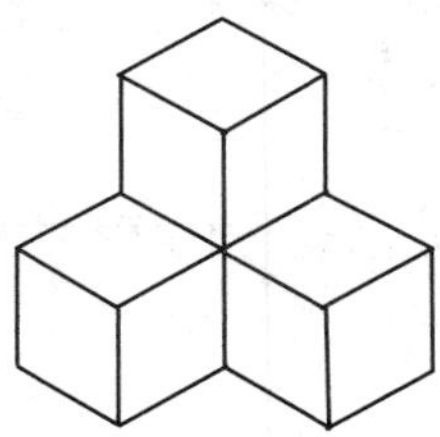

d) 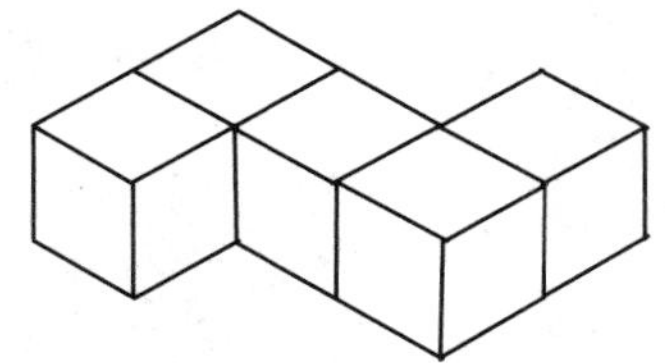

e) 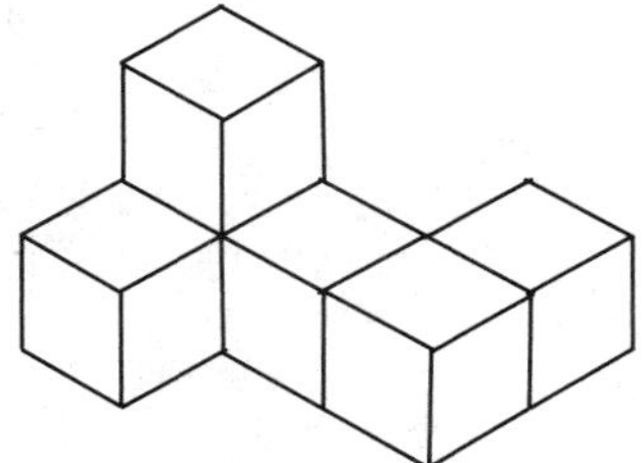

f) 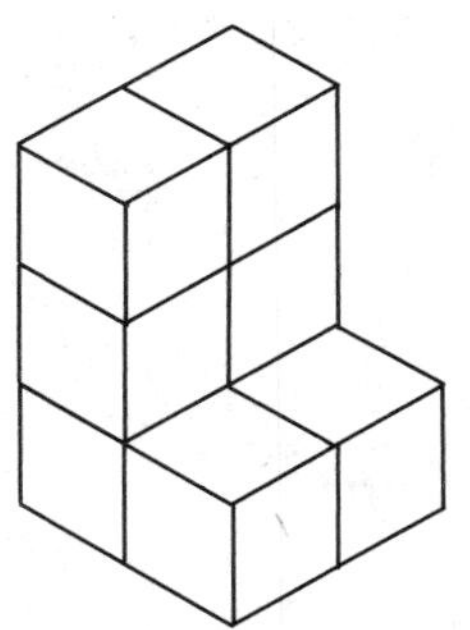

2. Remplis les nombres dans le « plan plat » et construis ensuite la figure. Le premier est déjà fait.

a) 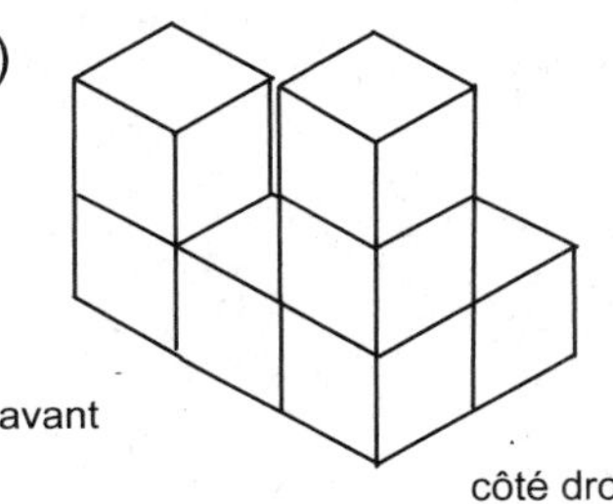

b) 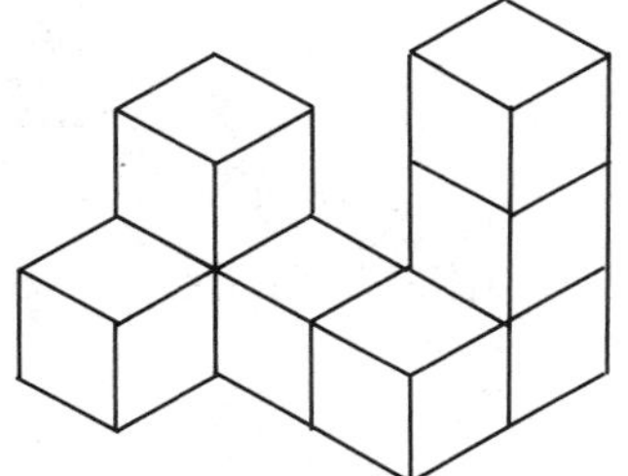

c) 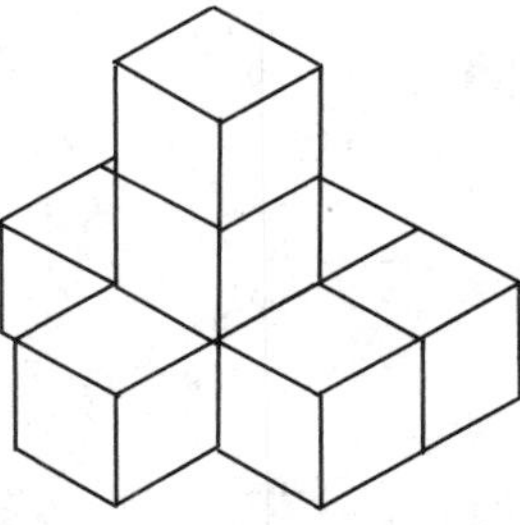

plan plat

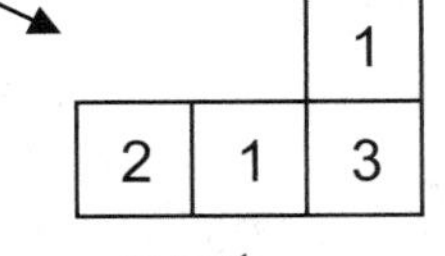

côté droit

avant

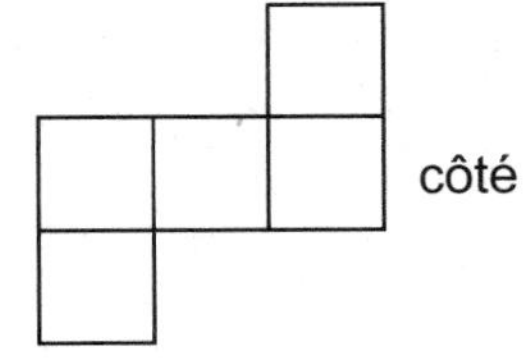

côté droit

avant

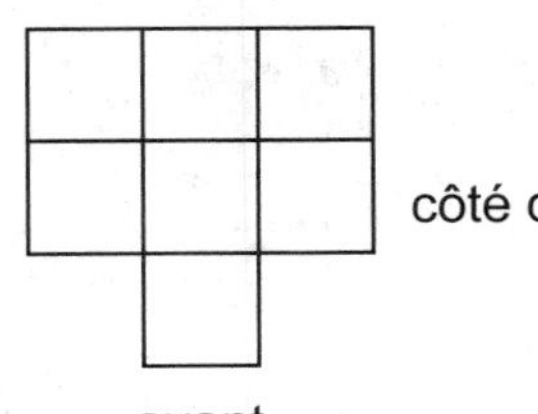

côté droit

avant

3. Dessine un « plan plat » (comme à la question 2), et ensuite construis la figure.
INDICE : Colorie les carrés qui font face à l'avant.

a) 

b) 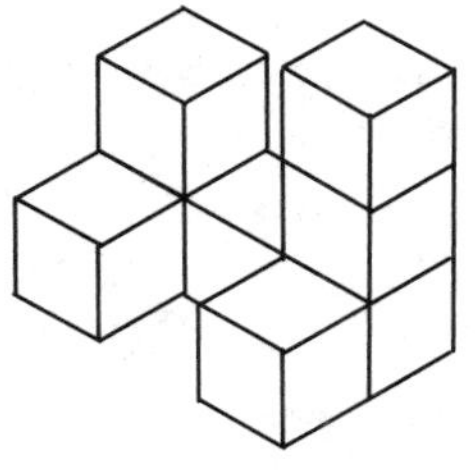

c) 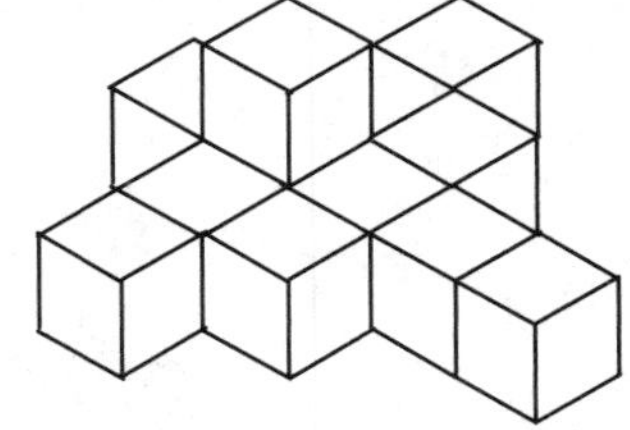

4. Construis trois figures avec 10 cubes. Dessine un plan plat pour chaque figure.

G5-43 : La géométrie dans le monde

1. Un navire voyage de l'inlet Navy Board au golfe de Boothia. Chaque carré est égal à 50 km. Décris le trajet du navire.

   De A à B : 50 km vers le nord.

   De B à C : ____________________.

   De C à D : ____________________.

   De D à E : ____________________.

   De E à F : ____________________.

   De F à G : ____________________.

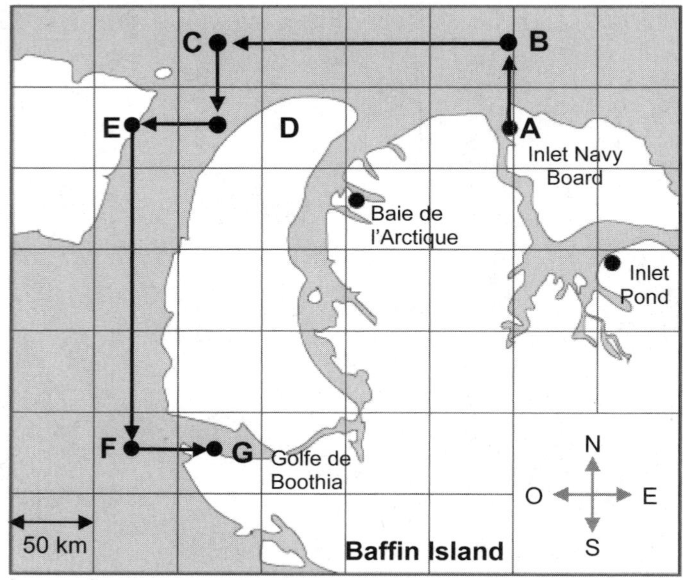

50 km

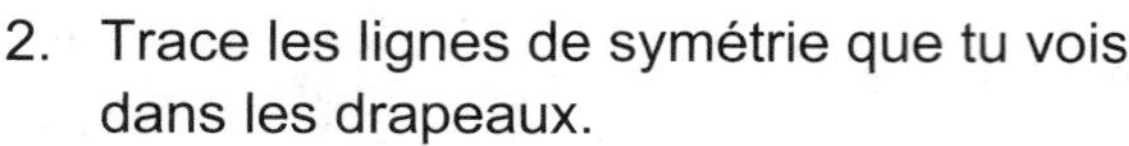

2. Trace les lignes de symétrie que tu vois dans les drapeaux.

   a) 

   (Pays Basque) Espagne

   b) 

   Barbade

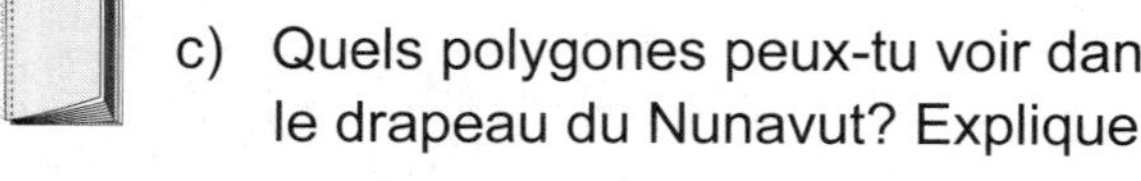

   c) Quels polygones peux-tu voir dans le drapeau du Nunavut? Explique.

   Nunavut

3. En utilisant des crayons de couleurs différentes, trace les lignes suivantes sur la courtepointe.

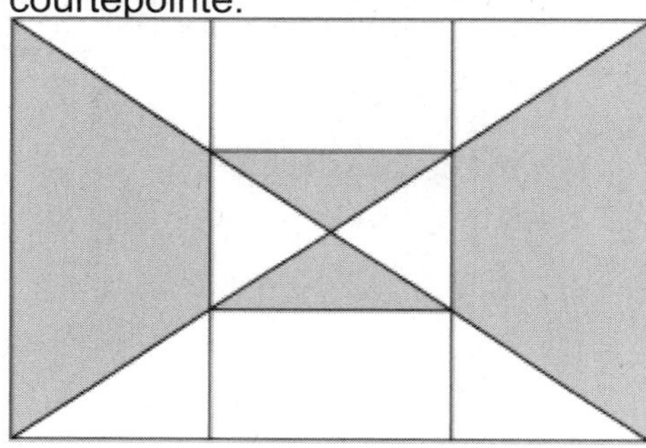

   a) une ligne horizontale
   b) une ligne verticale
   c) une paire de lignes qui se croisent
   d) une paire de lignes perpendiculaires (lignes qui se rencontrent à un angle droit)

4. Dis quelle transformation tu pourrais utiliser pour déplacer la forme A aux positions suivantes dans cette ancienne mosaïque romaine :

   - rotation - sens des aiguilles
   - rotation – sens inverse des aiguilles
   - réflexion
   - translation

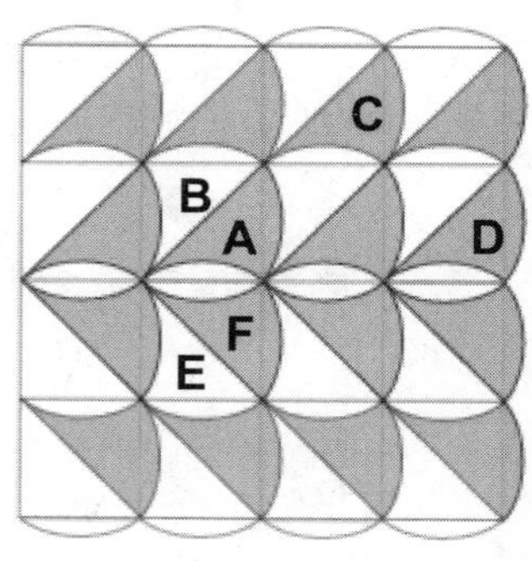

G5-44 : Problèmes et énigmes

1. Quelle image représente : **A.** un glissement? **B.** une rotation? **C.** une réflexion?

a) 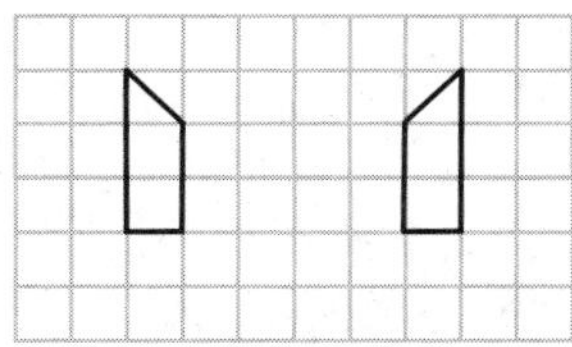
____

b) 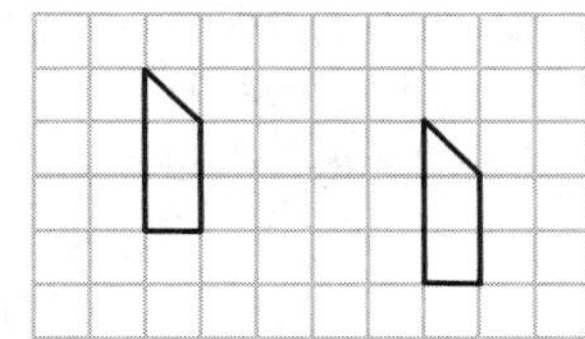
____

c) 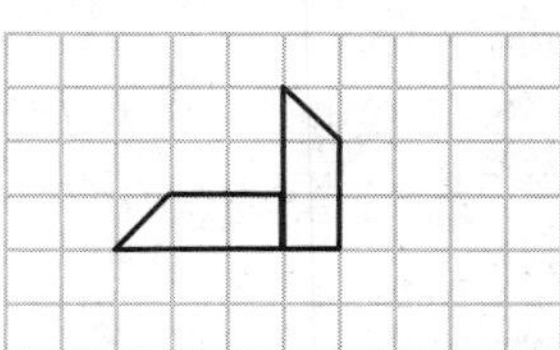
____

2. Dessine à quoi ressemblerait chaque lettre si elle était réfléchie sur un axe de symétrie.

a) 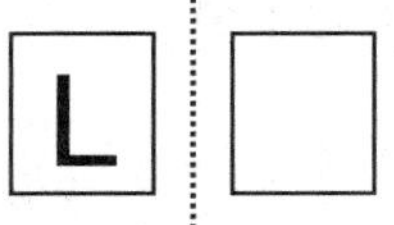

b) 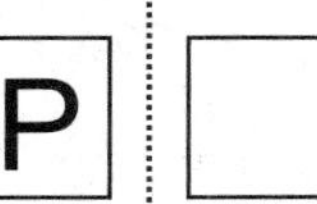

c) 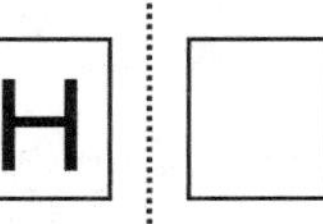

d) 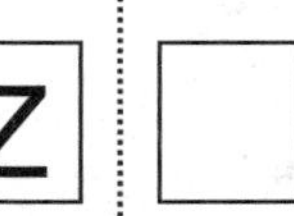

e) 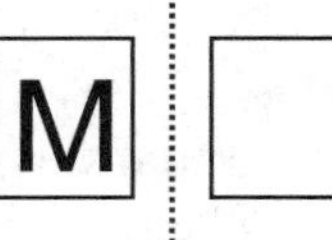

f) Sur du papier quadrillé, trouve 5 lettres de l'alphabet qui sont les mêmes après une réflexion. Trouve ensuite 5 lettres qui sont <u>différentes</u>.

3. Trace un axe de réflexion sur du papier quadrillé. Dessine ensuite un polygone qui a 3 ou 4 côtés, et fais un point sur chaque sommet. Fais réfléchir le polygone sur l'axe de symétrie en commençant par les sommets.

4. Encercle toutes les pyramides.
Fais un « X » sur tous les prismes.

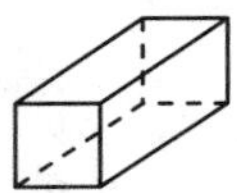 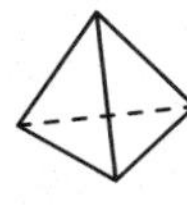  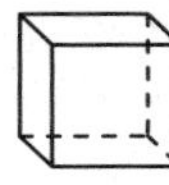 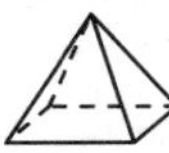 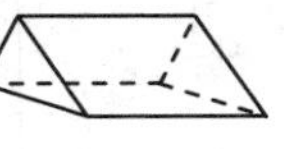 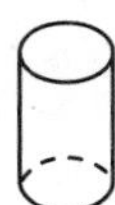

5. Associe la description de la figure avec son nom.

_____	cône	**A.** J'ai 6 faces congruentes.
_____	prisme triangulaire	**B.** J'ai 5 faces : 2 triangles et 3 rectangles.
_____	cube	**C.** J'ai 4 faces. Chaque face est un triangle.
_____	cylindre	**D.** J'ai 2 bases circulaires et une face courbe.
_____	pyramide triangulaire	**E.** J'ai 1 base circulaire et une face courbe.

6. Décris les formes suivantes : a) un prisme triangulaire b) un prisme rectangulaire

7. Fais une liste des formes en 3-D qui ont chacune de ces propriétés.

a) « J'ai 5 faces. » b) « J'ai 12 arêtes. » c) « J'ai 6 sommets. »

8. Comment un prisme triangulaire et une pyramide triangulaire sont-ils pareils? Comment sont-ils différents?

JUMP Math
Toronto, Canada
www.jumpmath.org

Writers: Dr. John Mighton, Dr. Sindi Sabourin, Dr. Anna Klebanov
Translator: Claudia Arrigo
Consultant: Jennifer Wyatt
Cover Design: Blakeley Words+Pictures
Special thanks to the design and layout team.
Cover Photograph: © Eugene Kasimiarovich

This French edition of the JUMP Math Workbooks for Grade 5 has been produced in partnership with and with the financial support of the Vancouver Board of Education.

ISBN: 978-1-897120-95-8

First published in English in 2009 as Jump Math Book 5.2 (978-1-897120-75-0).

Seventh printing April 2019

Printed and bound in Canada